भारत के पर्यटन विकास में
श्री नरेन्द्र मोदी
का अभूतपुर्व योगदान

भारत के पर्यटन विकास में
श्री नरेन्द्र मोदी
का अभूतपुर्व योगदान

सम्पादित
संजय कुमार

रुद्र

First published in India in 2018 by
Rudra Publishers & Distributors, GZB

ISBN: 978-93-85496-96-7

Rudra Publishers & Distributors
S-1, 5/587, Sector-5
Vaishali, Ghaziabad-201002
Email: rudrapubdis@gmail.com

Laser Typesetting
JEE-VEE Graphics, Delhi

Printed and Bound in
Delhi

Price: ₹ 995/-

प्रस्तावना

सम्पूर्ण संसार में पर्यटन के क्षेत्र में भारत का महत्वपूर्ण स्थान रहा है। भारत के असीमित भण्डार में पर्यावरण सम्बन्धी मनमोहक सम्पदा, सुन्दरता तथा अटूट सांस्कृतिक परम्पराओं की बहुत ही विविधता व निरन्तरता है। यहां की परिवर्तित होने वाली ऋतुएं जलवायु की विविध हिमाच्छादित पर्वतमालाएं, रमणीय समुद्री तट, सदाबहार हरा-भरा केरल, रणबांकुरों एवं स्वाभिमानी राजाओं की जन्मस्थली राजस्थान, चार पवित्र धामों की भूमि, अलग-अलग धर्मों एवं धार्मिक स्थलों का देश भारत पर्यटन की दृष्टि से दुनियाभर के पर्यटकों को सदैव से ही आकर्षित करता रहा है।

मोहनजोदड़ो एवं हड़प्पा के अवशेष, मौर्यकालीन कौशाम्बी, वैशाली और उज्जैन, अशोककालीन पाटलिपुत्र और नालंदा, महाराष्ट्र में अजन्ता एलोरा एवं एलीफैण्टा की गुफायें, मध्य प्रदेश की खजुराहो की मूर्तियाँ यहां के प्रमुख पर्यटन स्थल हैं। कुतुबमीनार, ताजमहल, फतेहपुर सीकरी, लालकिला, सारनाथ, अजमेर शरीफ, बोधगया, इलाहाबाद का संगम, उत्तराखंड में गंगोत्री, यमुनोत्री, बद्रीनाथ, केदारनाथ, आन्ध्र प्रदेश में भगवान तिरुपति जी का मंदिर लाखों पर्यटकों को अपनी तरफ आकर्षित करते हैं। भारत अद्‌भुत वैभव समृद्धि से परिपूर्ण है जिसके कारण पुरातनकाल से ही फाह्यान, ह्वेनसांग, वास्कोडिगामा, कैप्टन कुक से लेकर स्वतंत्रता से पहले तक, विशेषकर अंग्रेजों, पुर्तगालियों तथा फ्रांसीसियों को अपनी ओर खींचता रहा है।

वर्तमान समय में पर्यटन भी एक उद्योग का रूप ले चुका है। यह अतिथि एवं आतिथेय दोनों को प्रभावित करती है। इसका अर्थव्यवस्था में भी महत्वपूर्ण योगदान

है। पर्यटन विकास को केवल बाजार की शक्तियों के सहारे नहीं छोड़ा जा सकता क्योंकि अगर पर्यटन वृद्धि पर नियन्त्रण नहीं रखा जाएगा तो यह पर्यटन से सम्बन्धित संसाधनों को समाप्त कर देगी। पर्यटन के लिए नीति एवं नियोजन सावधानीपूर्वक की जाती है। नीति से जुड़े लक्ष्यों को पूर्ण करने के लिए पर्यटन नीति तैयार करना एवं योजनाएँ बनाना अत्यंत महत्वपूर्ण काम है। पर्यटन विश्व की अर्थव्यवस्था में अहम् भूमिका निभाता है। यह न केवल विकासशील देशों के लिए ही एक प्रमुख आर्थिक गतिविधि है वरन् बहुत से विकसित राष्ट्रों के लिए भी उतना ही महत्वपूर्ण है। आज पर्यटन विश्व का सबसे विशादन उद्योग है।

राकेश शर्मा

अनुक्रमणिका

1

पर्यटन विकास

मनुष्य एक सामाजिक प्राणी है। पुरातन काल से ही मानव की प्रकृति भ्रमण करने की रही है। भ्रमण के द्वारा ही मानव जीवनयापन के लिये भोजन की तलाश करता था। मनुष्य को अपनी भूख मिटाने के लिये फल, कन्दमूल और शिकार खोजना पड़ता था जिसके लिये एक जगह से दूसरे जगह जाना पड़ता था। मानव सभ्यता जैसे-जैसे विकसित होती गयी वैसे-वैसे भ्रमण का दायरा बढ़ने लगा। सभ्य मानव को सुरक्षित जीवन-यापन के लिये उचित स्थानों की तलाश में भ्रमण करने की आवश्यकता महसूस हुई। इसी कारण से भ्रमण की शुरुआत हुई।

मनुष्य शुरुआत से ही जिज्ञासु प्रवृत्ति का रहा है जिसके कारण उसने नये-नये लोगों से मुलाकात, परिचय व दोस्ती करने के लक्ष्य से भ्रमण करना आरंभ किया। मनुष्य का सांस्कृतिक विकास होने के साथ-साथ उसकी जिज्ञासाएँ भी बढ़ती रहीं। उसे जिज्ञासा हुई कि नये क्षेत्र देखे जायें जहाँ भोजन आसानी से उपलब्ध हो सके, रहने के स्थान भी सुरक्षित हों, पीने का जल भी निकटवर्ती क्षेत्र में ही उपलब्ध रहे एवं अन्य मूलभूत आवश्यकता की वस्तुएँ एकत्र की जा सकें। जो मानव जितना ज्यादा भ्रमणशील रहा उसके ज्ञान की वृद्धि उतनी ही अधिक हुई। देखा-देखी लोग समूहों/काफिलों में भ्रमण पर निकलने लगे। दूसरे क्षेत्रों में जाने पर अदला-बदली की क्रिया प्रारंभ हुई जिसने कालान्तर में व्यापार का रूप ग्रहण कर लिया तथा लोग व्यापार के लिये भ्रमण करने लगा।

थोड़ा और आगे चलने पर मनुष्य का भ्रमण के उद्देश्य में अपने विचार धार्मिक लोगों में वृद्धि करने की भावना भी रही जो बाद में धर्म प्रचार के रूप में सामने आयी। यूरोप में ईसाई, यूरेशिया में इस्लाम, पूर्वी एशिया में बौद्ध एवं भारत में हिन्दू धर्म के प्रचार-प्रसार के लिए बहुत अधिक यात्राएँ की जाने लगीं।

उपर्युक्त बातों से साबित होता है कि मनुष्य पुरातनकाल से ही धार्मिक, सामाजिक, आर्थिक, राजनैतिक एवं सांस्कृतिक कार्यों से अपने शहर प्रान्त एवं राष्ट्र से बाहर जाते रहे हैं।

पर्यटन का वर्गीकरण

व्यावसायिक उद्देश्य से यात्रा ईसा पूर्व व्यापारी और दुकानदार नये देशों और जनजातियों से व्यावसायिक सम्पर्क बनाने के लिये दूर-दूर तक यात्रायें करते थे। ईसा से 3000 वर्ष पूर्व मुद्रा की खोज ने यात्रा में और योगदान दिया।

ज्ञान प्राप्ति हेतु यात्रा पुरातन काल में नयी जानकारी एवं नवीन जगहों के उद्देश्य से यात्रा की जाती थी। होमर के महाकाव्य में यूनान को रोमन की ज्ञानार्जन के लिए भ्रमण की भूख का विश्लेषण है।

आनन्द और मनोरंजन हेतु यात्रा रोमन काल में यात्रा मनोरंजन के उद्देश्य से की जाने लगी। रोमन नागरिकों ने लगभग 150 से 50 ईसा वर्ष पूर्व के पिरामिड्स, मन्दिर, धर्म एवं धार्मिक स्थानों के दर्शन के लिए अवकाश के वक्त में यात्रा करना प्रारंभ किया। इस समय के मुख्य यात्री डायोडोरस, पोलिवियस, मेला, स्ट्रैवो थे।

रोमन साम्राज्य का अन्त हो जाने के पश्चात् अन्धयुग का प्रादुर्भाव हुआ। इस युग में आनन्ददायक यात्रायें बहुत प्रभावित्त हुईं एवं साहसी यात्री ही यात्रा पर निकले। इस काल के मुख्य यात्रियों में व्यापारी सुलेमान 851 ई. अलमसूदी अलबरूनी थे। दसवीं शताब्दी में यूरोप के व्यापारियों ने यूरोप की हडसन खाड़ी की यात्राएँ कीं।

पर्यटन की शुरुआत

ईसा से 1200 सदी के समय में अनेक नये-नये यात्राओं का वर्णन किया गया जिस कारण इस काल को पुनर्जागरण का काल भी कहते हैं। इस युग में मार्कोपोलो (1254 से 1324 ई.) ने मध्य एशिया होते हुए चीन तक अर्थात् भूमध्य सागर से प्रशान्त महासागर तक यात्रा की एवं मध्य युग का महान् यात्री माना गया। अरब यात्री इब्नबूता सन् 1304 से 1337 ए. डी. हुआ।

महासागरीय अभियान

मध्यकालीन समय में पुर्तगालियों द्वारा महासागर की कई यात्रायें की गई थीं, जिनमें राजकुमार हैनरी 1482 ई., कोलम्बस 1492 ई., वास्कोडिगामा 1498 ई. , मैगलन 1520 ई. की यात्राएँ विशेष मायने रखती हैं। 1534 में फ्रांस से जैकिक्स, कार्टियर ने सेंट लारेंस नदी क्षेत्र की यात्रा की। सन् 1660 ई. में इंग्लैड के अंग्रेजों ने वर्जीनिया क्षेत्र की यात्रा की। 17वीं सदी में विकास का कुछ कार्य वारेनियस द्वारा किया गया।

धार्मिक यात्राएँ : धर्म प्रचार के उद्देश्य से निम्नलिखित यात्राएँ हुईं पूर्वी एशिया में बौद्ध धर्म के प्रचार के लिए, भारत में हिन्दू धर्म के प्रचार के लिए, यूरोप में ईसाइयत के प्रचार के लिए, यूरेशिया में इस्लाम धर्म प्रचार के लिए।

ऐसा माना जाता है कि 18वीं शताब्दी यात्रा के विकास का स्वर्णिम समय था, जिसमें विशेषकर सन् 1763 से 1793 के मध्य 30 वर्ष तक यात्राएँ की गयीं एवं ये यात्राएँ अधिकतर इटली में की गयीं। इटली उस समय प्रबुद्ध व्यक्तियों की राजधानी थी। अठारहवीं शताब्दी में न सिर्फ धनाढ्य वर्ग के लोग इटली की यात्रा पर आये वरन् अनेक कवि, लेखक तथा बुद्धिजीवियों ने भी इटली की यात्रा की।

यूरोप में अठारहवीं शताब्दी में वार्षिक यात्रा प्रारंभ हुई जिसने व्यक्तियों को यात्रा करने के लिए मौके एवं समय प्रदान किया तथा इसी की वजह से बीसवीं सदी में पर्यटन का असाधारण विकास हुआ। वर्तमान समय में छुटटी के दिनों का अर्थ उन दिनों से समझा जाता है जो प्रतिदिन के कार्यों से हटकर फुरसत और मनोरंजन के लिए होता है एवं पुनः नैसर्गिक कामों के लिए तरोताजा करता है।

19वीं सदी में यात्रा का विकास औद्योगिक विकास, यातायात साधन एवं संचार साधनों का विकास, नए-नए आविष्कार जैसे छपाई मशीन, दूरबीन, कैमरा इत्यादि के कारण हुआ।

कारखानों में काम करने वाले कामगारों ने आराम के लिए वार्षिक छुट्टी की मांग की। साथ ही साथ कई कर्मचारी मिलकर मनोरंजन हेतु पर्यटन पर जाने लगे एवं अवकाश कैम्प लगाये गए। होली डे होम्स का शुभारंभ हुआ, परन्तु बहुत कम लोग इसका लुत्फ ले रहे थे।

श्रमिकों के अवकाश पर 19वीं शताब्दी के उत्तरार्द्ध में विचार किया गया, तब यूरोप पश्चिम के कुछ कारखानों ने अपने कामगारों को सचेतन अवकाश देना शुरू किया।

बीसवीं शताब्दी के शुरुआत होने तक आधुनिक पर्यटन का विकास होने लगा था। मानव के स्वभाव में आनन्द की खोज, शिक्षा, ज्ञान के लिए यात्रा, भौतिक सम्पदा एवं साधनों की वृद्धि यात्रा को सामाजिक प्रतिष्ठा का मापदण्ड मानव के दैनिक कार्यों में आराम करने की बढ़ती आवश्यकता, यात्रियों की परिवहन व्यवस्था में सुधार इत्यादि ने यात्रा के लिए एक उपजाऊ धरातल तैयार किया।

बीसवीं सदी के शुरुआती 25 सालों तक आनन्दमय यात्रा एवं विलासिता की वस्तु जो समाज के उन्हीं विशेष वर्गों तक सीमित थी, जिनके पास पर्याप्त

खाली समय व धन था। इनके द्वारा आम व्यक्तियों तक पर्यटन एवं आनन्दमय यात्रा कम पैसे में कर, लाभ उठाने का लालच दिया गया। यह कार्य यात्रा पर्यटन से सम्बद्ध संस्थाओं द्वारा भी किया जाने लगा।

प्रथम विश्व युद्ध की वजह से की गई ये कोशिशें बहुत ही प्रभावित हुईं। क्योंकि पर्यटन का विकास शान्ति में ही निहित था। प्रथम विश्व युद्ध के उपरांत के काल में पर्यटन पुनः विश्व युद्ध से पूर्व के स्तर को प्राप्त हो गया एवं लोगों ने वैश्विक पर्यटन की प्रकृति में बदलाव एवं क्षेत्र में भी वृद्धि की। युद्धोतर काल में यूरोप एवं अमेरिका में श्रमिक एवं मध्यम वर्ग के लोगों का रहन-सहन का स्तर उठने लगा तथा कई ऐसे क्षेत्रों में पर्यटन प्रारंभ हुआ जहां अभी तक लोग इसे जानते ही नहीं थे। सन् 1929 व 30 में 15 लाख पर्यटक, स्विट्जरलैंड, 10 लाख के लगभग इटली तथा 20 लाख पर्यटक आस्ट्रेलिया गये। फ्रांस, स्पेन, ग्रेट ब्रिटेन से भी काफी मात्रा में पर्यटक गये।

प्रथम विश्व युद्ध में मोटरकार का विकास हो जाने पर अमेरिका में पर्यटन को बढ़ावा मिला। इसी के साथ-साथ सार्वजनिक सड़क परिवहन व सड़कों के विकास ने पर्यटन में तेजी से विकास किया।

नौकरी करने वाले कर्मियों को कुछ छुट्टियाँ ही दी जानी शुरू हुई, परन्तु उन्हें इस छुट्टी का वेतन नहीं दिया जाता था। तत्पश्चात् सन् 1938 में सालाना सवैतनिक अवकाश मिलना प्रारंभ हुआ। श्रमिकों एवं कर्मचारियों में सामूहिक पर्यटन की प्रवृत्ति विकसित हुई। इसी समय श्रम संघ प्रतिनिधियों ने प्रथम कन्वेंसन किया। बाद में कई दूसरे देशों ने सवैतनिक अवकाश देना स्वीकार किया। बाद में कई अन्य राष्ट्रों ने भी इसे अपने यहां क्रियान्वित किया। बाद में यह अवकाश संसार के सभी देशों में क्रियान्वित किया गया जो पर्यटन के लिए एक वरदान सिद्ध हुआ।

द्वितीय विश्व युद्ध छिड़ जाने पर पुनः पर्यटन को आघात लगा, क्योंकि इस समय धन-जन की व्यापक हानि हुई। धीरे-धीरे विश्व अर्थव्यवस्था में सुधार के साथ-साथ पर्यटन ने उद्योग का रूप धारण कर लिया। आज पर्यटन विश्व के कई राष्ट्रों में पर्यटन उद्योग के रूप में मान्यता प्राप्त कर चुका है।

स्वाधीन भारत में पर्यटन का विकास

सम्पूर्ण संसार में पर्यटन के क्षेत्र में भारत का महत्वपूर्ण स्थान रहा है। भारत के असीमित भण्डार में पर्यावरण सम्बन्धी मनमोहक सम्पदा, सुन्दरता तथा अटूट

सांस्कृतिक परम्पराओं की बहुत ही विविधता व निरन्तरता है। यहां की परिवर्तित होने वाली ऋतुएँ, जलवायु की विविध हिमाच्छादित पर्वतमालाएँ, रमणीय समुद्री तट, सदाबहार हरा-भरा केरल, रणबांकुरों एवं स्वाभिमानी राजाओं की जन्मस्थली राजस्थान, चार पवित्र धामों की भूमि, अलग-अलग धर्मों एवं धार्मिक स्थलों का देश भारत पर्यटन की दृष्टि से दुनियाभर के पर्यटकों को सदैव से ही आकर्षित करता रहा है। मोहनजोदड़ो एवं हड़प्पा के अवशेष, मौर्यकालीन कौशाम्बी, वैशाली और उज्जैन, अशोककालीन पाटलिपुत्र और नालंदा, महाराष्ट्र में अजन्ता, एलोरा एवं एलीफैण्टा की गुफायें, मध्य प्रदेश की खजुराहो की मूर्तियाँ यहां के प्रमुख पर्यटन स्थल हैं। कुतुबमीनार, ताजमहल, फतेहपुर सीकरी, लालकिला, सारनाथ, अजमेर शरीफ, बोधगया, इलाहाबाद का संगम, उत्तराखंड में गंगोत्री, यमुनोत्री, बद्रीनाथ, केदारनाथ, आन्ध्र प्रदेश में भगवान तिरुपति जी का मंदिर लाखों पर्यटकों को अपनी तरफ आकर्षित करते हैं।

भारत अद्भुत वैभव समृद्धि से परिपूर्ण है जिसके कारण पुरातनकाल से ही फाह्यान, ह्वेनसांग, वास्कोडिगामा, कैप्टन कुक से लेकर स्वतंत्रता से पहले तक, विशेषकर अंग्रेजों, पुर्तगालियों तथा फ्रांसीसियों को अपनी ओर खींचता रहा है।

भारत में पर्यटन विकास

भारत ने स्वाधीन होने के बाद अपनी गौरवपूर्ण व समृद्धशाली विरासत के कारण पर्यटन के क्षेत्र में अत्यधिक विकास किया है। वर्तमान में पर्यटन एक उद्योग का रूप ले चुका है। पूर्व में पर्यटन को शिक्षा का एक जरिया समझा जाता था। पर्यटन उद्योग एक ऐसी ताकत के तौर पर हमारे समक्ष आ रहा है जो विश्व के सांस्कृतिक एकीकरण में एक मील का पत्थर सिद्ध होगा। पर्यटन के महत्व को देखते हुए स्वतंत्रता के उपरांत सरकार ने सन् 1952 में पर्यटन हेतु प्रथम समुद्र पार कार्यालय न्यूयार्क में खोला। सन् 1957 में फ्रेंकफर्ट में भी दूसरा पर्यटन कार्यालय स्थापित किया गया। पर्यटन विभाग की स्थापना परिवहन एवं संचार मंत्रालय के अधीन की गयी।

भारत में सन् 1961 ई. में कुल 1,39,804 पर्यटक आये थे, जो भारत-चीन युद्ध के कारण सन् 1962 में कम होकर 1,34,036 रह गयी। सन् 1963 में तत्कालीन वित्त सचिव एल. के. झा की अध्यक्षता में सरकार ने एक तदर्थ समिति का गठन किया। तत्कालीन पर्यटन महानिदेशक एस. एन. चैव को इस समिति में नियुक्त किया गया। इस समिति ने पर्यटन उद्योग को बढ़ावा के लिए कई परामर्श दिये।

सन् 1965 में 'झा' समिति की सिफारिशों को क्रियान्वित करने के लिए एक उच्च अधिकार सम्पन्न समिति की स्थापना की गयी जिसके आधार पर निम्नलिखित तीन निगमों की स्थापना का प्रावधान किया गया

1. इण्डिया टूरिज्म कार्पोरेशन लि.।
2. होटल कार्पोरेशन आफ इण्डिया लि.।
3. इण्डिया टूरिज्म ट्रान्सपोर्ट अण्डरटेकिंग लि.।

उपरोक्त सभी निगम पर्यटकों हेतु आवास-सुविधा, खान-पान, आवागमन के लिए ट्रेवल एजेंसियों की सुविधाएँ एवं अन्य बहुत-सी सुविधाओं को उपलब्ध कराने में जुट गये, परन्तु इन निगमों के मध्य उचित तालमेल न हो पाने के कारण इसे कोई वांछित परिणाम नहीं प्राप्त हो सका। इस कमी को दूर करने के लिए एक नये निगम भारतीय पर्यटन विकास निगम की स्थापना की गयी।

तत्कालीन प्रधानमंत्री श्रीमती इन्दिरा गांधी ने पर्यटन के महत्व को स्वीकारते हुए इसकी वृद्धि एवं विकास के लिए एक पृथक् मंत्रालय पर्यटन और नागरिक उड्डयन मंत्रालय की स्थापना 13 मार्च, 1967 को की तथा प्रथम बार डॉ. कर्ण सिंह को इसका केन्द्रीय मंत्री बनाया गया। भारत के पर्यटन विकास में यह एक प्रमुख कदम था। सन् 1985 में तत्कालीन प्रधानमंत्री श्री राजीव गांधी ने एक राज्यमंत्री की सहायता से इस मंत्रालय का कार्यभार स्वयं संभाला। पर्यटन विभाग का महानिदेशक इस विभाग का सर्वोत्तम अधिकारी होता है जो सीधे उपर्युक्त मंत्रालय के अधीन होता है। पर्यटन विकास के लिए योजना, प्रकाशन, प्रचार, होटल, विपणन, सर्वेक्षण, वन्य जीवन-संरक्षण और आवास इत्यादि प्रभाग इसके अधीनस्थ के तौर पर कार्यरत हैं।

जनवरी 1999 से अगस्त 1999 के दौरान भारत में 1.55 मिलियन पर्यटकों ने भारत की यात्रा की जिनसे भारत को लगभग 1.83 बिलियन डॉलर लगभग 7850 करोड़ रुपये की विदेशी मुद्रा अर्जित हुई।

सन् 1978 में चीन और भारत दोनों ही देशों में लगभग 7 लाख विदेशी पर्यटक आये थे। वर्ष 1998 में चीन में यह संख्या 2 करोड़ 30 लाख हो गयी जबकि भारत में यह संख्या केवल 23.7 लाख ही हुई। इस तरह भारत की तुलना में चीन में पर्यटकों की संख्या में 10 गुनी वृद्धि हुई। भारत में आने वाले विदेशी पर्यटकों की अन्तर्राष्ट्रीय स्तर पर संख्या 0.4 फीसदी है।

विदेशी पर्यटकों की संख्या

वर्ष	*विदेशी पर्यटकों की संख्या (लाखों में)*
1950	0.53
1960	1.23
1970	2.80
1978	7.20
1994	18.20
1995	23.00
1996	24.00
1997	25.00
1998	23.70
1999	24.20
2000	24.50
2001	25.00

भारत आने वाले विदेशी पर्यटन अब तक गोवा को सर्वाधिक पसन्द करते रहे, लेकिन अब उनकी पसन्द दिल्ली, महाराष्ट्र, उत्तर प्रदेश, तमिलनाडु एवं राजस्थान हैं।

भारतीय राज्यों में विदेशी पर्यटकों की संख्या

राज्य	*विदेशी पर्यटकों की संख्या (लाखों में)*
उत्तराखंड	2.00
राजस्थान	6.07
बिहार	2.13
महाराष्ट्र	9.80
उत्तर प्रदेश	7.19
दिल्ली	11.62

जिन राष्ट्रों से भारत में सर्वाधिक पर्यटकों आते हैं, उनमें क्रमश : इंग्लैण्ड, संयुक्त राज्य अमेरिका, श्रीलंका, म्यांमार, चीन, कनाडा और थाइलैण्ड उल्लेखनीय हैं।

क्षेत्रीय पर्यटकों की संख्या

पूरे भारत की यात्रा करने वाले क्षेत्रीय पर्यटकों की संख्या लगभग 1.67 करोड़ है। इसके अतिरिक्त 4 लाख स्वदेशी पर्यटक हर साल विदेशों में अवकाश मनाने जाते हैं।

पर्यटन से जुड़े व्यय

पर्यटन को प्रोत्साहित करने में ज्यादा खर्च करने वाले देशों में भारत भी शामिल है। केन्द्र सरकार ने वर्ष 1995 में मात्र 1.54 करोड़ डालर व्यय किया, जो आस्ट्रेलिया द्वारा इसी मद पर किये गये व्यय का पांचवां भाग एवं सिंगापुर, थाइलैण्ड का एक तिहाई एवं दक्षिण कोरिया का आधा है।

पर्यटक प्रोत्साहन पर खर्च की गयी राशि 1998

देश	*प्रोत्साहन व्यय (करोड डालर में)*
भारत	1.54
दक्षिण कोरिया	3.05
थाइलैण्ड	5.10
आस्ट्रेलिया	7.58
मलेशिया	2.55
सिंगापुर	4.47

भारत के महत्वपूर्ण पर्यटन स्थल

भारत के मुख्य पर्यटन आकर्षण केन्द्र गोवा, गुजरात, महाराष्ट्र, केरल, तमिलनाडु, उत्तर प्रदेश, उत्तराखंड, मध्य प्रदेश, आन्ध्र प्रदेश एवं उड़ीसा हैं। कश्मीर जो धरती का स्वर्ग कहा जाता है, आतंकवाद की चपेट में है। पूर्वोत्तर भारत भविष्य के पर्यटन स्थल हैं। कन्याकुमारी का सूर्योदय तथा सूर्यास्त, दार्जिलिंग की स्वर्णिम कंचनजंगा चोटी, असम का काजीरंगा अभयारण्य, बिहार में बौद्ध परिपथ, उड़ीसा का कोणार्क का सूर्य मंदिर, डल एवं वूलर झीलें, गोवा का सतरंगी समुद्रतटीय भू-दृश्य विश्व पर्यटकों के मुख्य आकर्षण के केन्द्र हैं।

पर्यटन-आवास सुविधा

31 मार्च, 1998 तक पर्यटन विभाग द्वारा मान्यता प्राप्त 1164 होटल भारत में थे जिनमें कुल 65,000 कमरे पर्यटकों के लिए उपलब्ध थे। इनमें से 43 होटल

पांच सितारा और डीलक्स, 56 पांच सितारा, 74 चार सितारा, 46 हैरिटेज, 289 तीन सितारा, 314 दो सितारा, 142 एक सितारा थे। करीब 200 होटलों को सितारा होटल की मान्यता प्रदान नहीं की गई थी।

उद्योग के रूप में पर्यटन

भारत में विदेशी पर्यटकों के आने से 1998 ई. में करीब 11,745 करोड़ रुपये विदेशी मुद्रा का आय प्राप्त हुई। इस प्रकार वस्त्र उद्योग एवं हीरे जवाहरात उद्योग के उपरांत विदेशी मुद्रा प्राप्त करने वाला पर्यटन सबसे बड़ा उद्योग है।

पर्यटन से प्राप्त विदेशी मुद्रा

वर्ष	*पर्यटन से प्राप्त विदेशी मुद्रा*
1996	10,000
1997	11,051
1998	11,745
1999	12,124

पर्यटन विकासात्मक कार्य

सन् 1982 में भारत सरकार ने पर्यटन नीति की घोषणा किया था जिससे पर्यटन उद्योग को व्यावसायिक स्वरूप प्रदान किया जाए। इस पर्यटन नीति में पर्यटन के लिए भारत के कई आकर्षणों की सही योजना, सही सीमांकन एवं पूरी तरह एकीकृत राष्ट्रीय कार्यक्रम के द्वारा पर्यटन की वृद्धि एवं विकास का वास्तविकता में परिवर्तन करने का संकल्प लिया गया।

वर्ष 1986 में पर्यटन को एक उद्योग की मान्यता दी गयी। इसके लिए आर्थिक मदद, राज्य वित्तीय संस्थानों द्वारा ऋणों की मंजूरी में प्राथमिकता, बिजली पानी कनेक्शनों की संख्या में वरीयता देने की घोषणा की गई। जुलाई 1991 में पर्यटन को विदेशी निवेश हेतु प्राथमिकता क्षेत्र के तौर पर भी घोषित कर दिया गया एवं पर्यटन को प्रोत्साहन देने के लिए वर्ष 1991 को पर्यटन वर्ष एवं वर्ष 1999-2000 को 'भारत यात्रा वर्ष' के रूप में घोषित किया गया।

पर्यटन विकास में अवरोधक तत्व

1. उचित परिवहन सुविधाओं का अभाव/घरेलू वायु सेवाओं का अभाव।

2. आतंकवाद का बदस्तूर जारी रहना
3. करों की दर अधिक।
4. कानून-व्यवस्था की खस्ता हालत।
5. आवासीय सुविधाओं की कमी।
6. होटल मालिकों द्वारा ठगी।
7. रेलगाड़ियों, वायुयानों आदि का समय से न चलना।
8. प्रशिक्षित गाइड एवं टूर ऑपरेटर्स का न होना।
9. प्रचार-प्रसार विज्ञापन आदि का अभाव।
10. महंगे होटल।

अवरोध तत्वों का निवारण

1. समय की पाबन्दी वाहनों के संचालन सम्बन्धी।
2. सरकारी उदार नीतियाँ।
3. पर्यटन को भारत जैसे कृषि प्रधान राष्ट्र के लिए सच्चे मन से रोजगार-अवसर सर्जक उद्योग के रूप में मान्यता दिए जाने की राजकीय पहल।
4. बाधाओं के निदान के लिए सुझाव।
5. 'अतिथि देवो भवः' की मान्यता का आचरण।
6. सस्ती एवं उच्च स्तरीय आवासीय व खान-पान सेवाएँ।
7. कानून और शान्ति व्यवस्था।
8. आधारभूत सुविधाओं का विकास।
9. यात्रा-परिपथ, गन्तव्य स्थानों आदि का सम्पूर्ण विवरण।

पर्यटन विकास की संभावनाएँ

भारत एक विशाल देश है और यह नैसर्गिक विभिन्नताओं से भरा हुआ है। भारत की भौगोलिक स्थिति पर्यटन विकास की दृष्टि से उपयुक्त है। इसके उत्तर में 50,000 वर्ग कि. मी. क्षेत्र में 2500 कि. मी. लम्बी हिमालय की पर्वत श्रृंखलायें हैं। इसी पर्वत श्रृंखला में संसार की सबसे ऊंची पर्वत चोटी एवरेस्ट अवस्थित है। यह पर्वत अपने सौन्दर्य के अतिरिक्त उपयोगिता के कारण पर्वतारोहियों एवं पर्यटकों का स्वर्ग है। इसके अलावा देश के पूर्वोतर भाग में पूर्वांचल की पर्वत श्रृंखलायें, उत्तर-पश्चिम में अरावली की पहाड़ियाँ, देश के मध्यवर्ती भाग में विन्ध्याचल तथा सतपुड़ा की पर्वतमालायें, दक्षिण में नीलगिरी के पर्वत शिखर तथा

पूर्वी घाट व पश्चिमी घाट की पर्वतमालायें हैं। इन पर्वत शिखरों से निकलने वाली गंगा, यमुना, सिंधु, नर्मदा, ताप्ती, गोदावरी, महानदी, कृष्णा, कावेरी इत्यादि नदियाँ हैं जिनके किनारे विभिन्न पर्यटन स्थलों का विकास हुआ है।

भारत में करीब 75,156 किमी लम्बा सागर तट है जिससे कई स्थानों पर मनोरमणीय पर्यटन स्थलों का विकास हुआ है। अजन्ता-एलोरा की गुफाओं सहित राष्ट्र के दक्षिणी भाग में कई कलात्मक एवं उत्कृष्ट मन्दिर हैं। यहां के स्मारक, नगर, पुरानी इमारतों के अवशेष, मध्ययुगीन किले, राजप्रासाद, मकबरे सभी पर्यटकों को आकृष्ट करने की क्षमता से परिपूर्ण हैं।

भारत जनसंख्या और क्षेत्रफल की दृष्टि से बहुत विशाल है और इसमें कई यूरोपीय देश समा जाएंगे, परन्तु पर्यटकों की संख्या की दृष्टि से भारत यूरोप के कई छोटे राष्ट्रों से भी पिछड़ा हुआ है। विश्व पर्यटन में भारत का अंश सिर्फ 0. 36 फीसदी है। विश्व पर्यटन में भारत की भागीदारी को बढ़ाने के लिए पर्यटन के सुनियोजित विकास की आवश्यकता है। यदि इस हेतु गंभीर प्रयत्न किये जायें तो देश में आने वाले विदेशी पर्यटकों की संख्या में 25 से 30 प्रतिशत प्रतिवर्ष की वृद्धि की जा सकती है। इस दिशा में पर्यटन विभाग प्रयासरत है।

भारत में 1981 में लगभग 12 लाख 80 हजार पर्यटक आये। 1991 में यह संख्या बढ़कर लगभग 16 लाख 78 हजार हो गयी। 1996 में लगभग 22 लाख 87 हजार 860 पर्यटक देश में आये और इस तरह 1996 में पर्यटकों की संख्या में 8 प्रतिशत की वृद्धि हुई।

इस प्रकार भारतीय अर्थव्यवस्था में भी पर्यटन की महत्वपूर्ण भूमिका रहेगी क्योंकि आज भी पर्यटन, रत्न-आभूषण तथा सिले-सिलाए वस्त्रों के उपरांत देश के लिए सर्वाधिक विदेशी मुद्रा अर्जित करने वाला उद्योग बन गया है। इसके साथ ही पर्यटन व्यवसाय ने 80 लाख व्यक्तियों को रोजगार उपलब्ध कराये हैं।

पर्यटन उद्योग के इस महत्व को दृष्टिगत रखते हुए ही पृथक्-पृथक् पंचवर्षीय योजनाओं के अन्तर्गत पर्यटन को विकसित करने के लिए अधिक ध्यान दिया गया। प्रथम पंचवर्षीय योजना में पर्यटन संबंधी स्पष्ट नीति का अभाव था। द्वितीय पंचवर्षीय योजना में विदेशी एवं घरेलू दोनों प्रकार के पर्यटन विकास पर जोर दिया गया।

तृतीय पंचवर्षीय योजना मुख्य पर्यटकों के आवास एवं आवागमन की सुविधाओं पर केन्द्रित थी। चतुर्थ पंचवर्षीय योजना में पर्यटन संबंधी मुख्य प्रयोजन विदेशी मुद्रा अर्जित करने के साथ-साथ रोजगार के लिए मौके उपलब्ध कराना

रहा। पांचवीं पंचवर्षीय योजना में पर्यटन विकास के लिए संसाधनों की कमी को देखते हुए इस दिशा में कोई विशेष उन्नति नहीं हुई।

छठी पंचवर्षीय योजना पर्यटन विकास के क्षेत्र में महत्वपूर्ण रही। इसमें योजना बनाने की अपेक्षा कार्यप्रणाली पर अधिक ध्यान दिया गया तथा विदेशी मुद्रा अर्जित करने के अतिरिक्त वृहत् आर्थिक विकास के पहलुओं पर ध्यान दिया गया।

7वीं पंचवर्षीय योजना में पर्यटन को उद्योग का दर्जा दिया गया साथ ही निजी क्षेत्रों से मिलने वाली सहायता को भी प्रोत्साहित किया गया तथा गैर-परम्परागत क्षेत्रों जैसे ट्रेकिंग एवं शीत खेलों के विकास पर बल दिया गया।

आठवीं पंचवर्षीय योजना में भी निजी भागीदारी बढ़ाने पर बल दिया गया तथा सभी राज्यों में पर्यटन सम्बन्धी आधारभूत सुविधाओं के विकास के लिए मास्टर प्लान बनाने पर ध्यान केंद्रित किया।

नौवीं पंचवर्षीय योजना में भी जोर पर्यटन को बढ़ावा देने के लिए आधारभूत सुविधाओं के विकास पर बल देने के साथ पृथक्-पृथक् राज्यों की पर्यटन नीति में पारस्परिक सामंजस्य का उद्देश्य सम्मिलित किया गया। योजना आयोग ने इस पंचवर्षीय योजना के समापन वर्ष 31 मार्च, 2002 तक पर्यटन विकास हेतु बजट में लगभग 511 करोड़ रुपये के व्यय का प्रावधान किया गया है।

पर्यटन के बढ़ते महत्व को देखते हुए ही वर्ष 1982 में सरकार ने राष्ट्रीय पर्यटन नीति घोषित की। आर्थिक उदारीकरण को दृष्टिगत रखते हुये राष्ट्रीय पर्यटन नीति में सन् 1991 में कुछ बदलाव किया गया। इस बदलाव का प्रमुख उद्देश्य इस प्रकार थे आर्थिक विकास में पर्यटन को आगत के रूप में उपयोग किया जाये क्योंकि इससे रोजगार उपलब्ध कराने एवं संसाधन जुटाने में सहायता मिलती है। पिछड़े क्षेत्रों के सामाजिक-आर्थिक विकास में पर्यटन की भूमिका के स्वीकार किया जाये। इन उद्देश्यों की प्राप्ति के लिए पर्यटन का विकास इस प्रकार किया जाये जिससे कि वातावरण एवं परितन्त्र में संतुलन बनाये रखा जा सके। इनके साथ ही राष्ट्रीय एवं अन्तर्राष्ट्रीय सद्भावना में वृद्धि हेतु पर्यटन की भूमिका को स्वीकार किया जाये।

उपर्युक्त उद्देश्यों को ध्यान में रखने के साथ-साथ कुछ, सुविधाओं जैसे-आवास की व्यवस्था, हवाई अड्डों, सड़कों एवं रेल व्यवस्था में सुधार तथा पर्यटन केन्द्रों पर स्वच्छता बनाये रखने तथा अल्प बजट वाले पर्यटकों को अतिरिक्त सुख-सुविधाएं एवं रियायतें प्रदान करने की व्यवस्था की जानी चाहिए। पर्यटकों को लोग अपने घरों में पेइंग गेस्ट के रूप में रख सकते हैं।

भारतीय अर्थव्यवस्था में अगर इसी तरह तेजी रही तो घरेलू एवं विश्वस्तर पर पर्यटकों की अतिशय वृद्धि को देखते हुए इन सुविधाओं के और अधिक विकास की आवश्यकता होगी। अतः इन सुविधाओं के विकास के साथ हमें अपनी पर्यटन विकास नीति इस तरह बनानी होगी कि हमारी परिस्थिति में किसी तरह का असंतुलन पैदा नहीं हो।

पर्यटन मौसम

पर्यटन मौसम का आशय क्या है? वास्तविक रूप से सम्पूर्ण संसार में पर्यटक बिखरे पड़े हैं और तदनुसार उनकी गतिविधियाँ और सेवाएँ चलती रहती हैं। आपने किसी होटल के मालिक को यह कहते सुना होगा कि इस बार का मौसम खराब था।

यहां वह अपनी व्यावसायिक गतिविधि के बारे में बात कर रहा है कि एक निर्धारित समय में उसे उम्मीद के मुताबिक फायदा नहीं हुआ। इस इकाई में हमने पर्यटन के विद्यार्थियों को यह बताने की कोशिश की है कि पर्यटन में मौसम का क्या अभिप्राय है? प्रारंभ में जलवायु और मौसम सम्बन्धी परिस्थितियों का जिक्र करते हुए बताया गया है कि इससे लोगों का एक स्थान से दूसरी स्थान पर जाना किस सीमा तक प्रभावित होता है। इसके उपरांत इसे विभिन्न प्रकार की मौसमीयता, इसके माप और स्थल पर पड़ने वाले असर की चर्चा की गई है। पर्यटन स्थल की कुछ विशेषताओं का भी उल्लेख किया गया है। इस प्रकार की सूचनाओं से युक्त पर्यटन पेशेवर अपने ग्राहकों की शंकाओं का निवारण कर सकते हैं। आम जागरूकता कुछ करने में सहायता कर सकते हैं।

जलवायु का निर्धारण

उत्तरी अक्षांश में मौसम के अनुसार एक साल को प्रमुख रूप से चार खण्डों में विभाजित किया जा सकता है   बसन्त (21 मार्च से 20 जून), ग्रीष्म (21 जून से 22 सितम्बर), शरद् (23 सितम्बर से 21 दिसम्बर) एवं शीत (22 दिसम्बर से 20 मार्च)।

जलवायु के परिवर्तन से मौसम बदलते हैं तथा उसका असर जीवन के हर क्षेत्र में पड़ता है। मनुष्य भी जलवायु में होने वाले परिवर्तनों से अछूता नहीं रह जाता। किसी क्षेत्र में पिछले सालों से जो मौसम बना होता है। वही उस क्षेत्र की जलवायु होती है। मौसम के कुछ आधारभूत कारक इस प्रकार से हैं

1. वायुमंडलीय दबाव।
2. हवा की आर्द्रता।
3. हवा की गति और दिशा।
4. बरसात का प्रकार और आकार।
5. हवा का तापमान।
6. घटा का प्रकार और आकार।

उपर्युक्त तत्वों का मापन करने से एक जगह पर किसी भी समय में मौसम को निर्धारित किया जा सकता है। कालखंड एवं स्थान के परिवर्तन से मौसम के निर्धारण में बदलाव होता रहता है। परन्तु सामान्य रूप में एक स्थान वर्षों तक समान मौसम बना रहता है। पिछले वर्षों के औसत मौसम को ही उस स्थल विशेष की जलवायु के रूप में माना जाता है।

पृथ्वी अपनी धुरी पर घूमने के साथ-साथ सूर्य का भी चक्कर लगाती है और 23.27 डिग्री पर झुकी है। भूमध्य रेखा का झुकाव भी इस ओर है। इन सब कारणों के अतिरिक्त मौसम अन्य कारकों से भी प्रभावित होता है।

किसी भी क्षेत्र के जलवायु का निर्धारण उस क्षेत्र की भौगोलिक स्थिति और भू-आकृति से सम्बन्धित विशेषताओं के आधार पर होता है। भारत की जलवायु मानसून से परिचालित होती है।

पर्यटन से जुड़े लोगों को सभी तरह की मौसम सम्बन्धी जानकारियाँ होनी चाहिएँ। किसी भी स्थान के सम्बद्ध में सबसे पहले आपसे सवाल पूछा जाएगा क्या घूमने के दौरान बरसात की संभावना होगी? घूमने के लिए सबसे अच्छा मौसम कौन-सा है, इत्यादि।

उपर्युक्त कारणों से मौसम की जानकारी रखना जरूरी हो जाता है। आपको जानना चाहिए कि इस दिशा में संचार माध्यम प्रमुख भूमिका अदा करते हैं। रेडियो एवं टेलीविजन द्वारा प्रतिदिन मौसम संबंधी समाचार प्रसारित किए जाते हैं। समाचार-पत्र में भी मौसम सम्बन्धी समाचार छपते हैं। इसके द्वारा विभिन्न रिपोर्टों और चार्टों आदि के द्वारा आप विश्व भर के मौसम की जानकारी रख सकते हैं।

पर्यटन पर मौसम का प्रभाव

पर्यटन पर मौसम का बहुत अधिक प्रभाव पड़ता है। और मौसम का बदलाव जलवायु के बदलाव से होता है। गर्मियों के मौसम में लोग समुद्रतटी इलाकों की तरफ आते-जाते हैं एवं जाड़े के दिनों में गर्म स्थलों की ओर रवाना होते

हैं। इसी वजह से भारत में हिल स्टेशनों का विकास हुआ। गर्मी के दिनों में जब भारत के मैदानी क्षेत्रों में तापमान बढ़ जाता है तब पहाड़ियों पर ठंड होती है एवं आनन्ददायक मौसम होता है। ब्रिटिश शासन के दौरान शासकों ने अपने आराम के लिए हिल स्टेशनों का निर्माण और विकास किया। गर्मी से बचने के लिए वे हिल स्टेशनों की शरण लेते थे। भारत के मुख्य हिल स्टेशनों में श्रीनगर, गुलमर्ग, पहलगाम, शिमला, कुल्लू, मनाली, मसूरी, शिलांग, माउंट आबू, कोडइकनाल और ऊटी शामिल हैं। गर्मी के मौसम में लाखों अंतर्राष्ट्रीय एवं घरेलू पर्यटक इन पहाड़ियों एवं झीलों पर जाते हैं। वस्तुतः यहां गर्मी से राहत मिलती है इसमें से कुछ स्थान जाड़े के दिनों में शीतकालीन खेल खेलने के लिए भी प्रसिद्ध हैं।

भारत में 5,700 कि. मी. लम्बा समुद्रतट है जो गर्मी के दिनों में तुलनात्मक दृष्टि से ठंडा और जाड़े के दिनों में अपेक्षाकृत गर्म रहता है। गोवा, कोवलम, मसल्लपुरम, पुरी, कोणार्क, गोपालपुर, समुद्रतट आदि बीच अंतर्राष्ट्रीय स्तर के हैं और इन बीचों के विकास से सामुद्रिक परिभ्रमण को अत्यधिक प्रोत्साहन मिला है। भारत की जलवायु में विभिन्नता होने के कारण यहां समुद्रतटीय और पहाड़ पर्यटन के विकास में काफी मददगार है।

सम्पूर्ण विश्व में पर्यटकों के भ्रमण पर जलवायु का प्रमुख प्रभाव पड़ता है। प्रत्येक सैलानी उचित मौसम में ही घूमना चाहते हैं। मसलन पर्यटन की दृष्टि से गर्मी का मौसम पहाड़ी क्षेत्रों के लिए सर्वश्रेष्ठ मौसम होता है। ग्रीष्म ऋतु में लाखों पर्यटक यूरोप में भूमध्यसागर पर बने तटों एवं संयुक्त राज्य के पश्चिमी तटों की तरफ भागते हैं। शीतकाल में पर्यटक गर्म प्रदेशों की तरफ जाते हैं। इनमें भारत भी शामिल है। भारत में गर्मी भी ज्यादा पड़ती है और ठंड भी, जबकि केरल में ऊष्णकटिबंधीय समुद्री जलवायु है, जहाँ गर्मी होती है। हवा में नमी, जलवायु में इस विविधता के कारण लाखों लोग पृथक्-पृथक् मौसम में एक जगह से दूसरे स्थान आते-जाते हैं। सामान्यतया गर्मी के दिनों में उत्तर से दक्षिण की ओर उत्तर-पूर्व मानसून में दक्षिण से उत्तर की ओर पर्यटकों का प्रस्थान होता है।

पर्यटकों को लुभाता भारतीय मौसम

भारत में नये साल की शुरुआत विभिन्न उत्सवों से होती है। नए साल के पहले दिन को ही पूरे राष्ट्र में अत्यन्त धूमधाम एवं उत्साह से मनाया जाता है। इसी महीने में तमिलनाडु, कर्नाटक और आंध्र प्रदेश में सफल कटाई का त्योहार पोंगल, मनाया जाता है। इस दिन नये धान का भात बनाकर सूर्यदेव को भोग दिया जाता

है। शान्ति निकेतन में पशुओं को सजाकर पशु मेले में ले जाया जाता है। उत्तर भारत में इसी महीने मकर संक्रान्ति मनाया जाता है।

गुजरात के अहमदाबाद की पतंगबाजी बहुत ही ज्यादा प्रसिद्ध है। इस दिन पूरा आकाश रंग-बिरंगी पतंगों से भर जाता है। इस त्योहार के दौरान पतंगबाजी होती है, सांस्कृतिक कार्यक्रम आयोजित किए जाते हैं, भू-जनोत्सव होता है एवं खूबसूरत, कलाकृतियों की प्रदर्शनी लगाई जाती है। सामाजिक जीवन में पर्व-त्योहार का विशेष स्थान होता है। बहुत से लोकनृत्यों का आयोजन विशेष पर्वों तथा मेलों में होता है। उत्तराखंड मेलों, पर्वों और त्योहारों की धरती है। यहाँ के समाज को त्योहार प्रिय हैं। वे बड़ी आतुरता से ऐसे आयोजनों की प्रतीक्षा करते हैं। जीवन की समस्याओं और चुनौतियों का सामना वे हँसते-हँसते करते हैं।

उत्तराखण्ड में मेले, पर्व त्योहारों का आयोजन इसे स्वर्ग बना देता है। जहां तक पर्वों की बात है उत्तराखंड में सभी त्योहार विधि-विधानपूर्वक मनाए जाते हैं, इसलिए यह कहना सही होगा कि उत्तराखंड के त्योहार और मेलों से यहां की प्राचीन जीवन शैली की आत्मा की झलक दिखाई देती है। ये मेले हमारी सभ्यता, संस्कृति तथा धार्मिक भावनाओं के प्रेरणास्रोत हैं। इसके साथ ही सामाजिक सौहार्द को बढ़ावा मिलता है। 26 जनवरी के दिन हमारे देश में गणतंत्र दिवस मनाया जाता है। यह एक राष्ट ्रीय पर्व है और सन् 1950 में भारत के गणतंत्रात्मक देश घोषित होने के उपलक्ष्य में यह त्योहार मनाया जाता है। इस दिन प्रत्येक राज्य की राजधानियों में राष्ट्रीय ध्वज फहराया जाता है और परेड आयोजित की जाती हैं।

26 जनवरी को दिल्ली के राज पथ पर व्यापक समारोह का आयोजन होता है जिसमें सभी प्रदेशों के प्रतिनिधि अपनी-अपनी कला को प्रदर्शित करते हैं। जनवरी के महीने में हाथियों का जुलूस पर्यटकों के आकर्षण का मुख्य केन्द्र है। इस दिन त्रिचुर में 100 से भी अधिक हाथियों को सजाकर उनकी दौड़ आयोजित की जाती है। जनवरी के अन्त एवं फरवरी के शुरू में पश्चिम बंगाल में गंगा के मुहाने पर गंगा सागर नामक मेला लगता है, जहाँ लाखों तीर्थयात्री स्नान करने पहुंचते हैं। फरवरी का महीना भी पर्वों तथा त्योहारों के रंग से रंगा हुआ है।

प्रत्येक वर्ष फरवरी-मार्च के महीने में थार मरुस्थल में स्थित नागौर में एक अद्वितीय पशु मेला लगता है। इस मेले में हजारों घोड़े, ऊंट, एवं अन्य जानवर लाये और खरीदे-बेचे जाते हैं। अतिथियों के मनोरंजन के लिए इस मेले में लोकनृत्य, संगीत और सांस्कृतिक कार्यक्रमों का आयोजन किया जाता है। इसी महीने में जैसलमेर का मरुभूमि मेला और कोटा का हाड़ोती उत्सव राजस्थान मेला लगता है। जहाँ गाँव के माहौल में देश से आए हस्तशिल्पों की प्रदर्शनी लगाई जाती है।

यहाँ ग्रामीण भारत की झलक दिखाई देती है और इसी से सम्बद्ध सांस्कृतिक कार्यक्रम आयोजित किए जाते हैं तथा विभिन्न प्रकार के खाद्य पदार्थों की दुकानें लगाई जाती हैं। यहाँ सूरजकुण्ड में ग्रामीण भारत की छटा दिखाई पड़ती है और वहीं खजुराहो के मंदिरों में सप्ताह भर का नृत्य समारोह आयोजित किया जाता है। यहां देश भर के शास्त्रीय नृत्य का आयोजन होता है। इस उत्सव के समय शास्त्रीय नृत्य एवं मंदिर के गहरे सम्बन्ध को दिखाया जाता है।

भारत के दक्षिण प्रदेशों के अलावा पूरे देश में होली के पर्व को अत्यन्त ही धूम-धाम से मनाया जाता है। प्रत्येक उम्र के लोग रंग के इस त्योहार में भाग लेते हैं और एक-दूसरे पर रंग, अबीर उंड़ेलते हैं। इस पर्व के ठीक पूर्व बसंत पंचमी का त्योहार आता है जिस दिन विद्या की देवी सरस्वती की पूजा-अर्चना की जाती है। मार्च का महीना भी कम रंगीला नहीं है। शिवरात्रि के दिन परमपिता शिव की पूजा की जाती है। इस दिन मंदिर में भक्तों की भारी भीड़ लग जाती है एवं पूरे दिन और रात लोग शिवरात्रि का त्योहार मनाते हैं। अप्रैल के महीने में बैशाखी का त्योहार आता है। पूरे भारत में हिन्दुओं के नववर्ष का आरम्भ इसी दिन से माना जाता है और इसी उपलक्ष्य में यह पर्व मनाया जाता है। पंजाब में यह पर्व पूरे उत्साह के साथ मनाया जाता है। और हर ग्राम में लोग भांगड़ा नृत्य करते हैं। जयपुर में महीने भर का गणगौर मनाया जाता है। इसे गंभीर पर्व के नाम से जाना जाता है। उत्सव के अन्तिम दिन गौरी देवी की पूजा-अर्चना की जाती है एवं रथ यात्रा निकाली जाती है। इसमें नृत्य, संगीत के साथ-साथ सजे हुए ऊंटों, घोड़ों तथा हथियारों पर गौरी देवी की मूर्ति रखकर शोभायात्रा निकाली जाती है।

भारत के दक्षिणी क्षेत्र मदुरई में हर साल देवी मीनाक्षी और उनके पति सुन्दरेश्वर का ब्याह रचाया जाता है जो चित्रई त्योहार के नाम से प्रसिद्ध है। इस पर्व के अन्त में रथों पर देवी-देवताओं की एक शोभायात्रा निकाली जाती है। इस तरह केरल के त्रिचूर में पुरम नाम से एक ऐसा ही मंदिर उत्सव मनाया जाता है और हाथियों पर देवी-देवताओं की शोभा यात्रा निकाली जाती है और मंदिर के ढ़ोल बजाए जाते हैं।

चांद के हिसाब से मुस्लिम समुदाय ईद मनाता है। रमजान, उपवास के महीने के अन्तिम दिन नमाज अदा की जाती है, परिवार के लोग एक-दूसरे से मिलते हैं और तरह-तरह के पकवान बनाये जाते हैं।

सूफी संत ख्वाजा मोइनुदीन चिश्ती के ईश्वर से प्रतीकात्मक मिलन के उपलक्ष्य में राजस्थान में अजमेर की दरगाह पर उसे मनाया जाता है। इस महीने

में गंगटोक में आयोजित किया जाने वाला अंतर्राष्ट्रीय फूल मेला अपने आप में अद्‌भुत है। इसमें 500 से अधिक फूलों के किस्मों की प्रदर्शनी लगाई जाती है।

जून के महीने में भारत के मैदानी क्षेत्रों में जब गर्म हवा चल रही होती है उस समय लेह में हेमिस पर्व महोत्सव मनाया जा रहा होता है। इस दिन हेमिस मठ के आंगन में मुखौटा नाच पेश किया जाता है। जून-जुलाई में पुरी में आयोजित होने वाली रथयात्रा एक प्रमुख मंदिर उत्सव है। इस दिन 14 मीटर ऊँचे प्राचीन एवं विशाल रथ भगवान की शोभा यात्रा निकाली जाती है। इसके अलावा इस शोभा यात्रा में और भी अनेक रथों को सम्मिलित किया जाता है। इन सभी रथों को भक्तगण खींचते हैं और भगवान जगन्नाथ के प्रति अपनी आस्था व विश्वास जताते हैं। जुलाई के महीने में पूरे भारत में मुसलमान ईद उल जुहा अथवा बकरीद का पर्व मनाते हैं। इसी दिन अल्लाह के आदेश का पालन करते हुए पैगम्बर इब्राहिम ने अपने पुत्र की बलि चढ़ाई थी। इसी की याद में यह पर्व मुस्लिम समुदाय मनाता है।

15 अगस्त 1947 को भारत स्वाधीन हुआ था इसलिए प्रत्येक साल इस दिन को स्वतंत्रता दिवस के रूप में मनाया जाता है। ध्वजा-रोहण, परेड़, सांस्कृतिक कार्यक्रम इस दिन के मुख्य आकर्षण होते हैं। इस दिन प्रधानमंत्री राष्ट्रीय ध्वज तिरंगे को फहराते हैं तथा लालकिले की प्राचीर से राष्ट्र को संबोधित करते हैं।

अगस्त और सितम्बर के महीने में प्रभु श्रीकृष्ण के जन्मोत्सव को पूरे भारतवर्ष में मनाया जाता है। इसपर्व में कृष्ण लीलाएं होती हैं एवं मंदिरों में पूजा-अर्चना की जाती है।

मणिपुर में 'रास-लीला' नृत्य का आयोजन किया जाता है। मथुरा और वृंदावन, जहां कृष्ण ने अपना बालपन और जवानी व्यतीत की थी, में यह उत्सव अत्यधिक धूमधाम के साथ मनाया जाता है। केरल में फसल कटाई का त्योहार ओणम उत्सव एक उमंग से भरा पर्व है। इस छोटे से राज्य के सभी लोग आयु, लिंग, जाति और धर्म का भेदभाव भूलकर प्रिय राजा महाबलि की वापसी का स्वागत करते हैं तथा इस उपलक्ष्य में अपने घरों को सजाकर आकर्षक बना देते हैं। एल्लेच्पे और अरनमुला में आयोजित होन वाली नेहरू नौका दौड़ इस उत्सव का प्रमुख आकर्षण होती है।

महाराष्ट्र, तमिलनाडु, आंध्र प्रदेश एवं कर्नाटक में सितम्बर माह में गणेश चतुर्थी मनाई जाती है। सात दिनों तक गणेश भगवान की पूजा अर्चना की जाती है। और फिर इसकी शोभायात्रा निकालकर समुद्र, नदी अथवा झील में इन्हें

विसर्जित किया जाता है। शोभायात्रा के दौरान गीत गाते एवं झूमते भक्तगण नजर आते हैं।

2 अक्टूबर को राष्ट्रपिता महात्मा गांधी का जन्म दिन है। इसे गांधी जयंती के रूप में मनाया जाता है। इस दिन पूरे राष्ट्र में प्रार्थना सभाएं आयोजित की जाती हैं। नवंबर के महीने में दीपावली त्योहार मनाया जाता है। यह भारत का एक प्रमुख त्योहार है। इस दिन सम्पूर्ण राष्ट्र दीपों से जगमगा उठता है। लोग एक-दूसरे को मिठाइयाँ खिलाते हैं। दिसम्बर के महीने की 25 तारीख को क्रिसमस मनाया जाता है।

2

भारतीय पर्यटन नीति एवं नियोजन

वर्तमान समय में पर्यटन भी एक उद्योग का रूप ले चुका है। यह अतिथि एवं अतिथेय दोनों को प्रभावित करती है। इसका अर्थव्यवस्था में भी महत्वपूर्ण योगदान है। पर्यटन विकास को केवल बाजार की शक्तियों के सहारे नहीं छोड़ा जा सकता क्योंकि अगर पर्यटन वृद्धि पर नियन्त्रण नहीं रखा जाएगा तो यह पर्यटन से सम्बन्धित संसाधनों को समाप्त कर देगी। पर्यटन के लिए नीति एवं नियोजन सावधानीपूर्वक की जाती है। नीति से जुड़े लक्ष्यों को पूर्ण करने के लिए पर्यटन नीति तैयार करना एवं योजनाएँ बनाना अत्यंत महत्त्वपूर्ण काम है। पर्यटन विश्व की अर्थव्यवस्था में अहम् भूमिका निभाता है। यह न केवल विकासशील देशों के लिए ही एक प्रमुख आर्थिक गतिविधि है वरन् बहुत से विकसित राष्ट्रों के लिए भी उतना ही महत्त्वपूर्ण है। आज पर्यटन विश्व का सबसे विशाल उद्योग है। 1994 में पर्यटन से आमदनी 321 अरब अमरीकी डॉलर थी। इसमें 12 करोड़ 70 लाख लोगों को सम्पूर्ण विश्व में रोजगार उपलब्ध हुआ। 330 खरब डॉलर के निवेश पर निर्भर यह दुनिया का सर्वाधिक विशाल उद्योग है और इसने खनिज तेल की खोज एवं मोटर गाड़ियों के उत्पादन इत्यादि को भी पीछे छोड़ दिया है। हालांकि कुछ राष्ट्रों के पास लगभग एक जैसे संसाधन हैं। तथापि हम देखते हैं कि उनमें से कुछ देशों में पर्यटन की दृष्टि से दूसरे राष्ट्रों की अपेक्षा पर्यटकों की अधिक संख्या आती है और ऐसे देश दूसरे देशों की तुलना में लगभग विदेशी मुद्रा विनिमय अर्जित करते हैं। सम्बद्ध दशा की सरकारों की पर्यटन नीति में इसकी वजह मौजूद है।

किसी भी राष्ट्र या पर्यटन स्थल में पर्यटन के विकास के लिए एक निर्धारित योजना और उद्देश्य होना चाहिए। अधिक से अधिक लाभ कमाने, अनियंत्रित जन पर्यटन के निषेधात्मक असर को समाप्त करने अथवा रोकने के लिए और निरन्तर विकास के लिए ऐसा करना जरूरी है। इस तरह निम्नलिखित कारणों से पर्यटन नियोजन की आवश्यकता पड़ती है विकास को समुचित निर्देशन देने के लिए,

निषेधात्मक असर रोकने के लिए किसी स्थल का विपणन करने के लिए, सेवाओं की गुणवता बढ़ाने के लिए, मानव संसाधनों को प्रशिक्षित करने के लिए, विकास के क्षेत्रों को पहचानने के लिए, सार्वजनिक एवं निजी क्षेत्रों की भूमिका का संयोजन नियमन करने एवं कानून पढ़ाने के लिए विकास हेतु पर्यटन के विविध प्रकार के चुनाव के लिए।

अधिकांश राष्ट्रों की सरकारें पर्यटन नीति निर्माण और लक्ष्य निर्धारण को प्रधानता देने लगी हैं। उद्देश्य की पूर्ति के लिए समुचित नियोजन एवं योजना की निगरानी की आवश्यकता पड़ती है। इस नियोजन प्रक्रिया में निम्नलिखित चरणों से गुजरना होता है आगे बढ़ने से संबंधित सुझाव, सुधार एवं पुनर्मूल्यांकन की जानकारी प्राप्त करना, कार्यान्वयन के नतीजे की लगातार सूचना प्राप्ति, मूल्यांकन की जानकारी की प्राप्ति, वर्तमान स्थिति आदि के संदर्भ में विकास क्षेत्र की तालिका प्राप्त करना, परियोजना का लक्ष्य और उद्देश्य का निर्धारण, योजना एवं सुझावों को व्यवहार में लाना, व्यावहारिक परिस्थिति को देखते हुए विकास की नीति का निरूपण परियोजना का अध्ययन एवं इसकी शर्तों को पहचानना, सर्वेक्षण के नतीजों का विश्लेषण, संश्लेषण एवं इसके प्रति अपनाया जाने वाला रवैया।

भारत में पर्यटन नीति की घोषणा (1982)

भारत के संविधान में पर्यटन को विषय के रूप में शामिल नहीं किया गया है। 1950 में परिवहन मंत्रालय के एक अंग के रूप में इसे मान्यता प्राप्त हुई। पर्यटन विभाग की स्थापना 1965 में हुई एवं उसी समय राज्य सरकारों ने भी अपने पर्यटन विभागों तथा पर्यटन विकास निगमों की स्थापना की। नवंबर 1982 में भारत सरकार ने पहली बार अपनी पर्यटन नीति की घोषणा की एवं इसका मुख्य उद्देश्य विदेशी पर्यटकों के समक्ष भारत को एक आकर्षक पर्यटन स्थल के तौर पर प्रस्तुत करना था।

पर्यटन नीति में विभिन्न उपाय बतलाये गये हैं जिनमें पर्यटकों को आकृष्ट करने के लिए राष्ट्रीय विरासत का उपयोग, निजी उद्योग की भागीदारी के लिए आमंत्रण, पर्यटन को निर्यात उद्योग का दर्जा देना, यात्रा-कार्यक्रमों के विकास के लिए विशेष दृष्टिकोण अपनाना आदि प्रमुख हैं।

पर्यटन विकास को ध्यान में रखते हुए इस नीति में निम्न प्रयाजनों का समावेश किया गया है

1. पर्यटन से समाज एवं राज्य दोनों को सामाजिक आर्थिक फायदा होता है।

लोगों को रोजगार मिलता है, आय बढ़ती है और राज्य को राजस्व और विदेशी मुद्रा प्राप्त होती है। सामान्य रूप से सभी लोगों के जीवन-स्तर उच्च होता है।

2. यह राष्ट्रीय अंतर्राष्ट्रीय स्तर पर एक जोड़ने वाली शक्ति बनेगी और भ्रमण के द्वारा आपसी समझ विकसित होगी।

3. इससे राष्ट्र के नवयुवकों को न केवल रोजगार मिलता है वरन् खेलकूद, रोमांच और इसी प्रकार के राष्ट्रीय चरित्र निर्माण संबंधी गतिविधियों में सम्मिलित होने का अवसर भी मिलता है। राष्ट्र के युवाओं को सही दिशा दिखाने में पर्यटन एक कारगर हथियार बन सकता है।

4. इससे दुनिया की नजर में हमारी नई तस्वीर बनेगी और हमारी जीवन शैली, सांस्कृतिक अभिव्यक्ति और विरासत के नवीन आयाम सामने आ सकेंगे। परम्परा को अक्षुण्ण बनाये रखने के साथ इसके नए आयामों से परिचित कराना पर्यटन का प्रमुख उद्देश्य होगा। पर्यटन सम्पन्नता लाता है पर इसके साथ-साथ हमें यह भी ध्यान रखना होगा कि इससे हमारी सामाजिक एवं सांस्कृतिक पहचान और मूल्य नष्ट न हों और न ही हमारे प्राकृतिक संसाधनों को क्षति पहुंचे। इसके विरुद्ध इन्हें इस रूप में विकसित करना चाहिए कि हमारी सामाजिक एवं सांस्कृतिक शक्ति में बढ़ोतरी हो। पर्यटन में भारत को अपनी शर्तों पर अपने को प्रस्तुत करना चाहिए तथा दूसरे राष्ट्रों की संस्कृतियों तथा जीवन शैलियों का अनुकरण कभी नहीं करनी चाहिए।

5. घरेलू तथा अन्तर्राष्ट्रीय पर्यटन के द्वारा देश के नवयुवकों को एक दूसरे को समझने में मदद मिलती है। इससे उन्हें एक दिशा प्राप्त होती है, राष्ट्रीय एकता एवं सामंजस्य के पथ पर चलने का एक सकारात्मक अवसर मिलता है।

इस नीति में अन्तर्राष्ट्रीय पर्यटन को विदेशी मुद्रा अर्जन का प्रमुख स्रोत माना गया है और इसके विकास को प्रधानता दी गई है।

पर्यटन के विषय में कहा गया है कि पर्यटकों में सर्वाधिक संख्या घरेलू सैलानियों की होती है। हालांकि अखिल भारतीय स्तर पर घरेलू पर्यटकों की सांख्यिकी सुलभ नहीं है पर रेलवे और बसों में यात्रा कर रहे यात्रियों का अनुमान लगाया जा सकता है। हमारे यहाँ लाखों लोग रोजाना तीर्थयात्रा के लिए स्वतः प्रेरित होकर घूमने के लिए निकलते हैं। इन लोगों को समुचित सुविधा मुहैया कराना सरकार का दायित्व है।

भारत में अधिकतर विदेशी सैलानी पुरातात्विक और स्मारकीय स्थलों को

देखने के उद्देश्य से आते हैं। यह अनेक सर्वेक्षणों एवं अध्ययनों से भी हमारे समक्ष आया है। हालांकि इन स्मारकों की देखभाल एवं रख-रखाव का उत्तरदायित्व भारतीय पुरातत्व सर्वेक्षण विभाग पर है परन्तु यह मशविरा दिया गया है कि इन स्थलों पर योजनाबद्ध तरीके से पर्याप्त पर्यटन सुविधाओं का प्रबंध किया जाना चाहिए। इसके लिए राज्य सरकार के साथ-साथ संबद्ध एजेंसियों की भी सहायता ली जानी चाहिए इसका उद्देश्य पुरातात्विक स्मारकों की समृद्ध विरासत का पूरा सदुपयोग करना है। धार्मिक स्थलों, हमारे लोक नृत्य-संगीत इत्यादि को देखने के लिए समस्त विश्व से पर्यटक भारत में पहुँचते हैं।

पर्यटन में केन्द्र एवं राज्य सरकार के साथ निजी क्षेत्रों एवं शैक्षिक तथा सांस्कृतिक संगठनों का भी दखल है। पर्यटन एक व्यापक गतिविधि है, यह कोई मूर्त उपभोक्ता वस्तु नहीं है, अतएव राष्ट्रीय मापदण्ड पर इसके पूर्व प्रभाव को आंकना मुश्किल हो सकता है। परंतु जहाँ मापदण्ड स्पष्ट है और किसी विशेष परिस्थिति के संदर्भ में पर्यटन को आंकना है, वहाँ ऐसा संभव होता है, जैसे गुलमर्ग शीतकालीन खेलकूद परियोजना में लागत या लाभ के अध्ययन से ज्ञात होता है कि 25 से 30 वर्षों की अवधि में शीतकालीन खेलकूद विकास से लगभग 600 करोड़ रुपए मूल्य का कुल सामाजिक फायदा हुआ है। अंतर्राष्ट्रीय पर्यटन क्षेत्र में 1979-80 में विदेशी मुद्रा अर्जन में 20.4 प्रतिशत की वृद्धि हुई जबकि भारत में यह वृद्धि दर 12.8 प्रतिशत रही। निर्यात रणनीति समिति ने 80 के दशक की अपनी रिपोर्ट में यह बात कही है। 1979 में कुल विश्व निर्यात में भारत का हिस्सा 10.42 प्रतिशत था जबकि विश्व पर्यटन आमदनी में इसका भाग 0.52 प्रतिशत तक सीमित रहा। यह याद रखना चाहिए कि भारत के लिए पर्यटन की दृष्टि से 1979 सबसे खराब वर्ष रहा था। यह सिद्ध तथ्य है कि यदि पर्यटन को पूरा अवसर मिले तो यह अन्तर्राष्ट्रीय व्यापार में अपने घाटे को कम कर सकता है। इसके साथ-साथ पर्यटन की दृष्टि से सक्षम क्षेत्रों को इससे सामाजिक-आर्थिक लाभ भी होता है।

पर्यटन नीति की कार्य योजना के अंतर्गत पर्यटन के लाभ युवकों में राष्ट्रीय एकता की भावना जागृत करना, युवा छात्रावास गतिविधियों का बढ़ावा एवं समस्त राष्ट्र में समन्वय और सामंजस्य की भावना को प्रसारित करना है। ऐसा अनुभव किया गया है कि इसमें देश के विभिन्न क्षेत्रों के युवाजन एक दूसरे को जान पहचान पाएंगे, समझ पाएंगे और देश के विभिन्न क्षेत्रों से परिचित हो सकेंगे। इस प्रकार भारत के युवक एक सूत्र में पिरोए जा सकेंगे। इसके अलावा पर्यटन के जरिए इनमें एक अंतर्राष्ट्रीय समझ भी उत्पन्न की जा सकेगी।

यह भी सलाह दी जाती है कि पर्यटन उद्योग के निवेश को प्रचुर बनाने के लिए भारत सरकार के सभी संबद्ध मंत्रालयों से आर्थिक एवं अन्य प्रकार की सहायता प्राप्त करने का हरसंभव प्रयत्न किया जाएगा। इस प्रक्रिया में इस तथ्य को समक्ष रखने की कोशिश की जाएगी। हमारे राष्ट्र को अपने विकास कार्यों के लिए विदेशी मुद्रा की सख्त आवश्यकता है। पर्यटन उद्योग विदेशी मुद्रा के अर्जन में मददगार हो सकता है। इंजीनियरिंग के सामान, हथकरघा और हस्तशिल्प उद्योग एवं अन्य निर्यातोन्मुख उद्योगों द्वारा अर्जित विदेशी मुद्रा में भी इसमें वृद्धि होगी। इस सम्बन्ध में पर्यटन उद्योग को निर्यातोन्मुख उद्योग का दर्जा दिलाने का भी प्रयत्न किया जाएगा। इस नीति के तहत संरक्षण और विकास के मध्य संतुलन स्थापित किया जाएगा। ताकि

1. पर्यावरण की दृष्टि से संवेदनशील प्रदेशों की पारिस्थितिक व्यवस्था में कोई असंतुलन कायम न हो, और
2. पुरातात्विक स्मारकों आदि की लूट-खसोट न हो।

पर्यटन के लिए बनी योजनाओं का महत्व

केन्द्र एवं राज्य सरकार पर्यटन की प्रसारणशील दुनिया में उचित योजना पर अधिक से अधिक बल देती है। यह पर्यटन प्रोत्साहन और गन्तव्य क्षेत्र के भौतिक, सामाजिक तथा सांस्कृतिक पर्यावरण को सुरक्षित रखने में सरकारों के मध्य संतुलन निर्धारित करने के लिए किया जाता है। पर्यटन विकास से संबंधित क्रियाओं में योजना के महत्व का उद्देश्य पर्यटन संबंधी क्रियाओं एवं स्थानीय पर्यावरण के मध्य संतुलन बनाए रखना है। ऐसा मुख्य रूप से विकासशील राष्ट्रों में है। यहाँ यह असर सबसे सबल है क्योंकि उन्हें ऐसी संरचनात्मक सुविधाएँ विकसित करनी चाहिएँ जो किसी भी पर्यटन क्षेत्र की सांस्कृतिक विशेषताओं को सुरक्षित रख सकें एवं हर प्रकार के सामाजिक, आर्थिक विकास को प्रोत्साहित भी करें। पर्यटन विकास के लिए पर्यावरण की रक्षा करना आवश्यक है।

इस तरह के प्रयास पर्यटन से उद्योग को बढ़ावा मिलेगा। विकासशील निर्णय लेने से पहले वैज्ञानिक तकनीकियों का इस्तेमाल करते हुए योजनाबद्ध मूल्यांकन एवं विश्लेषण करना चाहिए। ये पर्वतीय पर्यावरण के संवेदनशील प्रतिवेशों, वन्य जीवों एवं तटीय रिसॉर्ट एवं दूसरे परम्परागत सांस्कृतिक नजरिये से संवेदी गन्तव्यों पर अधिक क्रियान्वित होते हैं। इस प्रकार पर्यटन विकास के हरेक कार्यक्रम का मौलिक उद्देश्य सकारात्मक प्रभावों को बढ़ावा देना और गंतव्य क्षेत्रों के सामाजिक,

आर्थिक एवं भौतिक पर्यावरण पर पड़ने वाले निरोधात्मक प्रभावों को घटाने वाला होना चाहिए।

पर्यटन नियोजन का अभिप्राय

पर्यटन विकास के लिए पंचवर्षीय योजनाओं में भी इसे शामिल किया गया है जो स्थानीय और राष्ट्रीय स्तर पर पर्यटन नियोजन से जुड़े हुए हैं।

1. अधिक से अधिक सैलानियों को आकर्षित करने और उनके ठहरने की अवधि को बढ़ाने के लिए हिमालय, रेतीले तटों वाले सुनहरी धूप से विशाल समुद्र तटीय क्षेत्र एवं वन्य जीव जैसे पर्यटन संसाधनों का उपयोग करके ट्रैकिंग, शीतकालीन क्रीड़ा, वन्य जीव पर्यटन और तटीय रिसॉर्ट जैसे-परम्परागत क्षेत्रों को विकसित करना चाहिए।
2. सांस्कृतिक और ऐतिहासिक महत्व की राष्ट्रीय विरासत की परियोजनाओं का पुनरुद्धार और संतुलित विकास हो जिससे भारत एक सांस्कृतिक पर्यटन स्थल के रूप में स्थापित हो सके। साथ ही पर्यटन का राष्ट्रीय विरासत के संरक्षण में मुख्य तौर पर उपयोग हो सके।
3. सीमित संसाधनों को बहुत अधिक क्षेत्रों केन्द्रों में विस्तृत करने के बजाय कुछ ऐसे चुने हुए पर्यटन क्षेत्रों एवं केंद्रों को विकसित किया जाए जो पर्यटकों में प्रसिद्ध हों।

वृहत् मध्य और लघु आयामी पर्यटन कॉम्पलेक्स की योजना विकास पर्यटन संसाधनों और पर्यटन गतिविधियों को संघटित कर सकेंगी। इससे एक ओर तो सामाजिक, आर्थिक एवं पर्यावरणात्मक उद्देश्यों की दृष्टि से और दूसरी ओर पर्यटकों की ढांचागत सुविधाओं की आवश्यकताओं की दृष्टि से अधिकतम फायदा प्राप्त हो सकेगा। पर्यावरणीय संरक्षण को ध्यान में रखते हुए विविध गंतव्य क्षेत्रों के लिए प्रायोजित कई पर्यटन गतिविधियों की ढांचागत सुविधाओं की मांग की आपूर्ति का प्रबंध पर्यटन विकास योजनाओं के द्वारा किया जाना चाहिए। पर्यटन गतिविधि क्षेत्र अपने भीतर विभिन्न प्रकार के उद्देश्यों को समेटे हुए हैं मनोरंजन और अवकाश व्यतीत करने के लिए क्षेत्र जैसे समुद्र तट के रिसॉर्ट, विशेष दिलचस्पी के क्षेत्र अर्थात् वन्य जीव क्षेत्र आकर्षक वनस्पति और प्राणी समूह के क्षेत्र, पक्षी विहार इत्यादि; धार्मिक पर्यटन क्षेत्र, जैसे तीर्थ स्थल और मंदिरों के शहर। सहनशील मनोरंजन के लिए प्राकृतिक सौंदर्य के विस्तृत क्षेत्र साहसिक पर्यटन क्षेत्र अर्थात् वन्य जीव क्षेत्र आकर्षक वनस्पति और प्राणी समूह के क्षेत्र

पक्षी विहार इत्यादि। अनुकूल जलवायु वाले सुखदायी क्षेत्र यथा पर्वतीय रिसॉर्ट, ऐतिहासिक स्थल, स्मारकीय कॉम्पलेक्स, मेले एवं उत्सवों वाले केन्द्रों सहित सांस्कृतिक पर्यटन के क्षेत्र।

भौतिक सुविधाओं का विकास

यदि पर्यटन को किसी क्षेत्र के विकास कार्यों के अभिन्न घटक के रूप में प्रभावी तरीके से कार्य करना है तो पर्यटन से संबंधित भौतिक अधिसरंचनात्मक सुविधाओं का विकास जरूरी है। अधिसंरचनात्मक सुविधाओं की कल्पना भी क्षेत्र एवं मेजबान जनसंख्या की सम्पूर्ण आवश्यकताओं को ध्यान में रखते हुए करनी चाहिए। किसी रिसॉर्ट को पर्याप्त पैमाने पर आकर्षण प्रदान करना पर्यटक केंद्र के विकास के लिए एक अत्यंत जरूरी पहलू है। सामान्यतः यह कहा जा सकता है कि पर्यटन केंद्र को सामूहिक तौर पर गुण प्रदान करने वाले तीन प्रमुख घटक निम्नांकित हैं

1. **परिवहन व्यवस्था** :- पर्यटन की दृष्टि से प्रमुख नगर के विशिष्ट स्थानों के लिए निकटवर्ती हवाई अड्डे, रेलवे स्टेशन, सड़क मार्ग, टर्मिनल अथवा फिर अन्य प्रवेश बिन्दुओं से शहर की ओर जाने की सुविधा परिवहन के तीन परम्परागत साधनों अर्थात् सड़क, रेल, और वायु द्वारा देश के निकटवर्ती स्थल से पर्यटन केंद्र और पर्यटन गंतव्य क्षेत्र तक पहुंचने की सुविधा और क्षेत्र के भीतर पर्यटन की रुचि के अन्य महत्वपूर्ण केंद्रों के साथ संयोजन।
2. **आवास की सुविधा** पर्यटकों को ठहरने के लिए आवास की जरूरत होती है। यदा-कदा अच्छा आवास पर्यटकों को अधिक समय तक विश्राम करने की प्रेरणा देता है। भारत के मौजूदा संदर्भ में इस मौलिक सुख-सुविधा का अभाव पर्यटकों के आगमन के लिए सबसे बड़ा बाधक है। विभिन्न केंद्रों पर दिए जाने वाले आवास की मात्रा एवं स्वरूप पर्यटकों की आवश्यकताओं पर निर्भर करेगा। किंतु कुल मिलाकर पर्यटन के लिए आवास, आरामदेह समग्र सुविधाओं तथा सेवाओं सहित और आर्थिक तथा भौतिक दृष्टिकोण से स्थिति के अनुसार होना चाहिए, साथ ही सैलानियों की यहाँ पर पूरी तरह सुरक्षा होनी चाहिए।

   पर्यटक कॉम्पलेक्स आकर्षित बनाने के लिए निरंतर विद्युत एवं सुरक्षित जल आपूर्ति, मल निकास, अपवहन और स्वच्छता प्रबंध इत्यादि मौलिक सुविधाएँ एवं सेवाएँ ऐसे आवश्यक तत्व हैं जिन्हें सुनिश्चित कर लेना चाहिए इसके अतिरिक्त नागरिक सेवाएँ जैसे चिकित्सा सुविधा, डाक तार और बैंकिंग को

सुविधाओं का अनिवार्य अंग समझा जाता है। फिर भी इन सभी पक्षों में पर्यटन के प्रकार एवं गंतव्य की स्थिति के बदलाव होता रहता है।

3. **मनोरंजन के साधन** पर्यटक को अगर मनोरंजन की सुविधा अन्छी लगेगी तो वह पर्यटन स्थल पर अधिक समय व्यतीत कर सकता है। विकास का यह पक्ष विश्राम एवं मन बहलाव के लिए अनिवार्य रूप से महत्वपूर्ण है। पर्यटन के संदर्भ में मनोरंजन की बहुत सी अभिव्यक्तियाँ हैं जिसमें बाहरी सक्रिय अतिरिक्त निष्क्रिय मनोरंजन के आयोजन के अतिरिक्त हर प्रकार के व्यावसायिक मनोरंजन भी शामिल हैं। महानगरों और प्रमुख शहरों के संबंध में यह समस्या किसी सीमा तक हल हो चुकी है। जो स्थानीय शहरों की भी जरूरतों में सम्मिलित है। फिर भी छोटे स्थानों में, जो संभवतः ज्यादा पर्यटन रुचि और आकर्षण के हो सकते हैं, ऐसे मनोरंजनात्मक सुख साधन पर्यटकों के लिए दिए जाने चाहिएँ। किंतु ऐसा सामाजिक, सांस्कृतिक परिवेश और गंतव्य को ध्यान में रखते हुए ही करना चाहिए।

पर्यटन अधिसंरचनात्मक सुविधा के प्राथमिक कारकों के अतिरिक्त सहायक अधिसंरचनात्मक सुविधाओं और सेवाओं को पर्यटक केंद्र के व्यापक विकास के लिए समझा जाता है।

ये ज्यादातर पारम्परिक और देशों, कला एवं कौशल, पर्यटक रुचि के कुटीर उद्योगों के विकास के साथ-साथ सहायक सुविधाओं जैसे इसी के लिए कार्यों में लगे शिल्पियों एवं कारीगरों हेतु आश्रम और इसी प्रकार के उपयोग के लिए भूमि निर्धारण पर आधारित है।

पर्यटन सेवाओं के परिणामस्वरूप सुख-साधनों के प्रबंधन के लिए सेवा करने वाले लोगों की जरूरत होती है। उनके लिए भी घर और सहायक आवश्यकताएँ जरूरी हैं। इस पक्ष की उपेक्षा के परिणामस्वरूप जीवन की अमानुषिक परिस्थितियाँ सहित मलिन बस्तियों की उत्पत्ति भी होगी।

मास्टर-प्लान

संसार के सभी देशों में जहां पर्यटन विकास के प्रति सुव्यस्थित राष्ट्रीय नीति का एक अंश है। वहाँ पर्यटन अधिसरंचनात्मक सुविधा के विकास के लिए पर्यटन मास्टर प्लान के प्रतिपादन को महत्व दिया गया है। यह कई कारकों से प्रभावित होता है जिनमें से कुछ निम्नवत् हैं

1. सकारात्मक कारक जिन्होंने विशेष संसाधन के उचित उपयोग को प्रभावित

किया है अथवा प्रभावित कर सकते हैं।

2. पहुंच एवं अधिसंरचनात्मक सुविधा की तैयारी से संबंधित वित्त प्रबंधन की कठिनाइयाँ।

3. पर्यटन विकास के लिए किसी विशेष संसाधन की वहन क्षमता से सम्बद्ध पर्यावरणीय और पारिस्थितिक प्रभाव एवं पर्यटन विकास कार्यक्रम के वृहद् एवं सूक्ष्म स्तर पर सामाजिक-सांस्कृतिक प्रभाव पड़ता है।

वृहत् स्तर पर पर्यटन विकास के लिए व्यापक मास्टर प्लान में निम्नलिखित बातें सम्मिलित होंगी कार्रवाई की योजना एवं परिवर्तनों तथा उनके प्रभावों के प्रबोधन की क्रियाविधि। कार्यान्वयन, समन्वयन एवं वित्त प्रबंधन के लिए नीति, पर्यटन और मनोरंजन के लिए नीतियाँ और प्राथमिकताएँ, पारिस्थितिक और सामाजिक, आर्थिक कारकों और उनसे संबंधित कठिनाइयों का समाधान, विकसित, संरक्षित आदि किए जाने वाले क्षेत्रों का विस्तृत ब्यौरा देने वाली भौतिक योजना, अधिसंरचनात्मक सुविधा एवं विकास की योजना।

प्रसिद्ध पर्यटन केंद्र, पर्वतीय रिसॉर्ट अथवा तटीय कॉम्पलेक्स पर से दबाव कम करने, सीमित करने या नियंत्रित करने के लिए मौलिक विकास नीति में निम्नलिखित बातों का समावेश करना चाहिए विभिन्न गतिविधियों का स्थानिक दृष्टि से विभक्तिकरण प्रवेश पर प्रतिबंध लगाना, सुविधाओं को सीमित करना एवं वैकल्पिक गंतव्यों का विकास करना।

पर्यटन मास्टर प्लान के प्रतिपादन की ओर पहले कदम के रूप में पर्यटन संसाधनों की विशेषताओं एवं संभावनाओं का सर्वेक्षण करना आवश्यक होगा। इन्हें गंतव्य क्षेत्र के भौतिक, सामाजिक, आर्थिक एवं पर्यावरणीय गुणों के सम्बन्ध में विश्लेषित करना चाहिए। पर्यटन गंतव्य क्षेत्रों की योजना, विकास और प्रबंधन के पर्यटन मास्टर प्लान के विकास की मूलभूत रूपरेखा निम्नलिखित द्वारा स्थापित होगी।

1 प्रक्षेपित सैलानी आगमन का विश्लेषण।

2. संसाधनों का संश्लेषण और पर्यटन उद्देश्यों से उनका अनुकूलतम उपयोग।

पर्यावरणीय सुरक्षा, प्राकृतिक स्थलों का विकास, स्थल विकसित करना इत्यादि से संबंधित उपाय और कार्यक्रम ऐसे मास्टर प्लान के महत्वपूर्ण कारक हैं। इसके अतिरिक्त प्रतिवेश की पृष्ठभूमि से कॉम्पलेक्स का संयोजन और परिसर के विकास को नियंत्रण में रखने के उपाय को भी सुनिश्चित करना चाहिए। परिभ्रमण परिसर के विकास को प्रतिवेश की ऐसी छोटी बस्तियों से जोड़ने की उचित

कार्रवाई की योजना पर भी विचार करना जरूरी है जिनकी सामाजिक एवं आर्थिक गतिविधि कॉम्पलेक्स में हो रही पर्यटन गतिविधियों से सम्बन्ध है। इन नीतियों एवं कार्यक्रमों का सविस्तार विवरण दिया जाना चाहिए तथा कॉम्पलेक्स तथा पर्यटन अधिसरंचनात्मक सुविधा को समयबद्ध विकास की संगठित भौतिक विकास योजना द्वारा मजबूती प्रदान करनी चाहिए।

पर्यटन केंद्र एवं गंतव्य क्षेत्र बहुत ज्यादा लोगों के एकत्रित होने के केन्द्र हैं और उनके लिए सुरक्षित और सुविधाजनक प्रवेश, पार्किंग की सुविधा, पैदल यात्रियों के चलने, एकत्र होने के लिए स्थान, भोजन व्यवस्था और आवास के लिए पर्यटक अधिसंरचनात्मक सुविधा, नागरिक सेवाएँ, पर्यटक क्रय-विक्रय, पर्यटक मनोरंजनात्मक गतिविधियाँ, स्थिति के अनुसार आकर्षण और ऐसी सुविधा कि पर्यटकों द्वारा प्रक्षेपित मांग को सुलभ कराना चाहिए। स्पष्ट रूप से व्यक्तिगत सुख-साधनों की उपलब्धता और पर्यटक अधिसंरचनात्मक सुविधा का माप स्थान-स्थान पर परिवर्तित होगा। फिर भी इस दशा में इन सभी अधिसरंचनात्मक सुविधाओं को पर्यटक स्थल के संबंध में स्थानिक दृष्टि से आयोजित करना चाहिए और इनके मध्य उचित क्रियात्मक संबंध की उचित भौतिक योजना और रूपरेखा की आवश्यकता है।

पर्यटन से संबंधित क्रियाएँ व्यावहारिक रूप से भू-विस्तीर्ण के अनुरूप हैं। चाहे पर्यटक केंद्र नगर विकास क्षेत्र का एक भाग हो या पृथक् कॉम्पलेक्स के रूप में स्थित हो। फिर पर्यटक रिसॉर्ट के रूप में स्वयं शहर क्षेत्र हो। पर्यटन क्षेत्र के सम्पूर्ण संघटित विकास पर बल दिया जाना चाहिए और विभिन्न पर्यटन केंद्रों के लिए प्रत्येक विकास योजना को वृहत् नगर योजना अथवा क्षेत्र नगर योजना के रूप में कल्पना करनी चाहिए।

इस सम्बन्ध में इस बात पर भी बल दिया जाना चाहिए कि महानगर और प्रमुख नगरों के मामलों में पर्यटकों की आवश्यकताओं विशेषकर अधिसंरचनात्मक सुविधा के क्षेत्र में इन शहरों की जरूरतें उन नगरों में चल रही योजनाओं से ही पूरी हो सकती हैं। किंतु छोटे नगरों अथवा पृथक्-पृथक् स्थानों पर पर्यटकों के लिए दी जाने वाली अधिसंरचनात्मक सुविधाओं और सेवाओं को इस प्रकार से व्यवस्थित करना चाहिए कि स्थानीय जनता भी उसका प्रयोग उचित विस्तार और आवर्धन के साथ कर सके। छोटे नगरों में स्थित पर्यटन स्थलों का विकास करना चाहिए। इसके अतिरिक्त विकास योजना को उपयुक्त चरणों में कार्यान्वित किया जाना चाहिए। इसकी रूपरेखा इस प्रकार तैयार की जानी चाहिए कि भविष्य में संवर्धन और विस्तार किया जा सके।

शहरी पर्यटन स्थल

किसी नगर में जहां ऐसे पर्यटक स्थल हों जहां ऐतिहासिक नगरों तथा तीर्थ स्थान मौजूद हों तो ऐसे विस्तृत स्थानों की पहचान की जा सके जो बहुत से स्थलों को एक कॉम्पलेक्स के रूप में घेरे हुए हों। भौतिक विकास का एक संगठित उपागम संभव हो सके। ऐसे मामलों में पर्यटन स्थल की अधिसंरचनात्मक सुविधा की योजना एवं भौतिक विकास की कल्पना सम्पूर्ण पर्यटन विकास योजना की सीमा के भीतर होनी चाहिए। पर्यटन विकास योजना में निम्न बातों को शामिल करना चाहिए

1. पर्यटक अधिसंरचनात्मक सुविधाओं की स्थापना के लिए हरेक स्थल के चारों तरफ स्थल निर्धारण और इसके साथ ही जहाँ तक संभव हो, उचित नियमों द्वारा यह सुनिश्चित करना कि प्रतिवेश में अत्यधिक विकास न हो। एक प्रमुख मौलिक धारणा यह होनी चाहिए कि अपने निकटवर्ती प्रतिवेश में सहनशील उपयोगों की स्थापना द्वारा पर्यटन स्थान की पहचान और उपयोगिता को बनाए रखा जाए।
2. पर्यटन विकास के लिए ध्यान देने योग्य महत्वपूर्ण तथ्य यह है कि वास्तविक पर्यटन स्थल अधिसंरचनात्मक सुविधा में निम्न न हो अपितु उसे सबसे प्रमुख होना चाहिए। ऐसा तभी संभव होगा जब निर्धारित आंतरिक स्थानिक संघटन की योजना ऐसी हो कि अधिसंरचनात्मक पर्यटन कॉम्पलेक्स स्थान प्रवेश सड़क से प्रत्यक्ष रूप से सम्बद्ध हो और वहां तक सुगमता से पहुंचा जा सके। अधिसंरचनात्मक सुविधा तथा पर्यटक स्थल के अधिक से अधिक विस्तृत हरा-भरा क्षेत्र होना आवश्यक है। इसके लिए जरूरी है कि धीरे-धीरे क्षेत्र को विकसित किया जाए। इसकी आवश्यकता नहीं है कि अधिसंरचनात्मक सुविधा को लम्बे-चौड़े क्षेत्र में फैला कर विकसित किया जाए वरन् इस सुविधा को सुनियोजित तरीके से विकसित किया जाना चाहिए जिससे निर्धारित स्थल का भाग हराभरा रह सके जिससे कार्यशीलता की दृष्टि से अधिक श्रेष्ठतर सुविधाएँ प्रस्तुत की जा सकें।

योजना के द्वारा पर्यटन

पर्यटन केंद्रों के संदर्भ में संरक्षण में केंद्रों की पर्यटन विशेषता की सुरक्षा भी सैलानियों की होती है और नगरों के मामले में यह पक्ष विशेष रूप से पर्यटकों का होता है क्योंकि वह सब मिलकर विरासत और ऐतिहासिक महत्व के कारण

पर्यटकों के लिए आकर्षण के केंद्र बनते हैं। ऐसे शहरों की आर्थिक विविधता के समान ही भौतिक विकास को इस प्रकार नियोजित करना चाहिए कि उसकी विरासत और ऐतिहासिक पवित्रता को भौतिक रूप से बनाए रखा जा सके।

ऐसा उनके प्रतिवेश में पर्याप्त हरा-भरा मध्यवर्ती क्षेत्र रख कर और पर्यटन की प्रगति के हित में नया विकास करके किया जा सकता है। पर्यटन स्थल में भौतिक संरक्षण को साधारण सौन्दर्यीकरण जिसे नवीकरण करके अभिव्यक्त किया जा सकता है जिससे अच्छे, उद्यानों, फर्श और पर्यटक सामग्री जैसे पर्यटन साहित्य, गाइडें, कलाकृतियों की दुकानें इत्यादि सहित उसे अधिक सुंदर और आकर्षक बनाया जा सके। तथापि यह ऐसा मामला है जो अत्यधिक नियंत्रण, उद्देश्य, अभिज्ञता एवं अतिसंवेदनशीलता के योग्य है। फिर भी बड़े पैमाने पर नवीनीकरण और सौंदर्यीकरण से भी अधिक सुरक्षा और संरक्षण पर बल देना चाहिए। स्थल विकास में, विशेषकर पर्यटन गतिविधि क्षेत्रों में वर्तमान प्राकृतिक विशेषताओं का संरक्षण पर्यटकों के आकर्षण को बनाए रखने के लिए महत्वपूर्ण हैं।

इसके अतिरिक्त उचित रूप से निर्धारित योजना के अनुसार पर्याप्त वृक्षारोपण को स्थल विकास कार्यक्रम का जरूरी हिस्सा होना चाहिए। अधिसंरचनात्मक सुविधा के लिए निर्धारित स्थानों के भवनों की मौलिक योजना के साथ एक मंद गति का विकास सम्बन्ध होना चाहिए। किसी परिभ्रमण स्थल की भौतिक विकास योजना का प्राथमिक उद्देश्य पर्यटकों को आकर्षित करना है क्योंकि इस दृश्य योजना में आकृति एवं सौंदर्य, उनके प्रतिपादन और भूदृश्य निर्माण, नवीकरण और सामान्य सौंदर्यीकरण अथवा पर्यटकों के लिए आवासीय सुविधा सुलभ कराने से संबंधित है।

पर्यटन स्थलों को शहर की दशा और भूदृश्य योजना सहित भौतिक धरातल और अधिसंरचनात्मक सुविधाओं के संश्लेषण का प्रयत्न करना चाहिए जिससे उभर कर समक्ष आने वाला विकास कार्यात्मक एवं पर्यावरणीय रूप से अनुकूल हो और साथ ही सौंदर्य की दृष्टि से देखने में आकर्षक हो। पर्यटकों को ध्यान में रखकर पर्यटक स्थान के विकास की योजना बनाई जानी चाहिए। इसे परिभ्रमण स्थल और परिवेश की भौतिक विशिष्टताओं से संबंधित होना चाहिए। ऐसा प्रयास स्थल को विवेकपूर्ण विकास और पर्यटक संसाधनों के अनुकूलतम उपयोग के लायक बना देता है।

पर्यटन स्थल के आस-पास सभी तरह की सुविधाओं का विकास करना

चाहिए। बड़े कॉम्पलेक्सों के विषय में भी ऐसे ही सिद्धांत अपनाए जा सकते हैं। एक सम्पूर्ण स्थानिक परिरूप की रचना पर विचार करके ऐसा किया जा सकता है। इसमें ही पर्यटक रुचि के निजी केंद्र होंगे जिन्हें समग्र परिरूप का एक अंश समझा जा सकता है। सुंदर प्राकृतिक स्थलों में भी इस प्रकार की योजना की जा सकती है।

योजना की आवश्यकताएँ

योजना के माध्यम से जो पर्यटन किया जाता है उसकी प्रमुख आवश्यकताएँ निम्न हैं पर्यटक संसाधन और अधिसंरचनात्मक सुविधा की आवश्यकता का मूल्यांकन। क्षेत्र और अन्य पक्षों की वहन क्षमता के समरूप विकास की सीमा नियत करना। स्थानीय पर्यावरण पहाड़ी आवास पर विकास का प्रभाव। इस प्रकार समस्त विकासीय कार्यक्रमों में विशेष तौर पर पर्यटन संबंधी विकास में निम्नलिखित बातों पर मुख्य ध्यान रखना चाहिएः उनकी सामाजिक-सांस्कृतिक पहचान की सुरक्षा करना एवं कायम रखना, नगर की अर्थव्यवस्था में समग्र रूप से सुधार एवं जीवन की गुणवत्ता का विकास।

पर्यटन को बढ़ावा

भारत सरकार के योजना आयोग ने जून 1982 में पर्यटन को एक उद्योग का दर्जा प्रदान किया। सातवीं एवं आठवीं योजना में पर्यटन को अत्यधिक महत्व दिया गया। आगामी वर्षों के लिए योजना बनाने के लिए 1986 में योजना आयोग ने राष्ट्रीय पर्यटन समिति की स्थापना की। समिति ने 1988 में अपनी रिपोर्ट पेश की जिसके मुख्य सुझाव निम्नलिखित हैं। पर्यटन क्षेत्र की विकास रणनीति निम्न लागत अर्थव्यवस्था, उत्पादकता का उच्च स्तर, अधिसरंचना की कार्यकुशलता में सुधार एवं प्रतियोगिता को प्रोत्साहन देना इत्यादि के सिद्धांतों पर आधारित होनी चाहिए। विभिन्न पर्यटन विकास परियोजना, को राशि आवंटित करते समय पूंजी-श्रम अनुपात एवं प्रति डॉलर अर्जित पूंजी, संसाधन लागत और प्रति पर्यटक सेवा की जानकारी प्राप्त करना उपयोगी होगा। इसके लिए पूंजी की कमी को देखते हुए पहले राष्ट्र के कुछ पर्यटन स्थलों को विकास के लिए चुनना चाहिए।

पर्यटन उद्योग को ऋण प्राप्त करने के लिए और विशेष आवश्यकताओं को पूरा करने के लिए 100 करोड़ रुपये की आरंभिक लागत से पर्यटन वित्त निगम की स्थापना का परामर्श दिया गया। परिणामस्वरूप भारतीय पर्यटन वित्त निगम की स्थापना की गई।

आवास के क्षेत्र में जो सलाह दी गयी, वो निम्न प्रकार है

1. महलों, पुरानी हवेलियों जैसी राष्ट्रीय संपदाओं की सुरक्षा, रखरखाव तथा आवास गृहों में रूपांतरण।
2. आवासीय क्षेत्रों को प्रोत्साहित करने के लिए ऋण लेने और चुकाने की सुविधा और वित्तीय प्रोत्साहन देना और संचालन एवं प्रबंध में कार्यक्षमता बढ़ाने के लिए कार्यात्मक लागत को प्रोत्साहन देना।
3. ज्यादा से ज्यादा युवा छात्रावासों का निर्माण।
4. व्यक्तिगत अतिथि गृहों, पर्यटन आवास, वन-आवास इत्यादि जैसी अनुपूरक आवास व्यवस्था की स्थापना को बढ़ावा एवं प्रोत्साहन देना।

परिवहन के क्षेत्र में दिए गए परामर्श निम्नलिखित हैं

1. एयर चार्टर का उदारता से अनुमोदन करना चाहिए।
2. भारत आने और यहाँ से जाने वाले पर्यटकों की सुविधा विदेशी वायुसेवाओं के प्रति उदारनीति अपनानी चाहिए।
3. रेल मंत्रालय में अलग से एक पर्यटन निदेशालय होना चाहिए।
4. सड़क परिवहन के सुधार का विशेष प्रबंध किया जाना चाहिए। चार राजमार्गों एवं मोटर मार्गों का विकास किया जाना चाहिए। जिनके किनारे समुचित दूरी पर ठहरने का इंतजाम होना चाहिए।
5. इंडियन एयर लाइन्स का आंशिक निजीकरण होना चाहिए।
6. नदी मार्गों की संभावनाओं का पूर्ण रूप से विकास किया जाए।
7. ट्रेवल एजेंसियों की वायुसेवाओं और रेलवे आरक्षण से सम्बद्ध टर्मिनल सुलभ कराए जाने चाहिएँ।
8. पैलेस ऑन व्हील्स की तर्ज पर दूसरे यात्रा मार्गों पर भी विशेष पर्यटन रेलगाड़ियाँ चलाई जानी चाहिएँ।

एयर इंडिया को संयुक्त स्टॉक कंपनी में परिवर्तित कर दिया जाना चाहिए। इससे इस वायुसेवा में अपेक्षित पेशेवर रुझान आ सकेगा एवं यात्रियों हेतु सुविधाओं की गुणवत्ता में वृद्धि होगी।

पर्यावरण संबंधी नुकसान को नियंत्रित करने के लिए निम्नलिखित सुझाव दिए गए

1. क्षेत्रों को बारी-बारी से पर्यटकों के लिए खोलना एवं बंद करना ताकि पर्यावरण को सुरक्षित रखा जा सके।

2. एक समय पर सीमित संख्या में पर्यटकों के प्रवेश की अनुमति।
3. जिन क्षेत्रों में पर्यावरण को संकट हो उन क्षेत्रों में पर्यटकों को पूरी तरह से बंद करना उदाहरणस्वरूप अंडमान निकोबार के अधिकतर द्वीप समूह।
4. विभिन्न क्षेत्रों में विशेष पर्यटन क्षेत्रों का निर्माण जहां पर्यटन गतिविधि को केंद्रित किया जा सके।
5. स्थानीय परिस्थिति के अनुरूप पर्यटक सुविधाओं का विकास करना। जैसे-पहाड़ी क्षेत्रों में विस्तृत पैमाने पर सड़क बनाने के स्थान पर पगडंडियों, साईकिल मार्ग, रज्जू मार्ग इत्यादि की संभावनाओं का विकास।
6. जिस क्षेत्र में परिभ्रमण का विकास करना हो उसकी वहन क्षमता का मूल्यांकन करना।
7. किसी विशेष प्रकार के पर्यटन की अनुमति जैसे-ट्रैकिंग।
8. पारिस्थितिकी और रोमांच समूह से जुड़े गैर-सरकारी संगठनों का सहायता लेना।

अंतर्राष्ट्रीय पर्यटन में भारत की आय बढ़ाने के लिए निम्नलिखित उपाय सुझाए गए

1. पर्यटन के विकासात्मक और विपणन प्रयासों को प्रतियोगितापूर्ण धार देने के लिए एक बाजार विकास पद्धति की स्थापना की जानी चाहिए।
2. पर्यटन सूचना नेटवर्क की स्थापना के लिए संचार और कम्प्यूटर के क्षेत्र में हुए तकनीकी विकासों का उपयोग किया जाना चाहिए।
3. विदेशों में पर्यटन कार्यालयों के चुनाव और स्थापना हेतु पर्याप्त संसाधन जुटाये जाने चाहिएँ एवं योग्य, पेशेवर और विपणन में विशेषज्ञ अधिकारी की नियुक्ति की जानी चाहिए।
4. सार्वजनिक और निजी अभिकरणों संसाधन ग्रहण कर मुख्य बाजारों में एक राष्ट्रीय छवि निर्माण एवं विपणन योजना बनाई जानी चाहिए।
5. गैर परपंरागत तरीके से पर्यटन करने वाले पर्यटकों को भारत अपनी तरफ खींच सकता है और इस दिशा में प्रयास करना चाहिये।
6. यूरोप एवं उत्तरी अमेरिका में पर्यटन अपनी चरम सीमा पर पहुंच गया है। वहां से पर्यटकों को आकर्षित किया जा सकता है।

आठवीं पंचवर्षीय योजना (1992-97)

मई 1992 में भारत सरकार ने संसद में पर्यटन कार्य योजना रखी जो आठवीं

योजना के दस्तावेज का आधार बनी। आठवीं योजना के कुछ प्रमुख सुझाव निम्नवत् हैं

1. पर्यटन के विकास में राज्य की विकास की संपूर्ण रणनीति का नियोजन, निजी क्षेत्र में निवेश को बढ़ावा देने के लिए आर्थिक सहायता, उद्योग, उपभोक्ता और पर्यावरण के हितों की सुरक्षा के लिए प्रभावी नियमन को विकसित करना इत्यादि की भूमिका होगी। आठवीं योजना के दौरान मुख्य ध्यान यूरोप, अमेरिका एवं जापान जैसे देशों में आने वाले पर्यटकों पर केंद्रित किया गया जो अधिक धन खर्च कर सकते हैं। पर्यटन परिवहन के विकास में निजी क्षेत्र के हस्तक्षेप को प्रोत्साहित किया गया।

वास्तव में आठवीं योजना के दस्तावेज का मुख्य जोर निजी उद्यम की हिस्सेदारी एवं पैसा खर्च करने वाले पर्यटकों को आकृष्ट करने पर केंद्रित है।

राष्ट्रीय कार्य योजना (1992)

भारत सरकार की राष्ट्रीय पर्यटन कार्य योजना के उद्देश्य निम्नवत् हैं

1. **घरेलू पर्यटन को बढ़ावा** पर्यटकों में सबसे अधिक संख्या घरेलू पर्यटकों की होती है। भारत में भी घरेलू सुविधाओं का सुधार और प्रचार किया जाएगा। इसमें विशेष तौर पर कम आय वाले पर्यटकों का ध्यान रखा जाएगा ताकि वे भी पर्यटन और अवकाश का मजा ले सकें।
2. **रोजगार सृजन** पर्यटन उद्योग लगभग 1.3 से 1.4 करोड़ लोगों को रोजगार उपलब्ध कराता है। इस सदी के अंत तक आज की तुलना में ये रोजगार के अवसर कम से कम दोगुने हो जाने चाहिएँ।
3. **क्षेत्रों का विकास** पर्यटन क्षेत्र विशेष के व्यक्तियों को सामाजिक-आर्थिक फायदा होता है और उनका जीवन स्तर ऊँचा उठता है। यह उन क्षेत्रों में भी विकास का मार्ग प्रशस्त करता है जहां अन्य आर्थिक गतिविधियों की संभावना नहीं होती है।
4. **अंतर्राष्ट्रीय पर्यटन को बढ़ावा** विदेशी पर्यटकों से विदेशी मुद्रा प्राप्त होती है। राष्ट्र की जरूरतों को देखते हुए पर्यटन का विकास किया जाना चाहिए कि सदी के अंत तक विदेशी मुद्रा अर्जन 2,440 करोड़ रुपये से बढ़कर 10,000 करोड़ रुपये हो जाए।
5. **राष्ट्रीय धरोहर और पर्यावरण का संरक्षण** पर्यटन का विकास करते वक्त सांस्कृतिक अभिव्यक्ति एवं विरासत की सुरक्षा की जाएगी तथा कला

और शिल्प को संरक्षण प्रदान किया जाएगा। पर्यावरण का संरक्षण और संवर्धन पर्यटन विकास का हिस्सा होना चाहिए।

6. **पर्यटन उत्पाद की विविधता** पर्यटकों परिवर्तित मांग को देखते हुए आराम, रोमांच, सम्मेलन एवं प्रोत्साहन पर्यटन के क्षेत्र का भी समुचित विकास किया जाना चाहिए।
7. **विश्व पर्यटन में भारत के योगदान में वृद्धि** अभी विश्व के कुल विदेशी पर्यटकों के आवागमन में भारत का मात्र 0.4 प्रतिशत अंशदान है। कार्य योजना का प्रमुख उद्देश्य अगले पांच वर्षों में इसे बढ़ाकर एक प्रतिशत करना है।

पर्यटन विकास की व्यूह रचना

इन उद्देश्यों की पूर्ति के लिए निम्नलिखित रणनीति अपनाई गई है

1. मानव संसाधनों के विकास के लिए संस्थाओं की पुनर्रचना और दृढ़ीकरण।
2. विदेशी पर्यटकों के आगमन और विदेशी मुद्रा अर्जन बढ़ाने के लिए एक सुचारु नीति का निर्माण।
3. वर्तमान अधिसरंचना के अधिकतम उपयोग के लिए स्थल का विपणन करने के साथ-साथ समन्वित विकास के लिए चयनित आधार पर क्षेत्रों का विकास।

पर्यटक अधिसंरचना में सुधार- अब तक राज्य ने सेवा क्षेत्र में अत्यधिक योगदान दिया है अब इसे निजी क्षेत्र की पहल और निवेश के लिए छोड़ देना चाहिए। विकास कि गति को बढ़ाने के लिए अब घरेलू और विदेशी दोनों ही क्षेत्रों में निजी निवेश को प्रोत्साहन देने की नीति अपनानी होगी। पर्यटन मंत्रालय की भूमिका निति निर्माण तक सीमित होगी।

आवास- हमारे राष्ट्र में होटल, पर्यटन अधिसंरचना का एक प्रमुख और आवश्यक हिस्सा है। यह अनुमान लगाया गया है कि भारत में अनुशासित श्रेणी में 44,405 होटल सुलभ हैं, अग्रिम तीन वर्षों में इसे दोगुना करने का उद्देश्य है। किसी होटल द्वारा अर्जित 50 प्रतिशत विदेशी मुद्रा आयकर से मुक्त होगी और अगर 50 प्रतिशत शेष विदेशी मुद्रा पर्यटन उद्योग में पुनर्निवेशित की जाती है तो यह भी आयकर से मुक्त होगी। पर्यटन क्षेत्रों में भी इस विकास में गति लाने के लिए सरकार ने घोषणा की कि ग्रामीण क्षेत्रों, हिल स्टेशनों, तीर्थ स्थलों, एवं विशेषीकृत पर्यटन स्थलों में होटल खोलने पर व्यय कर नहीं लगेगा और आयकर में 50 प्रतिशत की रियायत दी जाएगी।

सरकार होटलों को बनाने के लिए सस्ते दर पर ऋण भी उपलब्ध करा रही है। 4.5 स्टार होटलों के लिए 7.5 लाख तक 1 प्रतिशत ब्याज दर एवं अन्य

अनुशासित होटलों के लिए 3 प्रतिशत ब्याज दर की सहायता पर ऋण दिया जाता है। बड़े शहरों में खुलने वाले 4-5 स्टार होटलों और अन्य होटलों के लिए अब यह रियायत समाप्त कर दी जाएगी। विशेष क्षेत्रों और विशेषीकृत स्थलों में विकास को गति देने के लिए सभी 1, 2, 4, स्टार के होटलों के लिए ब्याज दर बढ़ाकर 5 प्रतिशत कर दी जाएगी।

प्राचीन समय के कई भवन ऐसे हैं जिन्हें आराम से होटलों में रूपांतरित किया जा सकता है। इनमें से अनेक की हालत खस्ता है एवं इन्हें होटल के रूप में परिवर्तित कर राष्ट्रीय विरासत होटलों के विकास को प्रोत्साहित करने का निर्णय लिया गया है। अपने नियमों को उदार बनाते हुए भारतीय पर्यटन वित्त निगम अब विरासत होटल परियोजनाओं के लिए 50 लाख रुपये अधिक अग्रिम ऋण उपलब्ध कराएगा। एक नवीन योजना के अन्तर्गत इस श्रेणी के होटलों को 5 अथवा कुल लागत का 25 प्रतिशत की छूट दी जाएगी। ग्रामीण इलाकों में स्थित हवेलियों पर व्यय कर नहीं लगेगा और आयकर में 50 प्रतिशत की छूट होगी। यह उम्मीद की जाती है कि इन रियासतों से भारत में विरासत होटलों की संख्या बढ़ेगी।

घरेलू पर्यटन को बढ़ावा

स्थानीय पर्यटक को प्रोत्साहित करने के लिए विशेषकर कम आय वाले पर्यटकों के लिए खास तौर पर तंबूनुमा आवासों की व्यवस्था जा रही है। रोमांचकारी कैपों की स्थापना के लिए तंबू आवासों और अन्य सुविधाओं को एकत्रित के लिए केंद्र सरकार राज्य पर्यटन विकास निगमों को वित्तीय मदद उपलब्ध कराएगी। घरेलू और विदेशी दोनों प्रकार के पर्यटकों को सस्ता और स्वास्थ्यकर आवास उपलब्ध कराने के लिए अतिथि भुगतान आवास को भी प्रोत्साहित किया जा रहा है। घरेलू पर्यटक को कम मूल्य पर आवास मुहैया कराने के लिए अपार्टमेंट होटलों को मान्यता देने में ढील दी जा रही है। इसके अलावा घरेलू पर्यटक में लगे टूर-ऑपरेटर, ट्रेवल ऐजेंटों को मान्यता प्रदान करने के लिए नियम में सुधार लाया जा रहा है।

वस्तुतः सभी मान्यता प्राप्त टूर-ऑपरेटरों और ट्रेवल एजेंटों को यह परामर्श दी गयी है कि वे स्थानीय पर्यटन के लिए भी कार्य करें।

तीर्थयात्रा पर्यटन तीर्थ स्थलों पर बहुत अधिक लोग पहुंचते हैं। तीर्थस्थलों में पर्यटकों के अधिसंरचनात्मक सुविधाओं का अपेक्षित विकास जरूरी है। इस उद्देश्य से केंद्र सरकार प्रत्येक वर्ष केंद्रीय मदद के रूप में 5 करोड़ रुपये राज्य पर्यटन विकास निगम/निजी उद्यमियों को प्रदान करेगी। इसका प्रयोग प्रमुख तीर्थ

स्थलों में आवासीय सुविधाओं के विकास, यात्रा के दौरान जरूरी सुविधाओं के विकास एवं परिवहन व्यवस्थाओं के विकास के लिए किया जाएगा।

शिल्प ग्राम- सूरजकण्ड मेला और शिल्प ग्राम, उदयपुर की ओर काफी संख्या में पर्यटक आकृष्ट होते हैं। इन केंद्रों की सफलता को देखते हुए पर्यटन विभाग देश के विविध भागों में शिल्प ग्राम स्थापित करने और इन प्रदेशों के परंपरागत हस्तशिल्पों को प्रोत्साहित करने की दिशा में विचार कर रहा है।

मेले और पर्व त्योहार मेले एवं पर्व केवल भारत की सांस्कृतिक विरासत का ही प्रतिनिधित्व नहीं करते वरन् ये पर्यटकों के आकर्षण के प्रमुख केंद्र भी बन गए हैं। इनकी ओर पर्यटन मंत्रालय का ध्यान गया है और विदेशी पर्यटकों को आकर्षित करने के लिए उन्हें विकसित और प्रचारित करने की ओर ध्यान दिया जा रहा है। पुष्कर मेला, सोनपुर पशु मेला, पतंग उत्सव, एल्लेप्पे नौका दौड़, मैसूर एवं कुल्लू का दशहरा पर्व इत्यादि पर्यटकों के आकर्षण के केंद्र बन गए हैं। देश में इन परंपरागत मेलों और पर्वों के विकास के लिए मंत्रालय उदारता से आर्थिक सहायता देगी और अंतर्राष्ट्रीय बाजार में जोर-शोर से इनका प्रचार-प्रसार करेगी।

सड़क परिवहन- सड़क परिवहन पर्यटन अधिसंरचना का एक दूसरा प्रमुख भाग है। अगले दो वर्षों में सरकार उत्तर प्रदेश और बिहार के बौद्ध स्थलों के लिए वातानुकुलित बस की व्यवस्था करेगी यात्रा व्यापार के लिए रियायती कीमत पर 300 वातानुकूलित इकाइयों को आयात करेगी। यह याद रखना होगा कि इन पर्यटन बसों में पर्यटकों की सभी प्रकार की सुविधाओं का प्रबंध हो। यह अनुभव किया गया है कि देश के पर्यटकों को उच्च स्तरीय आरामदायक बसों, कारों की जरूरत है। सरकार कुछ ऐसी योजना समक्ष लाएगी जिसके द्वारा पर्यटन के क्षेत्र की इस महत्वपूर्ण जरूरत को पूर्ण किया जा सके।

भ्रमण व्यापार- ट्रेवल एजेंट एवं टूर ऑपरेटर पर्यटन उद्योग के प्रमुख अंग हैं। देश के विशाल आकार को देखते हुए भ्रमण व्यापार को इस प्रकार प्रोत्साहित किया जाना चाहिए कि ज्यादा से ज्यादा लोग भ्रमण व्यापार की सीमा में आ जाएँ। ट्रेवल एजेंट और टूर-ऑपरेटर को मान्यता प्रदान करने के लिए तत्सम्बन्धी नियमों और कानूनों को व्यवस्थित करने के लिए सरकार को प्रयास करना होगा।

पर्यटक आवागमन को बढ़ावा- सरकार ने उदारवादी चार्टर नीति की घोषणा की है इस नियम के तहत नागरिक उड्यन के महानिदेशक ने स्वयं चार्टर फ्लाइट के लिए जल्दी ही अनुमति दे दी है। एयर टैक्सी योजना शुरू की गई जिससे पर्यटकों का आवागमन सरल हो जाएगा। सरकार ने हाल में ही आने वाले

पर्यटन मौसम में गोवा और मैसूर के बीच पैलेस ऑन व्हील्स की तर्ज पर एक पर्यटक रेलगाड़ी चलाने की घोषणा की है। जल परिवहन द्वारा भी पर्यटकों के आवागमन की व्यवस्था की जाएगी। नदियों और समुद्रों में चलने वाले जल-वाहनों की शुरुआत की जाएगी।

विदेशी निवेश- नई औद्योगिक नीति के परिशिष्ट 111 में न. 4 में होटल पर्यटन से जुड़े उद्योग को सूचीबद्ध किया गया है। जिसके तहत कुल निवेश का 51 प्रतिशत विदेशी निवेश स्वयमेव स्वीकृत हो जाएगा। इस नीति के द्वारा पर्यटन में विदेशी निवेश को आकर्षित करने का प्रयास हो रहा है। सरकार ने प्रधानमंत्री के प्रधान सचिव की अध्यक्षता में एक समीति की स्थापना की है जो हमारे देश में निवेश करने वाले विदेशी निकायो सें वार्ता करेगी। पर्यटन क्षेत्र में विदेशी निवेश को प्राप्त करने एवं उसे ठोस स्वरूप प्रदान करने के लिए पर्यटन सचिव की अध्यक्षता में मंत्रालय में एक समिति गठित की गई है जो मुख्य समिति को सहयोग करेगी।

सम्मेलन पर्यटन इसे प्रोत्साहित करने के लिए देश में सर्वसुविधा सम्पन्न सम्मेलन परिसरों का निर्माण करना होगा जिससे भारत में ज्यादा-से-ज्यादा अंतर्राष्ट्रीय सम्मेलन को आयोजित किया जा सके। अंतर्राष्ट्रीय स्तर की सभी प्रकार की सुविधाओं से सम्पन्न सम्मेलन नगर बनाने की तरफ सरकार को ध्यान देना होगा।

एकीकृत विकास के लिए चयनित आधार पर क्षेत्रों का विकास :- केंद्र सरकार ने पर्यटन सुविधाओं के एकीकृत विकास के लिए राज्य की कुछ सरकारों के साथ मिलकर कुछ विशेष पर्यटन क्षेत्रों के निर्माण का प्रस्ताव रखा है। प्रस्तावित विशेष पर्यटन क्षेत्र की योजना के तहत निर्यातक सामान उत्पादित करने वाले उद्योगों के विकास के लिए बनाई गई अधिसूचित निर्यात संसाधन क्षेत्र योजना के समान ही है। मास्टर प्लान तैयार करते वक्त विशेष पर्यटन क्षेत्रों की सीमा निर्धारित कर दी जाएगी और इस क्षेत्र में निवेशकों को होटल एवं पर्यटन से संबंधित उद्योगों हेतु रियायती दर पर जमीन आवंटित की जाएगी। विशेष पर्यटन क्षेत्र के प्रशासन के लिए राज्य सरकारों द्वारा विशिष्ट क्षेत्र विकास प्राधिकरण की स्थापना की जाएगी जिसे राज्य सरकार के विभिन्न अधिनियमों द्वारा पूरी शक्ति प्रदान की जाएगी। विशेष क्षेत्र विकास प्राधिकरण इस क्षेत्र का मास्टर प्लान बनाएगा एवं निवेशकों को एक ही स्थान पर समस्त कार्य निपटाने की सुविधा प्रदान करेगा। सड़क परिवहन, बस अड्डा, सड़क के किनारे आवश्यक सुविधाएँ, बिजली आपूर्ति, जल आपूर्ति, कानून और व्यवस्था एवं नगर निगम सेवा जैसी

आधारभूत अधिसंरचना सुलभ कराने का उत्तरदायित्व राज्य सरकार का होगा। केंद्र सरकार हवाई अड्डा और वायु सेवा, रेलवे स्टेशन, संचार सेवा और डाक/तार बैंकिंग सेवा जैसी सुविधाएँ जुटाएगी। निवेशकों को आकर्षित करने के लिए केंद्र और राज्य सरकार दोनों विशेषीकृत केंद्रीय और राज्य करों में रियायत देंगी और कम से कम दस सालों तक पानी एवं बिजली की दर में वृद्धि नहीं करेंगे।

विदेशी पर्यटकों का क्षेत्रीय आधार पर वितरण

सं. क्षेत्रीय आधार के निवासी	*कुल*	*(% कुल पर्यटक)*
1. दक्षिणी एशिया	4,29,707	19.1
2. उत्तरी यूरोप	3,52,568	15.7
3. पश्चिमी एशिया	2,75,202	12.2
4. दक्षिण-पूर्वी एशिया	2,26,733	10.1
5. उत्तरी-अमेरिका	1,97,427	8.8
6. पश्चिमी यूरोप	1,96,542	8.7
7. पूर्वी यूरोप	1,84,287	8.2
8. माईकोनेशिया	80,319	3.6
9. पूर्वी एशिया	77,711	3.5
10. दक्षिणी यूरोप	74,370	3.3
11. आस्ट्रेलिया एवं न्यूजीलैण्ड	63,035	2.8
12. पूर्वी अफ्रीका	29,547	1.3
13. दक्षिणी अफ्रीका	19,418	0.9
14. पश्चिमी अफ्रीका	6,084	0.3
15. दक्षिणी अमेरिका	7,621	0.3
16. उत्तरी अफ्रीका	5,495	0.2
17. कैरेबियन	4,150	0.2
18. मध्य अफ्रीका	2,568	0.1
19. मध्य अमेरिका	2,568	0.6
20. अन्य	14,452	0.6
कुल	22,49,138	100.0

विशेष पर्यटन क्षेत्रों का चयन केंद्र सरकार करेगी। इस प्रकार के विशेष पर्यटन क्षेत्रों के सफलतापूर्वक कार्यान्वयन हेतु जो अन्य अधिकतम सुविधाएँ प्रदान करने के इच्छुक होंगे, उनसे केंद्र सरकार राय मशविरा करेगी। इन क्षेत्रों में विदेशी निवेश के लिए प्रयास किया जाएगा।

पर्यटन विकास के लिए पर्यटन क्षेत्र में सहयोग योजना प्रारंभ की जाएगी। पर्यटन से सम्बद्ध इन गतिविधियों का निर्धारण सरकार करेगी। अण्डमान और लक्षद्वीप जैसे स्थानों में पर्यटन के लिए निर्णय लिया गया है। ऐसा करते वक्त उस स्थान की वहन क्षमता और पर्यावरण के संरक्षण का विशेष ध्यान रखा जाएगा। इसमें अमीर पर्यटकों पर ध्यान केंद्रित किया जाएगा और यह ध्यान रखा जाएगा कि कम संख्या में लोग यहाँ आएंगे। दूसरे शब्दों में कम लोग अधिक पैसा खर्च करें। पर्यटकों को दी जाने वाली सुविधाएँ वहां की परिस्थिति को ध्यान में रखकर दी जाएगी।

मानव संसाधन विकास के लिए संस्थाओं की स्थापना हमारे देश में होटल प्रबंधन एवं खान-पान तकनीक की 15 एवं फूड क्राफ्ट की 16 संस्थाएँ कार्यरत हैं। आवासीय तथा आवागमन क्षेत्र को मिलाकर अभी अनुमानतः कुल 8,500 प्रशिक्षित कार्मिकों का कारोबार होता है जबकि प्रतिवर्ष 28,000 प्रशिक्षित कार्मिकों की जरूरत पड़ती है। अतः इस कमी को दूर करने के लिए सरकार प्रशिक्षण कार्यक्रम को सुदृढ़ बनाएगी। फूड क्राफ्ट इंस्टीट्यूट विद्यार्थियों को साधारण प्रशिक्षण प्रदान करता है प्रारम्भिक वर्षों में यह काफी उपयोगी सिद्ध हुआ। शेफ प्रशिक्षण संस्थानों जैसी कुछ विशेषीकृत संस्थाओं की स्थापना कर इन गतिविधियों को आगे बढ़ाने की जरूरत है। एवं एक राष्ट्रीय पाक संस्थान की स्थापना करना जरूरी है।

होटल प्रबंधन के छात्रों को होटल उद्योग में सरलता से रोजगार उपलब्ध हो जाता है। इसके अलावा क्षेत्रीय आधार पर विद्यार्थियों का नामांकन किया जाएगा। देश के भ्रमण व्यापार को प्रशिक्षित मानव संसाधन प्रदान करने के लिए भारतीय पर्यटन और भ्रमण प्रबंधन संस्थान को श्रमिक एवं उपकरण देकर सुदृढ़ बनाया जाएगा। विश्वविद्यालय स्तर पर भी इस तरह के पाठ्यक्रम संचालित किये जाएंगे।

विपणन और विदेश में प्रचार यह अधिक से अधिक मुनाफा कमाने के उद्देश्य से किया जाएगा। प्रत्यक्ष रूप से ग्राहक के पास पहुंचकर अब सीधे प्रचार पर जोर दिया जाएगा। प्रचार-प्रसार की रणनीति के तहत परिचय भ्रमण का आयोजन किया जाएगा। डिपार्टमेटल स्टोर एवं अन्य संगठनों के साथ मिलकर

संयुक्त प्रचार का कार्यक्रम चलाया जाएगा और भारत के प्रचार के लिए टूर-ऑपरेटरों को सहायता प्रदान की जाएगी। सरकार ने अपने स्थानीय कार्यालयों और कुछ राष्ट्रों में पर्यटन सूचना केंद्र टूरनेट की स्थापना की है। भारत सरकार के पर्यटन कार्यालयों के अतिरिक्त हवाई अड्डों, होटलों और मित्र देशों में कम्प्यूटीकृत बहुभाषीय पर्यटन सूचना उपलब्ध करने का भी प्रस्ताव है। इससे भारत आने वाले पर्यटकों को सुविधा होगी और उन्हें किसी तरह की परेशानी का सामना नहीं करना पड़ेगा।

कार्ययोजना का सार

1. विशेष लक्ष्य समूह को स्मरण में रखकर विदेशी कार्यालयों का पुनर्गठन
2. सूचना क्रांति, सभी प्रमुख बाजारों में भारत की सकारात्मक छवि प्रस्तुत करने के लिए सूचना व्यवस्था का पुनर्गठन।
3. पैलेस ऑन व्हील्स की सफलता को देखते हुए प्रमुख पर्यटन मार्गों पर पर्यटन रेलगाड़ी का प्रारंभ।
4. विशेष मार्गों पर नदी-यातायात का इंतजाम
5. विरासत, होटल, स्वास्थ्य, आराम स्थलों की विशेष श्रेणी का निर्माण एवं कार्यात्मक विशेषज्ञता इत्यादि सुविधाएँ उपलब्ध कराना।
6. निवेश बढ़ाने एवं अपेक्षित विकास के लिए अधिसूचित क्षेत्रों के तौर पर विशेष पर्यटन क्षेत्रों का निर्माण।
7. जिन मार्गों पर एयर एंडिया उड़ान नहीं भरता अथवा कम भरता है उन मार्गों के लिए मुक्त आकाश नीति।
8. घोषित नीति स्वयमेव अनुमति के तहत उदारवादी चार्टर।
9. मुख्य अंतर्राष्ट्रीय हवाई अड्डों पर वायु सेवाओं, रेलगाड़ियों, होटलों एवं पर्यटन सूचना की व्यवस्था।
10. मुख्य अंतर्राष्ट्रीय हवाई अड्डों पर वायु सेवाओं, रेलगाड़ियों होटलों एवं पर्यटन सूचना की व्यवस्था।
11. चयनित पर्यटन स्थलों के लिए विशेष वायु सेवा, होटल पैकेज।
12. विशेषकृत क्षेत्रों अथवा यात्रा-कार्यक्रमों में पर्यटन और संबंधित उद्योग को आर्थिक सहायता प्रदान करने के लिए विशेषीकृत पर्यटन क्षेत्र मदद योजना की शुरुआत करना।

गहन विकास के लिए चुने हुए भ्रमण मार्ग एवं स्थल :

1. ऋषिकेश, नरेन्द्र नगर, गंगोत्री, बद्रीनाथ
2. चेन्नई, ममल्लपुरम, पांडिचेरी
3. बागडोगरा-सिक्किम-दार्जिलिंग-केलिपोंग
4. भुवनेश्वर-पुरी-कोणार्क
5. इंदौर-उज्जैन, माहेश्वर, ओंकारेश्वर, मांडू
6. हैदराबाद-नागार्जुन सागर, तिरुपति
7. ग्वालियर-शिवपुरी, ओरछा, खजुराहो
8. कुल्लू-मनाली, लेह
9. जैसलमेर-जोधपुर, बीकानेर, बाड़मेर।

स्थल :

1. अण्डमान द्वीप समूह
2. कांगड़ा पोंग बांध
3. लक्षद्वीप द्वीपसमूह
4. मनाली-सोलन नाला।

पर्यटन योजना : महत्वपूर्ण तथ्य

1. पर्यटन विभाग को एक स्वतंत्र मंत्रालय का दर्जा 23 मई, 1998 को दिया गया जिसका नाम पर्यटन मंत्रालय रखा गया।
2. विश्व पर्यटन में भारत का हिस्सा वर्ष 2001 की अवधि में 0.37 प्रतिशत रहा।
3. चीनी पर्यटकों के लिए भोजन भ्रमण को सुविधाजनक बनाने के लिए चीन द्वारा भारत में वर्ष 2003 तक पर्यटन कार्यालय स्थापित किया जाना है।
4. पर्यटन को प्रोत्साहन देने के उद्देश्य से विदेशी पर्यटकों के लिए आगमन वीसा योजना प्रारंभ की गई है।
5. भारत पर्यटन विकास निगम की स्थापना एक सार्वजनिक क्षेत्र के उपक्रम के रूप में 1 अक्टूबर 1966 को की गई थी।
6. 1950 से पहले निर्मित हवेलियों, दुर्गों, किलों एवं निवास स्थानों में प्रचालनरत होटलों के लिए हेरिटेज होटल की एक नई वर्गीकरण श्रेणी प्रारंभ की गई है।
7. विगत वर्षों में पर्यटन से राष्ट्र को होने वाली शुद्ध प्राप्तियाँ जहाँ धनात्मक रही हैं वहीं 2001-2002 के प्रारम्भिक महीनों में यह प्राप्तियाँ ऋणात्मक हो गई थी क्योंकि विदेशी मुद्रा भारतीय पर्यटकों द्वारा विदेशों में खर्च की गई।

8 पर्यटन विभाग प्रचालनरत होटलों का स्टार प्रणाली के विभक्तिकरण 6 श्रेणियों, 1-5 स्टार तक एवं हाल ही में चालू की गई हेरिटेज होटल श्रेणी में करता है।

9. होटलों का निर्माण करने के लिए विदेशी पूंजी निवेश की सीमा को 100 प्रतिशत की अनुमति प्रदत्त कर दी गई है।

10. विदेशी पर्यटकों द्वारा भारत में औसतन 1260 डॉलर प्रति पर्यटक खर्च किए जाते हैं और यह औसत पिछले तीन सालों में लगभग स्थिर बना हुआ है। इसके विपरीत भारतीय पर्यटकों को विदेशों में खर्च के लिए उपलब्ध कराई जाने वाली विदेशी मुद्रा में जून 2000 में भारी वृद्धि कर दी गई है।

11. दिल्ली, आगरा एवं जयपुर की तर्ज पर चेन्नई, बंगलौर एवं त्रिवेन्द्रम को पर्यटन की दृष्टि से गोल्डन ट्राएंगल के रूप में विकसित करने का विचार केन्द्र सरकार के विचाराधीन है।

12. वर्ष 2001-2002 के दौरान 24.23 लाख विदेशी पर्यटकों ने भारत की यात्रा की। अप्रैल-दिसम्बर, 2002 के दौरान यह संख्या 16.15 लाख थी।

13. वर्ष 2001-2002 के दौरान 24.23 लाख विदेशी पर्यटकों ने भारत की यात्रा की। अप्रैल-दिसम्बर, 2002 के दौरान यह संख्या 16.15 लाख थी।

विदेशी पर्यटकों का आगमन एवं अर्जित विदेशी मुद्रा।

वर्ष (अप्रैल दिसम्बर)	*विदेशी पर्यटक आगमन (लाखों में)*	*अनुमानित विदेशी मुद्रा, आय मिलियन अमरीकी डालर*
1995-96	21.90	2713
1996-97	23.34	2878
1997-98	23.71	2914
1998-99	23.97	2993
1999-2000	25.97	2993
2000-2001	26.99	3168
2001-2002	24.23	2960
2002-2003	16.75	2203

स्रोत :- बाजार सर्वेक्षण विभाग पर्यटक विभाग भारत सरकार, नई दिल्ली।

निष्कर्ष पर्यटन की सबसे महत्वपूर्ण विशेषता स्थलीय योजना है। योजना बनाना, तकरीबन वैज्ञानिक प्रक्रिया हो चुकी है। नियंत्रित पर्यटन आज की आवश्यकता है। पर्यावरण की सुरक्षा लगभग पर्यटकों पर पूर्ण प्रतिबंध लगाना समय की मांग है। दरअसल पर्यटन संरक्षण का दुश्मन नहीं है वरन् मित्र है। यह भी देखने में आया है कि विपरीत पर्यटक न होते तो कुछ स्थानों पर संरक्षण कार्य नहीं होता। इन क्षेत्रों में पर्यटन पर्यावरण के रखवाले के तौर पर कार्य करता है। अतः पर्यावरण के संरक्षण के साधन के तौर पर पर्यटन को प्रभावशाली बनाने के लिए किसी विशेष पर्यटन स्थल को स्थान की प्रकृति और स्थिति के अनुरूप योजनाबद्ध करना लाभदायक होता है।

भारतीय हस्तशिल्प में पर्यटन का योगदान

हस्तशिल्प भारतीय संस्कृति का ही अभिन्न अंग है यह पर्यटन क्षेत्र में महत्वपूर्ण योगदान देता है। भारत में कई दूसरे राष्ट्रों ने भारतीय हस्तशिल्पों को एकत्रित किया गया है, जो पर्यटकों के आकर्षण का केन्द्र बने हुए हैं। शिल्पियों द्वारा सदियों से बनायी जाने वाली ये बेहतरीन कलाकृतियाँ भारतीय शिल्पकारों की कुशलता और अनुपम शिल्पकला के सर्वोत्तम नमूने हैं।

भारतीय हस्तशिल्प औद्योगिक क्रांति से पूर्व विश्व का सबसे बड़ा उद्योग था, औद्योगीकरण ने सहस्रों वर्षों से चले आ रहे इस उद्योग को अत्यधिक दुर्बल कर दिया। हस्तशिल्प उद्योग में मोटे तौर पर दो प्रकार की वस्तुएं बनायी जाती थीं। आम उपयोग की वस्तुएँ जो सस्ती निर्माण में अपेक्षाकृत कम कौशल की आवश्यकता होती थी। धनी वर्ग के लोगों के लिए इन वस्तुओं के निर्माण में उच्च कोटि के कौशल की आवश्यकता होती थी।

ब्रिटिश काल के समय औपनिवेशिक नीतियों एवं उद्योगों के आक्रमण के फलस्वरूप दोनों प्रकार के हस्तशिल्पों का तीव्र गति से पतन हो गया। मशीनी वस्तुओं के उत्पादन ने हस्तशिल्प उद्योग को पतन के रास्ते पर ला खड़ा किया।

भारत के प्रमुख हस्तशिल्प

भारत में कला एवं शिल्प की प्राचीन परम्परा रही है। इतिहास के विभिन्न कालखण्डों में भारतीय हस्तशिल्प के उत्थान एवं पतन का सार काफी दिलचस्प रहा है।

अंग्रेजी शासन से पहले भारतीय हस्तशिल्प

परिष्कृत रूप से मिट्टी के बर्तनों का निर्माण तो हड़प्पा काल में ही प्रारंभ

हो गया था। भारत का सबसे प्रमुख शिल्पीय उत्पाद कपड़ा मुगलकाल में अपने चरम पर था। गुप्तकाल में धातु शिल्प, हाथी दांत शिल्प, आभूषण निर्माण इत्यादि शिल्पों की मांग विदेशों में भी ज्यादा थी। इस काल में शिल्पीय उत्पादन का संगठन मुख्य तौर पर चार प्रकार का होता थाः

1. अधिकतर उत्पादन ग्रामीण अर्थव्यवस्था एवं जजमानी व्यवस्था से सम्बद्ध था।
2. मध्यकाल के दौरान शासकों के लिए कुलीनों की आवश्यकताओं को पूर्ण करने हेतु कारखाने लगाये गये। यह शिल्पीय उत्पादन का एक अन्य रूप था। कारखानों में कुशल कारीगर नियुक्त किये जाते थे, जो कुलीन वर्ग के लिए महंगे विलास की वस्तुएँ बनाते थे।
3. कुछ शहर में रहकर स्वतन्त्र रूप से कार्य किया करते थे। यह उत्पादन मुख्य रूप से बिक्री के लिए किया जाता था। मसूलीपट्टनम्, बनारस और कासिम बाजार में साड़ियों, कश्मीरी कालीनों व शालों का उत्पादन अपने उत्कर्ष पर था। परिवार के लोग मिलकर काम करते थे किन्तु शिल्पकारों के पास निजी रूप में पूंजी का प्रायः अभाव ही था और उत्पादन भी अत्यन्त कम होता था।
4. 17वीं शताब्दी में शिल्पीय उत्पादन के लिए एक ऐसी व्यवस्था प्रारंभ हुई जिसमें व्यापारी उत्पादन के लिए कारीगरों को अग्रिम भुगतान किया करते थे।

    कारीगरों को व्यापारियों द्वारा दिये गये निर्देशों के अनुसार माल उत्पादित करना पड़ता था।

    निश्चित अवधि में कारीगरों को माल की आपूर्ति करनी होती थी।

परिणामस्वरूप माल की गुणवत्ता, मात्रा और उत्पादन अवधि पर शिल्पियों का नियंत्रण हो गया।

परम्परागत तौर पर भारतीय शिल्प किसी जाति विशेष द्वारा बनाये जाते थे जैसे मोची जूता बनाते थे, सुनार गहना बनाते थे, लोहार लोहे के औजार बनाते थे तथा बढ़ई लकड़ी का काम करते थे।

औपनिवेशिक काल

ब्रिटिश शासनकाल के समय शिल्पीय उत्पादक का बहुत तीव्र गति से पतन हुआ। सन् 1757 से पहले ईस्ट इंडिया कम्पनी अपने साथ सोना-चांदी लाती थी और बदले में भारत से हस्तनिर्मित कपड़े और अन्य सामान ले जाती थी। जिससे भारत को खूब लाभ हुआ। परन्तु 1757 के पश्चात् इस स्थिति में परिवर्तन आया

और भारतीय शिल्पकारों को अपने उत्पादन को कम मूल्यों पर बेचना पड़ा। परिणामस्वरूप शिल्प उद्योग की हालत दिन-प्रतिदिन दयनीय होती गई।

स्वतंत्रता उपरान्त भारतीय हस्तशिल्प

भारत जब स्वाधीन हुआ उसके बाद हस्तशिल्पियों के विकास की तरफ जोर दिया गया। हस्तशिल्पों की समस्याओं का पता लगाने और इनके विकास का मार्ग सुझाने के लिए नवम्बर 1952 में अखिल भारतीय हस्तशिल्प बोर्ड की स्थापना हुई। हस्तशिल्प निर्यातों को बढ़ाने के लिए 1958 ई में भारतीय हस्तशिल्प और हथकरघा निर्यात निगम की स्थापना की गयी। भारतीय शिल्पों को ग्राहकों तक पहुंचाने के लिए जगह-जगह पर इम्पोरियम खोले गये। दिल्ली में 1953 में शिल्प संग्रहालय खोला गया। सहकारी क्षेत्र में दिल्ली स्थित केन्द्रीय कुटीर उद्योग इम्पोरियम एक मुख्य विपणन संस्था है।

भारत की सरकार ने उदयपुर राजस्थान स्थित शिल्प ग्राम, अहमदाबाद में कपड़ा संग्रहालय एवं वर्तन संग्रहालय, पुणे में राजा दिनकर केलकर संग्रहालय की स्थापना की।

भारतीय हस्तकला का विपणन

स्वतंत्रता प्राप्ति के बाद भारतीय शिल्पों का उत्पादन मुख्य रूप से निर्यात के लिए किया जा रहा है। इन उत्पादों में हाथ से छपाई किये गये वस्त्र, धातु से बनी कलाकृतियाँ, लकड़ी के सामान, हाथ से बुनी कालीन, नकली जेवर, शाल, जरी, कसीदाकारी किये गये सामान एवं शिल्प इत्यादि शामिल हैं।

रोजगार आंकडे : व्यक्तियों की संख्या

शिल्प	*1974-75*	*1988-89*
कालीन	4000	64500
कसीदाकारी	4000	24600
नमदा	2000	3700
लुगदी	900	5700
लकड़ी का काम	2000	4600

पर्यटन ने भारत में परम्परागत शिल्पों के विकास में काफी मदद की है। हस्तशिल्प उत्पादन जो 1974-75 में 20 करोड़ रुपये था। यह 1988-89 में बढ़कर 154 करोड़ रुपये हो गया। इसके अतिरिक्त हस्तशिल्प क्षेत्र में रोजगार के अवसर

भी बढ़े। 1974-75 में इससे 80 हजार व्यक्तियों को रोजगार उपलब्ध हुआ था जो 1988-89 में बढ़कर 2 लाख हो गया।

हस्तशिल्प क्षेत्र की कमियाँ

इन संभावनाओं के बावजूद अंतर्राष्ट्रीय हस्तशिल्प निर्यात में भारत का वास्तविक स्थान सन्तोषजनक नहीं है। इसके निम्नलिखित कारण हैं :

1. पूंजी का अभाव,
2. बाजार अनुसंधान का अभाव
3. बिचौलिये
4. समुचित अधिसंरचना का अभाव
5. पुराने जमाने के औजारों का प्रयोग।

शिल्प उत्पाद का वर्गीकरण

यंत्रों के आगमन के बावजूद कारीगरों एवं शिल्पियों द्वारा उत्पादन जारी रहा। इस उत्पादन के दो प्रकार हैं : पहला रोजमर्रा के उपयोग की वस्तुएँ एवं दूसरा सजावट के लिए बनाई गयी वस्तुएँ।

मिट्टी से निर्मित शिल्प चीनी मिट्टी से निर्मित वस्तुएँ पोर्सिलेन एवं सेरामिक।

पत्थर से बने शिल्प तमिलनाडु में सलेम जिला पत्थर शिल्प के लिए विख्यात है। ताजमहल का सुन्दर स्थापत्य एवं अलंकरण आगरा के पत्थर शिल्पियों को सदियों से प्रेरित व प्रभावित करता आ रहा है। बिहार में गया पत्थर के काम का प्रमुख केन्द्र है। देवी-देवताओं कीं मूर्तियाँ यहां बनाई जाती हैं। जयपुर में पत्थर से देवी-देवताओं की मूर्तियाँ बनाई जाती हैं।

धातु शिल्प उभरी नक्काशी अथवा उभरी छपाई की तकनीक धातु की सतह पर नक्काशी के द्वारा आकृति बनाना, एक धातु पर दूसरे धातु के तारों से सजावट, सांचे द्वारा आकृतियों बनाना एवं मिश्रित धातुओं से मूर्तियाँ बनाना।

लकड़ी से निर्मित शिल्प लकड़ी पर नक्काशी एवं बेंत का फर्नीचर।

प्रमुख केन्द्र लद्दाख, श्रीनगर, मुरादाबाद, अलीगढ़, बनारस, बंगाल में वर्द्धमान एवं मिदनापुर, जयपुर की मीनाकारी इत्यादि।

हाथीदांत से निर्मित शिल्प

प्राचीन समय में भारत में हाथी के दांत से रत्न तथा आभूषण बनाये जाते

थे, परन्तु अब भारत सरकार ने इस शिल्प के निर्माण तथा निर्यात पर पूरी तरह प्रतिबन्ध लगा दिया है।

मूल्यवान रत्न हीरा

भारत में हीरा सबसे अधिक मूल्यवान रत्न है। दक्कन, गोलकुण्डा, द. भारत, बिहार के हिस्से कोखरा एवं मध्य भारत जगहों पर हीरा पाया जाता है। भारतीय कारीगर हीरा तराशने में विशेषज्ञ रहे हैं। यह शिल्प गुजरात में अधिक प्रचलित है। यहाँ विश्व के विभिन्न भागों से हीरा लाया जाता है और गुजरात के कारीगर इसे तराशते हैं।

गुजरात, उड़ीसा, द. भारत के तटीय प्रदेशों में समुद्र से मोती निकाला जाता है जिनसे बहुमूल्य शिल्प आभूषण बनाये जाते हैं।

सोने एवं चांदी से बने शिल्प

आज भारत में सभी स्थानों पर सुनार चांदी और सोने की वस्तुएँ बनाते हैं। कश्मीर में उच्च कोटि के चांदी के पात्र बनाये जाते हैं जिसमें केतली, कलश, कप, गिलास एवं हुक्के प्रमुख हैं। उतर प्रदेश में मुरादाबाद में भी चांदी का काम बहुत अधिक होता है।

उत्तर प्रदेश के काशी (वाराणसी) में सदियों पहले से ही रेशम और चांदी के तारों को मिलाकर कपड़ा बुनने की परम्परा है। सोने और चांदी का मुख्य तौर पर निम्नलिखित निर्माण में इस्तेमाल किया जाता है

आभूषण : समृद्ध लोगों के लिए दैनिक उपयोग की वस्तुएँ, देवी और देवताओं की प्रतिमाएँ, सजावट की वस्तुओं के लिए कपड़े में स्वर्ण और चांदी के काम के लिए, सिक्का बनाने के लिए (कागजी मुद्रा आने से पहले तक)।

पशुओं की सींग से निर्मित शिल्प जानवरों के सींगों से भारत के विभिन्न भागों में भिन्न प्रकार की वस्तुएँ बनायी जाती है, जिनमें कंघी, पिन, खिलौने, बटन, सिगरेट, केश, मंजूषा, राखदान इत्यादि बनाये जाते हैं। गैंडे के सींग का उपयोग चिकित्सा के लिए किया जाता है। इस प्रजाति को बचाने के लिए सरकार द्वारा इस शिल्प पर पूरी तरह प्रतिबंध लगा दिया गया है।

सीप से निर्मित शिल्प हड़प्पा की खुदाइयों से कई शताब्दी पहले की सीप की वस्तुओं का मिलना यह प्रदर्शित करता है कि कई सदी पूर्व भी सीप तथा शंख से वस्तुएँ निर्मित की जाती थीं। भारत के तटीय क्षेत्रों में वर्तमान समय में भी सीप

के सामान बनाये जाते हैं। हिन्दू परम्परा के अनुसार शंख का धार्मिक महत्व शताब्दियों से रहा है। कई देवी-देवताओं की प्रतिमा को बनाते समय उनके हाथों में शंख को दिखाया जाता है।

लुगदी से निर्मित शिल्प यह कला 16वीं शताब्दी के मध्य भारत आई। इसमें कागज की लुगदी से वस्तुएँ बनाई जाती हैं एवं उन्हें अलंकृत किया जाता है। मुगल शासक के अनुसार इस शिल्प के कागज की लुगदी से सामान बनाने की तकनीकी के दो चरण हैं

1. कच्चे माल से वस्तुएँ बनाई जाती हैं, जिसे सख्तसाजी कहते है और
2. वस्तु की रंगाई और अलंकरण होता है, जिसे नक्काशी कहते हैं।

बुनकर अथवा करघाशिल्प भारतीय करघा क्षैतिज है एवं यह प्राचीन मिस्र के करघे से मिलता जुलता है, इसके द्वारा कालीन, शालें, पायदान इत्यादि बनाये जाते हैं। भारत में नागालैंड, मणिपुर, त्रिपुरा, मिजोरम मुख्य अरुणाचल प्रदेश पश्चपट्टे की बुनाई के प्रधान केन्द्र हैं।

नक्शबंध वर्तमान समय में वाराणसी ही नक्शबंधों के प्रयोग का केन्द्र रह गया है। सूरत, चंदेरी इत्यादि स्थानों पर होने वाले रेशम और जरी के कामों में भी इस तकनीक का इस्तेमाल किया जाता है।

कपड़े की बनावट में उपर्युक्त तकनीकों के अतिरिक्त रेशम तकनीक तथा ऊन बुनाई, कश्मीरी शाल का भी महत्वपूर्ण स्थान है।

भारतीय परिधान

ऋग्वेद में दो तरह के वस्त्रों के बारे में बताया गया है (i) नीचे के वस्त्र, (ii) अधिवास के वस्त्र। कालिदास ने विविध मौकों पर पहने जाने वाले वस्त्रों का किया है जैसे शिकार के समय पहने जाने वाला वस्त्र, विरह के समय पहने जाने वाला वस्त्र, प्यार से व्यथित मनुष्य द्वारा पहने जाने वाला वस्त्र एवं अभिसारिकाओं द्वारा धारण किया जाने वाला वस्त्र।

आज भी भारत में कई प्रकार के वस्त्र पहने जाते हैं। राजपूत महिलाएँ घाघरा, चोली और ओढ़नी पहनती हैं।

पंजाब की महिलायें सलवार तथा कमीज पहनती हैं। परन्तु साड़ी परम्परागत एवं व्यापक पैमाने पर पहना जाने वाला वस्त्र है जिसे खेत में काम करने वाले मजदूर से लेकर बड़े पदों पर काम करने वाली सम्भ्रान्त महिलायें तक पहनती हैं। सम्पूर्ण भारत में साड़ी अलग-अलग शैली में पहनी जाती है। इन्हें मुख्यतः दो भागों में विभक्त कर सकते हैं

1. उत्तरी भारत की साड़ियाँ यथा बनारसी, सिल्क इत्यादि।
2. दक्षिणी भारत की साड़ियाँ, जैसे साउथ सिल्क, कांजीवरम, पटेला इत्यादि।

दुल्हन चमकदार, चटकदार एवं खूब कढ़ाई की हुई सलवार, कमीज और ओढ़नी पहनती है।

जनजातीय और कबीलाई लोगों के परिधान भिन्न होते हैं। जिनमें मेखला अथवा सोरंग तथा चादर प्रमुख हैं। परम्परागत रूप से पुरुष धोती, कुर्ता, चादर, पैजामा, लुंगी, शेरवानी, अचकन, पगड़ी, टोपी इत्यादि धारण करते हैं। परन्तु पश्चिमी प्रभाव के कारण अब पुरुषों और महिलाओं दोनों के परिधानों में अत्यधिक भिन्नता आ गयी है।

सांस्कृतिक पर्यटन एवं परिधान

वर्तमान में पर्यटन वस्त्र और परिधान एक दूसरे से संबद्ध हो गये हैं। सांस्कृतिक पर्यटन एवं वस्त्र को एक दूसरे से अलग नहीं किया जा सकता है। पर्यटकों के लिए प्रमुख वस्त्र उत्पादन केन्द्रों पर विशेष यात्राओं का आयोजन किया जाता है। जिससे उन्हें भारत में बुनाई और छपाई का प्रत्यक्ष दर्शन कराया जा सके एवं इसके विषय में जानकारी दी जा सके। इसके अलावा परम्परागत बुनाई केन्द्रों के लिए विशेष दूर पैकेज भी बनाये जाते हैं। अहमदाबाद का कैलिको म्यूजियम पर्यटकों के आकर्षण का मुख्य केन्द्र बिन्दु बना हुआ है।

विश्व व्यापार में भारत में निर्मित कपड़ों की बढ़ती मांग इस बात का प्रमाण है कि भारतीय वस्त्रों में विदेशी पर्यटकों की रुचि बढ़ी है। विदेशी पर्यटकों विशेषकर महिलाओं को अपने चारों तरफ साड़ी लपेटे देखा जा सकता है। पर्यटन मौसम के विशेष महीनों में कपड़ों की मांग का बढ़ जाना इस बात का गवाह है कि पर्यटक स्थानीय परिधानों की ओर आकर्षित होते हैं। पर्यटक अपने दोस्तों एवं रिश्तेदारों को दिखाने के लिए और याददाश्त के रूप में स्थानीय वस्त्र खरीदना अधिक पसंद करते हैं।

3

पर्यटन विकास में संचार एवं मीडिया की भूमिका

यह सूचना क्रांति का दौर है इसलिए संचार साधनों की भूमिका बहुत अधिक बढ़ गयी है। संचार को अंग्रेजी में कम्यूनिकेशन कहते हैं जिसका अर्थ होता है आपस में बांटना। कम्यूनिकेशन शब्द की उत्पत्ति लैटिन भाषा के ''कम्यूनिको'' के द्वारा हुई थी।

जब हम किसी व्यक्ति से सूचना का आदान-प्रदान करते हैं तो उसके साथ-साथ विचारों एवं भावों का भी आदान-प्रदान होता है। इस क्रिया को संचार क्रिया कहते हैं। संचार माध्यमों के द्वारा दो से अधिक व्यक्ति सूचनाओं का आदान-प्रदान करते हैं। संचार का आशय होता है लोगों के पास इस तरह ज्ञान प्रेषित करना कि वे अपने लक्ष्य की प्राप्ति के लिए उस ज्ञान का उपयोग कर सके। संचार का अर्थ एक व्यक्ति से दूसरे व्यक्ति अथवा समुदाय तक सूचना, विचार, मनोवृत्ति या मनोभावों का संचारण है।

संचार श्रोताओं एवं ग्राहकों के बीच एक सम्बन्ध स्थापित करने की प्रक्रिया है जिसके आधार पर चिह्न, संकेत, संदेश ऐसे तात्पर्य देते हैं जिन्हें जनसम्पर्क या अन्तर्वैयक्तिक के जरिये से बांटा जाता है। SPEED संचार का महत्वपूर्ण लक्षण है। यहाँ S से अभिप्राय Simple अर्थात् सरल P से Practical अर्थात् व्यावहारिक P से Practical तात्पर्य व्यवहारिक : E से Economical सस्ता अथवा कम खर्च वाला E से Effective प्रभावशील और D से Duplicate अर्थात् दोहराने योग्य है। उपर्युक्त विवेचना संचार की व्यावहारिक परिभाषा प्रदर्शित करती है। यह वह परिभाषा है जो व्यावहारिक संचार माध्यम की विशेषता को प्रस्तुत करती है।

संचार की स्वीकृत परिभाषाएं

संचार की मान्यता प्राप्त प्रमुख परिभाषाओं का विवरण निम्न प्रकार हैं

संचार के सन्दर्भ में **टी. एस. मैथ्यूस** का कहना है कि, संचार एक जैसी जटिल एवं सामान्य प्रक्रिया है जिसे हम सामान्य शब्दों में व्यक्त नहीं कर सकते।

जे पाल लिंगन ने संचार को परिभाषित करते हुए कहा, संचार एक ऐसी पद्धति है जिसमें दो या दो से अधिक व्यक्ति आपस में विचारों व तथ्यों का आदान-प्रदान करते हैं।

कोलेमेन एवं मार्श अनुसार वे तमाम शैक्षिक प्रयोगात्मक कार्यक्रम जो पर्यटन एवं परिवहन प्रबन्धन के क्षेत्र में चलाये जायें, संचार कहे जाते हैं।

पैटर लिटिल के शब्दों में, संचार वह प्रक्रिया है जिसमें किसी सूचना को एक व्यक्ति या संगठन के मध्य इस प्रकार पहुंचाया जाता है कि हरेक व्यक्ति उस विषय के आशय को तथा उसके प्रयोग को अच्छी तरह समझता है।

उपरोक्त परिभाषाओं के माध्यम से संचार और उसके साधन संकीर्ण दायरे में बंध जाते हैं। इस दायरे की सीमाएं पर्यटन एवं परिवहन तक सिमट कर रह जाती है। वास्तव में संचार अथाह सागर की भांति विस्तृत् है एवं सागर में विद्यमान अनन्त जीवों की तरह संचार के तार इतने विस्तृत् हैं कि सम्पूर्ण विश्व को समेट कर रख दिया है। संचार का उपयोग मात्र पर्यटन के क्षेत्र में ही नहीं वरन्, चिकित्सा, वैज्ञानिक खोज एवं आविष्कारों इत्यादि में भी किया जाता है।

वैरन वीवर महोदय का कहना है कि, वे समस्त विधियाँ जिनके द्वारा एक व्यक्ति का मस्तिष्क दूसरे व्यक्तियों के दिमागों को प्रभावित्त करता है, संचार कहलाते हैं।

संचार के प्रमुख कारक

सफल संचार प्रक्रिया में एक दक्ष सूचना वाहक विषय सामग्री को उचित माध्यम द्वारा श्रोताओं या ग्राहक तक पहुंचाना होता है। इस तरह संचार में मुख्यतः ये चार तत्व होते हैं

सूचना वाहक, विषय सामग्री अथवा संदेश माध्यम, श्रोता या सूचना का ग्राहक

सूचना वाहक सूचना वाहक के माध्यम से संचार प्रक्रिया का शुभारम्भ होता है। जिसे संचार प्रक्रिया का प्रथम अवस्था माना जाता है। सूचना वाहक बोलने वाला लिखने वाला, कोई शिक्षक, प्रबन्धक टैक्सी ड्राइवर, छोटा फुटवियर विक्रेता, बड़ा होटल मालिक या होटल के प्रबंधक से लेकर छोटा कर्मचारी भी हो सकता है। सूचना उपयोगी विषय के सम्बन्ध में विचार प्रकट कर सूचना ग्राहक को आकर्षित करता है। सूचना वाहक उचित माध्यमों जैसे रेडियो, टी. वी.,

फोटोग्राफ आदि के द्वारा सूचना का संचार करता है। संचार प्रक्रिया को प्रभावित्त करने वाले कारकों में सूचना वाहक प्रमुख भूमिका निभाता है। उसके बोलने का ढंग, उसका सूचना के विषय में ज्ञान, उसकी छवि इत्यादि समस्त बातें सूचना के संचार को प्रभावी बनाती हैं।

संचार प्रक्रिया तभी सार्थक हो सकती है जब सूचना वाहक में अग्रांकित विशेषतायें विद्यमान होगी

1. सूचना वाहक अपने उद्देश्यों, श्रोताओं की विषय सामग्री उपयुक्त संचार माध्यम के विषय में उत्तम ज्ञान रखता हो।
2. संचारकर्ता को संचार प्रक्रिया के दौरान शिक्षण योजना संचार सामग्री एवं मूल्यांकन विधि की पूर्ण जानकारी होनी चाहिए।
3. संचार कार्यकर्ता में अपनी योग्यता व कमियों के निष्पक्ष विश्लेषण की सामर्थ्य होनी चाहिए।

सूचना वाहक को अग्रांकित कार्यों को करना आवश्यक होता है

1. संचार माध्यम का ठीक प्रकार से उपयोग करने में।
2. संचार सामर्थ्य को कैसे बढ़ाया जाए।
3. सूचना वाहक, शिक्षक व शिक्षण सम्बन्धी सामग्री व उसके मूल्यांकन के लिए योजना तैयार करता है।

संप्रेषण शिक्षा के लिए विषय अथवा सामग्री की जरूरत होती है। प्रसार शिक्षा व संचार प्रक्रिया में श्रोताओं को देने के लिए मुख्यतया विषय सामग्री पर्यटकों में मनोवैज्ञानिक कथ्यों का विवरण, व्यक्तियों और समूहों द्वारा किए गए निर्णयों का विवरण इत्यादि अन्य संदेश हो जाते हैं। संदेश को सूचना वाहक अपने श्रोताओं तक उस ढंग से पहुंचाता है कि वे उसे समझें अपनायें तथा उस पर अमल करें।

संचार के साधन संचार माध्यम से सूचना देने वाला भिन्न-भिन्न साधनों का प्रयोग कर अपनी सूचना को सूचना प्राप्त करने वाले तक भेजता है। परिवर्तित परिपेक्ष्य में संचार माध्यम एक सरल प्रपत्र, पर्चा से लेकर जटिल कम्प्यूटर इंटरनेट भी हो सकता है।

सूचना ग्राहक वह व्यक्ति जो किसी भी प्रकार की सूचना ग्रहण को इच्छुक रहता है उसे सूचना ग्राहक कहा जाता है। यह सूचना किसी भी प्रकार की हो सकती है। देश-विदेश में हो रहे परिवर्तन, बाजार में आ रही नई वस्तुओं के विषय में जानकारी, बाजार भाव, पर्यटन के नए आयाम, पर्यटन सम्बन्धी अन्य प्रमुख जानकारी जो यात्रा एवं पर्यटन के लिए उपयोगी है।

संचार का वर्गीकरण

प्रत्येक व्यसाय में दो तरह की संचार व्यवस्था दृष्टिगत होती है।

1. बाह्स संचार तथा
2. आन्तरिक संचार।

आन्तरिक संचार : आन्तरिक संचार के अंतर्गत संगठन के अन्दर ही संचार होता है। आन्तरिक संचार दो प्रकार का होता है। औपचारिक या आधिकारिक एवं अनौपचारिक संचार। अनौपचारिक संचार नीचे अथवा ऊपर की ओर किया जाता है।

संचार का निचला भाग

इस प्रकार के संचार के अंतर्गत आज्ञा, व्यक्तिगत निर्देश, नीति विवरण पत्र, कार्य लेख इत्यादि शामिल रहते हैं। प्रबंध निदेशक विभागीय प्रमुखों को संचारित करता है। विभागीय प्रमुखों द्वारा कार्य निदेशकों को संचारित किया जाता है जो इस संचार प्रक्रिया को आगे बढ़ाते हुए कामगारों, निम्न वर्ग तक संदेश का संचार करता है।

संचार का निचला भाग मौखिक और लिखित दोनों ही तरह का होता है। किसी भी कार्य को प्रारम्भ करने हेतु प्रमुख निर्देश, पत्रों के द्वारा नीतियों एवं कार्य विधियों को परिपत्रों, नियमावली, पत्रिकाओं द्वारा घोषित किया जाता है, कार्य निदेशक के लिए अपने श्रमिकों को मौखिक निर्देश देना अधिक सहज हो जाता है। प्रबन्ध निदेशक अपने समस्त विभाग प्रमुखों की सभा बुलाकर स्वयं को अधिक सुविधायुक्त पाता है एवं एक लम्बे पत्र को लिखने के स्थान पर आमने-सामने का सम्पर्क प्रभावपूर्ण होता है।

संचार का ऊपरी भाग

यदि प्रबन्धक किसी सूचना को श्रमिक वर्ग तक संचारित करता है तो वह निम्न वर्ग अर्थात् कर्मचारी वर्ग से सूचना ग्रहण भी करता है। इस प्रकार का संचार जहाँ संदेश निम्न वर्ग से उच्च वर्ग की ओर संचारित होता है अर्थात् अधिकारियों या विभाग प्रमुख की तरफ संचारित होता है। इस तरह की संचार प्रक्रिया ऊपर की ओर संचार कहलाती है।

संचार के प्रमुख सिद्धान्त

संचार को और ज्यादा प्रभावशाली बनाने में सहायक और लिखित संचार के लिये उपादेय सिद्धान्तों का विस्तृत् वर्णन निम्न प्रकार किया गया है

स्पष्टता संदेश देने वाले के संचार चक्र मन से आरम्भ होता है। इसी स्थिति में शुद्धता की बड़े पैमाने पर जरूरत होती है। यदि शुरू में ही वह स्पष्ट नहीं होगा तो सम्पूर्ण संचार प्रक्रिया अव्यवस्थित हो जाती है। सन्देश देने से पूर्व निम्नांकित बातें स्पष्ट होनी चाहिए संचार का प्रधान उद्देश्य क्या है? क्या संचारित होना है? इस उपयोग के लिए कौन सा माध्यम उपयोगी साबित होगा?

भावगत स्पष्टता अधिकतर सूचनाएं शब्दों की सहायता से संचारित होते हैं। इसलिए सूचना वाहक को शब्दों के संगठन एवं शब्दों के विषय में सावधान रहना चाहिए।

संक्षिप्तता सूचना पढ़ने वाले व्यक्ति का समय मूल्यवान होता है इसलिए उसे यह महसूस नहीं होना चाहिए कि वह बेकार की सूचना पढ़कर अपना समय बर्बाद कर रहा है। जितना हो सके, संदेश संक्षिप्त लिखना चाहिए। विचारों में संक्षिप्तता पढ़ने वाले का ध्यान आकर्षित करती है।

तथ्यात्मक सम्पूर्णता संचार में पूर्ण सन्देश का होना आवश्यक है। अपूर्ण सन्देश को पढ़ कर व्यक्ति उलझन में पड़ जाता है एवं उस संदेश के अनुसार कोई कार्य किया जाता है तो यह व्यावसायिक संगठन के लिए क्षति पहुँचाता है। इसलिए हमें संदेश को इस प्रकार संगठित और व्यवस्थित करना चाहिए कि संदेश ग्रहण करने वाले सन्देश को उसी रूप में समझें।

संचार के विभिन्न माध्यम

संचार माध्यमों का प्रयोग सूचना संप्रेषित करने के लिए होता है। ये संचार माध्यम सूचना देते हैं, ध्यानाकर्षण करते हैं, रुचि जगाते हैं, इच्छा जागृत करते हैं और यह अनुरोध करते हैं कि उसके उत्पाद सहयोग एवं संरक्षण के योग्य हैं। संचार माध्यमों के द्वारा इस प्रकार के संवाद प्रेषण को प्रचार के नाम से जाना जाता है विभिन्न संचार माध्यम के द्वारा प्रचार किया जाता है।

संचार माध्यम को निम्नांकित तौर पर विभाजित कर सकते हैं

मुद्रित माध्यम इसके अन्तर्गत दैनिक समाचार-पत्र, साप्ताहिक समाचार पत्र, सामान्य अथवा विशिष्ट रुचि की पत्रिकाएं, महिला जगत, बाल पत्रिकाएं, साहित्यिक पत्रिकाएं, फैशन डिजाइनर, वन्य जीव-जन्तु इत्यादि से सम्बन्धित पत्रिकाएं, चिकित्सकों, वास्तुकारों, वकीलों, परामर्शकों इत्यादि के लिए पेशेवर पत्रिकाएं अथवा व्यापारिक पत्रिकाएं आती हैं। इनमें लेख, समाचार अथवा विज्ञापन छपते हैं। उदाहरणार्थ एच एण्ड एफ एस रिव्यू जो कि मुम्बई से प्रकाशित होने वाला ऐसा मुद्रित माध्यम है जिसके द्वारा अभावगत उद्योग और

इसके उत्पाद अपने ग्राहकों से संवाद स्थापित करते हैं। विभिन्न पर्यटन विभाग द्वारा प्रकाशित पुस्तकें जो कि हवाई जहाज और पर्यटन के लिए चलाई जा रही रेलगाड़ियों में पर्यटकों को दी जाती हैं।

प्रसारण संचार माध्यम इसके अन्तर्गत टी.वी., रेडियो, केबल, ट्रांसमीशन, सेटेलाइट ट्रांसमीशन आदि को सम्मिलित किया जाता है। इन संचार माध्यमों के द्वारा श्रोता/दर्शक अपने स्थान पर ही संदेश ग्रहण कर लेता है।

इलेक्ट्रॉनिक संचार माध्यम इसमें आडियो एवं वीडियो टेप आते हैं। इन माध्यमों का उपयोग पर्यटन, विभाग, टूर ऑपरेटर आदि प्रचारात्मक कार्यों के लिए करते हैं। अब संग्रहालय इत्यादि में बतौर गाइड इन आडियो टेप को उपयोग में लाया जा सकता है।

प्रदर्शन संचार माध्यम इसके अन्तर्गत निम्न प्रकार के माध्यमों को सम्मिलित किया जाता है

1. होर्डिंग जिन्हें सार्वजनिक स्थलों जैसे व्यस्त सड़क या पार्क में लगाया जाता है।
2. चमकदार बत्तियां एवं इनसे बने चिह्न जो रात में चमकते हैं।
3. वाल पोस्टर, पर्चा इत्यादि।
4. विक्रेताओं द्वारा लगाए गए चिह्न एवं बैनर।
5. आकाश गुब्बारा और लेखन।

संचार माध्यम के विभाजन को निम्नलिखित बिन्दुओं के अन्तर्गत स्पष्ट किया गया है

1. लिखित संचार

इसके तहत निम्न माध्यम आते हैं

प्रकाशित सामग्री, टेलीग्राम, न्यूज, लेटर, रूपपत्र, विवरण पुस्तिका, प्रतिवेदन, पत्रिकाएं, प्रश्नावली, प्रेस विज्ञप्ति, प्रायोजित लेख, सार संग्रह इत्यादि।

प्रमुख विशेषताएं

लिखित संचार में निम्नलिखित विशेषताएं पाई जाती है

1. यह जिम्मेदारियों की नियम पालन करने में सुगमता प्रदान करता है।
2. यह एक स्थायी लेख होता है।
3. यह अनेक बार निर्देशित किया जा सकता है।
4. यह सही एवं सुतथ्य होता है।

प्रमुख सीमाएं

लिखित संचार की कुछ प्रमुख कमियां भी हैं जो निम्न हैं

1. अधिक समय व्यय होता है।
2. तीव्र स्पष्टीकरण सम्भव नहीं है।

2. मौखिक संचार

रेडियो, टेलीफोन, टेपरिकॉर्डर, मानवीय संसाधन जैसे पर्यटक स्वयं पर्यटन स्थलों के सम्बद्ध में जानकारी आदान-प्रदान करते हैं, टैक्सी ड्राइवर, होटल मालिक होटल में कार्य वाले कर्मचारी इत्यादि इसके अंतर्गत आते हैं।

प्रमुख विशेषताएं

मौखिक संचार की प्रमुख विशेषताएं निम्नलिखित हैं

1. मौखिक संचार में व्यय बहुत कम होता है।
2. अनेक विषयों में जब किसी सन्देश पर शीघ्रातिशीघ्र प्रतिक्रिया की आवश्यकता होती है तो उस स्थिति में मौखिक संचार अधिक प्रभावी होता है। समय की बचत के साथ यह लिखने में हो रहे परिश्रम की बचत भी करवाता है।
3. वक्ता अपनी वाणी में विविधत् उसकी तीव्रता में परिवर्तन कर अपने मत के अर्थ को अच्छी तरह से समझा सकता है।
4. वाणी प्रोत्साहन तथा नियंत्रण का सर्वाधिक शक्तिशाली माध्यम है। इसलिए यह श्रोता/ग्राहक को प्रोत्साहित करने में ज्यादा प्रभावशाली है।
5. मौखिक संचार की स्थिति में संदेश अपने आप को संतुष्ट महसूस करता है, क्योंकि उस दशाा में उसे स्पष्टीकरण एवं जवाबदेही का अवसर मिलता है।
6. मौखिक संचार प्रणाली के द्वारा तत्क्षण यह पता लगाया जा सकता है कि उसका संदेश ग्राहक को ठीक प्रकार से समझ में आ रहा है या नहीं। इसी आधार पर वह अपने संदेश को व्यवस्थित कर सकता है।

प्रमुख सीमाएं

मौखिक संचार की प्रमुख सीमाओं का विवरण निम्न प्रकार है

1. मौखिक संचार के लिए लम्बे संदेश उपयुक्त नहीं होते।
2. मौखिक संदेश की तब तक कानूनी एवं विधिक मान्यता नहीं होती जब तक उसे स्थायी प्रतिवेदन का अंग न बना लिया जाये।
3. अगर मौखिक संचार में स्पष्टीकरण के पूरे अवसर मिलते हैं तथापि ऐसा

नहीं है कि गलतफहमी की संभवनाएं ही नहीं हैं।

4. इस स्थिति में जब सूचना देने वाला एवं ग्रहण करने वाला एक दूसरे से दूर होते हैं, उनके मध्य सम्पर्क का कोई साधन नहीं होता तो मौखिक संचार असम्भव हो जाता है।
5. मौखिक संदेश में यदि कोई त्रुटि हो जाती है तो उस स्थिति में यह पता लगाना कठिन हो जाता है कि गलती किसके द्वारा हुई।

3. दृष्टिगत संचार

ऐसा माना जाता है कि दृष्टिगत का संचार और मौखिक संचार दोनों ही एक समान हैं, परन्तु विभिन्न परिस्थितियों में इन दोनों के मध्य कुछ अन्तर दिखाई देते हैं। उदाहरण दो व्यक्तियों के दूरभाष पर सम्पर्क को हम दृष्टिगत संचार नहीं कहेंगे। दो राष्ट्रों के प्रधानमंत्री आपस में हाथ मिलाते हैं एवं हर्षोल्लास के साथ सम्मानित करते हैं तो इस स्थिति को दृष्टिगत संचार कह सकते हैं, लेकिन इस संचार को मौखिक संचार नहीं कहा जा सकता है।

दृष्टिगत संचार की प्रमुख विशेषताएं

दृष्टिगत संचार की प्रमुख विशेषताओं का विवरण निम्न प्रकार दिया गया है

1. चहरे के हाव-भाव संचार को बेहतर बनाती है। मौखिक संचार को कई कारणों से लिखित संचार से श्रेष्ठ सिद्ध किया गया है। इसमें वक्ता की आवाज तथा तीव्रता वाणी की तीव्रता की सहायता से सन्देश का संचार किया जाता है। इसकी उपादेयता यह भी है कि जो संदेश संचारित किया जाता है, उसके संबध में चेहरे की भाव भंगिमा का भी पता चलता है।
2. दृष्टिगत संचार वाद-विवाद के लिए उपयुक्त है। इसमें सम्मिलित होने वाले जरूरी व्यक्ति के भावों तथा स्फुरण से तुरन्त उत्तर मिल जाता है। इस तरह के संचार में वक्ता को सामंजस्य हेतु उचित मौका मिलता है।

दृष्टिगत संचार की प्रमुख कमियां

दृष्टिगत संचार की प्रमुख सीमाएं निम्नलिखित हैं

1. आधुनिक तथा विकसित संगठनों में इसका उपयोग काफी कठिन है क्योंकि उनके कार्यालय तथा विभाग अलग-अलग होते हैं।
2. यदि ध्यानपूर्वक नहीं सुना जाए तो यह निष्क्रिय अथवा निष्प्रभावी हो जाता है।
3. विशाल जनसमूह में यह प्रभावी नहीं है।

4. श्रव्य दृष्टिगत संचार

इस संचार के तहत आने वाले साधन केबिल ट्रान्समीशन, वीडियो टेप सिस्टम, टेलीविजन एवं सैटेलाइट ट्रान्समीशन आदि हैं।

आज के समय में उपरोक्त सभी साधनों ने अपना विस्तृत् विकास कर लिया है। और दर्शकों के ऊपर अपनी स्थिति को भी अत्यधिक मजबूत कर ली है। केबिल प्रसारण का जाल जटिल होने के साथ प्रभावी भी है। इन सभी में वीडियो टेप सिस्टम की अवधारणा बिलकुल नवीन है।

वीडियो टेप प्रणाली का आविष्कार ब्रिटिश टेलकाम द्वारा बिना संगठन के कम्प्यूटरीकृत जानकारी प्रेषित करने के लिए किया जाता है। वीडियो टेप सिस्टम हेतु एक दूरभाष लाइन अर्थात् टेलीफोन लाइन और रंगीन टी. वी. की आवश्यकता है। रंगीन टेलीविजन रिसीवर एवं एडाप्टर की सहायता से की-बोर्ड और डीकोडर से सम्बद्ध होता है।

वीडियो टेप सिस्टम कम खर्च में ट्रेवेल एजेन्ट को आरक्षण सुविधा के साथ-साथ अपने ग्राहक एवं पूर्ण पर्यटन व्यवसाय से सीधे सम्पर्क करने में सहायक सिद्ध होता है।

यह संचार जनसंघ शिक्षा, जनसंघ प्रचार, जनसंघ प्रचार समिति आदि क्षेत्रों में महत्वपूर्ण स्थान रखता है। विशाल व्यवसाय समुदाय मुख्यतः अपने मजदूरों की शिक्षा के लिए अपने उत्पादों के प्रचार के लिए पूंजीपति इस तकनीक का प्रयोग करते हैं। इस तरह की तकनीक को अधिक प्रभावी बनाने के लिए छोटी, प्रभावपूर्ण आकर्षक एवं रुचिकर फिल्मों का निर्माण अनिवार्य हो जाता है। समाचार पत्र, सिनेमा, रेडियो एवं टी. वी. जैसे जन संचार के साधन जिन्हें विज्ञापन नहीं चलाता मीडिया के नाम से जाने जाते हैं। प्रत्यक्ष डाक सेवा, प्रदर्शन, पोस्टर बुलेटिन आदि को Below the Line मीडिया कहा जाता है। इस प्रकार का विभाजन लागत के अनुसार किया जाता है। लागत निश्चित करते वक्त एजेंट एक विभाजन रेखा देता है। इस रेखा के ऊपर प्रथम प्रकार के तथा द्वितीय प्रकार के संचार माध्यम रखे जाते हैं।

यात्रा और मानव संसाधन

जब मानव संसाधानों को पर्यटन की दृष्टि से देखा जाता है तो इसका अभिप्राय पर्यटन के विभिन्न क्षेत्रों जैसे होटल, पोषाहार, परिवहन सुविधाओं, गाइड सेवाओं, प्रकाशनों इत्यादि में मनुष्य के महारत हासिल करने से है। वास्तव

में हम पर्यटन का वास्तविक विकास अभी कर सकते हैं। जब हमें पर्यटन के विभिन्न आयामों का बौद्धिक एवं शारीरिक प्रशिक्षण प्राप्त हो। उदाहरण के लिए अगर हमारे पास कुशल व प्रशिक्षित होटल प्रबन्धक रहेंगे तो होटल व्यवसाय के क्षेत्र में लाभयदायी बना सकते हैं

प्रजातांत्रिक सरकारों द्वारा मानव संसाधन की प्रगति पर ध्यान देने के पश्चात् व्यक्ति को अन्य दूसरे आर्थिक संसाधनों के बराबर पूंजी मान लिया गया है एवं उसे एक संसाधन के रूप में विकसित किया जाने लगा है। सर्वेक्षणों द्वारा स्पष्ट भी हो चुका है कि जिस क्षेत्र में भी मानव संसाधन पर्याप्त तौर पर विकसित है, उन क्षेत्रों का विकास बहुत तीव्र गति से हुआ है। मानव संसाधनों के अभिप्राय को स्पष्ट करते हुए सर आर्थर लुईस ने इस प्रकार वर्णित किया है :

मानव संसाधन के रूप में तभी परिवर्तन हो सकता है, जबकि उसे किसी विशेष क्षेत्र में ज्ञान, बुद्धि प्रशिक्षण इत्यादि आधारों पर विशेषज्ञता प्राप्त हो चुकी हो। बौद्धिक परिपक्वता के साथ-साथ शारीरिक एवं मानसिक स्वास्थ्य को भी मानव संसाधन के अन्तर्गत रखा गया है।

पर्यटन क्षेत्र में मानव संसाधन का अत्यधिक विकास के लिए भारत सरकार ने विभिन्न तरह की योजनाएं बनायी हैं। इन कार्यक्रमों और योजनाओं का अध्ययन अग्रांकित तरीके से किया जा सकता है।

(क) होटल प्रबन्ध कैटरिंग तकनीकी

यद्यपि सरकार ने होटल प्रबन्ध कैटरिंग तथा पोषाहार के क्षेत्र में प्रशिक्षण कार्यक्रम 1962 से ही शुरू कर दिया था, परन्तु व्यावसायिक आधार एवं पर्यटन की दृष्टि से इसका विधिवत् श्रीगणेश 1984 से हुआ जब पर्यटन मंत्रालय ने राष्ट्रीय होटल प्रबन्ध एवं कैटरिंग प्रौद्योगिकी परिषद् की स्थापना की। इस परिषद् के मुख्य उद्देश्य, पाठ्यक्रम एवं सुविधाओं की आवश्यकताओं का मानकीकरण करना ,राष्ट्रीय स्तर पर प्रमाणन तथा सत्यापन करना, उचित प्रशिक्षण कार्यक्रम को तैयार करने हेतु एक तकनीकी भण्डार घर के रूप में कार्य करना, सम्बद्ध संस्थाओं में स्टाफ के सदस्यों के लिए शैक्षिक एवं अन्य अहर्ताएँ निर्धारित करना, इस क्षेत्र में अन्तर्राष्ट्रीय स्तर की नवीनतम क्रियाओं का लेखा-जोखा रखना, होटल प्रबन्ध कैटरिंग प्रौद्योगिकी से संबंधित विकास पर सरकार को राय-मशविरा देना आदि हैं।

इस प्रकार होटल प्रबन्धन एवं कैटरिंग के क्षेत्र में हुए अत्याधुनिक परिवर्तनों के परिणामस्वरूप इन संस्थानों में छात्रों की रुचि एवं दृष्टिकोण में व्यापक बदलाव

हुए हैं। वर्तमान समय में देश में 18 होटल प्रबन्धन संस्थान तथा 15 भोजन कला संस्थान स्थापित किये जा चुके हैं। इसके अतिरिक्त पूर्वोतर राज्यों में डिप्लोमा स्तर के पाठ्क्रमों को प्रारंभ किया गया है।

उपर्युक्त संस्थानों के वित्त पोषण का कार्य केन्द्र सरकार द्वारा अनुदान के माध्यम से होता है।

(ख) भारतीय स्कीइंग एवं पर्वतारोहण संस्थान

भारतीय स्कीइंग और पर्वतारोहण संस्थान को सन् 1968 में स्थापित किया गया था। जिसका प्रमुख प्रयोजन पर्यटकों को निम्न क्रीड़ाओं जैसे, पैरा ग्लाइडिंग गुलमर्ग हिम क्रीड़ा परियोजना, जल क्रीड़ा, रिबर रनिंग स्कीइंग, स्कीइंग, पर्वतारोहण एवं चट्टारोहण की जानकारी देना है।

वर्तमान वित्तीय वर्ष में इस संस्थान ने औली एवं पटनीटाप में स्कीइंग, हिमाचल में ट्रैकिंग, ऋषिकेश में रनिंग इत्यादि में प्रशिक्षण उपलब्ध कराया है।

राष्ट्रीय जल क्रीड़ा संस्थान

सम्पूर्ण देश में जल खेलों का सम्वर्धन करने के उद्देश्य पर्यटन विभाग ने सन् 1990 में गोवा में एक राष्ट्रीय जल क्रीड़ा संस्थान की स्थापना की है। इस संस्थान के सम्बन्ध में प्रमुख बातें निम्न हैं

1. राष्ट्रीय क्रीड़ा संस्थान सेलिंग, विंड सर्फिंग, जल स्कीइंग, आउटबोर्ड मोटर रख-रखाव, जीव रक्षा तकनीकों एवं जल क्रीड़ा के सम्बन्ध में प्रशिक्षण प्रदान करता है।
2. इस संस्थान के लिए 18 एकड़ अतिरेक भूमि एवं 60 प्रतिशत उपकरण गोवा सरकार ने उपलब्ध कराए हैं।
3. वर्तमान में इसे भारतीय पर्यटन तथा यात्रा प्रबन्धन संस्थान को हस्तान्तरित किया जा चुका है।

संस्थान ने अपने प्रशिक्षण को गोवा से बाहर 11 राज्यों तक पहुँचाया है।

गाइड प्रशिक्षण संस्थान

यह संस्थान राष्ट्रीय और अन्तर्राष्ट्रीय दोनों ही स्तर के सैलानियों हेतु आधारभूत संरचना के जरूरत के महत्वपूर्ण कारक होते हैं। भारत में विदेशी पर्यटकों की संख्या 3.2 मिलियन के आँकड़े को पार कर गयी है। फलस्वरूप गाइडों की बढ़ती हुई मांग को पूरा करने के लिए 1996 से 3 टियर गाइड प्रणाली की

शुरुआत हुई जिसके अंतर्गत क्षेत्रीय स्तर, राज्य स्तर तथा स्थानीय स्तर पर गाइड प्रशिक्षण कार्यक्रम चलाये जा रहे हैं।

इन प्रशिक्षण कार्यक्रमों में अन्तर्राष्ट्रीय भाषाओं जर्मन, फ्रेंच, अंग्रेजी भाषाओं की जानकारी दी जाती है। वर्तमान में औद्योगिक प्रशिक्षण संस्थानों में भी गाइड प्रशिक्षण कोर्स संचालित किये जा रहे हैं।

पर्यटन एवं यात्रा प्रबन्ध संस्थान

इस संस्थान की स्थापना 1983 ई. में पर्यटन मंत्रालय के अंतर्गत एवं निबंधित सोसायटी के रूप में की गयी।

भारतीय पर्यटन एवं यात्रा प्रबन्ध संस्थान के वित्तीय पोषण की जिम्मेदारी परिभ्रमण विभाग एवं भारत सरकार की होती है। इसकी स्थापना उच्च शिक्षा की आवश्यकताओं को पूर्ण करने, यात्रा एवं पर्यटन उद्योग से सम्बन्धित प्रशिक्षण एवं इस क्षेत्र में उत्कृष्टता के एक केन्द्र के रूप में की गयी है। 1992 में इसे ग्वालियर में स्थानांतरित कर दिया गया।

इस संस्थान द्वारा पर्यटन प्रबन्ध में डिप्लोमा, गन्तव्य स्थल प्रबन्धन में डिप्लोमा, यात्रा प्रचालन सेवा प्रबंधन, पर्यटन विपणन भाषा पाठ्यक्रम, वन्य जीव पर्यटन प्रबन्धन, इत्यादि पाठ्यक्रम संचालित किये जाते हैं। पाठ्यक्रम के संचालन का कार्य विश्वविद्यालयों द्वारा भी किया जाता है। इस संस्थान द्वारा प्रबन्ध विकास कार्यक्रमों में विभिन्न पाठ्यक्रमों को सम्मिलित किया गया है जिनमें, पर्यटन एवं यात्रा में प्रबन्ध समस्याएँ, प्रभावी पर्यटन विकास, यात्री सेवाओं का प्रबन्ध, पर्यटन विकास का पर्यावरणीय क्षेत्र और पर्यटन में कम्प्यूटर तकनीकी आदि प्रमुख हैं।

4

भारत में सामाजिक एवं सांस्कृतिक पर्यटन का विकास

समाज के कमजोर एवं मध्यम आर्थिक वर्ग के व्यक्तियों को जब पर्यटन में सम्मिलित किया जाता है या उन्हें पर्यटन में शामिल होने के लिए प्रेरित किया जाता है तो इसे सामाजिक पर्यटन कहते हैं। इसका सिद्धांत मुख्य रूप से वित्तीय मदद एवं विशिष्ट सुविधा व तौर-तरीकों पर निर्भर है। ये सरकार या अन्य पक्षों द्वारा अथवा सहकारिता के आधार पर दिया जाता है।

सामाजिक पर्यटन के बारे में डॉ. डब्ल्यू हुन्जीकर का कहना है कि, पर्यटन का वह रूप जो कि निम्न वर्गीय लोगों द्वारा प्रयोग किया जाता है, सामाजिक पर्यटन है तथा यह एक बिल्कुल पृथक् व सरलता से मान्यता प्राप्त सेवाओं द्वारा ही सुलभ है। इस सन्दर्भ में श्री एम॰ अन्धेरी पेलेमोण्ट का मत है कि सामाजिक पर्यटन, पर्यटन का यह रूप है जो कि उन व्यक्तियों द्वार निर्मित किया गया है, जो सामाजिक दखलंदाजी के बिना इसकी लागत के भार को वहन नहीं कर सकते हैं। उदाहरण के लिए बिना किसी संगठन की मदद के जिसके वे स्वयं सदस्य हैं।

सामाजिक पर्यटन के लक्षण निम्नलिखित हैं

(1) **सीमित साधन** सामाजिक पर्यटन कामगारों तथा उन व्यक्तियों तक सीमित है जो कि यात्रा व आवास के भुगतान हेतु उचित धनराशि का संचय नहीं कर सकते हैं क्योंकि उनकी आय अल्प होती है तथा उनके फायदे बहुत ही अधिक होते हैं।

(2) **आर्थिक मदद** ये वे सामाजिक पर्यटन हैं जिनमें आर्थिक मदद सरकार या तीसरा पक्ष देता है।

(3) **बाहरी बाह्य पर्यटन** सामाजिक पर्यटन में वे यात्री सम्मिलित किए जाते हैं जो कि अपने सामान्य निवासित स्थान के बाहर किसी विशेष वातावरण की यात्रा करते हैं।

सामाजिक पर्यटन के विकास में अवरोध

सम्पूर्ण विश्व में कामगारों को कानून अथवा सामूहिक समझौते द्वारा वेतन सहित अवकाश मुहैया किया जा रहा है। बहुत से कर्मचारी अपने छुट्‌टी का समय घरों में ही व्यतीत कर देते हैं। जिसका मुख्य कारण यह है कि उनके पास पर्यटन सम्बन्धी खर्च एवं सूचनाओं का अभाव होता है। परिवहन की कठिनाइयाँ व उचित प्रकार की आवास सुविधाओं की कमी होती है। इस तरह की समस्त समस्याएँ संगठित एवं सामाजिक पर्यटन द्वारा पूर्ण की जा सकती हैं। आर्थिक समस्याओं का निवारण आर्थिक मदद व बचत योजनाओं द्वारा संरचनाओं की पूर्ति अनुभव व सम्पर्क के माध्यम परिवहन समस्याओं को सामान ले जाने वालों के साथ पैकेज योजनाओं द्वारा तथा आवास की समस्याओं का हल पर्यटन स्थल के अनुबंध द्वारा किया जा सकता है। इस तरह संगठित सामाजिक पर्यटन उन सभी लोगों तक पहुँच सकता है जो कि अन्यथा यात्रा करने योग्य नहीं हैं। वित्त संबंधी कठिनाइयाँ बचत योजनाओं द्वारा पूर्ण की जा सकती हैं। हर संगठन बचत योजनाओं में सक्रिय हिस्सा ले सकते हैं। इन संगठनों के सदस्य मिलकर योगदान कर सकते हैं तथा आवास के समय उन्हें उनकी जमा बचत से लाभकारी धनराशि निकालने की अनुमति दी जा सकती है। बचत सम्बन्धी योजनाएँ बेल्जियम, फ्रांस व आस्ट्रेलिया में बहुत ही लाभकारी सिद्ध हुई हैं। इसी कामगार कुछ अवकाश के फण्ड संगठनों या मालिकों द्वारा परिवहन व होटल उद्योग, सरकार व स्थानीय संस्थाओं के सामूहिक सहयोग द्वारा नियोजित किए जा सकते हैं। फ्रांस में लाभकारी समितियाँ यात्रा के लिए वित्तीय सहायता प्रदान करती हैं तथा साथ ही श्रमिकों व बच्चों के लिए अवकाशलीन आवासीय गृहों को संचालित करती हैं। साथ ही इनको आंशिक रूप में मालिकों व कामगारों के योगदान द्वारा आर्थिक मदद प्रदान की जाती है। नीदरलैण्ड में तो कुछ मालिक अवकाशीय वेतन के अतिरिक्त पूरे वर्ष के वेतन का 2 प्रतिशत बोनस के तौर पर कामगार को योगदान के रूप में देते हैं।

युनाइटेड किंगडम में कामगारों को अवकाशलीन बोनस प्रदान किए जाते हैं। सेवाकाल की अवधि के अनुपात के अनुसार रकम का निर्धारण किया जाता है। बेल्जियम में तो कानूनी तौर पर सामान्य वेतन का दोगुना अवकाशकालीन वेतन के रूप में भुगतान किया जाता है कभी-कभी मालिक भ्रमण के लिए नगद भुगतान भी करते हैं। रूस में, मजदूर संघ आराम-घरों के सम्पूर्ण रहन-सहन के खर्च का ज्यादातर अंश भुगतान करते हैं। पोलैण्ड में सरकार यात्रा एवं आवास का कतिपय

अंश स्वयं भुगतान करती है। न्यूजीलैंड में सरकारी कर्मियों को कम दर पर होटल मुहैया किया जाता है। सरकारों द्वारा मुहैया की गई अन्य वित्तीय सुविधाएँ हैं अवकाशलीन आवास सुविधाओं का प्रबन्ध सरकार द्वारा आर्थिक सहायता व करों में रियायतें आदि। रूस में तो सरकार द्वारा, अवकाशकालीन केन्द्रों में प्रत्यक्ष विनियोजन किया जाता है। फ्रांस में सामान्य शिक्षा, खेल, संस्कृति व पर्यटन से सम्बन्धी लाभ लेने वाली संस्थाओं को बिक्रीकर एवं मनोरंजन कर नहीं लिया जाता है। सरकार कैम्पों व युवा संगठनों को यंत्रों के रूप में मदद प्रदान करती है। पूर्वी जर्मनी में समस्त सेवाओं की वित्तीय जरूरतें सरकार द्वारा पूर्ण की जाती हैं। नार्वे में अवकाशकालीन केन्द्रों के विकास हेतु ब्याजमुक्त ऋण अथवा कम ब्याज पर ऋण दिए जाते हैं। डेनमार्क सरकार ने इन केन्द्रों के विकास हेतु 50 प्रतिशत कोष/धनराशि जमा की है।

परिवहन माध्यम में चार्टर्ड फ्लाइट निजी यात्रा खर्च को कम करने का एक उत्तम साधन है। अमेरिका में कतिपय सामान्य प्रेक्षक पहले यात्रा फिर भुगतान जैसी उदार योजनाओं को संचालित करते हैं। फेडरल रिपब्लिक जर्मनी में रेलवे यात्रा करने हेतु 12 या अधिक संख्या के समूहों को 33 प्रतिशत छूट, 25 अथवा इससे ऊपर के समूहों को 50 प्रतिशत छूट एवं विद्यार्थी, स्कूल के बच्चों या युवा संगठनों को इससे भी ज्यादा छूट दी जाती है। बेल्जियम में कामगारों एवं उनके परिवार के सदस्यों को अवकाशलीन समय में रेलवे टिकट में भारी छूट दी जाती है। हंगरी में वेतन अवकाश प्राप्त लोगों को 50 प्रतिशत की छूट दी जाती है। चेकोस्लोवाकिया में प्रत्येक श्रमिक के अवकाश के फार्म के साथ एक रेल का टिकट बगैर पैसा लिए दिया जाता है।

पर्यटन दृष्टिकोण से होटल निम्न आय वर्ग के पहुँच के बाहर हैं। अतः इस पर्यटन में अनुपूरक आवास का एक महत्त्वपूर्ण स्थान है। कई श्रमिक संगठनों व मालिकों द्वारा श्रमिकों की सुविधा हेतु अवकाश केन्द्र बनाये गये है। अर्जेन्टीना में अति सौन्दर्य-स्थलों, समुद्रतटों पर विशेष होटल, बंगले व चैलेट की सुविधाएँ हैं। अवकाश केन्द्र खोले गये हैं। इनमें तरण ताल, मधुशाला, खेल के मैदान, पार्क एवं अन्य मनोरंजन सम्बन्धी सुविधाएँ मौजूद हैं। स्विट्जरलैंड में तो सामाजिक पर्यटन हेतु बहुत ही अवकाशकालीन केन्द्र हैं। लेनिन में एक बहुत ही प्रसिद्ध स्वास्थ्य पर्यटन स्थल है तथा यह उम्मीद की जाती है कि नई-नई दवाइयों में उन्नति के साथ-साथ यह स्थान स्वयं लुप्त हो जाएगा, परन्तु कुछ संगठनों के मदद से यह स्थल नये पर्यटकों को आकर्षित करने लगा है। छोटे-छोटे गोल्फ कक्ष, छोटे

तरणताल, टैनिस कोर्ट्स व अन्य योजनाएँ बनाकर एवं स्वास्थ्य केन्द्र व होटलों की सैलानियों की माँग के अनुरूप बदल दिया गया है। काफिलों के पड़ाव व होटल युवा पर्यटकों को बहुत ही पसन्द हैं। कैम्पिंग तो अवकाश समय व्यतीत करने का बहुत ही अल्प खर्चीला साधन है। फ्रांस व अन्य कुछ देशों में कैम्पों के लिए आर्थिक सहायता प्रदान की जाती है। ग्रीक में बहुत बड़ी औद्योगिक इकाइयाँ अपने श्रमिकों के लाभ हेतु विविध कैम्पों को संचालित करती हैं। ज्यादातर देशों में ये कैम्प कैम्पिंग क्लब व युवाओं के अभियान द्वारा संचालित होते हैं।

सूचनाओं की कमी के बाबत यह कहा जा सकता है कि सार्वजनिक प्राधिकरणों, श्रमिक संघों, राष्ट्रीय पर्यटन संगठनों एवं अन्य सम्बन्धित संस्थाओं को विशेष तरह के पर्यटन स्थलों की सूचना प्रदान करने की तरफ विशेष ध्यान देना चाहिए। अमेरिका के बड़े-बड़े शहरों में सूचना देने के केन्द्र हैं। ये कार्यालय कामगारों को अवकाश व्यतीत करने सम्बन्धी सलाह देने हेतु अपनी प्रकाशन पत्रिकाएँ निर्गमित करते हैं। कनाडा में कामगार संघ के कार्यालय व अन्य संगठनों द्वारा बुलेटिनें प्रकाशित की जाती हैं।

हमारे देश की विकसित होती हुई अर्थव्यवस्था में सामाजिक पर्यटन के विचार की महत्ता से हम काफी प्रभावित हुए हैं। सामाजिक पर्यटक का उद्देश्य केवल यह नहीं है कि निम्न स्तर के लोगों को जो कि सामान्य तौर पर अवकाश का आनन्द लेने में असमर्थ हैं, उन्हें अवकाश दिया जाय मदद, उन्हें नई विकसित श्रमिकों की वेतन सहित योजनाओं में तथा यवन यात्राओं में मदद देकर देश के समस्त क्षेत्रों में यात्रा सम्बन्धी समस्त योजनाओं में शामिल किया जाय। हमारा उद्देश्य एक कल्याणकारी देश के निर्माण करने का है। श्रमिक वर्ग व कृषक जो कि इस देश की जनसंख्या के 98 प्रतिशत हैं, के सहयोग पर ही एक जनकल्याणकारी देश का अस्तित्व निर्भर करता है। एक जनकल्याणकारी सरकार को इस लाभों की प्राप्ति कामगारों कार्य करना पड़ता है, अन्यथा इसका कोई अर्थ नहीं रहता है। जनकल्याणकारी देश का मुख्य उद्देश्य यह है कि कामगारों को वेतन सहित अवकाश व राष्ट्र के युवा वर्ग का यात्रा सम्बन्धी धनराशि की सहायता प्रदान की जाय, यह एक महत्त्वपूर्ण तत्व है। राष्ट्र के युवा वर्गों हेतु यह एक शिक्षा है ताकि वे स्वयं राष्ट्र के दर्शन कर सकें, संस्कृति प्रिय लोगों से मिल सकें एवं औद्योगिक क्षेत्रों को देख सकें। इसी के द्वारा देश में रहने वाले एक-दूसरे व विविध प्रकार के लोगों की जरूरतों को समझा जा सकता है तथा पूर्ण किया जा सकता। इसके अतिरिक्त इस प्रकार का सामाजिक पर्यटन आजकल की औद्योगिक क्रांति हेतु एक

गहराव व अगाध रुचि एवं उत्तेजना की भावना जागृत कर सकता है। नियोजित अर्थव्यवस्था को बहुसंख्य व्यक्तियों के घरों तक तभी ले जाया जा सकता है जबकि उन्हें अपनी वर्तमान औद्योगिक योजनाओं को कार्यरत करने का मौका दिया जाए। भाखड़ा नांगल, सिंदरी स्टील प्लांट, चितरंजन, बंगलौर व अन्य केन्द्रों को जो लोग देखने के इच्छुक हैं उन्हें रियायत, यात्रा की सुविधा देना चाहिए।

सन् 1958 में होटल स्तर एवं दर आकार कमेटी ने कुछ सुझाव दिये थे जो निम्न हैं

1. प्रत्येक होटल उपक्रमों में कामगारों को वेतन सहित अवकाश की योजना प्रारम्भ होनी चाहिए एवं अन्य इकाइयों में भी इसका विस्तार किया जाए। यह एक आवश्यक प्रावधान होना चाहिए।
2. रेलवे द्वारा विद्यार्थी समुदाय एवं युवा वर्ग हेतु आर्थिक सहायता सहित यात्राओं का वृहद् पैमाने पर प्रबन्ध करना चाहिए।
3. धार्मिक स्थानों की यात्रा करने वाले यात्रियों हेतु बड़े पैमाने पर उनके घरों से सम्पूर्ण भारत के धार्मिक स्थानों तक धन सम्बन्धी सहायता की यात्राओं का प्रबन्ध होना चाहिए। कतिपय देशों के सामाजिक पर्यटन सम्बन्धी यात्राओं के लिए एक बहुत बड़ी धनराशि अलग जमा रहती है।

सांस्कृतिक पर्यटन

इसके अन्तर्गत यात्रा के वे सभी पहलू सम्मिलित किया जाता है जो मनुष्य को एक-दूसरे के रहन-सहन व विचारों से अवगत कराते हैं। दूसरे देशों की संस्कृतियों के विचारों को फैलाने में निजी एवं अन्तर्राष्ट्रीय सम्पर्क एक महत्त्वपूर्ण साधन है। सांस्कृतिक सम्बन्धों तथा अन्तर्राष्ट्रीय सहयोग के विकास में पर्यटन एक महत्त्वपूर्ण स्थान रखता है। किसी भी देश के अन्दर सांस्कृतिक पहलुओं के विकास को पर्यटन सम्बन्धी स्रोतों में बढ़ोत्तरी के रूप में समझा जा सकता है। एक देश द्वारा स्वयं को पर्यटकों के समक्ष प्रस्तुत करने के तरीकों को ही सांस्कृतिक पहलू समझा जा सकता है। खान-पान, अतिथि-सत्कार, आचार-व्यवहार, निर्मित व कला की वस्तुओं देश के अन्य पहलू यात्रियों अथवा सैलानियों के आकर्षण हैं। किसी भी पर्यटन की सफलता परिवहन एवं होटल सुविधा के साथ ही इस बात पर भी निर्भर करती है कि पारम्परिक रहन-सहन व्यवस्था में राष्ट्रीयता का तत्व झलकता हो एव साथ ही माल व सेवाओं के लाभों की प्रतिमा को उचित प्रकार से प्रदर्शित किया जाए।

सांस्कृतिक पर्यटन सेवा-भाव से प्रेरित होना चाहिए। जैसे कि एक प्रसिद्ध रहन-सहन व शिक्षण केन्द्र में अध्ययन व जानकारी प्राप्त करने की इच्छा, विदेशी लोगों के रहन-सहन के संस्थान एवं आकार का अध्ययन, ऐतिहासिक महत्व की इमारतें, भूतपूर्व सभ्यता के अवशेषों आधुनिक प्राप्तियाँ, ललितकला कक्ष, प्रसिद्ध धार्मिक स्थानों के दर्शन एवं कला, पर्वों व समारोहों में सम्मिलित होना, गायन, नृत्य, थियेटर लोकगीत मेलों आदि में सक्रिय हिस्सा लेना आदि।

भारत एक काफी विस्तृत एवं लोकप्रिय देश है। जिसका अपना एक इतिहास है व अपनी महान परम्परा है। यह पिछले चार सौ वर्षों के सभ्य जीवन का गौरव रखता है इसीलिए यह विश्व की एक महान सभ्यता के तौर पर गिना जाता है। यह एक जीती-जागती सभ्यता है जो कि स्पष्ट तौर पर प्राचीन सभ्यता से विकसित हुई है। इन्हीं कारणों से किसी भी विदेशी को भारत यात्रा से एक अत्यन्त सांस्कृतिक प्रभाव पड़ता है। अतएव सर्वप्रथम एवं विस्तृत अर्थ में भारत में हर दृष्टि से पर्यटन का सांस्कृतिक सम्पर्क होता है, एवं इस पर्यटन को सांस्कृतिक पर्यटन के नाम से पुकारा जाता है।

रंगशाला, पुस्तकालय, संग्रहालय व अन्य राष्ट्रीय स्तरीय संस्थान, यात्रियों को आकर्षित करने हेतु बहुत ही बड़ी सम्पत्ति हैं। संग्रहालय व स्मारक तो हर किस्म के पर्यटन यात्रावृत्त में एक जरूरी स्थान रखते हैं।

हमारी योजनाओं में सांस्कृतिक पर्यटन एक प्रमुख लक्षण है। यह भी प्रस्ताव है कि मास्टर प्लान के तहत कुछ निर्धारित पुरातात्विक केन्द्रों के चारों ओर के क्षेत्रों हेतु विशेष योजनाएँ बनाई जाएँ ताकि इन केन्द्रों के पर्यावरण व प्राकृतिक व्यवस्था को सुरक्षित रखा जा सके। यह भी सुझाव है कि यूनेस्को व यू एन डी पी के तहत सांस्कृतिक पर्यटन के विशेषज्ञों की सेवाएँ प्राप्त करके इन योजनाओं को बनाने में मदद प्राप्त की जाय। इस प्रस्ताव में कुछ स्मारक सम्मिलित किए जा सकते हैं :

1. खजुराहो, भुवनेश्वर, पुरी व कोणार्क।
2. बीजापुर, ऐहोल, बदामी, पट्टादरखाल एवं हम्पी।
3. सारनाथ, गया, नालन्दा राजगीर, कुशीनगर, श्रावस्ती व सांची के बौद्ध केन्द्र।
4. एलीफेंटा, अजन्ता एवं एलोरा के गुफा मन्दिर।

भारत की प्रमुख कलाकृतियाँ

किसी भी देश की ललित कला उसके मूल विषय हैं जैसे कि चित्रकारी, मूर्तिकला, भवन निर्माण कला, चित्रकला, पानी के रंग, रेखाचित्र के वृत्त, प्राकृतिक

शिल्पकला आदि यात्रा करने के प्रमुख आकर्षण हैं। भारत देश में आने वाले यात्रियों हेतु कला के आकर्षणों की संतुष्टि बहुत ही प्रमुख है, इसीलिए इसे सांस्कृतिक खरीददारी कहा जा सकता है। खरीद की वस्तुएँ पर्यटन द्वारा स्वयं के देश को स्मारिकाओं के तौर पर ले ले जाई जाती हैं। अतः इन वस्तुओं की बिक्री एक प्रमुख स्थान रखती है।

कला एवं कृति सांस्कृतिक पर्यटन के हिस्से हैं क्योंकि कुछ यात्री पारंपरिक कला और कृतियों के केन्द्रों को देखना चाहते हैं। उदाहरणार्थ नवम्बर 1976 में 89 होटल उद्योगपति केटरिंग टाइम्स आफ लंदन द्वारा प्रायोजित करने पर भारत की यात्रा पर आये, वे इतने प्रभावित हुए कि उसमें से कतिपय भारतीय आभूषणों का कुछ और अध्ययन करने हेतु भारत में रूक गये।

भारतीय हस्तशिल्पकारों ने विभिन्न तरह के हस्तनिर्मित काम में महारत हासिल कर ली है। कुम्हार, बढ़ई, लोहार, जुलाहे (बुनकर) आदि में ज्यादातर कार्य कौशलता अपने पारिवारिक परंपरा पर आधारित व्यवसाय पर निर्भर होने के कारण है।

भारत में विभिन्न क्षेत्रों में भिन्न-भिन्न तरह के मिट्टी के बर्तनों को बनाया जाता है। पंजाब एवं सिंध की चमकीली मिट्टी के बर्तन प्रसिद्ध हैं। मथुरा के मिट्‌टी के बर्तन तो अपनी बनावट एवं सुन्दरता के लिए काफी विख्यात व प्रसिद्ध हैं। ग्वालियर के मिट्‌टी के बर्तन तो यूरोप में बहुत ही प्रचलित हैं।

कला एवं कृतियों के क्षेत्र में भारत बहुत समृद्ध है। सेनेगर जयपुर में रंगाने के गृह, औरंगाबाद के 'हेमरू' जुलाहा, वाराणसी एवं काँचीपुरम के रेशमी जुलाहा, स्वामीलाई के तांबा धातु की खोज करने वाले, महाबलीपुरम के पत्थर की इमारत बनाने वाले शिल्पी मैसूर, दिल्ली एवं राजस्थान के हाथीदाँत की नक्काशी करने वाले, आगरा के संगमरमर के कारीगर, मैसूर व बंगलौर के चन्दन की लकड़ी को खोदकर मूर्ति बनाने वाले/नक्काशी करने वालों के हस्त से कढ़े हुए दुशाले, मुर्शिदाबाद एवं बनारस की जरीदारी, जयुपर व दिल्ली के आभूषण, हैदराबाद वे मुरादाबाद के आन्तरिक तरीके से लगाये हुए धातु की कृतियाँ, फिरोजाबाद की कांच की चूड़ियाँ हमारे देश में प्रसिद्ध हैं। जिन स्थानों में ये चीजें निर्मित की जाती हैं, उनके दर्शन यात्रियों के मनोविनोद के आकर्षण हैं। पर्यटक इन जगहों पर खरीददारी करने को आकर्षित होते हैं। होटलों अथवा इनके समीपवर्ती स्थानों में भी स्थानीय कला-कृतियाँ व हस्तकारिक वस्तुएँ प्रदर्शित की जा सकती हैं ताकि पर्यटक स्थानीय लोगों द्वारा निर्मित कलाकृतियों से वाकिफ हो सकें, ललित कला

एवं कलाकृतियाँ कला वस्तुओं, संगीत, पारम्परिक सामरिक सेना सम्बन्धी सामग्रियाँ, सांस्कृतिक आकर्षणों की कला प्रदर्शनियाँ लगाकर सांस्कृतिक अनुभवों को प्रदर्शित किया जा सकता है।

संगीत कला यह मनोरंजन की उच्चतम श्रेणी में शामिल है। राष्ट्र के संगीत की अभिव्यक्ति एवं स्रोत आकर्षण एवं आनन्द प्राप्ति के पहलू हैं। एक सैलानी किसी भी देश की यात्रा के दौरान उस राष्ट्र बाबत ज्यादा से ज्यादा जानकारी की करना चाहता है। संगीत भारतीय संस्कृति का एक महान अंग है। पर्यटकों हेतु भारतीय संस्कृति विशेषतः शाम के समय एक सांस्कृतिक एवं सामान्य मनोविनोद का साधन है। होटल में मेहमानों के लिए स्थानीय संगीत मनोविनोद का माध्यम बनाया जा सकता है। सायंकालीन मनोविनोद के कार्यक्रम, संगीतशाला, प्रमाण, संरक्षित किले एवं ध्वनि निर्माण आदि सभी ये किसी भी देश की इस विशेष कला में योगदान देते हैं। परेड व स्वागत समारोह, संगीत समूहों के साथ स्थानीय संगीतों के स्रोतों के मनोविनोद में मदद करते हैं। इसी तरह टेपरिकार्डिंग के फोटोग्राफ जो कि पर्यटक प्रयोग के लिए स्वदेश में खरीद सकते हैं। वे भी सांस्कृतिक स्मृतियों हेतु व उस देश की संगीत की सुन्दरता व खुशी को पुनः स्मरण करने के साधन हैं।

नृत्य किसी भी देश के नृत्य उस देश की संस्कृति के आकर्षण एवं उत्तेजना के पहलू हैं। नृत्य अपनी प्रकृति एवं सौन्दर्यता व आकार को प्रदर्शित करता है एवं पर्यटकों को प्रेरित करता है। रंग, वेशभूषा, संगीत ढांचा व कार्यान्वियन की प्रवीणता व प्रदर्शन का ढंग आकर्षण को प्रभावित करते हैं। भारतीय प्रवृत्ति एवं नृत्य मौलिक हैं। नृत्य एवं मौलिक संगीत भारतीय संस्कृति के अभिन्न हिस्सा हैं एवं पर्यटको के मनोरंजन के साधनों में शामिल किए जाने चाहिएँ। नृत्य एवं मनोविनोद होटल कार्यक्रमों के अंग होने चाहिए।

रूसी रंगमंच नृत्य, पूर्वी यूरोपियन देशों के लोक नृत्य, मैक्सिको के लोक नृत्य, थाई, नृत्य, जापान के कबूकी नृत्य, अफ्रीका के बहुत से देशों के नृत्य, उन देशों की संस्कृति के परिचायक हैं।

भारतीय नृत्य व संगीत हालांकि ये स्वयं प्राथमिक आकर्षण नहीं हैं किन्तु ये एक सहायक मनोविनोद के रूप में उपयोग किए जाने चाहिएँ। संगीतकार, गायक व नृतकों को पर्यटन उद्योग द्वारा प्रोत्साहन देने से एक उपयोगी उद्देश्य प्राप्त किया जा सकता है।

कृषि किसी भी क्षेत्र की कृषि उस स्थान की संस्कृति की एक आकर्षक

एवं रोमांचक पहलू की द्योतक है। काफी पर्यटक खेती, पालतू जानवर, मुर्गीपालन, दुग्ध उद्योग, फसलें, ताजे फल व सब्जियाँ, शहद, पेय आदि में रुचि रखते हैं एवं खेती में उत्पादित अन्य वस्तुओं का शीघ्र आनन्द लेते हैं, इस तरह कृषि एवं सम्बन्धित सेवाओं का विकास स्थानीय यात्राओं का एक रोमांचकारी पहलू है।

खान-पान भारत में विभिन्न तरह के क्षेत्रीय खान-पान एवं स्वास्थ्यवर्द्धक व प्राकृतिक पेय पदार्थ हैं जो कि पर्यटकों हेतु महत्त्वपूर्ण साबित हो सकते हैं।

पर्यटक स्थानीय खान-पान की वस्तुओं जो कि स्थानीय/मौलिक किस्म की हैं को पसन्द करते हैं। खान-पान उद्योग द्वारा सैलानियों पर एक अमिट छाप छोड़ी जा सकती है। संरक्षित खान एवं पेय पदार्थ शराब व बीयर, उपभोग हेतु ताजा खाना आदि खान व पेय पदार्थों में सांस्कृतिक आकर्षण की पहचान है।

उद्योग औद्योगिक रूप से विकसित क्षेत्र की तरफ पर्यटक अधिक आकर्षित होते हैं। बहुत से अन्तर्राष्ट्रीय यात्री क्षेत्रीय अर्थव्यवस्था में रुचि रखते हैं। ये यात्राकृत देश के उद्योग, वाणिज्य एवं उत्पादित वस्तुओं को देखना चाहते हैं। विदेशी पर्यटकों द्वारा उद्योगों का दर्शन करने से स्थानीय संस्कृति में रुचि जागृत होती है एवं उन्हें स्थानीय वस्तुएँ एक स्मारिका के रूप में खरीददारी हेतु लालायित करेंगी। वे स्वदेश लौटने के बाद भी उन वस्तुओं को खरीद सकते हैं।

व्यवसाय खरीददारी पर्यटन उद्योग का एक महत्त्वपूर्ण पहलू है। यदि इसे उचित तौर पर संगठित किया जाय तो व्यापार व खरीददारी हमारे आगन्तुकों का एक महत्त्वपूर्ण अनुभव हो सकता है।

ऐतिहासिक स्मारक

भारतीय कला एवं भवन निर्माण कला इसके अन्तर्गत आती हैं। यूरोप एवं अमेरिका के काफी पर्यटक इसके दर्शनाभिलाषी हैं। विरासती-स्मारकों को प्रमुख रूप से, हिन्दूकालीन स्मारक, बौद्धकालीन स्मारक, यूरोप व ब्रिटिश एसोसिएशन से सम्बन्धित स्मारक तथा भारत मुस्लिम स्मारक आदि भागों विभाजित किया गया है।

इन समस्त स्मारकों का प्रयोग सांस्कृतिक पर्यटन के लिए किया जा सकता है। इस तरह के पर्यटन की बहुत सम्भावनाएँ है तथा आने वाले समय में इसके उपयोग करने की संभावनाएँ बहुत अधिक हैं।

प्राकृतिक सुन्दरता लगभग 50 प्रतिशत पर्यटक महसूस करते हैं कि उनकी भारत यात्रा की इच्छा का महत्त्वपूर्ण कारण यहाँ की सुन्दरता एवं प्राकृतिक सौन्दर्यता है।

वन्य जीव-जन्तु भारत के वन, सरोवर व नदियाँ बहुत से जीव-जन्तुओं के आवास गृह हैं यथा शेर, बाघ, एक सींग वाला रेण्डियर, बर्फीला बाघ, जंगली गधा व अनेक किस्म के परदेशी पक्षियों को यहाँ बहुत से वन्य प्राणी शरण स्थलों में सुरक्षित किया जा रहा है जिनमें कि प्रकृति प्रेमी पर्यटक पशु एवं पक्षियों की उनकी प्राकृतिक कार्यकलापों व आदतों में देखने के मौके प्राप्त कर सकते हैं।

शिल्प तथा लोक कला और पर्यटन

सैलानियों को शिल्प और मौलिक कला अपने नैसर्गिक रूप में कभी-कभार दिखाई देती है। स्थानीय लोक कला जितनी मौलिक एवं अछूती होगी उतनी ही कम पर्यटक स्थल के रूप में विकसित होगी। विश्व की सात फीसदी जनसंख्या ग्रामों में वास करती हैं एवं उनके रीति-रिवाज और परंपराएँ ही लोककला और शिल्प का घटक बनते हैं। यह सब स्थानीय संस्कृति का प्रतिबिम्ब होता है। इन लोककलाओं और शिल्प की उत्पत्ति लोक कहावतों, विज्ञान, अंधविश्वास, मिथक विज्ञान, धर्म और जीवनोपयोगी अनुभवों में दृष्टिगोचर होती है। यह सम्भव है कि विदेशी सैलानियों को अब अजीब लगे लेकिन यह ग्रामीण जीवन में घुला-मिला हुआ है। इन सबका 'व्यवसायीकरण' या संग्रहालयों में संकलन इनको नष्ट करने की दिशा में पहला कदम होता है। सबसे महत्वपूर्ण सवाल यह है कि पर्यटक सिर्फ भारत की संस्कृति के मूल्यों को इन पर थोपें न ही और स्थानीय संस्कृति के संरक्षण में सहायता करें। नीति निर्धारक तथा पर्यटक गाइड इस बात के महत्व को पर्यटकों तक पहुंचाएँ।

लुप्तप्राय कला

अधिकांश लोककला और शिल्प अपने नैसर्गिक स्थानों के बजाय बाजारों या संग्रहालयों में उपलब्ध होते हैं। इन दोनों जगहों पर मूलरुप से तीन प्रकार की लोककलाएं तथा शिल्प पाए जाते हैं। पहली है 'जीवित' कला। जीवितकला में वे वस्तुएँ शामिल हैं जो अभी परंपरागत शिल्पियों द्वारा अपने-अपने क्षेत्रों में स्थानीय एवं निजी प्रयोग तथा बिक्री के उद्देश्य से निर्मित की जाती हैं।

आधुनिक तकनीक के विकास के कारण कला शिल्प का पतन हुआ। सम्प्रति में लुप्त प्राय है तथा इनमें मुख्य रूप से उन कलाओं तथा शिल्प को जाना जाता है जो अभी भी बचे हुए हैं तथा अभी भी प्रयोग के लिए विशेष अभिकल्प, तकनीकी और विपणन निवेश जरूरी है और ऐसा कुछ जगहों पर किया जा रहा है। बहुत सी हस्तनिर्मित वस्तएुँ अब राष्ट्रीय संग्रहालय, नई दिल्ली प्रांतीय

संग्रहालयों तथा खास शिल्प संग्रहालयों एवं व्यक्तिगत संग्रहालयों में देश के विभिन्न भागों में दृष्टिगत होती हैं। लेकिन लुप्तप्राय या संगृहीत कला और वस्तुओं से आशय यह है कि इनका निर्माण तथा उपयोग भले ही बन्द हो गया हो, लेकिन इनके निर्माण की प्रक्रिया की जानकारी अब भी दस्तकारों को है, क्योंकि यह जानकारी पीढ़ी दर पीढ़ी चलती ही रहती है। इनमें हर कला जीवन-पद्धति के एक महत्वपूर्ण पहलू को स्पष्ट करती है। इसलिए पर्यटक भिन्न-भिन्न संस्कृतियों को उनके पहनावे, घर के सामान, आभूषणों, कृषि तथा शिकार के औजार, संगीत के सामान, टोकरी, फर्नीचर आदि से पहचाना जा सकता है।

लोक कला द्वारा गृह सज्जा

लोककला के द्वारा घर को सजाया जाता है। ग्रामीण क्षेत्रों के मकानों के प्राचीर पर अधिकांशतः देखा गया है कि लोग चावल के घोल अथवा लेई से पशुओं और फूलों के चित्र बनाते हैं। शादी पर, जन्म पर, फसल कटाई के समय या धार्मिक अवसर पर भगवान की कृपा प्राप्त करने के लिए भी ऐसा किया जाता है। चित्र बनाने की यह क्रिया अपने आप में धार्मिक है। सैलानियों की दृष्टि से महाराष्ट्र के थाणे जिले की वली चित्रकारी, गुजरात के छोटा उदयपुर की अथवा जनजाति की पिथौरा पर हुई चित्रकारी और दरवाजों और इमारतों पर हुई मिथिला चित्रकारी जो महाकाव्य और राजपूतों की वीरकथा पर आधारित होती है, इनमें प्रमुख हैं। गुजरात में सबारी लोक के नाम से प्रसिद्ध लोककला में दीवार पर शीशे से चित्रकारी की जाती है। कच्ची मिट्टी के घर शीशे के काम में अधिक चमकते हैं, जो कि ज्यामितीय और फूलों के आकार में बने होते हैं। घरों में फर्श भी ऐसी है सजावट विशेष मौकों पर एवं घर को पवित्र रखने के लिए की जाती है। यह तमिलनाडु तथा केरल में 'कोमल', बंगाल में 'अल्पना', राजस्थान में 'मन्दन', गुजरात तथा महाराष्ट्र में 'रंगोली', उत्तर प्रदेश में 'चौकपूरन' तथा उत्तराखंड में चौकी के नाम से प्रसिद्ध है। उड़ीसा की ताड़ की पत्तियों पर चित्रकारी, राजस्थान और बंगाल की नक्काशीवाली चित्रकारी जो 'फाड' और पटचित्र के नाम से प्रसिद्ध है। उड़ीसा और कर्नाटक ताश के पत्ते जो गंजिका कहलाते हैं, लोक कला के विभिन्न उदाहरण हैं।

नैसर्गिक परिवेश में शिल्प कला

पर्यटन के तत्त्व के रूप में शिल्प गुजरात, राजस्थान, उड़ीसा के कुछ हिस्सों, उत्तर-पूर्वी राज्यों तथा जम्मू-कश्मीर में देखने को मिलता है। छोटे कस्बों तथा गांवों

में आवास, कपड़े, बर्तन तथा रोजमर्रा के उपयोग की चीजें अभी भी स्थानीय स्तर पर कारीगरों अथवा नागरिकों द्वारा खुद बनाई जाती हैं। यहाँ पर सदैव गांव के गांव एक ही शिल्प बुनकरों, खिलौना बनाने वाले अथवा कुम्हार के होते हैं। पश्चिम के देशों के महानगरों में रहने वाले पर्यटक आज भी भारत के ग्रामों को देश के रूप में देखते हैं जैसा कि चित्रों एवं पर्यटनों के पोस्टरों में राजस्थान तथा गुजरात के मरुस्थलीय क्षेत्रों का चित्रण होता है। वर्तमान समय में लोग ग्रामीण क्षेत्रों के साथ-साथ प्राचीन भारत की विविधता को भी प्रदर्शित करते हैं।

मुख्य शहर भुज के क्षेत्रों में अर्द्धशुष्क मरुस्थल में स्थित, परन्तु आसानी पोशाकों तथा अनोखे ग्रामीण घरों के सौन्दर्य सैलानियों का मन मोह लेते हैं। यहाँ पर स्थित हड़का, घारवली, धोरदो तथा बिरिन्दरा आदि गांवों को पर्यटक डेढ़ घण्टे में बस अथवा टैक्सी के द्वारा घूम सकते हैं। गांव की औरतें मर्दों के सामने घर से बाहर आती हैं लेकिन महिला अतिथि हेतु उनके घर जाकर मुलाकात करना तथा उनके घरेलू कढ़ाई के काम को देखना सरल है। रेडियो, खपरैल, टाइलों की छतें, कृत्रिम कपड़े का अंगोछा आदि को छोड़कर शेष वस्तुएँ जैसे लकड़ी के पट्टे, तांबे के बर्तन, चोली के कढ़ाई के कपड़े कुढ़े हुए लंहगे, कम्बल आदि पारंपरिक रूप से तैयार किये जाते हैं।

गुजरात के पश्चिमी-उत्तरी क्षेत्र के दूर-दराज में किसी भी प्रकार की आधुनिक सुविधा मौजूद नहीं है फिर भी यहां की लोक कला को पर्यटक अत्यधिक पसन्द करते हैं। यहां बड़ी संख्या में पर्यटन भ्रमण करने के लिए जाते हैं।

शिल्प व लोक कला का संरक्षण

सार्वजनिक एवं व्यक्तिगत संगठन भिन्न-भिन्न तरह की जीवित संस्कृतियों का संरक्षण और विकास करते हैं। कुछ ऐसे भी संग्रहालय हैं, जहाँ पर कलाओं का प्रदर्शन किया जाता है एवं कतिपय ऐसे सांस्कृतिक केन्द्र भी हैं, जहाँ पर नाट्य कला के कार्यक्रम तथा दूसरी तरह के प्रदर्शन होते रहते हैं। भारत अनेकता में एकता के लिए जाना जाता है। यहां कुछ प्रमुख संगठनों व संग्रहालयों का विवरण प्रस्तुत किया जा रहा है, जो शिल्प व लोक कला संरक्षण व विस्तार में सहायक हैं।

प्रादेशिक सांस्कृतिक केन्द्र

भारत में विभिन्न तरह की संस्कृति विद्यमान है। इन संस्कृतियों में सामंजस्य बनाने, संरक्षण और विस्तार करने की दृष्टि से केन्द्र सरकार ने प्रादेशिक सांस्कृतिक केन्द्र को स्थापित किया है। इसकी स्थापना समय, स्थान तथा क्षेत्रीयता से उठकर

एक समन्वित सांस्कृतिक सम्बन्ध बताने के लिए हुई है। प्रत्येक इलाके की अपनी लोककला, प्राचीन कला और शिल्प स्थापत्य कला, चित्रकला तथा पहनावा है। इन क्षेत्रों में ऐतिहासिक मस्जिद, मंदिर, चर्च, महल आकर्षित करते हैं। इसलिए यह सांस्कृतिक क्षेत्र, लोगों को भारतीय, धरोहर तथा परम्परा के प्रति जागरूक बनाकर एक दूसरे के करीब लाना तथा विदेशी संस्कृति के अतिक्रमण को रोकने की क्षमता का विकास, लोककला और जनजातीय कलाओं के प्रोत्साहन हेतु विशेष कदम तथा लुप्त होती हुई कला के संरक्षण एवं मजबूत करने कोशिश, तथा नवयुवकों को रचनात्मक सांस्कृतिक संप्रेषणों के प्रति सेमिनार, सांस्कृतिक आगत-निर्गत तथा क्रियाकलापों द्वारा जागृत करना आदि उद्देश्यों को पूरा करते हैं।

शिल्प ग्राम का विकास आदर्श और पारम्परिक गांव के रूप में किया गया है। इस स्वावलम्बी गांव में बुनकर, लुहार, बढ़ई, कुम्हार, और किसान आदि सभी एक-दूसरे से सम्बन्धित रहते हैं। शिल्पग्राम की इस आंतरिक गतिशीलता को देखते हुए झोंपड़ियों का निर्माण अलग-अलग धंधों के संगठन के रूप में किया गया है। इस तरह की चक्रीय व्यवस्था को अपनाने के लिए प्रत्येक झोंपड़ी की स्वतंत्र सत्ता भी बनी रहती है। जो शिल्पग्राम का आवश्यक अंग बन जाती है।

इस एकीकरण व्यवस्था में राजस्थान की पांच झोंपड़ियाँ स्थित हैं। राजस्थान मरुस्थल इलाके का प्रतिनिधित्व मारवाड़ की बुनकर जाति द्वारा होता है, जिनकी झोपड़ियां बालू के टीलों के गांव, राम (Ram) और सम (Sum) पर आधारित है। मेवाड़ के पर्वतीय इलाके के कुम्हार की झोंपड़ी का नाम गांव धल है, जो कि उदयपुर से 70 मिलोमीटर पश्चिम में स्थित है। उदयपुर के भीलों तथा कोटा की सहरिया नाम की दो जनजातीय कृषक समुदाय शेष दो झोपड़ियों का नेतृत्व करते हैं।

इसी तरह गुजरात की सात प्रतिनिधित्व बन्नी हैं। बन्नी इलाके की छः झोंपड़ियों का एक समूह एवं सातवीं कच्छ के बुनकर के एक गांव भुजोदी का नेतृत्व करती हैं। इस समूह का निर्माण हरिजन, मालाधार और रबारी समुदायों से दो-दो झोंपड़ियों को मिलाकर हुआ है। जो बुनाई का कार्य करने के लिए अत्यधिक प्रसिद्ध हैं। सजावटी घोड़ों हेतु उतने ही मशहूर उत्तर गुजरात के पोशीना के समीप स्थित लम्बाडिया गांव का नेतृत्व जुलाहे की झोंपड़ियाँ करती हैं।

गोवा प्रान्त की पारंपरिक लोकशिल्प का नेतृत्व बिचोलिम (Bicholim) के कुम्हार की झोंपड़ी, खुम्बा के जनजातीय कृषक की एक झोंपड़ी, मंडोवी नदी के तट पर स्थित मछुआरों की झोंपड़ी के माध्यम से होता है।

महाराष्ट्र के रायगढ़ जिले के समुद्रतटीय स्थित गांव कोली झोंपड़ी है। कोल्हापुर के शिल्पकार का एक मकान एवं उत्तरी महाराष्ट्र के थाणे जिले के वार्ली रानजाति की चित्रकारी की हुई झोंपड़ी भी है।

पश्चिम गुजरात के छोटा उदयपुर के वसेदी गांव के बुनकर की एक झोंपड़ी तथा दक्षिणी गुजरात के जनजातीय किसान समुदाय के दांग एवं राथवा गांव की दो झोंपड़ियाँ हैं। इनके साथ ही साथ गांधीनगर के पास जेठापुर के इलाके का कापरी सज्जित लकड़ी का मकान भी है।

शिल्पकला का एक मुख्य आकर्षण शिल्प बाजार है। यह पारंपरिक हाट की तर्ज पर निश्चित समय अंतराल पर आयोजित होता रहता है। कारीगरों को शिल्पग्राम के सैलानियों के सामने अपनी कला के प्रदर्शन और बिक्री के लिए बुलाया जाता है।

सैलानियों और छात्रों के लिए शिल्पकला एक जीवंत मानव जाति के संग्रहालय के रूप में दृष्टिगोचर होती है तथा साथ-ही-साथ लुप्तप्राय लोक कला और शिल्प के नूमने एक संग्रहालय तथा दीर्घा में सुरक्षित हैं। पक्की मिट्टी की बड़ी मूर्तियाँ, मुखौटे, सुसज्जित लकड़ी तथा धातु के काम वस्तुएँ प्रदर्शन के लिए रखी हैं। इनके साथ शिल्पग्राम के दर्शनीय प्राकृतिक दृश्य में अभयारण्य, लोक मूर्तियाँ, जनजातीय चिन्ह, प्रमाण के तौर पर सजाकर रखे गये है।

लोक उत्सव तथा शिल्प कला

भारत में लोकउत्सव का सम्बन्ध गृह उद्योग के उत्पादन खपत और उपभोग से है। यहां पर औरतें परम्परागत सामग्रियों का निर्माण करती हैं तथा उस शिल्प में अपने आपको अभिव्यक्त करती हैं। पारंपरिक शिल्पकला द्वारा निर्मित वस्तु से ही अनेक अनुष्ठान संपन्न होते हैं। कुछ ऐसी भी शिल्प वस्तुएँ हैं जो किसी त्योहार विशेष पर ही बनाई जाती हैं जैसे महासंक्रांति पर पतंगें, मौली धागे, रक्षाबंधन पर राखियाँ तथा दीपावली पर दीये-खिलौने, पटाखे और मिट्टी के खिलौने आदि का निर्माण किया जाता है।

वर्तमान समय की पर्यटन नीति में इन त्योहारों का ध्यान रखा गया है और विशेष उत्सवों का आयोजन किसी प्राकृतिक, धार्मिक या ऐतिहासिक स्थान के पास संपन्न होता है।

भारत में कुछ विशेष उत्सवों में बहुत अधिक श्रद्धालु शामिल होते हैं जैसे, पुरी की विश्वविख्यात रथयात्रा, त्रिचुर का पूरम उत्सव, लेह-लद्दाख की हेमिज बौद्ध मठ का उत्सव आदि। ये सभी एक धार्मिक स्थान पर केंद्रित हैं। कुछ उत्सव मौसम

पर आधारित होते हैं, यथा चन्द्रमा की स्थिति या फसल काटने के उत्सव। कुछ उत्सव पौराणिक कथा पर आधारित होते हैं, जैसे रक्षाबंधन, बैसाखी, दीवाली, गणेश चतुर्थी, क्रिसमस, ईद, पोंगल, ओणम आदि। ऐसे अवसरों पर लोकशिल्प को बढ़ावा मिलता है।

पटरियों पर लगी दुकानें इन त्योहारों में प्रयुक्त होने वाले सामानों की पूर्ति करती हैं। वाणिज्य और भक्ति, तीर्थयात्रा और उत्सव वास्तविक रूप से जुड़े हुए और एकता में अनेकता को प्रस्तुत करता है और इसके भागीदार बनकर अपनी आवश्यकताओं और खुशियों का आनन्द लेते हैं। यह एक अचेतन और वास्तविक भाव का चित्रण होता है जो भारत का वास्तविक चित्र उपस्थित करता है।

यदि इन घटनाओं के साथ किसी भी प्रकार के पर्यटन उत्सव को आयोजित करना है तो यह स्मरण रहे कि ऐसा वातावरण निर्मित करना चाहिए जो कि स्थानीय संस्कृति से मेलजोल रख सकें एवं पर्यटकों को अप्राकृतिक भी न लगे। इस अप्राकृतिकता के खतरे से सुरक्षा जरूरी है।

सम्प्रति एक नई शैली के 'पर्यटक त्योहारों' का चलन बढ़ रहा है, स्थानीय जनता के लिए पराये हैं। इस परायेपन के लिए उत्तरदायी कारण निम्नलिखित हैं

1. स्थानीय समुदायों को उनके पारंपरिक पहनावे और शिल्प के साथ प्रदर्शन अथवा उत्सुकता का विषय बनाकर और चित्र खींचकर।
2. भिन्न भाषा के उपयोग की वजह से।
3. परायी संस्कृति जैसे कैबरे, जुआघर व शराब को बढ़ावा देकर।
4. विदेशी सैलानियों के सामने अपने विशेष आदमियों को समर्थन देकर।
5. यह दिखाकर कि पर्यटन के लिए संस्थागत विकास, स्थानीय जरूरतों से अधिक महत्वपूर्ण है।

विभिन्न पर्यटन परिपत्रों पर राज्य सरकारों द्वारा मेलों का आयोजन किया जाता है, ताकि पारंपरिक तथा मेले के वातावरण को पुनः जीवित करके पर्यटन को प्रोत्साहित किया जा रहा है। यह मेले किसी धार्मिक उत्सव अथवा स्थल से नहीं जुड़े होते, बल्कि किसी ऐतिहासिक स्मारक, प्राकृतिक दृश्य, खेल-कूद या आधुनिक मनोरंजन के साधनों से जुड़े होते हैं। सामान्य रूप से अवसरों पर शिल्पकारों को अपनी शिल्प वस्तुओं की बिक्री के लिए बुलाया जाता है जो अपनी कला हेतु राष्ट्रीय अथवा राज्य स्तर का पुरस्कार प्राप्त कर चुके होते हैं।

इस प्रकार के आयोजित होने वाले शिल्प मेले से उस स्थान के पास-पड़ोस में अत्यन्त ही चहल-पहल व कौतूहल रहता है। यह पर्यटक, एजेंट कार्यालयों,

दूतावासों, विद्यालयों और प्रचुर माध्यमों की मदद से देश-विदेश में बहुत प्रचारित है तथा इसमें भारतीय संस्कृति के प्रोत्साहन में शिल्प की विपुल सम्पदा का व्यापक प्रयोग किया जाता है। कुछ राज्य केरल, उड़ीसा, कर्नाटक, मध्य प्रदेश और हरियाणा को तो पहले ही प्रचारित किया जा चुका है। सम्प्रति एक नया राज्य भारत की संस्कृति की एक नई छटा को प्रचारित करता है।

स्थापत्य कला एवं चित्रकला से संबंधित पर्यटन

विश्व के किसी भी राष्ट्र का इतिहास जानने में उस देश की चित्रकला का प्रमुख योगदान होता है। भारतीय संस्कृत के इतिहास की जानकारी भारत के प्राचीन संस्कृत साहित्य में उपलब्ध है। प्राचीन, मध्यकालीन एवं आधुनिक भारत के विविध कलाओं का प्रभाव एशिया एवं यूरोप के कलाओं पर साफ नजर आता है। इसी प्रकार भारतीय कला भी वहां की कला से प्रभावित हुई है।

विश्व के विभिन्न देशों में भारतीय कला की अत्यधिक सराहना होती है। अजन्ता की गुफाओं की चित्रकला को विश्व प्रसिद्ध माना जाता है। भारत की संस्कृति, परम्परा व कला अपनी वास्तविकता को लिये हुए हैं। भारतीय कला एवं परम्परा एक विशाल सागर की भांति है। उस पर चिन्तन करने पर आभास होता है कि यहाँ की कला और परम्परा का स्वरूप कितना विशाल है।

किसी भी देश का नाम सामने आने पर उस देश की परम्पराओं की तरफ हमारा ध्यान आकृष्ट होता है। यह जुगुप्सा होती है कि उसकी प्राचीन परंपरा में कौन-कौन सी मान्यताएँ रही हैं। प्राचीनता इस बात का प्रतीक है कि उसकी प्रामाणिकता को साबित कर सकती है। परम्पराओं का निर्वाह कला में हमेशा होती आयी है। कुछ महत्वपूर्ण परम्पराएँ हैं जो विशेष परिस्थितियों में क्रियान्वित होती रहती हैं। रचना सामग्री के द्वारा कलाकार कभी-कभी नये आयाम सृजित करता है जिनका सम्बन्ध परम्परा से है। कलाकार जिस निर्माण सामग्री का उपयोग करता है, वह परम्परागत तौर पर प्रचलित होती है। शैलीबद्ध ढंग से रचित कलाकृति विशेष परम्परा की पहचान होती है। कला वह आत्मा है जिसकी भव्यता कभी कम नहीं हो सकती। इस भव्यता में सृजनात्मक भाव परम्परा को जीवित बनाते हैं। कला की जीवित परम्परा समाज की संस्कृति है।

पुरातन काल में चित्रकला में राष्ट्रकाल एवं वातावरण की झलक मिलती थी। सौन्दर्य के प्रति कलाकार की जिज्ञासा इस बात का प्रमाण है कि कलाकार सृजन प्रवृत्ति के द्वारा अपने जीवन दर्शन को कला के लिए समर्पित करता है। कलाकार की

कल्पनाओं में कलात्मक सृजन हमेशा इस बात के लिए प्रेरित रहता है, जिसमें उसे सौन्दर्य की सुख की अनुभूति हो। वह जिस वातावरण या समाज में रहता है उसे उसी समाज की वेदना कलाकृति में उजागर करने की धुन रहती है। समाज की परम्पराओं की मर्यादा में रहकर कलाकर अपने जीवन के सृजनशील पक्ष को एक मजबूत आयाम देने के लिए प्रयत्नशील रहता है। वह समाज की संस्कृति, लोक गाथाओं का चित्रण, रंग एवं रेखाओं से सजीवता प्रदान करता है। कलाकार की प्रेरणा परम्पराओं के वशीभूत होती है। इन सभी भावनात्मक परिदृश्य को ध्यान में रखकर वह उन शुभ मौकों का चित्रांकन योजनाबद्ध ढंग से करता है। मानवीय गुणों के मूल्य को सरलतापूर्वक व्यक्त करने में कलाकार के योगदान को कभी भुलाया नहीं जा सकता।

हमारे देश में मुक्त रूप से पारम्परिक चित्रकला का ही बोलबाला रहा है। जिसकी झलक हमें प्राचीन समय से लेकर वर्तमान समय तक दिखाई दे रही है। चित्र-संयोजन में आकृतियों का गठन और समन्वय समय के अनुसार अंकित किया गया है। उन चित्रों में परम्परा की स्पष्ट झलक दिखायी देती है। जैसे प्रागैतिहासिक काल के चित्रों में उत्सवों के दृश्य मिलते हैं। रेखाचित्रों के द्वारा प्रतीकात्मक अंकन में प्रागैतिहासिक कालीन चित्रकारों ने अपनी परम्परा का पालन किया है।

सिन्धु घाटी सभ्यता के कलावशेषों में उस समय की कला की विकसित अवस्था के उदाहरण हैं। सिन्धु सभ्यता का कलात्मक विकास उस समय की परम्परा का प्रतीक है। अजन्ता की गुफाओं के चित्रों में भगवान बुद्ध के बौद्ध धर्म प्रचार की परम्परा गुफाओं में जीवित है। उस समय के वस्त्राभूषण तथा रहन-सहन इसका प्रमाण देते हैं कि उस समय की परम्परा कैसी रही है? अपभ्रंश शैली के चित्रों में अपभ्रंश (विकृत) आकृतियों का अंकन स्पष्ट तौर पर दृष्टिगोचर होता है। जैन शैली का चित्रण परम्परा से भी स्पष्ट होता है कि पश्चिम हिन्दू शैली अपनी तकनीक में प्रसिद्ध रही है। राजपूत (राजस्थान) शैली में राजपूत राजाओं के रण-कौशल की परम्परा तथा राजमहलों में रनिवास का चित्रण उस समय की विषयवस्तु को दर्शाता है। मुगल शैली में मुगल शासकों का ईरानी शैली के माध्यम से भारतीय शैली में चित्रण कार्य राजदरबार तक सीमित चित्र शैली की परम्परा दृष्टिगोचर होती है।

मुगल शैली का अन्त हो जाने के पश्चात् कलाकारों में पहाड़ी शैली में चित्रकला का विकास हुआ। ईस्ट इंडिया शैली में कम्पनी स्कूल के कलाकारों के माध्यम से भारतीय आधार की गरीबी तथा कृषक जीवन को परिहास की दृष्टि से चित्रित करना ब्रिटिश शासन की परम्परा बन गयी थी। भारत के पुनरोत्थान काल

में चित्रकारों ने उन चित्र शैलियों को अपनाया जिनसे जनांदोलन भड़क सके। इस परम्परा का पालन भारतीय कलाकार समाज की कठिनाइयों को अपने कैनवास पर सृजित करके उजागर कर सकता है, जिससे दर्शक के मन में एक प्रेरणा उजागर होगी।

भारत में चित्रण काम पुरातन व्याख्यानों पर आधारित है। धार्मिक ग्रन्थों, उपनिषदों, काव्य-खण्डों, महाकाव्यों पर भी आधारित चित्रण कार्य की परम्परा काफी पुराने समय से चली आ रही है। इन धार्मिक ग्रन्थों पर भारतीय कला परम्परा टिकी हुई है। कला का सृजनात्मक भाव धर्म से प्रेरित तो है ही साथ में उसके गूढ़ रहस्य को समाज में एक आदर्श के रूप में स्थापित किया है। समाज उस आदर्श पर अपना विश्वास और श्रद्धा रखता है। सृजन कार्य कला में लोक कलाकार की अहम् भूमिका रहती है। समाज की परम्परा को साकार करने में कलाकार मददगार होता है। कलाकार का जीवन कला परम्परा को जीवित रखने के लिए विशिष्ट होता है। समाज की परंपरा एवं समकालीन मान्यता को वह अपने सृजन में प्रदर्शित करता है। कला परम्परा पर चिंतन करने से सौन्दर्य की अनुपम सुख की प्राप्ति होती है।

भारत में कला पर हुए चिन्तन में मन की सात्विक भावना पर अधिक बल दिया गया है। भारतीय दृष्टि में मन अन्तर्मुखी होकर सत्य और आत्मा के प्रत्यक्षीकरण से शान्ति का अनुभव करता है जो सत्य, शिव और सुन्दर है। मन की रजोगुण और तमोगुण वृत्तियाँ सत्य में लीन होकर आत्मप्रत्यक्ष करती हैं जिससे मन अखण्ड हो जाता है, इसीलिए भारतीय महर्षियों ने कहा है, "अखण्ड बुद्धि समास्वाद्यं काव्यम्।" यह अखण्ड रूप में प्रतिरूपित होती है।

रूप सृजन की अनुभूति कला की अनुभूति है। कलाकार स्थूल रूप माध्यमों से लयात्मक चित्रों का सृजन करता है जिसके उत्तम उदाहरण नटराज, कोणार्क की मूर्तियाँ एवं अजन्ता, एलोरा की कला में मिलते हैं, जहाँ जड़ता कहीं भी नजर नहीं आती है।

वात्स्यायन ने चित्रकारी का उल्लेख अपनी कृति 'कामसूत्र' में चौंसठ कलाओं में से चौथा स्थान मानकर किया है जो कि 200-300 ईसा के बाद में लिखी गयी है। उपसंहार के समय वात्स्यायन ने एक श्लोक लिखा; जो पर्याप्त रूप से स्पष्ट करता है कि उस समय चित्रकारी पूर्ण रूप से विकसित हुई थी एवं चित्रकारी की छह शाखायें कामसूत्र में वर्णित तथा चलन में थीं, ये निम्न हैं

1. रूप भेद आकृति या नमूने का ज्ञान।

2. परिणाम अनुपात, भाग, अंश।
3. लावण्य योजना सौंदर्य (ललित कला), शास्त्र योजना।
4. भावन वर्णन या कथन।
5. सादृश्य समानता।
6. वर्णिका रंग योजना।

ये छह शाखायें बाद वाले समय से भी सफलतापूर्वक अनुसरित की गयी हैं जिन्होंने भारतीय चित्रकला की परम्परा की नींव डाली।

अजन्ता की गुफा

अजन्ता की गुफा महाराष्ट्र के बाधोरा नदी के तट पर स्थित है जो औरंगाबाद से लगभग 106 किमी. दूर है। यह कला, वास्तुकला, चित्रकला और नक्काशी के लिए अत्यधिक प्रसिद्ध है। अजन्ता की गुफाएँ पहाड़ियों में बनी हैं जो मनोहर प्राकृतिक अवस्था लिए हैं। अजन्ता की गुफायें अर्द्धवृत्ताकार रूप में स्थित हैं।

ऐतिहासिक स्थिति यह अज्ञात है कि, आकर्षक रूप देने के लिए छेनी से काट-काटकर इसे मनोरम रूप प्रदान किया और दूसरी सदी ईसा पूर्व के समय यह प्रथमतः प्रकाश में आने लगी थी। सबसे बाद की गुफायें 8वीं सदी ईसा पूर्व के साथ प्रकाश में आयीं मानी जाती हैं। स्पष्ट है कि अजन्ता के कार्य का समय तकरीबन 1000 वर्ष तक फैला हुआ है। कई सदियों तक यह निरुधोगी (बिना कार्य रुके हुए) भी रही। अजन्ता में कार्य का शक्तिशाली प्रवाह मगध में गुप्तों के उदय के साथ शुरू हुआ। इसी काल में (5वीं सदी ईसा) अजन्ता की कला देदीप्यमान हुई।

नामकरण इस गुफा के समीप ही 'अजन्ता' नामक गांव बसा है जो अजन्ता शब्द का जनक है। इन गुफाओं की चित्रकलायें 'अजन्ता लेनी' अजन्ता गांव के आभूषण कहलाती हैं। अजन्ता में करीब 30 गुफायें हैं।

कथ्य अजन्ता की चित्रकला का सम्बन्ध बौद्ध धर्म से लगता है। इसको देखने पर यह महसूस होता है कि इन कलाकृतियों का निर्माण बौद्ध भिक्षुओं द्वारा बनाये गये वानप्रस्थ (अलगाव या पृथकत्व) युग में किया गया हो। अधिकांशतः सारी चित्रकारी जातक कथाओं पर निर्मित हैं। ये कहानियाँ बुद्ध के विभिन्न अवतारों की कहानियाँ है। सभी चित्रकारी में बुद्ध मुख्य नाम है सिवाय कुछ के जो कि अलौकिक जीव और दिव्य शरीर में हैं जैसे अप्सरायें, गन्धर्व तथा राक्षस। अधिकांश चित्रकारी शाक्यमुनि और बोधिसत्व से सम्बन्धित हैं। बुद्ध के जीवन की महान घटनायें जैसे उनका जन्म, परित्याग, ज्ञान प्राप्ति प्रथम, व्याख्यान का

उपदेश और उनका मृत्यु के दृश्यों को सावधानीपूर्वक अंकित किया गया है। चित्रकारी न केवल धार्मिक उद्देश्यों वरन् पृथ्वी, भूमि, पानी, चट्टान, वनस्पति, पक्षी, जीव व मानव से भी संबद्ध है। इनमें काल्पनिक जीव व शैतान जिन्होंने बुद्ध को पथभ्रष्ट करने की कोशिश आदि भी हैं। इन चित्रों में तात्कालिक सामाजिक जीवन के विभिन्न पहलुओं से प्यार और घृणा, दया और अन्याय, घर और महल, जीवन सुधार के तरीके, परिधान, धात्विक व आध्यात्मिक लालसाओं आदि का उपयोगी अभिलेख मिलता है। इनमें समाज के सभी वर्ग के व्यक्तियों के जीवन का चित्रण भी प्राप्त होता है। तस्वीरों व चिन्ताओं में चिंतित लोगों से कोई भी उनके कुलवंश के बारे में परिचय प्राप्त कर सकता है। उनके परिधान आकर्षक बुनाई के नमूने प्रस्तुत तथा साबित करते हैं कि बुनाई की कला, रंगाई और चित्रकारी उस समय अत्यन्त विकसित थी। जिससे अजन्ता चित्रकला संसार में अद्वितीय बन गयी है। विश्व की कोई अन्य चित्रकला अजन्ता चित्रकला के समक्ष नहीं टिक सकती।

अजन्ता चित्रकला की विशेषता अजन्ता के अनेक गुफाओं में रंगीन सजावटें की गई हैं, जिसके संयोजन पर ही इन गुफाओं की वास्तविक बनावट निर्भर है। गुफाएँ भीतर से अंधेरी हैं एवं चित्रकारी तेल के दीपों में धुंधले प्रकाश में की गयी है। तकरीबन सभी गुफायें रंगों से भरी थीं किन्तु अब सिर्फ गुफा सं. 1, 2, 9, 10, 11, 16 व 17 में ही चित्रकारी उपलब्ध है। कुछ चित्रकलायें पूरी तरह सजाने योग्य हैं। कतिपय चित्रकलायें मात्र कहानियाँ चित्रित करती हैं। सजाने योग्य चित्रकलाओं में ज्यामितीय आकार, चक्राकार तिरछी-टेढ़ी लकीरें, भूल-भुलैया आदि सम्मिलित हैं। यहाँ प्रमुख्यतः छतों की चौकोर चित्रकारी के किनारों पर उद्धृत हैं। सजाने योग्य चित्रकारी में जानवरों, पक्षियों तथा पौधों के आकार प्रयोग में लाये जाते हैं।

रेखीय और प्राकृतिक प्रारूप में अजन्ता चित्रकला इस रूप में अपनी पकड़ प्रदर्शित करती है। साथ ही निश्चित तथा अशुद्धि रहित हाथों के माध्यम से उत्पादन को प्रदर्शित करती हैं। अधिकांश चित्रकलाओं में पक्षियों एवं जानवरों का चित्रण हुआ है। 10 नम्बर की गुफा में हाथियों के झुण्ड नहाने में शक्ति परीक्षण का चित्र इसको स्पष्ट करता है। इस चित्रकथाओं में मानव शरीर की विशेषकर स्त्रियों की भावुक सुन्दरता पर अधिक जोर डाला गया है।

प्रमुख एवं अत्यधिक प्रसिद्ध चित्र बोधिसत्व, पदमपाणि, अवलोकितेश्वर (गुफा नं. 1) का चित्र रूप चित्रकारी में भारतीय सचित्र कला की महान विद्या का प्रदर्शन करता है। 16 नं. की गुफा में मृत राजकुमारी का चित्र है। इस चित्र के

विषय में सर्वमान्य राय है कि भावुकता, करुणा और मानवीयता यहां जीवंत रूप में अभिव्यक्त हुई है। फ्लोरेंस निवासी अच्छा चित्र बना सके होंगे। वेनिस लोग भी उचित रंगों का उपयोग कर चुके होंगे परन्तु इस तरह के भावों का प्रयोग नहीं कर सके हैं।

अजन्ता की गुफा नं. 17 में माता और पुत्र का चित्र दिया गया है, जिसमें बुद्ध को उनकी पत्नी अपना पुत्र देते हुए दिखाई देती हैं। यह दृश्य अत्यन्त ही आकर्षक है। नं. 1 गुफा के चित्रों में सम्भवतः एक भारतीय नरेश के दरबार में कुछ विदेशियों को प्रदर्शित करते हैं। इसी गुफा में पियक्कड़ों का समूह तथा उनका व्यवसाय करने वाला और अनेक तत्त्व ईरानी प्रभाव का स्पष्ट दृश्य प्रस्तुत करते हैं।

निष्कर्ष अजन्ता की चित्रकला के जरिए एक पृथक् परम्परा प्रारम्भ हुई जो इसकी महान् का प्रतीक है। कालान्तर में इसका प्रभाव विश्वव्यापी हुआ।

अफगानिस्तान की बामियान पर फंडूकिस्तान में दीवालों में तथा मध्य एशिया की दीवाल पेंटिंग्स के विभिन्न दृश्यों पर इसका प्रभाव देखा जा सकता है। अजन्ता कला बौद्ध प्रसार की दृष्टि से महत्वपूर्ण और सम्पूर्ण कला है तथा प्रतीत होता है कि जहाँ कहीं ये गयीं, बौद्धत्व लेकर गयी हैं।

डेनमार्क के एक कलाकार ने अजन्ता की चित्रकला की आलोचना प्रकाशित की है जिससे यह स्पष्ट होता है कि यह उन उत्कर्ष शिष्यों को प्रस्तुत करती हैं जिसको शुद्ध भारतीय चित्रकला ने प्राप्त किया है तथा इन तस्वीरों की हर वस्तु इस महान काल से जुड़ी ज्ञान की गहराई को प्रमाणित करती है। अजन्ता की गुफा चित्रकला चित्र बनाने की कला में निपुणता और श्रेष्ठता को प्रदर्शित करती है। अजन्ता, चित्रकारों ने पृथ्वी और दैवीय यथार्थता के सुन्दर और उत्तेजक एवं दयामय विश्व का व्यवहार किया।

राजपूत शैली की ललित कलाएँ

पुरातन काल में देवी-देवताओं की मूर्ति बनायी जाती थी। बौद्ध, जैन आदि भारत के धर्मों की छवियों का रंगीन व सुन्दर चित्र बनाया जाता था। इसमें लाल, पीला और हरा के मिश्रण को ही प्रस्तुत करते थे। अर्थात् धार्मिक चित्रकलाओं एवं मूर्तियों के ललित कला की राजपूत शैली कहते हैं।

राजस्थान के राजपूत शासकों ने चित्रकला को संरक्षण दिया और मुगल दरबार से औरंगजेब के माध्यम से निकाले गये चित्रकारों को जगह दी अतः राजपूत चित्रकला में इसलिए ईरानी एवं राजस्थानी चित्रकारी का मिश्रण दृष्टिगत होता है।

राजस्थान के शासकों के दरबार में 16वीं शताब्दी में एक असाधारण विषय शैली पुष्पित और पल्लवित हुई तथा यह तथ्य प्रकाश में आया कि यह शैली राजपूत शैली के नाम से जानी जाती है। इस शैली की चित्रकारी अजन्ता चित्रकला से बहुत भिन्न थी और ज्यादातर महलों में ही बनायी गयी थी।

राजपूत शैली का वर्गीकरण राजस्थान के राजपूतों में 20 जागीरें शामिल थीं जिसमें सिर्फ 7 जागीरों ने ही मध्यकालीन चित्रकारी के विकास में प्रमुख योगदान किया। ये राज्य थे मेवाड, बूंदी, कोटा, मारवाड़, बीकानेर, जयपुर, जोधपुर और किशनगढ़। प्रत्येक राज्य ने भिन्न-भिन्न शैलियों का विकास किया लेकिन हर शैली में कुछ-न-कुछ समानता थी। उनमें से एक यह भी थी कि हर एक ने इस तरह की चित्रकला को 'राजस्थानी शैली' का विशेष नाम दिया। जबकि शैलियों में भिन्नता थी किन्तु सभी प्रसंग, विषय, परिधान व रंगों के चयन में एकता एवं समानता थी। कालान्तर में राजस्थानी शैली के कुछ कलाकार हिमाचल प्रदेश एवं जम्मू-कश्मीर में जाकर बस गये और वहां की स्थानीय चित्रकला से प्रेरित होकर नई शैलियों का विकास किया, इसे चित्रकला की पहाड़ी शैली कहते हैं। इसके कलाकारों को किसी का संरक्षण नहीं मिलने से इसके कौशल में परिवर्तन आ गया। वह राजसी दरबारों से निकलकर महलों को त्याग समाज में आ गयी। पहाड़ी चित्रकला 19वीं सदी के प्रारम्भ में अपनी शिखर की चोटी पर पहुंच गयी और यह चित्रकला विश्व की सबसे अच्छी रचना मानी गयी।

राजपूत चित्रकला को भी दो भागों में विभाजित किया गया है, पहला पूर्व और दूसरा परवर्ती समय की चित्रकला। ये दोनों ही चित्रकलायें राजपूत चित्रकला के नाम से प्रसिद्ध हैं। ये चित्रकलायें राजा के सुख के लिए ही महलों एवं मंदिरों में बनायी जाती थी किन्तु इसके पश्चात् सूक्ष्म रूप में बदलाव हुआ और ये सूक्ष्म रूप से बड़े आकार, बड़ी संख्या में फैल गयीं।

राजपूत शैली की विशेषता राजस्थान चित्रकला का सम्बन्ध प्रचलित साहित्यिक शब्दों से है। इस शैली में धार्मिक एवं आध्यात्मिक संदेश दिये गये हैं। अतः इस चित्रकला के रंग प्रतीकात्मक हैं, उदाहरणार्थ लाल रंग क्रोध को, पीला रंग आश्चर्य को, सफेद रंग शान्ति को अभिव्यक्त करता है।

कथ्य राजस्थान चित्रकला बहुत ज्यादा सूक्ष्म रूप में है। यह चित्रकलायें उस समय के साहित्यिक कार्यों पर आधारित हैं। इसके सभी विषय प्रतीकात्मक और आध्यात्मिक और धार्मिक सन्देश सजाते हैं। इस चित्रकला का मुख्य उद्देश्य मानव और भगवान के सम्बन्धों को पेश करना था। हर एक हिस्से से आदर्श और

कल्पना की झलक दिखाई देती है। साथ ही रंगों का प्रतीकात्मक प्रयोग है। ये चित्रकलायें प्रधानतः राधा और कृष्ण से सम्बन्धित हैं। इनमें चित्रकारों ने अपनी गहन भावना का चित्रण किया है। इन चित्रों में राधा आत्मा को तथा कृष्ण परमात्मा को प्रस्तुत करते हैं। ये दोनों साथ-साथ मानव की आत्मा तथा परमात्मा के सौन्दर्य के पुनर्मिलन को प्रस्तुत करते हैं।

मुगलों का प्रभाव राजपूत चित्रकला सूक्ष्म शैली का निश्चायक प्रमाण प्रस्तुत करती है जो कि 16वीं सदी के पूर्व में मुगल चित्रशालाओं की स्थापना से पहले सफलतापूर्वक रही। महलों की दीवारों में गुम्बदाकार शिखर रचना, गहन तारों के प्रकाश वाले रात का दृश्य, घोड़ों की काठी पर योद्धाओं के माध्यम से सजावट का व्यय, साधारण रंग योजना, पेड़, पर्दे, गलीचे, फव्वारे आदि मुगल प्रभाव राजपूत शैली पर, के बड़े भाग थे। सामान्य लोगों का जीवन, नाई, किसान, धोबी, लकड़हारा, पौराणिक लोग एवं महात्म्य की कहानियाँ आदि भी मुगलों के उदय के समय चित्रित किये गये। राजपूत शैली में कुछ प्रमुख विशिष्टताएँ पाई जाती हैं जो अग्रांकित हैं

1. यह कला जनसाधारण के सामाजिक, आर्थिक तथा घरेलू जिन्दगी का प्रदर्शन करती है।
2. इसमें चटक रंगों का उपयोग किया गया है।
3. कलाकार बूंदी के भौतिक पर्यावरण से प्रेरित थे जैसे, फूल, पेड़ तथा अन्य प्राकृतिक कारक जैसे नदियाँ व पहाड़।
4. चेहरा और परिधानों में कौड़ियों की संरचना।
5. युद्ध संबंधी चित्रकला अधिक है। चौरोला महल राम-रावण के मध्य युद्ध की चित्रकला से भरा हुआ है।
6. यह चित्रकला राजसी-दरबारी जीवन, इसकी औपचारिकता एवं शिष्टाचार, शिकार के दृश्यों के साथ ही साथ महाकाव्य तथा पुरानी कथाएँ आदि का प्रदर्शन करती है।

विश्वविख्यात भारतीय चित्रकलाएँ

रागमल चित्रकला रागमल चित्रकला में वास्तविक रूप से भारत के उत्तरी क्षेत्र में क्षत्रियों के अधिकार और संरक्षण की झलक दिखाई देती है। इन चित्रों पर 1605 ई. में नासुद्दीन नामक चित्रकार का नाम उल्लेखित है। यह चित्रकलायें मनोभाव पैदा करने वाले मनोभावों एवं अनुभवों के साथ स्वीकारी गयी है। गीत

गोविन्द जैसे ग्रन्थों के दृष्टान्तों जैसे ही चित्रकारों के काव्यात्मक प्रतीकों स्रोतों में तैरते कमल के फूल, पेड़ों के तनों से लिपटी बेलें, पेड़ों का युवावस्था में फलना-फूलना, प्रेमियों के आत्मीय भावों को बताने के लिए उपयोग किया गया है। बादल, बिजली, वर्षा, नदी की चाल आदि सीधे स्पष्ट अर्थों में बताये हैं। किशनगढ़ राज्य से प्राप्त चित्रकलाओं में राजपूतों के शूरवीरात्मक भावों का चित्रण किया गया है। इनमें शिकार के दृश्य और चित्र भी सम्मिलित हैं।

सजी एवं बनी-ठनी भारतीय मोनालिसा के नाम से मशहूर सबसे ज्यादा विख्यात सजी एवं बनी ठनी चित्रकला का सम्बन्ध भी इसी समय से है। बसौली, कांगड़ा, चम्बा, गूलर तथा कुल्लू राजपूत शैली की मुख्य धरोहर है। किन्तु बसौली और कांगड़ा ज्यादा महत्वपूर्ण हैं।

राजपूत शैली की चित्रकला का संबंध उस समय के काव्य, नाटक और संगीत से भी स्थापित हो सकता है। न सिर्फ शासकों ने इसे संरक्षण दिया वरन् पर्यावरण ने भी लहरदार प्रदेशों द्वारा, पहाड़ियों तथा झाड़ियों द्वारा, रेगिस्तानों, जंगलों और बगीचों के द्वारा इसे सींचा जिनमें चित्रकला का रूप परदेशी और सुगंधित फूल की भांति विकसित हुआ। राजस्थान के चित्रकारों ने समर्पित भावनात्मक कला को प्यार में तथा प्यार को कला में जोड़ा।

मुगल चित्रकला

परिचय मुगलशैली की चित्रकलाओं में भारतीय व ईरानी कलाओं का मिलन है जिसकी नींव भारत में मुगल बादशाह बाबर ने रखी थी। मुगल भारतीय और ईरानी चित्रकला, भारतीय एवं ईरानी चित्रकला के सुखद संयोग को प्रस्तुत करती है। भारतीय बौद्ध, ईरानियन, हेलेनिक और मंगोलियन कलाओं के तत्त्वों का मिश्रण चीनी प्रांतीय कला थी, इसकी नींव 13वीं सदी में मंगोल आक्रमणकारियों के द्वारा रखी गयी थी। मुगल पर्सियन दरबार के पास से सम्बन्ध होने के कारण इस चित्रकारी की कला को भारत लाये।

मुगल चित्रकला की प्रसिद्धि में अभाव राजपूत कला के कारण रहा। भारतीय और ईरानी शैली का मिश्रण, जो कि मुगल दरबार के दरबारी शैली के रूप में प्रचलित थे, ने कुछ सर्वोत्कृष्ट रचनायें निर्मित कीं। यह अल्पावधि के लिये विकसित हुई परन्तु अपना प्रभाव भारतीयों के हृदय पर छोड़ गयी।

काल मुगलों का प्रवेश भारत में 16वीं शताब्दी में हुआ था। परन्तु इन कलाओं का विकास बाबर के शासनकाल में हुआ। मुगल भारत में 16वीं सदी में आये थे, किन्तु मुगल चित्रकला शैली बाबर के हमले के बाद ही प्रकाश में आ गई

थी। यह अपने चरमोत्कर्ष पर मुगल शहंशाहों अकबर, जहांगीर और शाहजहाँ के शासन में पहुंची। 1526 से 1627 के काल में मुगल चित्रकला सफलता की चोटी पर थी।

विशेषताएँ मुगल चित्रकला निम्नलिखित विशेषताओं से भरी थी

1. यह महान भावों एवं शुद्धता के साथ चित्रित की गयी थी।
2. इसने रंग संयोजन में श्रेष्ठता प्राप्त की थी जोकि सामान्यतया लाल, नीला और स्वर्ण रंग से चित्रित थी।
3. कला को प्रभावशाली बनाने के लिये स्वर्ण तथा रजत का प्रयोग अधिक किया गया था और कभी-कभी विभिन्न पत्थरों का भी उपयोग किया गया।
4. राजसी, ऊंचा व्यक्तित्व एवं आध्यात्मिकता दिखाने वाले प्रभाव को भी प्रस्तुत किया गया था।
5. मुगल चित्रकला आकार में मुख्यतः सूक्ष्म चित्रकला थी।
6. यह न तो भारतीय भावों को और न ही भारतीय जीवन दृश्यों को प्रस्तुत करती है।
7. इसने चित्रकारी में दो रंगों को प्रस्तुत किया।
8. इसमें किनारों की सजावट को भी प्रस्तुत किया गया।
9. इसने जीवित वस्तुओं की चित्रकला का बड़ी तेजी से विकास किया।

कथ्य चित्रों के वर्ण्य विषय प्रमुख रूप से यथार्थ जीवन से सम्बन्धित होते हैं। जैसे शिकार, लड़ाई, युद्ध और जब्ती, राजसी दरबार ऐतिहासिक अध्याय, हिन्दुओं की पौराणिक कहानियों की प्रकृति के विभिन्न कारकों जैसे पक्षी, पेड़, पौधों, पुष्प आदि। लेकिन इसमें न तो आध्यात्मिकता थी और न ही घरेलू जीवन का वास्तविक चित्रण।

चित्रकला दरबारी और राजसी थी तथा लोगों की भावनाओं और उस समय की जनता के जीवन से बहुत दूर थी। प्राकृतिक सुन्दरता का उपयोग किया गया था, किन्तु स्त्री की सुन्दरता का नहीं जिसका कारण था मुस्लिमों की विरोधात्मक शैली।

बाबर एवं हुमायूं काल की चित्रकला मुगल शासक बाबर को सौन्दर्य और कला से अत्यधिक लगाव था। वह इन चित्रकलाओं को संरक्षण भी देता था। बाबर के दरबार में अनेक चित्रकार थे। बाबर की याद में पर्सिन अनुवाद की अलवार हस्तलिपि की चित्रकला उसके माध्यम से निर्मित कार्यों का प्रदर्शन करती है।

हुमायूं ने अपने ईरान जाने के दौरान पेंटिंग के लिए रुचि विकसित की। भारत वापस लौटते समय वह अपने साथ ईरान के दो कुशल चित्रकार लेकर आया था। सैयद अली तबरैजी और ख्वाजा अब्दुल समद।

अकबर काल की वैभवशाली चित्रकला अकबर के काल में मुगल शैली की चित्रकला का बहुत विकास हुआ। अकबर खुद चित्रकला का इतना प्रेमी था कि उसने अपनी राजधानी की दीवारों को अपने पसंदीदा चित्रों से सजाया। उसने चित्रकला को सभी सहज तरीकों से प्रोत्साहित किया एवं उत्तम चित्रकारों को विख्यात साहित्यिक कृत्यों (रचनाओं) के वर्णन (चिबांका) में लगाया जैसे चंगेज नामा, जगरनामा, रामायण, अयार्दनिश और कालिया दमन।

जहांगीर काल की चित्रकला जहांगीर को भी प्रकृति और चित्रकला से अत्यन्त लगाव था। वह चित्रकला के शास्त्रीय रूप के विषय में उत्तम जानकारी रखता था। उसकी कला के प्रति व्यग्रता ने मुगल चित्रकारी की कला को ईरानी प्रभाव से मुक्त कराया। प्राकृतिक दृश्य, शिकार के दृश्य एवं चित्र उस काल की चित्रकला के मुख्य शीर्षक थे। उस समय चित्रों पर तारीख अंकित करने का प्रचलन था। यूरोपियन प्रभाव के कारण चित्रकारी में छाया का प्रयोग किया जाने लगा।

औरंगजेब ने कला को इस्लामी नियम का उल्लंघन मानते हुए बीजापुर की चित्रकारी को समाप्त कर दिया। उसने सिकंदरा में बने अकबर के मकबरे पर बनी आकृति को सफेद रंग से पुतवा दिया।

निष्कर्ष भारत में मुगल चित्रकला के माध्यम से ईरानी कला प्रचलित हुई। भारत, ईरान और चीन की चित्रकला के मूल रूपों को एक में मिला दिया गया और इसे तत्कालीन भारतीय चित्रकला के विद्यालयों के माध्यम से नई शैली के जन्म की तरफ अग्रसर होते हुए मान लिया गया एवं भारतीय ईरानी स्कूल आफ पेंटिंग के नाम से प्रस्तुत किया गया। मुगलकाल ने भारत में स्थान अवश्य बनाया पर कभी भारतीय जीवन को अपने चित्रों में स्थान नहीं दिया। मुगल पोर्ट्रेट (जीवित व्यक्तियों के चित्र बनाने की कला), पेंटर रंगों की गहराई, मर्मभेदी किनारी सजावट की कला, सजावटी आचरण तथा वास्तविक स्वरूप के कारण प्रसिद्ध थे। वे अपने प्रयोगों में गहराई और सूक्ष्मता हेतु सजावटी रचना और उत्कृष्ट सुन्दर व छोटी किनारी के लिए परिधानों और पृष्ठभूमि में सजावट हेतु स्वर्ण एवं रजत तथा विभिन्न प्रकार के पत्थर का प्रयोग करते थे। पंक्तियों से सजी चौड़े किनारे वाली डिजाइन और जंगल के दृश्यों में भू-दृश्यों के चित्रण में महान मापन तथा शुद्धता

मुगल चित्रकला में सामान्य थी। यह चित्रकला अपने से पूर्व प्रचलित कलाओं से भिन्न होने के कारण आकर्षण का केन्द्र थी। अपनी सुन्दरता और भाव प्रवणता के कारण यह आज भी ख्याति प्राप्त है।

खजुराहो की मूर्तिकला

शृंगारिक मूर्ति-शिल्प की स्थली खजुराहो संसार को भारत का एक अद्धितीय तोहफा या उपहार है। ये मंदिर जीवंत प्रेम और आनंद के उत्सव के प्रतीक हैं। इनका निर्माण 950 से 1050 ई. में केवल एक सौ वर्ष के अल्पकाल में हुआ। मूल रूप से 85 मंदिर बनाए गए थे, जिनमें से केवल 22 मंदिर शेष हैं। इनकी गणना विश्व के प्रसिद्ध कलात्मक आश्चर्यों में हुई है। यहां पर मूर्तिशिल्प का सौन्दर्य मानवीय प्रतीत होता है। दर्पण निहारती सुंदरी या ढोल बजाती सुंदरी की मूर्तियां मंदिर की दीवारों पर सजीव प्रतीत होती हैं। यहां पर स्त्री पुरुष के मिलन का उत्सव सैकड़ों शैलियों में मनाया गया है। अप्राकृतिक क्रियाएँ भी प्राकृतिक प्रतीत होती हैं। खजुराहो के मंदिर जीवन शिक्षा, सौन्दर्य तथा मनोरंजन का केन्द्र हैं। ये दिल को छू लेते हैं। प्रतिवर्ष यहां के मन्दिरों में एक नृत्य समारोह का आयोजन किया जाता है। खजुराहो की मूर्तिकला पर्यटकों को भारत यात्रा के लिए प्रेरित करती है।

दर्शनीय स्थल खजुराहो के मंदिर कांदरीय महादेव, चौसठ योगिनी, चित्रगुप्त मंदिर, विश्वनाथ मंदिर, लक्ष्मण मंदिर, मतंगेश्वर मंदिर, पार्श्वनाथ मंदिर, घटई मंदिर, आदिनाथ मंदिर, दुलादेव मंदिर, चतुर्भुज मंदिर।

पर्यटन स्थान पन्ना राष्ट्रीय उद्यान (30 कि.मी.)

यातायात खजुराहो में यातायात की दोनों सेवाएँ उपलब्ध हैं। थल या वायु द्वारा वहां पहुँचा जा सकता है। खजुराहो विमान सेवा से अच्छी तरह जुड़ा है। निकटतम रेलवे स्टेशन झांसी है। सभी प्रमुख मेल और एक्सप्रेस गाड़ियाँ झांसी में ठहरती हैं। झांसी से खजुराहो 175 कि.मी. लंबे झांसी खजुराहो मार्ग पर बस/टैक्सी से पहुंचा जा सकता है। झांसी और खजुराहो के बीच नियमित बस सेवा उपलब्ध है।

आवास व्यवस्था यहां दो सितारा, तीन सितारा, चार सितारा और अन्य सामान्य होटल उपलब्ध हैं।

श्रेष्ठ मौसम यहां वर्ष भर मौसम भ्रमण के अनुकूल होता है।

परिधान इस क्षेत्र में रहने वाले लोग गर्मियों में हल्के सामान्य और सर्दियों में हल्के ऊनी वस्त्र पहनते हैं।

ताबो

मधुर सम्मोहन का आंचल या दुपट्टा ताबो में एक अचम्भा व आश्चर्य है जो उन पहाड़ों में एक बहुमूल्य रत्नों की तरह जड़ा हुआ है। धर्म यहां का अमर सत्य है जो नदी की धारा की भांति बहता हुआ सभी सांसारिक वस्तुओं को अपने साथ बहा ले जाता है। ताबो बौद्ध विहार, स्पीति घाटी में आकर्षण का मुख्य केंद्र है। इस गुफा का निर्माण 996 ई. में किया गया। भित्ति चित्रकला और गजकारी इस गुफा की विशिष्टता है। यह 'हिमालय की अजंता' के नाम से भी प्रसिद्ध है। इस परिसर में 9 मंदिर, 23 चोर्टन, एक भिक्षु आवास तथा एक भिक्षुणी आवास है। इसके साथ कुछ और गुफाएँ भी हैं जिन्हें पहले भिक्षुओं द्वारा आवास के रूप में प्रयोग किया जाता था। साथ ही एक सभाकक्ष है, जिसे मिलाकर यह स्पीति का सबसे बड़ा बौद्ध विहार परिसर है। यह स्थान अपनी प्राकृतिक छटा के कारण धार्मिक भाव जगाता है।

देखने योग्य स्थान प्रबुद्ध देवों का मंदिर (सुंगलहा-खांग), स्वर्ग मंदिर (सेर-खांग), माया मंडल मंदिर (कील-खांग), बोधिसत्व मैत्रेय मंदिर (ब्याम्स-पा-चेन-पो-लहा-खांग), ड्रोमटोन मंदिर (ब्रोम स्टोन-लहा-खांग), चित्रावली कक्ष (ज -अल-मा), ड्रोम टोन का विशाल मंदिर (ब्रोम स्टोन-लहा-खांग), महाकला वज्र भैरव मंदिर (गान-खांग), श्वेत मंदिर (डकार-अब्यूम-लहा-खांग)

1. **पर्यटन स्थल स्पीति के बौद्धविहार** माने गोगमा, धनकर, गुंगरी, मुद, लहा-लुंग, लिडांग, रांग्रिक, की, लोसार, हिकिम।
2. **किन्नौर के बौद्ध विहारः** सांग-ला, रिब्बा, मोरांग, कानुम, नाको, लियो, चांगो, शलखर।
3. **लाहौल के बौद्धविहारः** लब्रांग, शाशीन, गोंधला, तेलिंग, लपचांग, दलांग, तुकचिलिंग, केलांग, गालांग, कदांग, पियुकर, तयूल, गेमूर, दार्चा, जिस्पा, मार्कुला।
4. **परिवहन व्यवस्था** निकटतम हवाई अड्डा शिमला है। निकटतम रेलवे स्टेशन शिमला है और शिमला से ताबो सड़क मार्ग पर 365 कि.मी. दूर है।
5. **आवास व्यवस्था** यहां उच्च श्रेणी के साथ-साथ कई सामान्य होटल उपलबध हैं।
6. **सुहावना मौसम** यहां अप्रैल से अक्टूबर तक का मौसम भ्रमण के अनुकूल होता है।
7. **परिधानः** गर्मियों में ऊनी, सर्दियों में भारी ऊनी।

औरंगाबादः चित्रकला मूर्तिकला का सौन्दर्य स्थल

औरंगजेब नामक शासक ने, रजतादोक, किरकी फतेह नगर नाम से प्रसिद्ध नगर का नाम परिवर्तित करके इसका नया नाम औरंगाबाद रखा। औरंगजेब ने अपने पिता शाहजहां की नकल उतारते हुए इस नगर में विश्व विख्यात ताज जैसा स्मारक का निर्माण करवाया जो नकली ताज के नाम से प्रसिद्ध हुआ। यद्यपि असली ताज से इसकी तुलना नहीं की जा सकती। लोग भ्रमण एवं मनोरंजन हेतु यहां आते हैं।

रानी का मकबरा औरंगजेब की पत्नी रबिया दुरानी का मकबरा।

पान चक्की औरंगाबाद गुफाएँ (छठीं शताब्दी के समय की ये गुफाएँ उस समय के जीवन का सुंदर उदाहरण हैं)।

पर्यटन स्थान : दौलताबाद (13 कि.मी.) यह यहां के किले के लिए प्रसिद्ध है। 12वीं शताब्दी में राजा भिलासा ने यह किला बनवाया था। किसी समय इस किले को अजेय समझा जाता था।

घृश्नेश्वर मंदिर एलोरा से करीब आधा किलोमीटर दूर भगवान शिव के 12 ज्योर्तिलिंग में से एक ज्योर्तिलिंग है।

पीठलकोरा औरंगाबाद से 78 कि.मी. दूर 13 गुफाएँ, अभयारण्यों, चैत्यों एवं विहारों का समूह पीठलकोरा है। ये गुफाएँ ईसा पूर्व दूसरी शताब्दी की हैं।

खुलदाबाद दौलताबाद से कुछ किलोमीटर दूर स्थित इस स्थान पर औरंगजेब का मकबरा है। खुलदाबाद भद्र हनुमान के लिए भी मशहूर है, जहां हनुमान की निद्रामुद्रा में मूर्ति स्थापित है।

एलोरा एलोरा एक बहुत सुन्दर पर्यटन स्थल है जो पर्यटकों के मन को मोह लेता है। यह औरंगाबाद से 30 किमी. दूरी पर स्थित है और 350 ई. और 700 ई. के समय निर्मित इन शैल मंदिरों और विहारों में तीन धर्मों हिंदू, बौद्ध और जैन का प्रतिनिधित्व है। बौद्धों की विश्वकर्मा गुफा, हिंदुओं के कैलाश मंदिर और जैन इन्द्रसभा में बहुत ही सुंदर कला देखने को मिलती है। ये सभी गुफाएँ बौद्ध भिक्षुओं को एकांत का स्थान प्रदान करने के लिए चट्टान को काट कर बनाई गई थीं।

अजंता अजंता में भी अनेक गुफाएँ हैं जहां विशेष चित्रकारी के दर्शन होते हैं। अजंता, औरंगाबाद से 106 किमी. दूरी पर बसा है। प्राचीन भारत के जनजीवन की कथाएँ, संस्कृति, राजनीति और महलों को दर्शाती हैं (यह चित्र ईसा पूर्व 200 से 650 ई. तक के हैं।) ये गुफाएँ बौद्ध भिक्षुओं को एकांतवास प्रदान

करने के लिए बनाई गई थीं। वे इसी तरह के चैलयों और विहारों में ठहरते थे, उपदेश देते थे और पूजा-पाठ करते थे। ये चैत्य और विहार शिक्षा तथा सांस्कृतिक आंदोलन के केंद्र बने। पहाड़ी के मध्य बनी इन गुफाओं में दिन में कुछ समय के लिए सूर्य का प्रकाश पहुँचता है।

परिवहन व्यवस्था औरंगाबाद विमान सेवा से अच्छी तरह जुड़ा है। औरंगाबाद रेल और सड़क दोनों मार्गों से अच्छी तरह जुड़ा है।

आवास व्यवस्था यहां पर्यटकों की सेवा के लिए पांच सितारा, चार सितारा, तीन सितारा, एक सितारा के साथ-साथ कई सामान्य होटल उपलब्ध है। पांच सितारा के रूप में एम्बेसेडर अजंता ताज रेजीड़ेंसी, वैलकम ग्रुप रामा इंटरनेशनल जाने जाते हैं, जबकि चार सितारा, तीन सितारा तथा एक सितारा में क्रमशः प्रैसीडैंट पार्क, रविराज तथा खेमी इन में आते हैं।

सबसे अच्छा मौमस वर्ष भर यहां का मौसम पर्यटन के अनुकूल रहता है।

परिधान गर्मियों में इस क्षेत्र में रहने वाले लोग गर्मियों में हल्के सामान्य वस्त्र तथा सर्दियों में हल्के ऊनी वस्त्र पहनना पसन्द करते हैं।

कोणार्क का सूर्य मंदिर

कोणार्क का सूर्य मन्दिर 13वीं शती में निर्मित उड़िया वास्तुकला और मूर्तिशिल्प की विचित्र रचना पारस पर दर्शायी गयी, जो कविता के समान है। यह अनोखा सूर्य मन्दिर विश्व धरोहर की सूचीबद्धता में भी सम्मिलित है। मुखशाला अर्थात् प्रवेश कक्ष श्रद्धालुओं तथा पर्यटकों दोनों को आकर्षित करता है। मंदिर की दीवारों पर जीवन के सभी पक्षों को दर्शाती सुंदर मूर्तियां यहां आने वाले का मन मोह लेती हैं। इनमें प्रेम और युद्ध, व्यापार तथा न्यायालय, शिकार, हाथियों को पकड़ने, उपदेश देते हुए ऋषि, शिशु जन्म, कामक्रीड़ाओं, नृत्य और पौराणिक पात्रों के दृश्य अंकित हैं, जो कला की अमर कृतियों के रूप में दर्शकों का ध्यान खींचने में एक दूसरे से होड़ करती दिखाई देती हैं। इसके अलावा सुरा-सुंदरियों, परियों तथा करताल और ढोल, बांसुरी और सुरभि बजाती सुंदर नारियों की विशाल मूर्तियाँ मंदिर के ऊपरी हिस्से की शोभा बढ़ रही हैं। विभिन्न प्रकार की काम क्रीड़ाओं में संलिप्त सुंदर युगलों के मनोहारी चित्र केवल कलाप्रेमियों के बल्कि सामान्य दर्शकों के आकर्षण का केंद्र हैं।

देखने योग्य स्थान कोणार्क उड़िया कला का चमकदार रत्न है। यहां की सुंदरता शब्दों में बखान नहीं की जा सकती। इसका आनंद एक बार नहीं,

बार-बार देख कर ही अनुभव किया जा सकता है। यह सचमुख सुंदरता का प्रतिरूप है और इसका आनंद अनंत है।

पर्यटन स्थान : रमाचंडी (8 कि.मी.) देवी रमाचंडी का मंदिर, कुशाभद्रा नदी का समुद्र में विलय स्थल और एक सुंदर पिकनिक स्थल। अन्य स्थल हैं बेलेश्वर, बालिघई, कुरूमा, ककटपुर, चौपासी, पिपली।

परिवहन सुविधा

यातायात व्यवस्था निकटतम हवाई अड्डा भुवनेश्वर में है। (65 किमी) कोणार्क रेल और सड़क व्यवस्था सुलभ है।

आवास व्यवस्था यहां पर्यटकों की सेवा हेतु उच्च वर्ग व सामान्य वर्ग के होटल हैं।

श्रेष्ठ मौसम यहां का मौसम वर्ष भर अच्छा रहता है। यही कारण है कि यहां वर्ष भर पर्यटकों का आना-जाना लगा रहता है।

परिधान इस क्षेत्र में रहने वाले लोग गर्मियों में हल्के सामान्य तथा सर्दियों में हल्के ऊनी वस्त्र पहनते हैं।

बेलूर, श्रवणबेलगोला, हालेबिड

हसन यहां की जलवायु अच्छी है मौसम सुहावना रहता है। इसी कारण अधिकांश पर्यटक यहीं ठहरते हैं। इस स्थान से बेलूर, श्रवणबेलगोला और हालेबिड की यात्रा करना अत्यधिक सहज है। यों तो इन स्थानों पर बंगलौर और मैसूर से भी जाया जा सकता है।

श्रवणबेलगोला यह हसन से 51 कि.मी. दक्षिण-पूर्व में दो चट्टानी पहाड़ियों के बीच स्थित जैन धर्म का प्रमुख तीर्थ स्थल है। जैन मुनि भगवान गोमतेश्वर की 17 मीटर ऊंची एकाश्म प्रतिमा इन्द्रगिरि पहाड़ी की चोटी पर निर्मित है। यह प्रतिमा अपनी तरह की विश्व की सबसे ऊंची प्रतिमा है। इसका निर्माण 983 ई. के आस-पास राजा रचामट्ट के एक मंत्री चामुंडराय ने किया। यहां पर 12 वर्ष में एक बार महामस्तकाभिषेक उत्सव मनाया जाता है। कई दिनों तक चलने वाला यह धार्मिक पर्व पिछली बार 1993 में हुआ था। इसके एकदम सामने एक छोटी पहाड़ी चन्द्रगिरि पर कुछ जैन मंदिर हैं। यहां जैन धर्म के प्रमुख संरक्षक चन्द्रगुप्त मौर्य की समाधि है।

बेलूर बेलूर स्थल हसन से 34 किमी. की दूरी पर बसा है। बेलूर में सुन्दर व आकर्षित करने वाले मन्दिरों का निर्माण हुआ है, जिसकी वजह से यह बेलूरा

पर्यटन प्रसिद्ध है। इसे दक्षिणी वाराणसी भी कहा जाता है। बेलूर का महत्व चन्द्रकेशव मंदिर के कारण अधिक है जिसका निर्माण 1117 ई. में होयसल राजा विष्णुवर्द्धन ने किया।

हालेबिड हालेबिड होयसल राजाओं की प्राच्य राजधानी है जो बेलूर से 27 किमी. की दूरी पर पूरब की दिशा में स्थित है। उस समय इसका नाम द्वारसमुद्रम यानी समुद्र का द्वार था। यहां का होयसलेश्वर मंदिर वास्तुकला और मूर्तिकला की समृद्धि का प्रतीक है। मंदिर की रक्षा के लिए नंदी बैल विद्यमान है। इस भव्य मंदिर का निर्माण कार्य 86 वर्षों तक चला, किंतु फिर भी इसे पूरा नहीं किया जा सका।

परिवहन व्यवस्था निकटतम हवाई अड्डा बंगलौर है। हसन से बंगलौर तक सड़क और रेल दोनों मार्गों की अच्छी सुविधाएँ हैं। यहां सड़क मार्ग से बस, टैक्सी द्वारा भी यात्रा की जा सकती है।

आवास व्यवस्था यहां भी हर तरह के पर्यटकों के लिए आवास के लिए आवास की व्यवस्था की गई है। यहां तीन सितारा व अन्य कई सामान्य होटल पर्यटकों की सेवा के लिए मौजूद हैं। तीन सितारा के रूप में हसन अशोक (268731-36) है।

सुहावना मौसम यहां का मौसम वर्ष भर अनुकूल रहता है।

परिधान इस क्षेत्र में रहने वाले लोग गर्मियों में हल्के सामान्य वस्त्र तथा सर्दियों में हल्के ऊनी वस्त्र पहनना पसन्द करते हैं।

मेलों एवं त्योहारों का योगदान

भारत के विविध क्षेत्रों में भिन्न-भिन्न प्रकार की फसलें उगायी जाती हैं। ये तमाम प्रकार की फसलें पकने और कटने का समय भी भिन्न-भिन्न होता है। यह सब कुछ जलवायु और मौसम पर निर्भर करता है। खेती के पश्चात् आराम का वक्त आता है जिसे हम भारतीय उल्लास और आनन्द में बदल देते हैं। इस तरह भारतीय सामाजिक जीवन में अनेक पर्वों और मेलों का जन्म हुआ। तमिलनाडु का पोंगल, शान्ति निकेतन का पौष मेला, मेघालय का नोंमकेम और केरल का ओणम पर्व ऐसे ही कुछ पर्व हैं। इसके अतिरिक्त देश के विभिन्न हिस्सों में ऐतिहासिक और धार्मिक महत्व के कई पर्व भी मनाए जाते हैं। वस्तुतः भारत मेलों और पर्वों का देश है जहां श्रद्धा, उत्साह और आनन्द के साथ प्रत्येक साल सैकड़ों पर्व मनाए जाते हैं। यह पर्व अपने आप में अनूठे हैं। उनमें रंग हैं, रूप हैं और सौन्दर्य का

अपार भण्डार है। यह देश की एकता का प्रतीक है। हाल के वर्षों में यह मेले पर्यटकों को अपनी ओर आकृष्ट करते हैं। अतः इनमें से कई पर्व नियोजित ढंग से मनाए जाते हैं। ये पर्व हमारी सभ्यता एवं संस्कृति की व्याख्या करते हैं। इनमें से कुछ पर्व पूरे अथवा देश के अधिकांश भाग में और कुछ देश के खास हिस्सों में मनाए जाते हैं। जैसे होली देश के विभिन्न हिस्सों में मनाई जाती है। पर मथुरा और वृंदावन की होली का अपना रंग है और पर्यटकों को भी आकर्षित करती है। मैसूर अथवा कुल्लू का दशहरा भी पर्यटकों के मन को लुभाता है।

5

भारत में ऐतिहासिक पर्यटन का विकास

भारत में ऐतिहासिक स्थानों की अधिकता है। यहां स्मारकों का विशेष स्थान है। देश के विभिन्न भागों में विभिन्न धर्मों के ऐतिहासिक स्मारक हैं जिन्हें लोग देश-विदेश से देखने आते हैं। मंदिर, मस्जिद, दरगाहों, गुरूद्वारों तथा अन्य ध ार्मिक स्थलों से भारत भूमि घिरी हुई है। यह भारत की अनमोल कृति हैं जिसे सम्पूर्ण विश्व में प्रसिद्धि मिली है। यह भारतीय संस्कृति व सभ्यता का प्रतीक है। निःसंदेह इनमें पर्यटन की अपार संभावनायें हैं। इसी तरह स्थापत्य और संस्कृति के अन्य पहलू जैसे सिक्के, चित्रकला, वस्त्र, अस्त्र-शस्त्र भी सैलानियों के आकर्षण के केन्द्र हैं। इनमें से कुछ संग्रहालयों में सुरक्षित हैं। यह सांस्कृतिक पर्यटन का एक भाग है, अतः पर्यटन उद्योग के विकास हेतु सहयोगी है। इसी कारण इनका संरक्षण आवश्यक है। इन स्त्रोतों की खोज करने और उन्हें सुरक्षित करने हेतु तैयारी करनी पड़ती है। ताकि ये गर्भ में गुम न हो जायें।

यूनानी यात्री मेगास्थनीज चन्द्रगुप्त मौर्य के दरबार में रहा। चीनी यात्री फाहियान और ह्वेनसांग ने भी यहां राजकीय संरक्षण प्राप्त करते हुए अपने जीवन के महत्वपूर्ण समय को व्यतीत किया। अलबरूनी जैसे सलिम यात्रियों ने भारत देश के भूगोल अर्थव्यवस्था, रीति-रिवाज तथा सामाजिक-राजनैतिक तथा धार्मिक संरचनाओं का विशद् अध्ययन किया। समय-समय पर कई विदेश आक्रान्ता भी भारत भूमि से आकर्षित होते रहे जैसे यूनानी, शक, पहलव, हूण, अरबी, तुर्क, अफगानी, मुगल आदि। किन्तु कालान्तर में सभी भारत के ही होकर रह गए और यहीं के निवासियों के तौर पर स्वीकार किए जाने लगे। इसे ही भारतीय संस्कृति का मूल मंत्र 'अनेकता में एकता' कहा जाता है।

जिस तरह के गुलदस्ते में विविध प्रकार के फल होते है उसी तरह भारत में विभिन्न जाति, धर्म सम्प्रदाय और भाषाएँ हैं। इन सभी की अपनी-अपनी परम्पराएँ

हैं, इतिहास हैं तथा विभिन्न ललित कलाएं हैं। इनकों जानने समझने के हेतु जरूरी है पर्यटन।

मात्र इतिहास, संस्कृति, भूगोल, अर्थशास्त्र को पढ़ लेना ही काफी नहीं है, जब तक हम नए या अजनबी स्थान की ताजगी को अनुभव नहीं करेंगे, नए चेहरों की भावनाओं को पढ़ नहीं लेंगे उनके रीति रिवाजों को प्रत्यक्ष तौर पर समझ नहीं लेंगे-तब तक हमारा पुस्तकीय ज्ञान व्यर्थ है। इसलिए बन्द कक्षा में विषयों पुकी पुस्तकों को पढ़ लेने से ज्यादा लाभकारी है पर्यटन। वस्तुतः यह सर्वधर्मसमभ व तथा वसुधैव कुटुम्बकम की भावना से भी प्रेरित है।

पर्यटन के द्वारा व्यक्ति विभिन्न स्थलों की यात्रा तो करता ही है साथ ही इन स्थलों से जुड़ी हुई कई बातों की जानकारी भी प्राप्त होती है। देश विदेश या स्थल विशेष से सम्बन्द्ध सूचनायें जैसे भौगोलिक स्थिति, आर्थिक संरचना इतिहास, सामाजिक मान्यतायें, लोक रीति, जन रीति प्रथा परम्परायें एवं कला इत्यादि तथ्यों की जानकारी, पर्यटन के द्वारा कहीं अधिक सरल एवं सुगम है।

भौतिक उन्नति, संचार, आवागमन तथा यातायात के साधनों की उन्नति के साथ मानव हेतु यह दुनिया बहुत छोटी हो गई है। बौद्धिक उन्नति के कारण विविध जानकारियों को देखने-समझने की जिज्ञासा में बढ़ोतरी का होना स्वाभाविक है। पर्यटन में ज्ञान मनोरंजन तो है ही, खाली समय का सदुपयोग भी है एवं व्यावसायिक पाठ्यक्रम शुरू करके इसे रोजगार परक भी बनया गया है।

भारतीय संस्कृति का ऐतिहसिक काल विश्व विख्यात है। विश्व की तकरीबन समस्त प्राचीन सभ्यताओं नेस्तनाबूद हो चली हैं किन्तु संस्कृति की अनवरतता और स्थायित्व सर्वविदित हैं। जरूरत इस बात की है कि अपने सदप्रयासों के माध्यम से हम भारतीय संस्कृतिक की अक्षुण्णता को बनाये रखें, अतीत के गौरव को चिरस्थाई रखें, स्वस्थ परम्पराओं से सांस्कृति मूल्यों की बढ़ोतरी में योगदान करें।

इसके लिए जरूरी है कि अपनी सभ्यता संस्कृति के उन पक्षों की जानकारी, जिनके देखने समझने हेतु विदेश पर्यटक भी हमारे देश से आकर्षित होते हैं। पर्यटन के क्षेत्र में ऐतिहासिक स्थलों की जानकारी से यही अर्थ है कि हम अधिकाधिक अपने इतिहास को जानें क्योंकि इसके द्वारा हम अपने भविष्य का भी निर्धारण करते हैं। कहा भी गया है कि "जो व्यक्ति, देश या अपने अतीत से शिक्षा नहीं लेता, वर्तमान एवं भविष्य उसका सम्मान नहीं करता कभी उन्नति नहीं कर पाता, उसका निरन्तर ह्रास ही होता है, अवनति की ओर गतिमान होता

है।' अतः उन्नति के लिए परम आवश्यक है कि अतीत का अध्ययन किया जाए उससे लाभान्वित हुआ जाए।

प्राचीनकाल में हुए स्मारकों के निर्माण से भारतीय समाज, संस्कृति और विशेषकर इतिहास समृद्ध हुआ है। भारत में विभिन्न सम्प्रदायों के विभिन्न स्मारकों से भारतीय सभ्यता का ज्ञान हुआ है। ये स्मारक न मात्र ऐतिहासिक दृष्टिकोण से अमूल्य हैं बल्कि इनके द्वारा देश-विदेश में भारतीय संस्कृति की लोकप्रियता और गौरवपूर्ण अतीत की उद्घोषणा भी होता है। इन स्मारकों के द्वारा विभिन्न सामाजिक और धार्मिक परम्पराओं को सुरक्षित रखा गया है विविध ये स्मारक भारतीय समाज और संस्कृति के विविध पक्षों का उल्लेख करते हैं। इन स्मारकों में विभिन्न प्रकार के भवन, राजप्रासाद, दुर्ग, मन्दिर, चैत्य, स्तूप, संघाराम, विहार, गुफायें इत्यादि विशेष उल्लेखनीय हैं। प्राचीनकाल में मूर्तिकला का भी विशेष योगदान रहा है जैसे बौद्धधर्म की जानकारी महात्मा बुद्ध की मूर्तियों से प्राप्त होती है। यह सत्य, अहिंसा, शान्ति का सन्देश देती है।

सारनाथ, नालन्दा, कौशाम्बी, हस्तिनापुर, पाटलिपुत्र इत्यादि ऐतिहासिक स्थलों के पुरातात्विक उत्खनन से हमारे देश के अतीत काल पर पर्याप्त प्रकाश पड़ता है तो मोहनजोदड़ो हड़प्पा, कालीबंगा, लोथल जैसे प्रागैतिहासिक युग के समाज, धर्म और कला को आलोकित करते हैं। खुजराहो, सांची, कोणार्क, अजन्ता एलोरा तथा दिलवाड़ा भारतीय कला की गौरवता एवं पराकाष्ठा की कहानी सुनाते हैं। यह भारतीय मूर्तिकारों एवं शिल्पकारों की कला एवं कुशलता का बखान करते हैं।

भारतीय कला का जन्म सिन्धु सभ्यता में हुआ जिसे हड़प्पा संस्कृति के नाम से भी जाना जाता है। वर्तमान में इस संस्कृति के ज्यादातर प्रमुख स्थल पाकिस्तान में जा चुके हैं। किन्तु इस सभ्यता के चिन्ह भारतीय पंजाब के रोपड़, राजस्थान के कालीबंगा, गुजरात में लोथल तथा हरियाणा में बनावली से प्राप्त होते हैं। सभ्यता के प्रमुख उल्लेखनीय स्मारकों में मोहनजोदड़ो का विशाल स्नानागर, छोटे-बड़े भवन, हड़प्पा में अनाज रखने का वृहद् गोदाम विशेष उल्लेखनीय है। इस संस्कृति की सर्वोतम कला कृतियाँ हैं मृण मुद्रायें अर्थात मिट्टी की सीलें। 2000 के आस-पास प्राप्त इन सीलों पर लघु लेखों के साथ विभिन्न पशुओं की आकृतियां उत्कीर्ण की हुई हैं। मिट्टी के कई प्रकार के खिलौने मिलते हैं। मोहनजोदड़ो से नर्तकीकी कांस्यमूर्ति प्राप्त हुई है जो इस के कारीगर की कुशलता का प्रमाण है।

लोथलं में एक इमारत मिली है जो इस युग के कारीग की कुशलता का प्रमाण है। लोथल में एक इमारत मिली है जो कुछ पुरातत्वविदों के अनुसार एक बन्दरगाह थी। इसी तरह हड़प्पा के एक दुर्गनुमा खण्डहर का अवशेष भी प्राप्त हुआ हैं।

यह अत्यन्त आश्चर्य का विषय है कि हड़प्पा संस्कृति के विनाश के उपरान्त तकरीबन एक हजार वर्ष तक भारतीय वास्तुकला तथा अन्य कलाओं में कोई उन्नति नहीं हुई। वस्तुतः हड़प्पा के निवासियों की कलात्मक उपलब्धियों को सदी दिया गया, इस काल को भारतीय कला का 'अभ्युदय' कह सकते हैं। चौथी शती ई. पू. के अन्तिम चरण में मौर्य काल (320-185 ई.पू.) में कला के क्षेत्र में उल्लेखनीय प्रगति हुई। अशोक के समय में बौद्ध कला का विकास हुआ जिसका सुन्दर उदाहरण चैत्य एवं विहार है। अशोक स्तम्भ के सुन्दर शीर्ष इस काल की मूर्तिकला के उत्तम उदाहरण हैं जो कि रामपुरवा, सारनाथ तथा लौरियानन्दनगढ़ से प्राप्त हुई हैं। मौर्य शिल्पियों ने बौद्ध भिक्षुओं के निवास हेतु चटट्रानों को काट कर गुफाएं बनाने की परम्परा प्रारम्भ की जिसका बसे प्राचीन उदाहरण बिहार के गया जिले से 30 किमी. दूर 'बराबर की पहाड़ियों' से प्राप्त होता है। बाद में इस की गुफा का निर्माण पश्चिमी और दक्षिणी भारत में भी प्रचलित हुआ जिसमें अजन्ता, एलोरा, कन्होरी तथा ऐलिफेन्टा की गुफाएं इत्यादि विशेष उल्लेखनीय हैं।

शिव महेश्वर की विख्यात आध्यात्मिक त्रिमूर्ति की जितनी पावन अभिव्यक्ति ऐलीफेंटा में होती है, उतनी तर्कसंगत अभिव्यक्ति अन्यत्र नहीं मिलती है। अजन्ता तथा एलोरा की भांति ऐलिफेन्टा गुफाएं हमारी अमूल्य राष्ट्रीय धरोहर हैं। ऐलीफेंटा की गुफाएँ मुंबई बंदरगाह के करीब 10 किलोमीटर दूर पूर्व दिशा में एक टापू पर बनी हैं। इन्हें दो पहाड़ियों के बीच लावा चट्टनों को काटकर बनाया गया है।

ऐलीफेंटा में भगवान शिव को समर्पित आठ गुफाएं हैं। प्रमुख तथा प्रथम गुफा 10 फुट चौड़ी एवं 18 फुट ऊंची है। गुफा की छत चट्टान को काटकर बनाये गये खम्भों पर टिकी हैं। स्तम्भों पर द्वारापाल की विशाल मूर्तियां बनायी गयी हैं। यही पर 20 फुट ऊंची त्रिमूर्ति है जिसके मस्तक कलात्मक रूप से 4-5 फुट ऊंचे बनाये गये हैं। एक मूर्ति के हाथ में नाग, मस्तक पर मानव खोपड़ी तथा एक शिशु है। पास ही 16 फुट उंची अर्द्धनारीश्वर प्रतिमा है। दाईं ओर कमल पर आसीन चतुर्मुख ब्रह्मम की मूर्ति है। बाई तरफ विष्णु विराजमान हैं। दूसरी तरफ के गृह में शंकर-पार्वती की कई मूर्तियों में तांडव नृत्य मुद्रा वाली मूर्ति प्रमुख है। अन्य आकर्षक मूर्तियों में पार्वती विवाह, रावण द्वारा लाश पर्वत हटाने की कोशिश तथा शिव-पार्वती पर पुष्प वर्षा है।

बताया जाता है कि यहां पहले दक्षिण की तरफ एक हाथी बना था, इसलिए इस स्थान को ऐलीफेंटा गुफा कहा जाता है। यह हाथी 1864 में बंबई (अब मुंबई) के विक्टोरिया बाग में स्थापित कर दिया गया। गेट वे ऑफ इंडिया के समुद्र मार्ग से बोट द्वारा यहां ऐलीफेंटा पहुंचना रोमांचक लगता है। ये गुफाएं अब भारतीय पुरातत्व एवं सर्वेक्षण विभाग के अधीन राष्ट्रीय धरोहर मानकर संरक्षित कर दी गयी हैं। लाखों पर्यटक प्रतिवर्ष यहां देश-विदेश से भ्रमण के लिए आते हैं।

मौर्यकाल के बाद बुद्ध या उनके शिष्यों के अवशेषों पर स्तूपों का निर्माण हुआ जिनकी' वेष्टनियों' पर मूर्तियों को उत्कीर्ण करके उन्हें अलंकृत किया गया। सांची, भरहुत तथा अमरावती के स्तूफों की वेष्टनियों तथा द्वारों पर बुद्ध की जीवन कथा और बौद्ध साहित्य के कई दृश्य दिखाये गये हैं। इसी काल के अन्तिम चरण में अजन्ता की गुफाओं में प्रारम्भिक भित्ति चित्रों का निर्माण हुआ जो कि सातवीं शताब्दी तक होता रहा। मौर्य काल के बाद गांधार एवं मथुरा की कला की विभिन्न शैलियाँ सामने आयी जिसमें देश के स्वरूप का चित्रण था। इन दोनों कलाओं से मूर्तिकला को नयी उत्तेजना मिली और प्राचीन भारत के समस्त धार्मिक सम्प्रदायों में मूर्ति निर्माण हेतु परस्पर स्पर्धा प्रारम्भ हो गई। कुषाण काल (प्रथम शती से द्वितीय शती ईसवी) में मूर्ति कला अपनी चरम सीमा तक पहुंच चुकी थी।

गुप्तकाल (319-550) ईसवी) प्राचीन युग का स्वर्णयुग कहा जाता है क्योंकि इस कला में काल, साहित्य और राजनैतिक एकता को प्रोत्साहन मिला। चूंकि गुप्त शासक धार्मिक गतिविधियों में विश्वास रखते थे। विष्णु, शिव एवं अन्य देवताओं की प्रतिमाएँ इसी युग में निर्मित हुई तथा सारनाथ एवं बुद्ध की मूर्तियां भी इसी युग में बनी। अजन्ता की चित्रावली बौद्ध कला का उत्कृष्टतम नमूना है। यद्यपि इस चित्रावली में ईसा की प्रथम सदी से सातवी सदी तक के चित्र सम्मिलित हैं तथा अधिकांश गुप्तकालीन ही हैं। यह ज्ञातव्य है कि गुप्त शासक ही अजन्ता चित्रकारों के संरक्षक थे यह सभी धर्मों को समान मान्यता देते थे।

वास्तुकला के क्षेत्र में गुप्त काल में कुछ ईटों के बने मन्दिर उत्तर प्रदेश से ही प्राप्त हुई हैं। इनमें कानपुर के समीप भितरगांव, गाजीपुर के भितरी और झांसी के देवगढ़ के मन्दिर उल्लेखनीय हैं। नालन्दा का बौद्ध विहार पांचवीं सदी में बना था किन्तु इसकी प्रारम्भिक संरचना जो कि ईंटों की है, वह गुप्तयुग में ही निर्मित की गई थी। हिन्दू मन्दिरों का निर्माण भी गुप्त काल से ही माना जाता है।

सातवीं सदी से दक्षिण भारत में लोगों के धार्मिक जीवन में भक्ति-मार्ग मुख्य हो गया। पल्लव राजओं ने सातवीं और आठवीं सदियों में अपनी आराध्य

देवताओं की मुख्य बहुत से प्रस्तर मन्दिर बनवाये जिनको 'पल्लवरथ' कहा जाता है। सात मन्दिरों का यह समूह महाबलीपुरम में पाया जाता हैं जिसका निर्माण नरसिंह प्रथम ने करवाया था। आठवीं सदी में पल्लव राजाओं ने अपनी राजधानी कांची में 'कैलाश नाथ मन्दिर' का निर्माण करवाया। बादामी (आधुनिक बीजापुर, कर्नाटक) के चालुक्य नरेशों ने 'ऐहोल तथा पट्टडकल' में मन्दिर निर्माण को प्रोत्साहित किया। चोल शासकों के काल (900 1150 ईसवी) में तन्जौर के वृदेश्वर और गंगैकोण्डचोलपुरम् के मन्दिरों का निर्माण हुआ। राष्ट्रकूट नरेश दन्तिदुर्ग (758-83 ई॰) के काल में एलोरा के कैलाश मन्दिर का निर्माण हुआ जो कि कृष्णा प्रथम के शासनकाल में पूरा हुआ।

उड़ीसा में भी सातवीं-आठवीं सदी से मन्दिर निर्माण का अन्य कलाओं के क्षेत्र में विकास प्रारम्भ हुआ। इसमें भुवनेश्वर में स्थित परशुरामेश्वर, लिंगराज जगन्नाथ तथा अन्न्तवासुदेव मन्दिर सर्वप्रथम है। विश्व विख्यात कोणार्क का सूर्य मन्दिर जो कि अपनी भव्यता और विशालता हेतु प्रतिष्ठित है, वह भी उड़ीसा में ही स्थित है। पुरी से 20 मील उत्तर पूर्व में कोणार्क समुद्र तट पर स्थित है। यह मन्दिर, कलिंग के गंग शासकों का सांस्कृतिक केन्द्र था जिसका निर्माण गंग नरेश नरसिंह ने बारहवीं सदी में करवाया था।

मध्य भारत में खजुराहो से मन्दिर, मूर्तिकला एवं वास्तुकला के सर्वोत्तम उदाहरण प्राप्त हैं। यहां लगभग 30 मन्दिर प्राप्त हैं जो चन्देल शासक धंग एवं विद्याधर (950-1050 ईसवी) के काल में निर्मित किए गये थे। वास्तविकता यह है कि कोणार्क तथा खजुराहो के मन्दिर भारतीय वास्तुकला, मूर्तिकला और धार्मिक सांस्कृतिक विलक्षणताओं के सर्वोत्कृष्ट उदाहरण हैं। दक्षिण भारत के समुद्र में होयशलेश्वर का मन्दिर भी भारतीय कला का उल्लेखनीय प्रतिनिधित्व करने में सक्षम है।

गुजरात तथा राजपूताना में स्थित दिलवाड़ा ओसिया तथा मोढेरा का सूर्य मन्दिर प्रमुख है! अलंकरण की दृष्टि से दिलवाड़ा के जैन मन्दिर निश्चय ही विख्यात हैं। इन मन्दिरों का निर्माण 11 वीं से 13 वीं सदी के बीच स्वीकार किया जाता है।

विशुद्ध भारतीय कला के तहत निर्मित इन गौरवशाली स्मारकों की उत्कृष्टता आज तक स्थापित है। मौर्य सम्राट अशोक द्वारा बनवाये गए पत्थर के स्तम्भ अपनी चमकदार पॉलिश हेतु विख्यात हैं। अशोक के ही सारनाथ सिंह शीर्ष को भारत का राष्ट्रीय चिह्न स्वीकार किया गया है। अजन्ता के चित्रों के रंग आज

तक क्षीण नहीं हुए हैं जबकि ये प्रथम सदी ई. के लगभग निर्मित किए गए थे। इतना ही नहीं, भारतीय कला का प्रभावपूर्ण विस्तार मध्य एशिया तक हुआ। मध्य एशिया में भारतीय कला के प्रसार का केन्द्र बिन्दु 'गांधार' था। जहां भारतीय एवं यूनानी कला के सम्मिश्रण से एक नवीन कला शैली का जन्म हुआ जिसे 'गांधार कला' कहा गया। महात्मा बुद्ध की पहली प्रतिमा इसी शैली में बनी। भारतीय कला से प्रेरित होकर कम्बोडिया में अंकोरवाट एवं जावा में बोरोबुदूर के विशाल मन्दिरों का निर्माण हुआ। तक्षशिला, बल्लमी, विक्रमशिला के विश्वविद्यालय विश्व विख्यात मन्दिरों का निर्माण हुआ। शिक्षा के क्षेत्र में नालन्दार का विशाल बौद्ध विहार उल्लेखनीय है जहां न केवल भारत के विभिन्न भागों से अपितु तिब्बत और चीन से भी छात्र पढ़ने हेतु आते थे। यहां पहले प्रवेश परीक्षा होती थी तथा यहां से सहन का सबसे प्राचीन उदाहरण प्राप्त होता है। सर्वप्रथम, नालन्दा से ही आवासीय सहशिक्षण की पद्धति का व्याख्यान करती है।

प्राचीन भारत में कला का अनूठा प्रचलन था। धर्मनिरपेक्ष कला के अवशेष कम प्राप्त हुए हैं। यही कारण है कि अधिकांश ऐतिहासिक स्थल धार्मिकता से परिपूर्ण हैं। मौर्यकाल की कला का आधार भी बौद्धधर्म था इस काल में पत्थर के स्तम्भों एवं गुफाओं का निर्माण विशेष था। चट्टानों की कारगर गुफाओं का निर्माण जटिल कार्य था। स्तूपों को निर्माण किया गया, जिसमें बुद्ध के अवशेषों पर गोलाकार गुम्बदनुमा प्रस्तर-आकृति का निर्माण किया जाता था। सांची, भरहुत और अमरावती के स्तूप ऐतिहासिक स्मारक तो हैं ही साथ ही बौद्धों के इतिहास के प्रत्यक्ष साक्षी भी हैं। बौद्ध और जैन स्मारक तथा ब्राह्मण मन्दिर भारत देश के सदियों के धार्मिक, सांस्कृतिक, बौद्धिक और आर्थिक अतीत के साक्षी हैं। ऐतिहासिक स्मारकों का अवलोकन करने मात्र से इनकी तत्कालीन भव्यता का आकलन लगाया जा सकता है। अधिकांश प्राचीन स्मारक राजकीय संरक्षण में निर्मित हुए थे एवं ये कलात्मक स्मारक तत्कालीन समाज में शान्ति के परिचायक भी हैं क्योंकि अशान्ति काल में कला का विकास संभव ही नहीं। इन स्मारकों की परिपक्वता और उत्कृष्टता-आर्थिक सम्पन्नता, राजनैतिक स्थिरता तथा सामाजिक सुख-सुविधा की झलक देखने को मिलती है।

इतिहास की पुनर्स्थापना हेतु ऐतिहासिक स्मारकों एंव ऐतिहासिक संस्कृति से जुड़े तथ्यों एवं संरक्षण हेतु सरकार प्रयासरत है।

ऐतिहासिक स्मारकों के अध्ययन मात्र से अन्दाजा लगाया जा सकता है कि भारतीय कलाएं कितनी विकसित अवस्था को प्राप्त कर चुकी थीं। यह उस काल

की बात है जबकि यूरोप तथा अमेरिका में सभ्यता का विकास अपने प्रारम्भिक चरणों में था तब भारत में धर्म, दर्शन, परम्परा और मूल्य अपनी पराकाष्ठा को प्राप्त कर चुके थे। राजनीति, वास्तुकला, मूर्तिकला एवं संगीत नृत्य से से सम्बन्धित शास्त्रीय ग्रन्थों की रचना हो चुकी थी। प्राचीन स्मारक तथा उनके अवशेष हमारे पूर्वजों की विरासत हैं।

सम्राट अशोक ने बौद्ध धर्म के प्रचार-प्रसार हेतु अपने पुत्र महेन्द्र और पुत्री संघमित्रा को लंका भेजा था तथा अपने देश के अन्तर प्राचीन काल में और आज भी लाखों शिवभक्त कश्मीर में अमरनाथ से लेकर सुदूर दक्षिण में रामेश्वरम् तक विविध रंग बिरंगी कांवर ले जाते हुए पर्यटन तथा भारतीय संस्कृति के संगठन को दर्शाते हैं। हमारे यहां अलग-अलग मेलों का आयोजन प्राचीन समय से होता रहा है जैसे अर्द्धकुम्भ, महाकुम्भ आदि जो प्रयाग, हरिद्वार, नासिक और उज्जैन 12 वर्ष के अन्तराल पर आयोजित किये जाते हैं। चारों धामों की यात्रा (केदारनाथ, द्वारिका, पुरी रामेश्वरम,) गंगा स्नान के मेलों आदि के पीछे प्राचीन मानव की पर्यटन की भावना ही है जो हमारे इतिहास और संस्कृति की निरन्तरता, अक्षुण्णता और स्थायित्व की प्रतीक है।

भारतीय संग्रहालय

भारत में संग्रहालयों की स्थापना सबसे पहले अंग्रेजों ने 19वीं शताब्दी में किया था। उन्होंने भारतीय भू-सर्वेक्षण और वनस्पति सर्वेक्षण जैसी संस्थाओं की शुरुआत की। शीघ्र ही अंग्रेज अधिकारी और विद्वान भारत के अतीत की तरफ मुड़े और उन्होंने पुरातत्त्व सर्वेक्षण तथा एशियाटिक सोसाइटी की स्थापना की। उनका लक्ष्य भारत की प्राचीन तथा समृद्ध संस्कृति को खोजना था। ज्यों-ज्यों चीजें एकत्र होती गई, उन्होंने संग्रहालय स्थापित करने प्रारम्भ किए। सबसे प्रथम संग्रहालय 1875 में कोलकाता में स्थापित हुआ।

उस समय में वायसराय लार्ड कर्जन पुरातत्त्व सर्वेक्षण के अध्यक्ष सर जॉन मार्शल ने इस दिशा में मुख्य कार्य किये और अलग-अलग ऐतिहासिक स्थलों जैसे सांची, सारनाथ, खजुराहो में स्थानीय संग्रहालय स्थापित किया। इन संग्रहालयों में उस क्षेत्र में पाई जाने वाली ऐतिहासिक सामग्रियों को रखा गया।

संग्रहालयों का वर्गीकरण

भारत में स्थित संग्रहालयों को प्रमुख रूप से निम्न हिस्सों में विभाजित किया जा सकता है

1. आधुनिक भारतीय कला संग्रहालय

इस संग्रहालय में सन् 1875 के पश्चात् बनाये गये भारतीय चित्र और मूर्तियों को रखा गया है। इसमें कुछ गैलरियां स्थाई हैं तो कुछ में समकालीन कला का समय-समय पर प्रदर्शन होता रहता है।

इस संग्रहालय में रवि वर्मा, एम.एफ, पिथावला, नंदलाल बोस और कई अन्य प्रसिद्ध चित्रकारों के चित्र रखे गये हैं। रामकिंकर, वेंकटप्पा, असित कुमार हलदर और अन्य मूर्तिकारों की बनाई मूर्तियां भी यहाँ उपस्थित हैं।

2. नेहरू संग्रहालय

टेबल पर ढेरों कागजों के बीच दबा नन्हा बुक मार्क और अधखुली स्याही की बोतल, सब मानो जीवित संसार के अंश हैं। कुर्सी भी यों खिसकी है जैसे अभी कोई उससे उठकर गया है।

सिर्फ अध्ययन ही नहीं, सोने के कमरे में भी किसी के होने की गरमाहट है। सदा-सवेदा की तरह सीलिंग फैन शीघ्र चल रहा है और सिरहाने लगी मेज पर डायरी के बीचों-बीच पेंसिल फंसाकर रखी गयी है, जैसे जल्दबाजी में कुछ लिखते-लिखते अचानक कोई रुक गया है। यूं तीन मूर्ति भवन् 1930 ई. में ब्रिटिश थलसेना के कमांडर इन चीफ के रहने हेतु बनवाया गया था, लेकिन आजादी के बाद वह प्रधानमंत्री निवास में परिवर्तित कर दिया गया। नेहरू जी ने अपने जीवन का आखिरी समय इसी भवन में बिताया। उनकी मृत्यु के पश्चात् 14 नवम्बर, 1964 को तत्कालीन राष्ट्रपति सर्वपल्ली डॉ. राधाकृष्णन ने इसे संग्रहालय घोषित कर देश को समर्पित कर दिया। पं. नेहरू की स्मृतियों के प्रति देशवासियों की यह श्रद्धांजलि थी।

वर्तमान समय में संग्रहालय का विभाजन विभिन्न भागों में कर दिया गया है। जैसे निचलेतल पर चित्र गैलरी तथा ऊपरी मंजिल पर जिस जगह आजादी से पहले नृत्यशाला थी, वहाँ आजादी के दिन यानी 15 अगस्त, 1947 को देश-विदेश में मनाये जाने वाले जश्न और हर्षोल्लास की अखबारी कतरनें प्रदर्शित की गयी हैं। इस हिस्से में कार्टून तथा चित्र का भी प्रदर्शन है।

आज भी यहां नेहरू जी के जीवन से जुड़ी कितनी स्मृतियां हैं। प्रवेश द्वार से अन्दर जाते ही सर्वप्रथम रिसेप्शन रूम या स्वागत कक्ष पड़ता है। जहाँ कहते हैं, पं. नेहरू सबसे चिरपरिचित अन्दाज में गर्मजोशी से मिलते थे। उसके पश्चात् बरामदा ओर सामने लंबा चौड़ा लॉन। पं. नेहरू को बाग बगीचों तथा फूलों से बहुत प्यार था। लॉन के बाईं ओर एक किनारे पर बड़े-बड़े पिंजड़े हैं, जहाँ वह

अपने पालतू पशुओं को रखा करते थे तथा एक बड़े पेड़ के नीचे पत्थर पर पं. नेहरू के विचार खुदे हुए हैं।

लॉन से होते हुए पुनः अंदर जाने पर चित्र गैलरी पड़ती है। इस गैलरी में नेहरू परिवार, स्वतंत्रता सेनानियों व नेहरू के जीवन से जुड़ी छोटी बड़ी घटनाओं के चित्र लगे हैं।

इस गैलरी के बाद ऊपरी मंजिल पर जाने के लिये सीढ़ियां बनी हुई हैं। जिनसे ऊपर चढ़ने के बाद सर्वप्रथम है नेहरू जी का वह कार्यालय, जहाँ से वह राष्ट्र मंत्रालय का सारा कार्यभार संभालते थे। इस कार्यालय में एक लंबी मेज है जिस पर कुछ वस्तुएं महात्मा गांधी का चित्र, पेपरवेट की तरह प्रयोग होने वाले चिकने पत्थर एवं वह अपाइंटमैट डायरी, जिस पर 27 मई, 1964 के दिन के सारे क्रिया-कलाप नोट थे, लेकिन नियति को यह मंजूर नहीं थी।

इस संग्रहालय में नेहरू की प्रसिद्ध पुस्तक 'भारत की खोज' की पाण्डुलिपि आज-भी रखी हुई है।

इसी मंजिल में नेहरू का अध्ययन कक्ष भी है। यहाँ सैकड़ों किताबें अपनी पूर्व की स्थिति में रखी हुई हैं। हर क्षेत्र और विषय की जानकारियां इनमें है। इसी नजर से अध्ययन कक्ष में बड़े हाल के बीच बने गलियारे में दोनों तरफ अलमारियां रखी हैं, जिनमें किताबें भरी पड़ी हैं।

यह गलियारा जिस हॉल में समाप्त होता है, वहाँ पं. नेहरू को प्रधानमंत्रित्व काल में मिले उपहार प्रदर्शित हैं। वास्तव में यहाँ हॉल नहीं कई कमरे हैं, जिनमें क्रम से देश-विदेश और भारत के भिन्न-भिन्न राज्यों से मिले उपहार सजाये गये हैं। इसके बाद के छोटे कमरे में पं. नेहरू को दी गई डिग्रियाँ एवं भारत का सर्वोच्च सम्मान भारत रत्न प्रदर्शित है। फिर दूसरे कमरे में चरखा एवं उनके द्वारा बुना कपड़ा रखा गया है।

इस भवन में सबसे आखिरी में नेहरू जी का शयनकक्ष है। यह कक्ष आज भी वैसा ही है जैसा उनकी मृत्यु के दिन था। यहाँ भी किताबें हैं और टेबल पंखा भी। पलंग के सिरहाने रखी टेबल पर लैंप और उसके पास भगवद्‌गीता और उनकी कलाई घड़ी रखी है। उस कमरे की टेबल वस्तु पर पंडित नेहरू का स्पर्श महसूस होता है जैसे दबे पांव समय वापस लौट आया हो।

नेहरू जी ने एक बार कहा था। मेरा जीवन एक सतत कार्यशील व्यक्ति का रहा है। मैं चाहता हूं कि मुझे सदैव ऐसे ही याद किया जाए। तीन मूर्ति भवन ऐसे संघर्षशील क्रियाशील व्यक्तित्त्व के दर्शन करता है। यहाँ शांति है, लेकिन ठहराव

नहीं। क्योंकि आधुनिक भारत के निर्माता और शांति के मसीहा का जीवन आज की सक्रियता का द्योतक है।

3. प्रमुख राष्ट्रीय संग्रहालय

1690 में इस संग्रहालय की स्थापना की गई सन् 1947 में इंग्लैंड के लन्दन शहर में रॉयल एकेडमी में एक प्रदर्शनी का आयोजन किया गया जिसमें भारत की बेशकीमती निधियों का प्रदर्शन किया गया। निधियां पहले राष्ट्रपति भवन में सुरक्षित थीं। आज इन्हें प्रमुख राष्ट्रीय संग्रहालय में रखा गया है। 1947 ई. में प्रदर्शनी से वापस ये निधियां उनके मालिकों के संग्रहालयों को वापस नहीं की गयीं वरन् उन्हें राष्ट्रीय संग्रहालय में रख दिया गया। इस संग्रहालय में 150000 कला निधियां एकत्र हैं।

इस संग्रहालय के विविध गैलेरियों को काल क्रमानुसार नियोजित किया गया है। इसमें सिंधु घाटी की सभ्यता के समय की वस्तुएँ भी इकट्ठी हैं। यहाँ मौर्य शासनकाल की मूर्तियाँ तथा शुंग कला के नमूने भी रखे गये हैं। गांधार कला तथा उत्तर प्रदेश के मथुरा की मूर्तियाँ भी गैलरी के वैभव को बढ़ाती हैं। कला की कई स्थानीय शैलियों पर गुप्त काल का प्रभाव पड़ा था। इसी युग में प्रथम हिन्दू मन्दिर बना था। इस संग्रहालय में बुद्ध, काल में बनी कई मूर्तियां रखी गयी हैं।

रेशम मार्ग से प्राप्त हुई सामग्रियों को भी इस संग्रहालय में रखा गया है। सर आरेल स्ट्रीन ने इसकी खोज की थी। इसमें भारतीय वस्त्र, सजावटी कलायें, गज दांत से बनी वस्तुएं कबीलाई कला, धातु की मूर्तियां, पुराने आभूषण आदि सम्मिलित हैं।

4. राजघाट स्थित गांधी स्मारक संग्रहालय

दिल्ली में राजघाट के पास गांधी स्मारक संग्रहालय स्थित है जिसमें महात्मा गांधी के जीवन से सम्बन्धित अनेक प्रकार की घटनाओं और चित्रों का प्रदर्शन किया गया है। यहाँ उनके पत्र, पुस्तकें आदि वस्तुएँ भी रखी गयी हैं।

बिरला भवन में गांधी स्मृति संग्रहालय है। यहीं गांधी जी की हत्या की गई थी। यहाँ उनके द्वारा प्रयोग में लाई जाने वाली वस्तुएं रखी गई हैं, जैसे एक सामान्य बिस्तर, फर्श पर एक चटाई, उनका चरखा, किताबें और उनका चश्मा। यहाँ के संग्रहालय में उनके घायल शरीर तथा उनकी मृत्यु आदि से सम्बन्धित चित्र भी रखे गये हैं।

इस तरह भारत के प्रथम प्रधानमंत्री पं. जवाहरलाल नेहरू के सरकारी आवास को भी संग्रहालय (तीन मूर्ति) में परिवर्तित कर दिया गया यहाँ उनकी अपनी प्रयोग में लाई जाने वाली सभी वस्तुओं को अब जनता भी देख सकती है।

5. भारतीय बर्तन संग्रहालय

गुजरात के अहमदाबाद में स्थित इस संग्रहालय को सुरेन्द्र होटल ने स्थापित किया था। यहाँ पर विभिन्न प्रकार के भारतीय बर्तन देखने को मिलते हैं।

6. भारतीय शिल्प संग्रहालय

कलाकारों तथा शिल्पियों ने अपनी परम्परा को पीढ़ी दर पीढ़ी जीवित रखने का अथक प्रयास किया है। इसको ध्यान में रखते हुए शिल्प संग्रहालय में मिट्टी लकड़ी, वस्त्र, टोकरी, बेंत और बांस से लेकर धातु से बनी कलात्मक वस्तुएँ रखी गयी हैं।

7. सालारजंग संग्रहालय

इस संग्रहालय को हैदराबाद के निजाम ने स्थापित किया था। उन्होंने इसमें अद्भुत वस्तुओं को एकत्रित किया है। यहाँ पर कई तरह की अनूठी वस्तुएँ रखी हैं जिसे देखने को सब बेताब रहते हैं। इस संग्रहालय में विभिन्न प्रकार की घड़ियाँ एवं वस्तुएँ संग्रहीत हैं।

8. भारतीय वस्त्र संग्रहालय

यह अहमदाबाद में स्थित है। 1949 ई. में स्थापित इस संग्रहालय में भारत के विभिन्न भागों में पाए जाने वाले वस्त्रों का संग्रह है।

इस प्रकार अनेक भारतीय संग्रहालयों में हमारे देश के अनेक महत्वपूर्ण लोगों की झलक दिखाई देती है। पर्यटन क्षेत्र से जुड़े होने और काम करने के कारण आप इसका पेशेवर उपयोग जरूर करें परन्तु साथ-साथ इस अमूल्य निधि के संरक्षण और रख-रखाव का भी स्मरण रखें।

वस्तुतः भारत का हर क्षेत्र अपने-अपने स्मारकों हेतु प्रसिद्ध है, उदाहरणार्थ राजस्थान में राजपूत राजाओं के किले और महल, लद्दाख अथवा हिमाचल प्रदेश के मठ अथवा मुंबई, कोलकाता या दिल्ली में ब्रिटिश स्थापत्य। आपको अपने क्षेत्र के स्मारकों की ठोस जानकारी होनी चाहिए।

शिल्प और लोककला के श्रेष्ठ और प्रमुख संग्रहालयों

शिल्प और लोककला से सम्बन्धित श्रेष्ठ और प्रमुख संग्रहालयों का विवरण निम्न प्रकार दिया गया है

1. विशाल उपकरण संग्रहालय, अहमदाबाद (गुजरात)
2. श्रीनिवास मल्लाया संग्रहालय (दिल्ली)
3. भारत भवन, भोपाल (मध्य प्रदेश)
4. भारत कला भवन, वाराणसी (उत्तर प्रदेश)
5. केलकर संग्रहालय, पुणे (महाराष्ट्र)
6. संस्कृति संग्रहालय (नई दिल्ली)
7. श्रेयास संग्रहालय अहमदाबाद (गुजरात)
8. राज्य संग्रहालय, त्रिचुर (केरल)
9. संगीत नाटक अकादमी, कठपुतली और संगीत उपकरण (नई दिल्ली)
10. राष्ट्रीय संग्रहालय (नई दिल्ली)
11. राष्ट्रीय शिल्प संग्रहालय, ग्रामीण भारत परिसर (नई दिल्ली)
12. केरल इतिहास का संग्रहालय, कोचीन के समीप (केरल)
13. सालार जंग संग्रहालय, हैदराबाद (आन्ध्र प्रदेश)
14. आशुतोष संग्रहालय, कोलकाता (पश्चिम बंगाल)
15. राष्ट्रीय संग्रहालय, इलाहाबाद (उत्तर प्रदेश)
16. शीश महल संग्रहालय, भुज (कच्छा, गुजरात)

1. केलकर संग्रहालय, पुणे

इस संग्रहालय में आने वाले पर्यटक यहां रखी वस्तुओं से प्रभावित होते हैं। इस संग्रहालय में भारत में प्रसिद्ध कला प्रेमी स्व. दिनकर केलकर के संग्रह को संरक्षित रखा गया है। उन्होंने अपनी जिन्दगी के 60 वर्ष बिना किसी थकान के भारत के दूर-दराज के गांवों तथा शहरों में भ्रमण करके गुजारे और वस्तुएं खरीदी। इस संग्रह की हर वस्तु केलकर की उमंग और हंसी-मजाक के भाव प्रदर्शित करती है और कला के अध्ययन तथा संरक्षण में उनका योगदान का उल्लेख करती है।

इस संग्रहालय में दैनिक जीवन से सम्बद्ध कला की वस्तुएँ हैं यथा बर्तन, लैम्प, पात्र, सरौते, कमलदान आदि। जिसे आप जमींदार, किसान, व्यापारी अथवा दुकानदार के घर देखने को मिलते हैं।

इस संग्रहालय में राजस्थान, गुजरात और दक्षिण भारत के कुछ उत्कृष्ट

लकड़ी के दरवाजे व खिड़कियां लगी हुई हैं। किसी भवन या मन्दिर में जाने का प्रवेश द्वार का पूरे संसार में महत्वपूर्ण स्थान है। दरवाजे के ऊपर की चौखट में ज्यादातर भगवान की मूर्ति होती है, जैसे शुभ श्रीगणेष और धन की देवी लक्ष्मी जो वैभवता लाती है, और लोगों को शुभ आशीष देती हैं। लोग उसके नीचे से गुजरते हैं। ताले से लेकर दावात, विधि विधान के कटोरे, हुक्कादान, सरौते आदि दीपक की सजावट बहुत अधिक मनमोहक है।

भारत में दीपकों को दो श्रेणियों में बांटा जा सकता है धार्मिक कृत्यों में प्रयुक्त होने वाले दीपक तथा घरों में रोशन करने वाले दीपका भारत में प्रकाश धर्म एवं दर्शन, दोनों में ही एक विशेष स्थान रखता है।

प्रकाश अंधकार या अज्ञान को दूर भगाने वाला है तथा साधारण से दीये पर भी कोई चित्र या आकार अंकित होता है। जो प्रकाश की महत्ता दर्शाता है। दीये ज्यादातर छोटे कम गहराई वाले पात्र होते हैं, जिनमें तेल या घी भरकर उनमें रूई की बाती रखी जाती है। टिमटिमाते दीये की रोशनी दूसरी वस्तुओं पर अपनी पवित्र साधक जैसे देवी लक्ष्मी, मोर, हाथी और चिड़िया आदि संग्रहालय में रखा गया है। यहाँ पर कुछ पीतल की मजबूत लड़ियों और स्तम्भ दीये जो मंदिरों व घरों में उपयोग होते हैं, संकलित हैं।

कुछ मनोरंजन व क्रीड़ा के योग्य सामग्रियों को भी रखा गया है। इसमें बड़े से लेकर छोटे आकार के जानवरों की सामग्रियाँ रखी गई हैं, जैसे घोड़ा, कुत्ता, बिच्छू आदि। ये काले दरवाजों तथा बक्सों पर लगते थे और उनकी तरकीब एवं तालियाँ बिल्कुल देसी हैं। यहाँ पर कुछ जोड़ों, देवियों, घुड़सवारों आदि की आकृतियाँ जिनमें कुछ विचित्र और कुछ काफी परिष्कृत हैं, संकलित हैं तथा पान सुपारी के कई पात्र काफी बारीकी से संयोजित हैं। सछिद्र पात्रों निर्माण ने कलाकारों को आकृति और सजावट के स्तर पर उपयोग करने की छूट दी और इसके कई नमूने संग्रहालय में देखे जा सकते हैं।

दिनकर केलकर की हार्दिक रक्षा की भारतीय वस्त्रों, कठपुतलियों, वाद्य-यन्त्रों के प्रतिनिधित्व करने वाले आकृतियों का संकलन हो। इसके लिए उन्होंने घरेलू वस्तुओं के संग्रह का कार्य किया और उनके इस प्रयास ने उन चीजों के प्रति हमें गर्व की भावना से भर दिया जिसके लिए भारत जाना जाता है। पारंपरिक भारतीय घरों में पाई जाने वाली सामाग्रियों की सरल रमणीयता आज भी आकृष्ट करती हे। जबकि आज औद्योगिक उत्पादनों पर जोर दिया जा रहा है।

2. बर्तन संग्रहालय अहमदाबाद

अहमदाबाद में स्थित यह संग्रहालय अत्यन्त ही अद्भुत है। इसका निर्माण सुरेन्द्र पटेल ने करवाया था। यह नया संग्रहालय केवल तेरह वर्ष पुराना है और केवल भारतीय बर्तनों तक सीमित है। एक छोटे से खूबसूरत ग्रामीण परिसर में तालाब और दालान के चारों ओर झोपड़ियां बनाकर उनमें तथा बाहर भी बर्तनों का प्रदर्शन किया गया और करीब दस हजार से ज्यादा नमूने इकट्ठा करने में सफल हुए। बर्तनों के आकार से इनके उपयोग को समझा जा सकता है। लम्बी, पतली गर्दन और छोटे मुख वाले बर्तन तरल पदार्थ जैसे तेल तथा बड़े मुंह वाले अनाज के भण्डारण में काम आते हैं। वहाँ पर कुछ ढक्कनदार बक्से भी हैं जिनमें पैसे एवं बेशकीमती वस्तुएं रखकर ताला बन्द किया जा सकता है।

इस संग्रहालय में अनेक प्रकार के आश्चर्यजनक बर्तनों को रखा गया है। कुछ ऐसे बर्तन दो या ज्यादा धातुओं से मिलकर बने हैं वे हैं तांबा तथा कांसा। बर्तन कलई किए हुए हैं, इसमें खूबसूरत आकृति भीतरी बर्तन में देखने को मिलते हैं जहाँ कांसे के आधार भरवा वाला सरौता। यहाँ पर चम्मचों, बेलनों, खाने के डिब्बों और कई तरह के खाना पकाने के बर्तनों का संकलन है।

3. वृहद उपस्कर संग्रहालय

इसका उद्देश्य श्रेष्ठ एवं दुर्लभ कपड़ों का संग्रह करना था। इस संग्रहालय को सन् 1949 में सुश्री गीता साराभाई के द्वारा स्थापित किया गया था। यह भारत के सर्वोत्तम संग्रहालयों में से एक है, जिसमें भारतीय वस्त्र उद्योग के चयनित वस्त्रों का खूबसूरत प्रदर्शन किया जाता है। जब भारतीय वस्त्र उद्योग अपनी पारंपरिक उत्कृष्टता और लोकप्रियता खो रहा था तब इस तरह की प्रथम भारतीय वस्त्र उद्योग विरासत के संरक्षण और प्रसारण में महत्वपूर्ण थी। आज सरकार तथा व्यक्तिगत प्रयासों की वजह से भारतीय वस्त्र उद्योग विशेष रूप से हाथकरघा उद्योग संसार में किसी से भी पीछे नहीं है।

इस संग्रहालय में गुजरात एवं राजस्थान में निर्मित विशेष छपे हुए कपड़ों के नमूने देखने को मिलते हैं। जहाँ पर हाथ से बने लकड़ी के ढांचों द्वारा कपड़ों पर छपाई होती है। हर ढांचे में सिर्फ एक रंग होता है तथा कई ऐसे चित्र होते हैं, जिसमें कई रंगों का उपयोग होता है।

इस संग्रहालय की दूसरी सबसे लोकप्रिय कला है वस्त्रों की छपाई करना।

इस कला को कलमकारी कहा जाता है। इसके प्रमाण गुजरात तथा दक्षिण भारत के मंदिरों की कनात और झाड़-फानूस के नमूने के रूप में उपलब्ध हैं।

ऊनी कपड़ों में पशमीना तथा शहतूश दो मूल्यवान वस्तु है, लेकिन ये काफी गर्म होते हैं। भारतीय शालें कलाकृति में कई प्रकार की बनी होती हैं और महिला-पुरुषों द्वारा समान रूप से पहनी जाती हैं। ये बुनकरों की कल्पनाओं को जीवित रखती हैं। सबसे अधिक जटिल बुनी हुई शालजामावयार है। इस शाल के निर्माण में पर्दे के समान निर्माण-प्रक्रिया ही होती है, जिसमें अनेकों छोटी रंगीन धागों की शटलें घूमती रहती हैं एवं कपड़ा बुनती हैं। वैसे तो भारतीय वस्त्र उद्योग रंगों के अद्वितीय मिश्रण का उपयोग करता है, लेकिन यह शालें रंग संयोजन को एक नया रूप प्रदान करती हैं। ऐसा माना जाता है सर्वप्रथम शाल को बनाने में लगभग 300 नैसर्गिक रंगों का उपयोग किया जाता था।

4. आशुतोष संग्रहालय

सन् 1937 में स्थापित इस संग्रहालय का नाम प्रसिद्ध शिक्षा शास्त्री सर आशुतोष मुखर्जी के नाम पर रखा गया है। आरंभ में यह विश्वविद्यालय के पीछे स्थित सीनेट भवन में स्थित था। परन्तु सन् 1961 में गिरा दिया गया। उसकी जगह एक भव्य इमारत का निर्माण किया गया है, जिसमें अब गया संग्रहालय के बंगाल के विद्वानों द्वारा प्रदत्त मूर्तियों तथा बंगाल में उत्खनन द्वारा प्राप्त मूर्तियाँ संकलित हैं। इसमें प्राचीन सस्तुओं के साथ आधुनिक काल की कुछ वस्तुएं भी रखी हुई हैं, जिनका उपयोग बंगाल में किया जाता है। विश्वविद्यालय की अरुचि के कारण यह संग्रहालय अब बहुत कम उपयोग में आता है।

इस संग्रहालय में पाल वंश और सेन वंश के शासन काल की विशेष कलाकृतियों को रखा गया है। सेन और पाल वंश का साम्राज्य 8वीं से 12वीं शताब्दी तक बिहार, बंगाल तथा उड़ीसा तक विस्तृत था। व्यापार और वाणिज्य संबंधों की वजह से इनका प्रभाव भारतीय समुद्रतट से सुदूरपूर्व में जावा, सुमात्रा और तिब्बत तक था। यहाँ की प्रथम मंजिल की दीर्घा में संकलित शिल्प की वस्तुएँ इसके भ्रमण को आवश्यक और लाभदायक बनाती हैं। उनमें विधि-विधान के सामान, खिलौने, गुड़िया एवं सबसे प्रमुख रंगीन उल्लू है।

किसी जमाने में भाटों द्वारा प्रयोग में लाई रंगीन पट्टियाँ अर्थात् पट्ट चित्र यहाँ की दीवारों पर उकेरी गयी हैं। भारत में प्राचीनतम कला से मौखिक कहानी कहने की परम्परा रही है। जिसमें भाट गांव से गांव जाकर बच्चों तथा बूढ़ों को कहानी

कहने की अपनी कला, संगीत कविता तथा चित्रित पट्टियों से आकर्षित करते रहे हैं। कहानी कहने वाले गांव में आकर अपना कार्यक्रम बताते थे। कथावाचक गांव के किसी चबूतरे में किसी पेड़ के नीचे बैठकर अपनी चित्रित पट्टियों के द्वारा कहानी कहते थे। यह पट्टियाँ उर्ध्वगामी पट्टियों में विभाजित होती थी और प्रत्येक हिस्सा कहानी की एक खास घटना का चित्रण करता था। इन हिस्सों को धीरे-धीरे कहानी के साथ वह दर्शकों के लिए प्रदर्शित करते थे। सामान्य तौर पर वह कथा गांव वालों को पहले से ही मालूम होती थी। लेकिन सुबह-सुबह कथा कहने का ढंग उनको आकर्षित करता था।

5. राष्ट्रीय विश्व संग्रहालय

राष्ट्रीय विश्व संग्रहालय को स्थापित करने का प्रमुख प्रयोजन वह कलाकार एवं शिल्पकार जो सदियों तक कला की परम्परा को सजीव रखा उनको श्रद्धांजलि प्रदान करना था। इस संग्रहालय को सर्वश्रेष्ठ होने के अनेक वजह हैं। इनके संग्रह में भारतीय शिल्प के नमूने कई माध्यमों जैसे मिट्टी, लकड़ी वस्त्र, टोकरी निर्माण, केन तथा बांस एवं धातुओं में संकलित है। यह संग्रहालय दिल्ली के मुख्य प्रदर्शनी मैदान-प्रगति मैदान में स्थित है। वर्ष 1972 में 'ग्रामीण भारत' नामक प्रदर्शनी के बाद से यह संग्रहालय एक ग्रामीण परिसर का भी संचालन कर रहा है जो प्रदर्शनी का एक भाग था।

इस परिसर में भारत के विभिन्न राज्यों जैसे अरुणाचल प्रदेश, उड़ीसा, तमिलनाडु, गुजरात, बंगाल एवं राजस्थान आदि के मकानों के छोटे स्वरूप बनाकर रखे गये हैं। यह सबके मकान इन्हीं इलाकों के कारीगरों द्वारा प्रामाणिक समान से निर्मित किया गया है। इन गृहों के कुछ रोजमर्रा के उपयोग की वस्तुएं सामान्य रूप से उन क्षेत्रों में प्रयुक्त होती हैं जो व्यस्त पर्यटक ग्रामीण इलाकों का भ्रमण नहीं कर पाता है, उसके सामने शिल्प संग्रहालय का ग्रामीण परिसर 'वास्तविक भारत' की एक अनुपम झलक प्रस्तुत करता है।

इस संग्रहालय का प्रदर्शन क्षेत्र अत्यन्त ही मनोरंजक और आकर्षक है। इस क्षेत्र में कला का प्रदर्शन मिट्टी से निर्मित झोपड़ियों से घिरे हुए चौकोर स्थान में होता है। शिल्प संग्रहालय द्वारा देश के अलग-अलग क्षेत्रों में कलाकारों के कार्य का प्रदर्शन एक निश्चित समय सारणी के अनुरूप होता है। भारत की गढ़ाई मिट्टी का सामान, धातु का काम, खिलौने आदि कलाओं का प्रदर्शन होता है। यहां सबसे रोचक बात यह है कि आप स्वयं खड़े होकर उनकी बनावट प्रक्रिया को देख सकते

हैं एवं शिल्पकारों से बातचीत भी कर सकते हैं। इन प्रदर्शनों के द्वारा पर्यटक भारत की कला की प्रकृति उसके गुणों को समझ पाता है। इसी मिट्टी ने कई तरह की वस्तुएँ जैसे धार्मिक समान, खिलौने, घरेलू सामान, बर्तन, थाली तथा भण्डारण कैबिनेट के सामानों का निर्माण करते हैं।

भारतीय वास्तुकला और पर्यटन

प्राचीन काल से ही भारत की वास्तुकला पूरे संसार में मशहूर है विदेशों में आज भी इसकी मांग हो रही है। यह कला यहाँ के भवनों, मंदिरों में, स्तूपों में, महलों में, मस्जिदों में, मीनारों में, मकबरों में तथा इसी तरह की अन्य वस्तुओं में सुलभ हैं। वास्तव में प्राचीन काल से समय, संस्कृति और सभ्यता के अनुसार इस कला का उपयोग अलग-अलग तरह के मंदिरों एवं भवनों आदि में किया जाता है। भारतीय वास्तुकला धर्मानुसार बदलती रही है, यथा हिन्दू बौद्ध, जैन, इस्लाम आदि के धर्मावलम्बी अपने-अपने धर्म के अनुसार ही विविध भवनों में इस कला का प्रयोग करते रहे हैं।

इतिहास के विभिन्न कालखण्डों में इसमें परिवर्तन भी होता रहा है। जैसे हिन्दू काल में बनाये गये मंदिरों में और अन्य भवनों के हिंदू शासकों की इच्छा के अनुसार ही इस कला का उपयोग किया गया है। मुसलिम शासनकाल में उन्होंने अपने हिसाब से इस कला का उपयोग किया गया है। वर्तमान समय में इस शिल्पकला का प्रयोग आवश्यकता के अनुसार होता रहता है। जगह की कमी के कारण बहुमंजिले भवनों का निर्माण आज होने लगा है। जिनमें हवा, पानी, प्रकाश आदि का ज्यादा से ज्यादा ध्यान रखा जाता है।

अब हम शिल्पकला के अलग-अलग उदाहरणों द्वारा कला पर विस्तार से चर्चा करेंगे।

इसमें मुख्यतः हिन्दू मंदिर, बौद्धस्तूप और स्तम्भ, जैन मंदिर और मुस्लिम मस्जिदें, मीनारें व मकबरे आते हैं। अर्थात् भारतीय वास्तुकला धर्मानुसार भिन्न है हिन्दुत्व, जैनत्व व इस्लामानुसार।

हिन्दू मन्दिर : हिन्दुत्व सबसे प्राचीन धर्म है जो पूरे भारत में प्रचलित है।

हिन्दू मन्दिरों की मूल बनावट हिन्दू मंदिर प्रमुख दो तरह के होते हैं (1) मंडपाकार, (2) मेरु आकार।

भारत के दक्षिणी क्षेत्र में अधिकांश मन्दिर मंडप के आकार के हैं। इनमें तंबू रूपी मंडपाकार बने होते हैं। मेरु आकार वाले मंदिर मुख्यतः केन्द्रीय और उत्तरी

भारत में पाये जाते हैं। यह मेरु पर्वतनुमा आकार में बने होते हैं। इनका शीर्ष एक बिन्दु है जो अंतरिक्ष की ओर मुड़ा करता है।

दोनों तरह के मंदिर मंडप व मेरु रूपी एक मूल संरचना (बनावट) का अनुगमन करते हैं जो सम्पूर्णतः पूरे भारत में समान है।

मंदिर के विभिन्न अंग

मंदिर के कुछ विभिन्न भाग होते हैं जिनकी विशेष महत्ता होती है। जिस पर नीचे प्रकाश डाला गया है जैसे

दरवाजा मंदिर का मुख्य द्वारा गोपुरम भी कहलाता है। लगभग सभी मंदिरों में चारों तरफ चार दरवाजे होते हैं, जिनमें प्रमुख द्वार पूरब या पश्चिम की तरफ रहता है। ये द्वार सुन्दर नक्काशीदार चित्रों से सजे होते हैं और तोरण कहलाते हैं।

मंच मंदिर के मंच को चबूतरा भी कहते हैं। यह मंच अनेक स्तंभों के सहारे से खड़ा होता है। स्तम्भ जो कि छत को सहारा देते हैं। इसका निचला भाग मुख कहलाता है जो मुख्यतः भगवान के सामने रहता है। मुखमंडप के केन्द्र में भगवान की सवारी या पालतू पशु का स्थान रहता है। पशु या पक्षी, जैसे नंदी, शेर, गरुड़ आदि देवता की तरफ मुख किये होते हैं।

द्वार पट्टिका द्वार की चौखटों को द्वार पट्टिका भी कहा जाता है। द्वार पट्टिकायें खासकर सुन्दर सजावट से भरी रहती हैं। ये मुख्य रूप से चांदी के उत्तर से मढ़ी या चन्दन की लकड़ी से बनी होती हैं। द्वार पट्टिका पवित्र मानी जाती है। ये मंडप और गर्भगृह के बीच की सीमा रेखा होती है।

गर्भ गृह गर्भ गृह का क्षेत्र मंदिरों में विशेष महत्व रखता है। यह भवन के घेरे या अहाते के बीच में बना होता है और अन्य तीन दीवारों के मध्य में छोटी-छोटी खिड़कियाँ बनी होती हैं। इसके बीच भाग में स्थित एक चबूतरा होता है, जिस पर मुख्य भगवान विराजमान होते हैं। यह तहखानेनुमा एक कमरा होता है जो भीतर से सुन्दर कलाकृतियों से सजा रहता है। गर्भ गृह चारों ओर परिक्रमा करने के लिए एक रास्ता बनाया जाता है। गर्भ गृह का शीर्ष (ऊपरी भाग) शिखर कहलाता है जिस पर एक कलश रखा रहता है। यह कलश अलग-अलग धातुओं जैसे चांदी, पीतल सोने आदि से बनाया जाता है।

जलाशय लगभग सभी मंदिरों के समीप छोटे-छोटे तालाब या पोखरे होते हैं जिससे मंदिर में आने वाले भक्तगण पवित्र और शुद्ध हो सकें।

दीप स्तम्भ अधिकतर मंदिरों में प्रवेश परदी स्तम्भ भी पाया जाता है।

प्रसिद्ध हिन्दू मंदिर : प्राचीन हिन्दू मंदिरों के उदाहरण नागार्जुन कोण्डा (चौथी सदी) में मिले हैं, जो ब्राह्मणों के भगवान के प्रति समर्पित हैं। वे मुख्यतः शिव और विष्णु के हैं। दक्षिण भारत के चट्टानों को काटकर बनाये गये मंदिर छठीं सदी में बनाये गये थे। दक्षिण भारत के मंदिर अपनी वास्तुकला के कारण विशेष महत्व रखते हैं।

1. कोणार्क का मंदिर शिव तथा पार्वती को समर्पित है। इसके शिखर घटते हुए आकार में एक-दूसरे के सहायक हैं तथा क्रमवार ऊंचाई में मुख्य शिखर से जुड़े हैं।
2. पुरी के सूर्य मंदिर उत्तर भारत के मंदिरों के महत्व को प्रस्तुत करते हैं।
3. सोमनाथ का स्वर्ण मंदिर।
4. कोलकाता का काली मंदिर।
5. कन्याकुमारी का समुद्र तटीय मंदिर।
6. कोणार्क का मंदिर : इसकी छत की बनावट झुकी हुई है। बनावट पीतल और तांबे की है।
7. तन्जौर में बृहदेश्वर का महान मंदिर जो कि भारतीय वास्तुकला का सर्वश्रेष्ठ उदाहरण है। इसमें मंदिर निर्माण की करीब सभी परम्पराओं का मिश्रण है। इसमें नंदी की प्रतिमा एक विशालकाय पत्थर से बनी हुई है। भीतर की दीवारों में भगवान शिव की 108 प्रतिमायें शृंखलापूर्वक बनी हुई हैं जो कि नृत्य की विभिन्न मुद्राओं को प्रस्तुत करती हैं। ये 11 वीं सदी के नाट्यशास्त्र से जुड़ी हैं।
8. होलीलेबड का हजारा राम मंदिर एवं हम्पी का विट्ठल मंदिर उत्तर एवं दक्षिण की वास्तुकला की विशेषताओं के मिश्रण हैं।
9. कमाहीपुरम् में स्थित कैलाश नाथ मंदिर जो कि ब्रह्मा-विष्णु के समूह रूपी मूर्तियों से शोभायमान है।
10. महाबलीपुरम् (नवीं शताब्दी) का समुद्र तटीय मंदिर जो शंकर भगवान को समर्पित है इसमें स्थापित लिंग बैसाल्ट की चट्टान से निर्मित है।
11. होले बीड के मंदिर : यहाँ एक ही चबूतरे के दोनों किनारों पर समान्तर प्रतिमायें स्थापित हैं, जो 13 वीं सदी के वास्तुकला के उत्कर्ष चिन्ह हैं।
12. तिरुवली में स्थित भगवान शंकर का मंदिर।
13. श्री कृष्ण को समर्पित मथुरा तथा वृन्दावन के मंदिर।

जैन मंदिर की वास्तुकला

चन्द्रगिरि पर्वत पर श्रवणबेलगोला में प्राचीन जैन मंदिरों के दर्शन होते हैं। ये जैन तीर्थंकरों को अर्पित हैं। श्रवणबेलगोला में मुख्य आकर्षित करने वाला स्मारक पश्चिमी चन्द्रगिरी पर गोमतेश्वर का दीर्घकाय स्मारक है। खजुराहो में निर्मित जैन मंदिर में हिन्दू मंदिरों की वास्तुकला का स्पष्ट प्रभाव दिखाई देता है। राजस्थान में जैन श्रीनास माउण्ट आबू पर दिलवाड़े के जैन मंदिर में स्थापित है। महावीर भगवान को समर्पित अन्य मंदिर रानकपुर में मिलते हैं। मदुरई का मीनाक्षी मंदिर बहुत प्रसिद्ध है।

बौद्ध वास्तुकला

सारनाथ में बना बौद्ध स्तूप बौद्ध वास्तुकला की व्याख्या करता है। यहां गुंबद के आकार का एक स्मारक है जिसके अगले हिस्से के पास एक कक्ष होता है जिसमें बुद्ध अथवा बौद्ध संतों के शव रखे होते हैं। गुम्बद से संलग्न एक मार्ग है यह इसलिए बनाया जाता है ताकि दर्शक धार्मिक कर्मकांडों को पूरा कर सकें। इसका आगे का भाग एक छोटे घेरे से घिरा रहता है जिसके अन्दर पवित्र अग्नि प्रज्वलित की जाती है। हवा रोकने वाली दीवार एक या अधिक दरवाजों के साथ भवन को घेरे रहती थी और उपदेश दिया जाने वाला कक्ष 'चैत्य' शायद स्तंभ से जुड़ा था। सबसे प्रसिद्ध स्तूप सांची और बौद्ध गया में है जहाँ भगवान बुद्ध ने ज्ञान प्राप्ति किया था। दक्षिण में अमरावती तथा नागार्जुनकोंडा के स्तूप बहुत ही प्रसिद्ध हैं। सारनाथ के स्तूप 7वीं सदी के बने हैं। स्तूपों की शैली बाद के समय में हिन्दू मंदिरों में परिवर्तित कर दी गई।

मुसलिम वास्तुकला

मुसलिम वास्तुकला का उदाहरण मीनारें, मकबरें, महल, मस्जिदें आदि हैं। मकबरे सुल्तान तथा उनके परिवार की याद में बनाये जाते हैं। जिनमें सबसे प्रसिद्ध ताजमहल है जो कि शाहजहाँ ने अपनी पत्नी मुमताज महल की याद में बनवाया था। ताजमहल को दुनिया से सात अजूबों में शामिल कर लिया गया है। यह संगमरमर का बना है। इसके चारों कोनों पर विशाल ड्रम रूपी मुकुट जैसा गुम्बद बना है। चारों कोनों पर चार मीनारें खड़ी हैं।

आगरा की मोती मस्जिद अपने नाम के अनुरूप सुंदरता व शुद्धता की प्रतीक है। इसकी सुंदरता इसके रूप व आकार पर निर्भर है। अकबर की इमारतें,

स्तम्भ सभी मंडपाकार में बने हैं। सबसे प्रसिद्ध मस्जिद दिल्ली की जामा मस्जिद है। ख्वाजा मुईनद्दीन चिश्ती का मकबरा अजमेर में मुसलमानों का पवित्र स्थान बन गया है।

सीधे किनारे पांच से सात नुकीले कमानों की मेहराब मीनारों की मुख्य विशेषता है। यह एक तरह से किला है जो कि एक सम्राट की विजय की याद में बनाये गये थे। यहाँ बहुत सुन्दर किले व महल हैं। मुसलिम किले एवं महल व्यक्तिगत गूढ़ और स्वैच्छिक आनंद के लिए स्वयं के मुसलिम भावों की समानता, स्वयं का व्यक्तित्त्व प्रदर्शन के लिए बनाये गये थे। ये उनके पारस्परिक प्रेम, महत्व एवं शान को प्रकट करते हैं। इसका श्रेष्ठ उदाहरण दिल्ली और आगरे का लाल किला है। मुसलिम वास्तुकला के उदाहरण मुख्यतः दिल्ली, आगरा व उन स्थानों पर हैं जहाँ मुसलिम शक्ति शासन करती थी।

किले और महल का पर्यटन में योगदान

आगरा

यह उत्तर प्रदेश राज्य में स्थित है। आगरा नगर का प्रमुख उद्योग चमड़ा है यह एक ऐतिहासिक नगर जिसे देखने के लिए देश-विदेश से अनेक पर्यटक आते है। मुगलकाल में यह नगर मुगलों की राजधानी था। यह नगर अमर प्रेम का प्रतीक है। यह ताजमहल के लिए विश्वविख्यात है।

यहां ताजमहल के अतिरिक्त अनेक शानदार स्मारक है जो मुगल स्थापत्यकला की उच्चता के प्रतीक हैं। दिल्ली जो कि हजार वर्ष से भी अधिक समय तक राजाओं और सम्राटों की कर्मभूमि रही है। वहां भी वास्तुकला और सांस्कृतिक विरासत की इतनी समृद्धि नहीं है, जितनी कि आगरा में मौजूद है। ताज का निर्माणा महान बादशाह शाहजहां ने अपनी बेगम मुमताज महल की याद में सफेद संगमरमर में एक ख्वाब के रूप में किया। सुंदरता के मामले में और कोई भी इमारत ताज की तुलना में नहीं ठहर सकती। कीमती और अर्द्धकीमती पत्थरों पर नक्काशी और सफेद संगमरमर पर बेलबूटे बनाने की कला आगरा में ही विकसित हुई। ताजमहल के अलावा यहां का लाल किला एत्मादौला का मकबरा, मोती मस्जिद आदि ऐतिहासिक इमारतों के लिए यह विश्व प्रसिद्ध है। बहुत कम लोग जानते होंगे कि उर्दू को जाने-माने शायर और दार्शनिक मिर्जा गालिब का जन्म 27 दिसंबर 1797 में आगरा में हुआ था।

दर्शनीय स्थान ताजमहज, आगरा का लाल किला, रामबाग, सिकन्दरा में

अकबर का मकबरा, इतमादुदौला का मकबरा, चीनी का रौज   ा, फतेहपुर सीकरी, दयाल बाग।

परिवहन व्यवस्था   यहां वायु, रेल, व सड़क मार्ग से पहुंचा जा सकता है। यहां छोटे-छोटे वहन से भी पहुंचा जा सकता है।

आवास व्यवस्था   यहां महंगे और सस्ते होटल उपलब्ध हैं, जहां आरामदायक सुविधाएं उपलब्ध हैं।

परिधान   इस क्षेत्र में रहने वाले लोग गर्मियों में हल्के सामान्य और सर्दियों में भारी ऊनी वस्त्र पहनना पसन्द करते हैं।

जयपुर

राजा राजपूत सवाई जयसिंह द्वारा जयपुर नगर की स्थापना 1727 ई. की गयी यह नगर लम्बे समय तक कच्छवाहा वंश की राजधानी रहा। इस नगर की रचना का प्रारूप उस समय के प्रसिद्ध वास्तुकार विद्याधर द्वारा तैयार किया गया था इस नगर की इमारतों एवं किलों में गुलाबी रंग के पत्थरों का प्रयोग बहुतायात में किया गया है।

जिसकी वजह से इस नगर को "गुलाबी नगर" की संज्ञा दी गयी है। यहां पर विशाल किले, शानदार महल, सुंदर मंदिर तथा मनोहारी उद्यान हैं। यहां की सड़कें एकदम सीधी हैं तथा चौक बहुत सुविधाजनक हैं। हवामहल को देखकर रेगिस्तान में बने हवा में महल का आभास होता है। इसके निकट ही सिटी पैलेस संग्रहालय (जहां हथियार और कलात्मक वस्तुएँ रखी गई हैं) और जंतर मंतर (वेध शाला) मौजूद हैं। आमेर के दुर्ग तक हाथी पर बैठकर पहुंचना राजसी अनुभव से कम नहीं। इस किले के भीतर भारतीय और मुगल कला के संगम के दर्शन होते हैं। निकट की पहाड़ी से कुछ आगे 'सिसोदिया रानी का बाग' नाम का उद्यान तथा महल दिखाई देता है। पहाड़ियों की परतों के बीच बना यह महल अपनी सुंदरता से लोगों का मन मोह लेता है।

दर्शनीय स्थान   किले और महलः आमेर किला, जयगढ़ लिया, नाहरगढ़ किला, हवामहल, जल महल, सिटी पैलेस। इसके अलावा कुछ अन्य दर्शनीय स्थल हैं जैसे गल्ताजी, सिसोदिया रानी का बाग, गैतोर, सांगानेर, बागरू, अल्बर्ट संग्रहालय, जंतर मंतर, बिरला मंदिर आदि।

यातायात व्यवस्था   जयपुर, वायु, रेल और सड़क दोनों मार्गों से अच्छी तरह जुड़ा है।

आवास सुविधा यहां महंगे और सस्ते होटल हैं, जहां आरामदायक आवास सुविधाएं उपलब्ध हैं।

वेशभूषा यहां के निवासी गर्मियों में हल्के सामान्य वस्त्र तथा सर्दियों में ऊनी वस्त्र पहनते हैं।

जोधपुर

सन् 1459 में राव जोधा के द्वारा स्थापित यह शहर थार रेगिस्तान के किनारे पर स्थित है। यह मारवाड़ की भूतपूर्व राजधानी थी। सोलहवीं क्षेत्र व्यवसाय के लिये बहुत ही महत्वपूर्ण हो गया। इस समय भी जोधपुर लकड़ी, मवेशियों, ऊंटों और नमक के व्यापार तथा कृषि फसलों का मुख्य केंद्र है। जोधपुर का इतिहास से नजदीकी रिश्ता है और यहां ऐसे अनेक स्मारक हैं जो इसके वैभवशाली अतीत की याद दिलाते हैं। एक समय था जब मारवाड़ का क्षेत्र मृत्यु भूमि के नाम से जाना जाता था। किंतु राठौर समुदाय की अजेय ऊर्जा को यह दुर्गम क्षेत्र पराजित नहीं कर पाया और उन्होंने इस चट्टानी और कठिन इलाके में बसने का निश्चय किया। उन्होंने अपनी वीरता के कार्यों, गौरव के गीतों, गरिमा के दुर्ग तथा बोलते पथरों के महल से जीवन को इतने उत्साह से जिया कि मृत्यु का भय जीवन की इस जीवंत चेतना के सामने नहीं टिक पाया। गर्वोन्नत जोधपुर दुर्ग का दृश्य मन में उमंग और उत्साह दोनों का संचार करता है। दुर्ग की तरह ही मारवाड़ के योद्धा सुदृढ़ और स्वतंत्र थे। दुर्ग के अन्दर सुन्दर व सुसज्जित पालकियां तथा हौदे आज भी विद्यमान हैं जिन्हें राजा और रानियों द्वारा प्रयोग किया जाता था। इन सभी चीजों से अतीत की जानकारी प्राप्त होती है। इसके साथ ही एक सरोवर के किनारे राजा की स्मृति में बनाया गया संगमरमर का स्मारक जसवंत थड़ा पर्यटकों ध्यान आकृष्ट करता है। यह शहर सचमुच अनूठा और अदभुत है।

दर्शनीय स्थान

दर्शनीय स्थलः मेहरानगढ़ किला, जसवंत थड़ा, उमेद भवन पैलेस, संग्रहालय। बालसमंद झील और बाग, मंडोर, महामंदिर, कैलाना झील, रोहित किला और लूनी किला।

परिवहन व्यवस्था यहां वायु, रेल व सड़क मार्ग से पहुंचा जा सकता है।

आवास व्यवस्था यहां महंगे और सस्ते होटल हैं जहां आराम दायक आवास सुविधाएँ उपलब्ध हैं।

वेशभूषा यहां निवास करने वाले लोग गर्मियों में हल्के सामान्य वस्त्र तथा सर्दियों में भारी ऊनी वस्त्र पहनते हैं।

ग्वालियर

मध्य प्रदेश में स्थित ग्वालियर विभिन्न प्रकार के महल मन्दिर और स्मारकों के लिये प्रसिद्ध है। इस शहर को सिंधिया राजाओं ने अपनी राजधानी बनाई था। यहां के प्रमुख ऐतिहासिक वस्तुओं पर राजपूत राजवंशों (प्रतिहार, तोमर, कच्छवाहा आदि) के शासन काल की झलक दिखाई देती है। अनेक राजपूत राजवंशों, प्रतिहार, कच्छवाहा और तोमर राजाओं ने महलों, मंदिरों और स्मारकों के इस शहर पर अपने शासन की अमिट छाप छोड़ी है।

ग्वालियर का इतिहास आठवीं शताब्दी की एक किवंदंती में वर्णित है जिसके अनुसार सूरजसेन नाम का एक मुखिया किसी जानलेवा बीमारी से पीड़ित हो गया। उसका उपचार एक सन्यासी ग्वालिप ने किया और अपनी कृतज्ञता दर्शित करने के लिए उन्होंने एक नगर बसाया जिसका नाम उस सन्यासी के नाम पर रखा जिन्होंने उन्हें नया जीवन दिया। सिंधिया राजाओं की राजधानी के रूप में ग्वालियर को विशेष प्रसिद्धि मिली। यहां पर उनकी वीरता के प्रतीक के रूप में एक दुर्ग विद्यमान है। मुगल काल में देशव्यापी प्रसिद्धि प्राप्त करने वाले महान संगीतज्ञ तानसेन की समाधि भी यहीं बनी हुई है। ग्वालियर अब पूरी तरह एक आधुनिक भारतीय नगर का रूप ले चुका है जहां सब तरह की गतिविधियां और चहल-पहल देखी जा सकती है।

दर्शनीय स्थान किला, गूजरी महल, मन मंदिर महल, सूरज कुंड, तेली का मंदिर और सास बहू का मंदिर, गुरुद्वारा दाता बंधी छोड़, जय विलास महल और संग्रहालय, तानसेन का मकबरा, गौस मोहम्मद का मकबरा, स्मारक कला वीथिका, नगर पालिका संग्रहालय, सरोद घर, सूर्य मंदिर।

यातायात व्यवस्था यहां वायु, रेल, व सड़क मार्ग से पहुंचा जा सकता है।

आवास व्यवस्था यहां सस्ते और मंहगे होटल हैं, जहां आरामदायक आवास सुविधाएं उपलब्ध हैं।

परिधान नगरीय लोग गर्मियों में हल्के सामान्य वस्त्र, सर्दियों में भारी ऊनी वस्त्र पहनते हैं।

उदयपुर

उदयपुर को महलों एवं झीलों का नगर तथा मेवाड़ का रत्न कहा जाता है। यहां पर कवियों और चित्रकारों प्रेरणा प्रदान करने वाले अनेक सुन्दर व आकर्षक दृश्य सुगधुर ध्वनि तथा सुख की अनुभूति परस्पर मिले हुए हैं। ऐतिहासिक दृष्टि से यह क्षेत्र पर्यटकों के लिये अपनी ओर खींचता है। महलों, झीलों, मंदिरों, उद्यानों और तंग गलियों को समेटे यहां का समूचा क्षेत्र सहज ही लोगों को आकर्षित करता है। पिचोला झील पर रत्न की तरह चमकता मनोहारी लेक पैलेस सुन्दरता का जीता-जागता उदाहरण है। रानियों के एकांत के लिए बने मनोरम उद्यान 'सहेलियों की बाड़ी' में पर्दा-प्रथा तथा आमोद-प्रमोद दोनों आवश्यकताएं पूरी होती दिखाई देती हैं। शिव निवास पैलेस के भीतर बने संग्रहालय में आपको राजपुतानी चेतना और वीरता के दर्शन होते हैं जो विभिन्न शस्त्रों, चित्रकारी और कलात्मक वस्तुओं में से झलकती है। इसी नगर में प्रसिद्ध जेम्मबांड फिल्म आक्टोपसी का फिल्मांकन हुआ था। उदयपुर राजस्थान का सुंदरतम नगर है।

दर्शनीय स्थान लेक पैलेस, सिटी पैलेस, जगदीश मंदिर, भारतीय लोक कला संग्रहालय, सहेलियों की बाड़ी, प्रताप मैमोरियल, एकलिंगजी, फतेह सागर, पिचोला झील, सज्जन गढ़, आहार, गुलाब बाग।

परिवहन व्यवस्था उदयपुर वायु, रेल व सड़क मार्ग से पहुंचा जा सकता है।

आवास व्यवस्था यहां महुंगे और सस्ते होटल हैं, जहां आरामदायक आवास सुविधाएं उपलब्ध हैं।

परिधान यहां के लोग गर्मियों हल्के सामान्य वस्त्र तथा सर्दियों में भारी ऊनी वस्त्र पहनना पसन्द करते हैं।

डीग

पक्षियों और महलों का शहर कहा जाने वाला डीग पर्यटकों के आकर्षण का केन्द्र है। पर्यटकों को आकर्षित करने वाली चीजों में यहां के उद्यान और जल महल प्रमुख हैं। इस शहर पर 18वीं सदी में जाट शासकों का आधिपत्य रहा। एक ऊंचे स्थान पर राजा सूरजमल द्वारा बनाया गया डीग दुर्ग गर्व के साथ आपका स्वागत करता है। किले के चारों ओर खाइयां, प्राचीर और द्वार बने हुए हैं। जाट शासक उच्च कोटि के योद्धा थे और एक मुगल दुर्ग से हथियाया गया एक झूला यहां रखा है जो उनकी वीरता की व्याख्या करता है। इसके निकट ही केवलादेव पक्षी अभयारण्य है जहां पर हज ारों पक्षी दर्शकों का मन मोह लेते हैं। साइबेरिया के सारस भी सर्दियों में मौसम में यहां आकर शरण लेते हैं।

दर्शनीय स्थल गोपाल भवन, सावन-भादों मंडप, वाच टावर (इसके ऊपर आगरा किले से जीती गई एक तोप रखी है)

यातायात व्यवस्था यहां कोई हवाई अड्डा नहीं है। सबसे निकटतम हवाई अड्डा दिल्ली हैं।

वस्त्र यहां के लोग गर्मियों में हल्के सामान्य वस्त्र तथा सर्दियों में हल्के ऊनी वस्त्र करते हैं।

भोपाल

मध्य प्रदेश में स्थित भोपाल नवाबों के शहर के नाम से प्रसिद्ध है। वर्तमान समय में इस शहर का स्वरूप बहुआयामी हो गया है। इस शहर के बड़े-बड़े बाजार, प्राचीन मस्जिदें और भवन आज भी यहा के पूर्व शासकों तथा नवाबों के जीवन से परिचय कराते हैं। इन शासकों में वे शक्तिशाली बेगमें भी शामिल हैं, जिन्होंने 1879 से 1926 तक भोपाल पर राज्य किया। भोपाल के नवाबों ने यहां शाही परम्परा को स्थापित करने की दृष्टि से अनेक शानदार भवनों का निर्माण करवाया। यहां की जीवन शैली में अभी भी शाही रीति देखने को मिलती है। यह शहर भी कम आकर्षक नहीं, यहां अच्छे ढंग से निर्मित उद्यान विस्तृत रिहायशी इलाके और आधुनिक इमारतें आपका स्वागत करती हैं। भोपाल एक मनोहारी शहर है जहां मध्यकालीन वास्तुकला की झलक देने वाली कई इमारतें मौजूद हैं। शहर के बीच में एक झील है जो इस क्षेत्र के इतिहास के उत्थान और पतन की मौन साक्षी रही है। भोपाल में आयोजित होने वाले संगीत सम्मेलन भारतीय एकता में वृद्धि कर रहे हैं।

दर्शनीय स्थान ताज-उल मस्जिद, शौकत महल, सदर मंजिल, भारत भवन, जमा मस्जिद, गौहर महल, ट्राइबल हैबिटैट, मोती मस्जिद, लक्ष्मी नारायण मंदिर, वन विहार, क्षेत्रीय विज्ञान केन्द्र, ऊपरी और निचली झीलें।

यातायात व्यवस्था यहाँ वायु, रेल, सड़क मार्ग से पहुँचा जा सकता है।

आवास व्यवस्था यहाँ कई सस्ते और महँगे होटल हैं, जहाँ आरामदायक आवास सुविधाएँ उपलब्ध हैं।

वेशभूषा : यहाँ के लोग गर्मियों में हल्के सामान्य वस्त्र तथा सर्दियों में हल्के ऊनी वस्त्र पहनना पसन्द करते हैं।

जैसलमेर

जैसलमेर को राजस्थान के मरुस्थलीय पृथ्वी का स्वर्ण नगरी कहा जाता है।

जिसे सन् 1156 में यादव वंश के शासक रावल जैसवाल ने स्थापित किया था। इस शहर को देखकर ऐसा महसूस होता है कि मानो थार के रेगिस्तान में कोई सुन्दर फूल खिला है। ऐसी कथा प्रचलित है कि भगवान कृष्ण इस स्थान पर पधारे थे और उन्होंने कहा कि यादव वंश का कोई वंशज इस स्थान पर राजधानी का निर्माण करेगा। इस समय यह मरु नगर सुंदर हवेलियों और जैन मंदिरों की छटा से चमक रहा है। जैसलमेर किले की मजबूत और ऊंची दीवारों ने कई आक्रांताओं के इरादों को नाकाम किया है। किंतु आज भी दर्शनीय वस्तु बनी हुई है जहां आम लोग चित्र लेकर अपना मनोरंजन करते हैं। यहां की भौगोलिक स्थिति अत्यंत आकर्षक है और दूर-दूर तक फैली रेत के सागर ने इसे देश का एक मत्त्वपूर्ण पर्यटन स्थल बना दिया है।

मुख्य आर्कषण किला, मानक चौक और हवेली, जैन मंदिर, गदी सागर झील, पटवों की हवेली, सलीम सिंह की हवेली।

भ्रमण स्थल लाडरूवा (16 कि.मी.) , वुड फासिल पार्क (17 कि.मी.), सैम रेत के टिब्बे (42 कि.मी.), मरु राष्ट्रीय उद्यान (45 कि.मी.)।

परिवहन व्यवस्था जैसलमेर रेल और सड़क दोनों मार्गो से अच्छी तरह जुड़ा है। यहां कोई हवाई अड्डा नहीं है। निकटतम हवाई अड्डा जोधपुर है।

आवास व्यवस्था यहां मंहगे और सस्ते होटल हैं, जहां आरामदायक आवास सुविधाएं उपलब्ध है।

परिधान यहां के लोग गर्मियों में हल्के सामान्य वस्त्र तथा सर्दियों में ऊनी वस्त्र पहनना पसन्द करते हैं।

मांडू

मांडू को आनंद नगरी भी कहा जाता है। प्राचीन काल में परमार शासकों ने मांडू को अपनी राजधानी बनाई थी मांडू एक तरह से पत्थरों में जीवन और आनंद का उत्सव है। यह नगर प्रेम नगरी है। कवि और शहजादे बाग बहादुर तथा उनकी सुंदर प्रेमिका रानी रूपमती के प्रेम की कहानी यहां कण-कण में विराजमान है। मालवा के घाट आज भी इस अमर प्रेम के गीत गाते हैं। मुगल शासकों के काल में मांडू मौजमस्ती का केंद्र बन गया। महान इतिहासकार परसी ब्राउन ने मांडू के संबंध में लिखा वृक्षों की छाया वाले टेढ़े मेढ़े रास्तों और विशाल झीलों तथा घाटियों के बीच बने धूप में चमकते सरोवरों, चट्टानी बीहड़ों और ढलानदार घास के मैदानों से सजा यह स्थान अपनी सुंदरता में बेजोड़ है। मांडू के खंडहर

यहां के गौरवपूर्ण अतीत तथा समृद्धि की कहानी कहते दिखाई देते हैं। भारतीय इतिहास में ऐसे कम ही राजा हुए हैं जो कवि ने रूप में जाने गये हों परन्तु मांडू का शासक बाज बहादुर अपने शासन के लिये कम और कविता और गीत के लिये ज्यादा प्रसिद्ध है।

दर्शनीय स्थान होशंगशाह का संगमरमरी मकबरा, जामा मस्जिद, जहाज महल, हिंडोला महल, हिंडोला किला।

परिवहन व्यवस्था निकटतम रेलवे स्टेशन इंदौर है जहां सभी मेल और एक्सप्रैस गाड़ियां रूकती हैं। मांडू सड़क मार्ग द्वारा इंदौर से 99 कि.मी. दूर है। यहाँ कोई हवाई अडडा नहीं है। सबसे निकटतम हवाई अड्डा इंदौर है।

आवास व्यवस्था यहाँ कई महंगे और सस्ते होटल हैं, जहाँ आरामदायक आवास सुविधाएँ उपलब्ध हैं।

परिधान : यहां के लोग गर्मियों में हल्के सामान्य वस्त्र तथा सर्दियों में हल्के ऊनी वस्त्र पहनना पसन्द करते हैं।

चित्तौड़गढ़

राजपूत के गौरवमय इतिहास की गाथा कहता यह नगर पर्यटकों के आकर्षण का प्रमुख केन्द्र रहा है। महान राजपूत राजा के स्वाभिमान और वीरता का साक्षी शहर के प्राचीन इतिहास के संबंध में कहना काफी मुश्किल है। ऐसा विश्वास किया जाता है कि महाभारत के पांडव भीम अमर रहने का रहस्य सीखने के लिए इस स्थान पर आये और सोगा गुरु के शिष्य बने। किंतु सभी अनुष्ठानों को जल्दी-जल्दी पुरा करने की प्रवृत्ति के कारण अपनी इच्छा पूरी नहीं कर पाये। क्रुद्ध होकर उन्होंने जमीन पर अपने पांव पटके और उस स्थान पर सरोवर बन गया जिसे अब भीमलात कहा जाता है।

बाद में चित्तौड़गढ़ पर मुरी राजपूतों का शासन हो गया और यह स्थान 1568 ई. तक मेवाड़ की राजधानी रहा। चित्तौड़ की पहाड़ी पर बने ये दुर्ग यहां के उन वीर योद्धाओं की कहानी कहते प्रतीत होते है जिन्होंने अपनी आन और शान के अनेक रक्त रंजित युद्ध लड़े यहां कि स्त्रियों ने भी आतातियों से स्वयं के सतीत्व की रक्षा के जौहर कर लिया। चित्तौड़गढ़ के लोग आज भी वीर गाथाएं गाते हैं। कृष्ण भक्त मीरा बाई के पद सबसे पहले चित्तौड़गढ़ के दुर्ग में बने मंदिर में ही मीरा बाई द्वारा गाए गए थे।

दर्शनीय स्थान किला, कीर्ति स्तंभ, जयमल और पट्टा महल, राणा कुंभ

का महल, विजय स्तंभ, कुंभ श्याम मंदिर, महासती स्मारक, कालिका माता मंदिर, राजकीय संग्रहालय, गोमुख सरोवर, मोहर नगरी।

भ्रमण स्थल नगरी (20 कि.मी.), बारोली (130 कि.मी.), बस्सी गांव (25 कि.मी.), बस्सी वन्य जीव अभयारण्य, सांवरियाजी मंदिर (40 कि.मी.), भैंसरोरगढ़ वन्यजीव अभयारण्य (90 कि.मी.), बीजापुर (40 कि.मी.), सीतामाता अभयारण्य, देवगढ़ (125 कि.मी.) मेनल (90 कि.मी.)।

परिवहन व्यवस्था चित्तौडगढ़ में रेलवे स्टेशन है और यहां सड़क मार्ग द्वारा भी पहुंचा जा सकता है। यहाँ कोई हवाई अड्डा नहीं है। सबसे निकटतम हवाई अड्डा उदयपुर है।

आवास व्यवस्था यहाँ कई महंगे और सस्ते होटल हैं, जहाँ आरामदायक आवास सेवाएँ उपलब्ध है।

वेशभूषा : इस क्षेत्र के रहने वाले लोग गर्मियों में हल्के सामान्य वस्त्र तथा सर्दियों में भारी ऊनी वस्त्र पहनते हैं।

मैसूर

मैसूर को सुगंधमयी शहर भी कहा जाता है। प्राचीन काल में वाडियार शासकों की राजधानी रहा यह नगर अपने प्राकृतिक सौन्दर्य के कारण पर्यटकों के आकर्षण का केन्द्र है यहां के प्रसिद्ध महल, संग्रहालय पर्यटकों के मन को मोह लेते हैं। यहां सबसे सुन्दर और महत्वपूर्ण स्थल मैसूर महल है। महल का रखरखाव बड़ी सावधानी से किया गया है।

और ऐसा लगता है कि कोई सुंदर राजकुमारी कभी भी साथ वाले दरवाजे से निकल कर बाहर आ सकती है। महल के विशाल कक्षों के स्तंभों से अब भी शाही षड़यत्रों की गंध का अनुभव होता है।

यहां चंदन और अगबत्तियों की खुशबू, ताजी भूनी हुई काफी की पत्तियों से उठती सुगंध और मैसूर मैलिगे तथा हजारों खिले हुए गुलाबों से उठती महक मिल कर मैसूर को सुगंधित क्षेत्र बना देती है। दशहरा यहां का मुख्य पर्व है जो हर वर्ष अक्टूबर-नवंबर में मनाया जाता है।

दर्शनीय स्थल मैसूर महल, सेंट फ्लिोमेना गिरजाघर, चामुंडी हिल्स, जयचामराजेंद्र कला दीर्घा, लोक कला संग्रहालय, ओरियेंटल रिसर्च इंस्टीट्यूट, रेलवे संग्रहालय, मैसूर चिड़ियाघर वृंदावन गार्डन।

यातायात व्यवस्था मैसूर में रेलवे स्टेशन है और बंगलौर से सड़क मार्ग

द्वारा भी पहुंचा जा सकता है। यहां कोई हवाई अड्डा नहीं है। निकटतम हवाई अड्डा बंगलौर है। यहां छोटे-छोटे वाहनों से भी पहुँचा जा सकता है।

आवास व्यवस्था यहाँ कई महंगे और सस्ते होटल हैं, जहाँ आरामदायक आवास सेवाएँ उपलब्ध हैं।

वस्त्र : इस क्षेत्र में रहने वाले लोग गर्मियों में हल्के ऊनी वस्त्र तथा सर्दियों में भारी ऊनी वस्त्र पहनना पसन्द करते हैं।

ओरछा

ओरछा एक मध्यकालीन नगर है वर्तमान समय में भी इस शहर में मध्य काल के राजाओं के शासन काल की झलक दिखाई देती है। यहां के राजा ने बादशाह जहांगीर के थोड़े समय के विश्राम के लिए यहां एक महल का निर्माण कराया। एक राजा ने स्वप्न में देवता के आदेश का पालन करते हुए उस देवता का विशाल भव्य मंदिर बनवाया। इस चट्टानी क्षेत्र में बेतवा नदी बहती है जिसके किनारे भूतपूर्व राजाओं की बहुत सी छत्तरियां बनी हुई हैं। स्वतंत्रता आंदोलन के दौरान महान क्रांतिकारी चन्द्रशेखर आजाद यहां छिप कर रहे। यहां के महल और किलों के चारों तरफ घने वन हैं। यहां के महलों में उच्च कोटि की नक्काशी और वास्तुकला के दर्शन होते हैं। राम राजा की प्रतिमा की स्थापना के बारे में यहां कई कहानियाँ प्रचलित हैं।

दर्शनीय स्थान जहांगीर महल, राज महल, राय प्रवीण महल, राम राजा मंदिर, सुंदर महल, सिद्ध बाबा का स्थान, जुगल किशोर, जानकी मंदिर, हनुमान मंदिर, छतरी (यहां ओरछा शासकों की याद में 14 छतरियां या स्मारक बेतवा नदी के कंचन घाट पर बने हैं।

यातायात व्यवस्था निकटतम रेलवे स्टोशन झांसी है। झांसी में सभी मुख्य मेल और एक्सप्रेस गाड़ियां रूकती हैं। झांसी से ओरछा बस-मार्ग से 16 कि. मी. दूर है। (झांसी-खजुराहो मार्ग पर नियमित बस सेवा उपलब्ध है।) यहाँ कोई हवाई अड्डा नहीं है। सबसे निकटतम हवाई अड्डा ग्वालियर है।

आवास व्यवस्था यहां कई महंगे और सस्ते होटल उपलब्ध हैं, जहाँ आरामदायक आवास सेवाएँ उपलब्ध हैं।

वेशभूषा : यहां के लोग गर्मियों में हल्के सामान्य वस्त्र तथा सर्दियों में हल्के ऊनी वस्त्र पहनते हैं।

ऐतिहासिक परम्परा एंव सभ्यता दर्शन भारत में आज भी यहां के विभिन्न

स्थलों एवं स्मारकों द्वारा हो जाता है। यह सब अपने आप में विशेष विशेष महत्व रखते हैं। परन्तु एकजुट होकर अनेकता में एकता का संदेश देते हैं। यह देश में ही नहीं विदेशों में भी प्रसिद्ध है। लोग विश्व के कोने-कोने से यहां भ्रमण हेतु आते हैं और यहां की संस्कृति से प्रभावित होते हैं।

6

भारत में नगरीय पर्यटन का विकास

विदेशी ही नहीं भारत के छोटे-छोटे गांवों में बसने वाले लोग भी शहरी पर्यटन की ओर आकर्षित होते हैं। इन स्थानों पर भ्रमण करना उनके लिए स्वप्न के समान होता है। वहां का जीवन यथार्थ जीवन से परे होता है। उसका स्वरूप हमारी समझ से बाहर होता है। वहां का उत्साह हमारी अपेक्षा से कहीं अधिक होता है। वहां की चेतना हमारी सूझबूझ से ऊपर होती है। वहां अव्यवस्था के नीचे भी अनुशासन रहता है। वहां औरों से आगे बढ़ने की आकांक्षा रहती है। वहां उद्देश्य प्राप्त करने के लिए साधारण लोगों से आगे निकलने की चाह रहती है और सर्वश्रेष्ठ के रूप में मान्यता प्राप्त करने की इच्छा रहती है। भारतीय वातावरण में शहरों के बारे में विचार करते हैं तो कुछ नाम दिमाग में आते हैं जैसे, मुम्बई, दिल्ली, कोलकाता, एवं चेन्नई इत्यादि।

शहर व्यक्ति के जीवन में हमेशा ही प्रमुख भूमिका निभाते रहे हैं। शहर शैशवकाल में मनुष्य का पालना झुलाता है, बाल्यावस्था में उसे शौक से निहारता है, यहां की गलियाँ और कुंज उसकी किशोरावस्था की शरारतों में भागीदार रहते हैं, यहां की झीलें और उद्यान उसके प्रेम के साक्षी होते हैं, यहां की गलियाँ उसे परिश्रमी बनाती हैं, यहां के खंडहर उसे अनंत के करीब लाते हैं और अंत में एक दिन इंद्रधनुषी रंग का आकाश पीला और काला पड़ जाता है। शहरों को उनके उन बेटों और बेटियों के जरिए तलाशिए, जिन्होंने अपनी वीरता और ऊंचे कामों से अपने शहरों को इतिहास में महत्वपूर्ण स्थान दिलाया है।

भारत में कई ऐसे शहर हैं जो ऐतिहासिक दृष्टिकोण से महत्व तो रखते ही हैं साथ में बड़े-बड़े भवनों, कल-कारखानों के साथ-साथ व्यापक तौर पर उद्योग-धंधों के लिए भी प्रसिद्ध है। इतिहास गवाह है कि इन शहरों में हमेशा समृद्धि प्राप्त की गई है, जहां पर कोहेनूर जैसे बहुमूल्य हीरे दूसरों के हाथों में पहुंचे हैं, जो शताब्दियों तक राजाओं की आंख की शोभा बने रहे हैं, जहां इच्छाओं के समान ऊंची इमारतों का निर्माण हुआ है, जिन्होंने लोगों के मन मस्तिष्क पर राज किया

है। ऐसी भूतपूर्व राजधानियाँ भी हैं जिन्होंने रियासत की सीमाएँ तय कीं, ऐसे स्थान हैं, जहां राजाओं के दिलों में प्रेम की पींगें पड़ीं और वहां ऐसा आकाश है, जहां सपने साकार हुए हैं। यहां आकर आप अनेक भारतीय नगरों के अमरता के गुण को देखेंगे और यहां की गलियों से गुजरते हुए इतिहास को जीएंगे, मानवीय पटुता पर आश्चर्य करेंगे और अतीत के गौरवशाली दिनों की गाथा सुनेंगे।

समय बदल गया होगा लेकिन भारतीय शहरों का स्वरूप नहीं बदला है और आन व शान की इसी लौ ने भारतीय नगरों की चमक बनाए रखी है। यहां आकर आप स्वयं इस स्थान की असलियत और महत्ता को महसूस कीजिए।

आंध्र प्रदेश का दिल विजयवाड़ा

यहां पर बोली जाने वाली भाषा तेलुगू है। कृष्णा सरिता और बुडामेरू सरिता के मध्य यह नगरी बसी हुई है जो राजनीति, शिक्षा तथा संस्कृति व सभ्यता का मुख्य स्थल है। ऐसा कहा जाता है कि अर्जुन ने इंद्रकिला पहाड़ी पर तपस्या की और भगवान शिव का आशीर्वाद प्राप्त किया। इसी विजय के आधार पर विजयवाड़ा नाम रखा गया। शक्ति, समृद्धि और दया की देवी को विजयवाड़ा की प्रमुख देवी माना जाता है। पांचवीं शताब्दी के तीन गुफा मंदिर यहां आने वालों के लिए विशेष आकर्षण हैं। यहां के मंदिर परंपरा का अध्ययन न केवल शिक्षाप्रद बल्कि अत्यंत रोचक भी है। मंदिरों की वास्तुकला, विस्तृत पूजा प्रार्थना तथा घंटियों के नाद स्वर के बीच मंत्रोच्चारण पूरे वातावरण को पावन बना देता है।

दर्शनीय स्थान कोणक दुर्गा मंदिर, भगवान मलेश्वर मंदिर, गांधी स्तूप, गांधी स्मारक तारामंडल, मोगलारापुरम गुफा, भगवान नरसिंह मंदिर, हजरत बल मस्जिद, सेंट मेरी गिरजाघर।

यातायात व्यवस्था यहां वायु, रेल और सड़क के मार्ग से जाया जा सकता है।

आवास व्यवस्था यहां पर्यटकों के आवास हेतु होटलों की व्यवस्था है।

वस्त्र गर्मियों में हल्के सामान्य और सर्दियों में भारी ऊनी वस्त्र पहनते हैं।

औद्योगिक नगर कानपुर

स्वतंत्रता के इतिहास में कानपुर का नाम बहुत गौरव से लिया जाता है। यह शहर उत्तर प्रदेश की राजधानी लखनऊ से पश्चिम और दक्षिण दिशा में स्थित

है। कानपुर शहर ही चन्द्रशेखर, सरदार भगत सिंह, तांत्या टोपे, नाना राव पेशवा आदि जैसी महान विभूमियों की गतिविधियों का मुख्य केंद्र रहा है। हिन्दी भाषा के विकास में भी कानपुर का नाम बार-बार लिया जाता है, क्योंकि आचार्य महावीर प्रसाद द्विवेदी, गणेश शंकर विद्यार्थी, आचार्य गया प्रसाद शुक्ल तथा कई अन्य बड़े हिंदी साहित्यकारों का संबंध इसी शहर से रहा है। गंगा के तट पर बसा यह शहर उत्तर भारत के प्रमुख औद्योगिक केंद्रों में से एक है। ऐसा माना जाता है। कि कानपुर की स्थापना भूतपूर्व रियासत सचेंदी के राजा हिंदू सिंह ने की थी। ऐतिहासिक दृष्टि से वर्तमान कानपुर के पूर्वी छोर पर स्थित जजमऊ कानपुर ज़िले की सबसे प्राचीन बस्ती है।

दर्शनीय स्थान जाजमऊ, श्री राधाकृष्ण मंदिर, जैन कांच मंदिर, एलेन वन्य चिड़ियाघर, कमला रिट्रीट, फूल बाग, नाना राव पार्क, बिठूर (27 कि. मी.), मोती झील, तुलसी उपवन, तपेश्वरी देवी मंदिर, प्रयाग नारायण मंदिर (शिवाला)

भ्रमण स्थल भीतरगांव (59 कि. मी.), मूसानगर (55 कि.मी.), कन्नौज (80 कि. मी.), नवाबगंज पक्षी विहार।

यातायात व्यवस्था यहां वायु, रेल और सड़क मार्ग से पहुंचा जा सकता है।

आवास व्यवस्था यहां पर्यटकों के आवास हेतु होटलों की व्यवस्था है, पांच सितारा होटल है।

वस्त्र यहां के लोग गर्मियों में हल्के, सामान्य और सर्दियों में ऊनी वस्त्र पहनते हैं।

शिक्षा केन्द्र नालंदा

नालंदा का इतिहास बहुत पुराना है। प्राचीन समय में यह शिक्षा का प्रमुख केन्द्र था। इसका बौद्धधर्म से भी गहरा संबंध है।

भ्रमण स्थल राजगीर, पवापुरी

अन्य आकर्षण राजगीर नृत्य समारोह (हर वर्ष 24 से 26 अक्टूबर), छठ पूजा (वैशाख, (अप्रैल-मई) तथा कार्तिक (अक्टूबर-नवंबर) में।

कला एवं शिल्प नालंदा के आसपास के स्थान प्रस्तर मूर्तिकला के लिए प्रसिद्ध हैं।

यातायात व्यवस्था यहां वायु, रेल और सड़क मार्ग से पहुंचा जा सकता है।

आवास व्यवस्था यहां पर्यटकों के आवास हेतु कुछ सामान्य होटल उपलब्ध है।

सबसे अच्छा मौमस पर्यटन हेतु यहां का मौसम पूरे वर्ष उपयुक्त है।

वस्त्र : यहां के लोग गर्मियों में हल्के सामान्य और सर्दियों में हल्के ऊनी वस्त्र पहनते हैं।

फिल्म नगरी मुम्बई

मुम्बई अर्थात् बम्बई का नाम स्थानीय देवी मुम्बा देवी के नाम पर पड़ा है। इस नगर पर अंग्रेज से पहले पुर्तगाली राज करते थे। भारत का बालीवुड यानी फिल्मनगरी 'मुम्बई' महाराष्ट्र की राजधानी है। जनसंख्या की दृष्टिकोण से यह भारत का सबसे बड़ा नगर है। पुर्तगाली इसे बाम-बैम या 'अच्छी खाड़ी' (मूल रूप से सात दलदली द्वीप) कहा करते थे। मुम्बई वास्तविक अर्थो में एक विश्व महानगर है। यहां विभिन्न धर्मों व जाति के लोग एक साथ रहते हैं, काम करते हैं। इसे भारत की फैशन राजधानी माना जाता है। मुम्बई में देशा के कुछ सबसे बड़े बाज ार और बुटीक हैं। यहां की खूबसूरत हिमरू शालें, पैठण, पुणे और नागपुर की रेशमी तथा सूती साड़ियां, कोल्हापुरी चप्पलें देशभर में पहनी जाती हैं।

दर्शनीय स्थान अफगान मेमोरियल चर्च, विक्टोरिया टर्मिनस, प्रिंस आफ वेल्स संग्रहालय, गेटवे आफ इंडिया, एसेल वर्ल्ड, मेरीन ड्राइव अथवा क्वीन्स नेकलेस रात को अत्यंत मनोरस दृश्य प्रस्तुत करता है।

समुद्र तट भारत की फैशन राजधानी बम्बई या मुम्बई तीन और समुद्र से घिरी हुई है। यही कारण है कि यहां कई लोकप्रिय समुद्र तट जैसे मध्य मुम्बई में चौपाटी, जूहू, वर्सोवा, माद द्वीप, मारवा, मनोरी और गोरई। मोटरबोट से एलिफेंटा गुफाओं तक की यात्रा करके आप सातवीं और आठवीं शताब्दी के गुफा मंदिर देख सकते हैं। जो चट्टानों को काटकर बनाए गए हैं। यह हिन्दू तथा बौद्ध धर्म पर आधारित है।

भ्रमण स्थल पुणे मुम्बई से 170 कि. मी. दूर स्थित यह नगर एक समय मराठा साम्राज्य की राधानी था।

अन्य दर्शनीय स्थान राजा केलकर संग्रहालय आगा खां महल (यहां पर महात्मा गांधी और उनकी पत्नी को बंदी बना कर रखा गया था और कस्तूरबा गांधी की मृत्यु यहीं हुई), शिवाजी दुर्ग, सत्रहवीं शताब्दी का महान् योद्धा जिनकी बहादुरी और चतुराई के कारनामे गीतों और गाथाओं से सुने-सुनाए जाते हैं।

यातायात व्यवस्था मुम्बई रेल और सड़क दोनों मार्गों से अच्छी तरह जुड़ा है। मुम्बई विमान सेवाओं से भी अच्छी तरह जुड़ा है।

आवास व्यवस्था यहां कई महंगे और सस्ते होटल हैं, जहां आरामदायक आवास सेवाएं उपलब्ध हैं।

वस्त्र यहां के लोग गर्मियों में भी हल्के सामान्य वस्त्र तथा सर्दियों में भी हल्के सामान्य वस्त्र पहनना पसन्द करते हैं।

बौद्धिक नगर कोलकाता

ब्रिटिश भारत की राजधानी कोलकाता इस समय भारत के पूर्वोतर राज्य पश्चिम बंगाल की राजधानी है। यह नगर हुगली नदी तट पर स्थित है। इसकी खोज अगस्त 1690 में जाब चेर्नाक ने की। कोलकाता का विकास संयोगवश नहीं बल्कि ब्रिटिश शासकों द्वारा दी गई दिशा में अनुरूप हुआ है। भारतीय पुनर्जागरण का प्रधान केन्द्र कोलकाता को ही माना जाता है। हुआ और इस नगर ने विश्व को अपने हिस्से से कहीं अधिक दिया है। यहां की इमारतों और आकर्षक नामों से ब्रिटिशकाल की स्मृति उजागर होती है। रात के समय रोशनी में नहाई गरिमापूर्ण और राजसी इमारत विक्टोरिया कोलकाता नगर की प्रतीक है। कोलकाता बौद्धिक नगर के रूप में भी प्रसिद्ध है और यहाँ नोबल पुरस्कार विजेताओं ने जन्म लिया है। कोलकाता के लोग फुटबाल के बहुत शौकीन हैं और बचपन में ही लोगों के मन में इस खेल के प्रति प्रेम जागृत हो जाता हैं यहां का रवीन्द्र संगीत मन में उच्च और प्रेरक भावा पैदा करने तथा जीवन में महालक्ष्य प्राप्त करने की प्रेरणा जगाने में सक्षम है।

दर्शनीय स्थान शहीद मीनार (1812-1814) में नेपालियों के साथ युद्ध में विजय प्राप्त करने वाले सर डेविड आक्टरलोनी के सम्मान में निर्मित), भारतीय संग्रहालय, विक्टोरिया मेमोरियल हाल एंड म्यूजि यम, ललित कला अकादमी, नंदन (सांस्कृतिक तथा बहुआयामी सिनेमा हाल परिसर), बिरला तारामंडल, नेताजी संग्रहालय, चिड़ियाघर, स्वीन्द्र सरोवर (धाकुरिया झील), मार्बल पैलेस, बेलूर मठ, दक्षिणेश्वर मन्दिर।

पर्यटन स्थल बक्खाली समुद्र तट (132 किमी), बैरकपुर (24 किमी), दीघा बीच रिसोर्ट (187 किमी), मुर्शिदाबाद (220 किमी, बंगाल की मध्यकालीन राजधानी), सुंदरवन (विश्व का सबसे बड़ा मुहाना वन), विष्णुपुर (152 किमी, टैराकोटा शिल्प के शानदार ऐतिहासिक अवशेष तथा मंदिर)।

परिवहन व्यवस्था कोलकाता एक महत्वपूर्ण रेलवे स्टेशन है और रेल तथा सड़क दोनों मार्गों से अधिक तरह जुड़ा है। यह हवाई सवा से भी जुड़ा हुआ है।

आवास व्यवस्था यहां एक सितारा, दो सितारा, तीन सितारा, चार सितारा, पांच सितारा होटल हैं, जहां आरामदायक आवास सेवाएँ उपलब्ध हैं।

सर्वश्रेष्ठ मौसम वर्ष-भर मौसम भ्रमण के अनुकूल रहता है।

परिधान इस क्षेत्र में लोग गर्मियों में हल्के सामान्य वस्त्र तथा सर्दियों में ऊनी वस्त्र पहनना पसन्द्र करते हैं।

धार्मिक नगरी वाराणसी

वाराणसी एक प्राचीन धार्मिक नगरी है। इसे भगवान शिव की नगरी भी कहा जाता है। वाराणसी लंबे समय तक भारत की आध्यात्मिक राजधानी के रूप में प्रतिष्ठित रही है। यहां पर लोग स्वर्ग में जाने की आशा लिए अन्तिम समय में आते हैं। वाराणसी के घाट अपने किनारे बने विशाल भवनों और पवित्र गंगा के जल तक ले जाने वाली सीढ़ियों के कारण विश्व भर के तीर्थ यात्रियों और पर्यटकों को आकर्षित करते रहे हैं। 12 ज्योतिर्लिंगों में से एक काशी विश्वनाथ मंदिर भगवान शिव को समर्पित सबसे पवित्र मंदिर है। इसकी संगमरमर की दीवारों पर गीता का समूचा पाठ लिखा हुआ है। कई अन्य मंदिर दुर्गा, तुलसीमानस, विनायक, अन्नपूर्णा, कालभैरव आदि भी वाराणसी की धार्मिक परंपराओं का गुणगान करते हैं। इस नगर की सभी मानवीय गतिविधियाँ मंदिरों के आसपास घूमती हैं। शिक्षा के क्षेत्र में भी वाराणसी का विशेष योगदान है। यहां पर तीन विश्वविद्यालय हैं। यहां पर मृत्यु प्राप्त होने पर मोक्ष मिलने की आस्था के कारण वाराणसी घाट पर 24 घंटे चिताएं जलती रहती हैं।

दर्शनीय स्थान काशी विश्वनाथ मंदिर (12 ज्योतिर्लिंगों में से एक), नवीन विश्वनाथ मंदिर, दुर्गा मंदिर, तुलसीमानस मंदिर, विनायक मंदिर, अन्नपूर्णा मंदिर, कालभैरव मंदिर, जटेश्वर महादेव मंदिर, महामृत्युंजय मंदिर, भारत माता मंदिर, संकट मोचन मंदिर, बनारस हिंदू विश्वविद्यालय, सारनाथ।

यातायात व्यवस्था यहां वायु, रेल और सड़क मार्ग से पहुंचा जा सकता है।

आवास व्यवस्था यहां पर्यटकों के आवास हेतु होटलों की पूरी व्यवस्था है।

वस्त्र यहां के लोग गर्मियों में हल्के सामान्य और सर्दियों में ऊनी वस्त्र पहनते हैं।

राजगीर घाटी

राजगीर चट्टानी पहाड़ियों से घिरी एक घाटी में स्थित है। भगवान बुद्ध गृद्धकुटा यानी गिद्धों की पहाड़ी पर तपस्या और धर्मप्रचार किया करते थे। राजगीर में ही उन्होंने अपने कुछ प्रसिद्ध उपदेश दिए और असंख्य लोगों के साथ मगध के राजा बिम्बसार को बौद्ध धर्म की दीक्षा दी। जैन धर्म के 24वें तीर्थकर महावीर स्वामी ने अपने जीवन काल के चौदह वर्ष यहां गुजारे तथा जैन धर्म के प्रचार प्रसार का कार्य किया। बौद्ध धर्म के अनुयायी जापानियों द्वारा भगवान बुद्ध की स्मृति में एक भव्य मन्दिर का निर्माण कराया। राजगीर की पहाड़ी पर स्थित सप्तवर्णी गुफा में प्रथम बौद्ध सभा का आयोजन किया गया है। यहां पर बौद्ध श्लोकों का उच्चारण करने पर शांति और अध्यात्मिकता का वातावरण पैदा होता है। राजगीर में कई तप्तकुंड भी हैं जिन्हें पवित्र माना जाता है।

दर्शनीय स्थान अमरवन या जीवक आम उद्यान, वेणुवन, अजातशत्रु का किला, बिम्बसार की कारावास, स्वर्ग भंडार, साइक्लोपियन दीवार, गृद्ध कुटा, कई जैन मंदिर, पिपला गुफा, तप्त कुंड, कर्नाड सरोवर (जहां पर भगवान बुद्ध स्नान करते थे)

भ्रमण स्थल स्वराजपुर बड़ा गांव (18 कि.मी.), कुंदालपुर (18 कि.मी.), पावापुरी (35 कि.मी.), बिहारशरीफ (25 कि.मी.), मखदूम शाह शरीफुद्दीन (14वीं शताब्दी के मुस्लिम संत) का मकबरा।

परिवहन व्यवस्था यहां वायु, रेल और सड़क के मार्ग से पहुंचा जा सकता है।

आवास यहां पर्यटकों के आवास हेतु कुछ सामान्य होटल उपलब्ध हैं।

परिधान यहां गर्मियों में हल्के सामान्य और सर्दियों में ऊनी वस्त्र पहनते हैं।

बंगलौर

भारत में बंगलौर स्थानों की नगरी कही जाती है। इसकी तुलना दक्षिण एशिया के नगरों में से सबसे तीव्र उन्नतिशील हो रहे नगरों में गिना जाता है, यह सबसे ज्यादा प्रभावित होने वाले शहरों में से एक है। बंगलौर शहर समुद्र तल से

लगभग एक हजार मी. ऊंचाई पर बसा है। कर्नाटक की इस राजधानी में हमेशा मौजमस्ती का वातावरण रहता है। यह उद्यान नगरी और भारत की सिलिकान वैली के रूप में मशहूर होने के साथ-साथ सच्चे अर्थो में अंतर्राष्ट्रीय नगर है। यह भारत की विज्ञान राजधानी के रूप में बड़ी तेजी से उभर रहा है और अपने सॉफ्टवेयर के कारण विश्व भर में ख्याति प्राप्त कर रहा है। बंगलौर के खूबसूरत बाजारों में आप रेशमी वस्त्र, चंदन की लकड़ी, उपहार की सुंदर वस्तुएँ, हस्तशिल्प की चीजें तथा सुगंधित अगरबत्तियां खरीद सकते हैं। बंगलौर रोरिक परिवार का भी निवास स्थान रहा है, जिन्होंने यहां पर टाटागनी स्टेट आबाद की। बंगलौर की जीवन शैली आधुनिक है, फिर भी अंतर्राष्ट्रीय भावना के दर्शन होते हैं, और मानवता आपको यहां अपने श्रेष्ठ रूप में मिलती है।

दर्शनीय स्थान विधान सौध, अट्टारा कचेरी, कब्बन पार्क, बंगलौर महल, बुल टैम्पल, टीपू का महल, उल्सूर झील, नंजन गौड, मुत्यालमडूवू, शिवगंगा, चन्नापटना, मेकेदातू।

यातायात व्यवस्था यहां वायु, रेल और सड़क मार्ग से यात्रा की जा सकती है।

आवास व्यवस्था यहां पर्यटकों के आवास हेतु होटलों की व्यवस्था है।

परिधान यहां के लोग गर्मियों में हल्के सामान्य और सर्दियों में हल्के ऊनी वस्त्र पहनते हैं।

नवाबों की राजधानी लखनऊ

लखनऊ शहर जो आज उत्तर प्रदेश की राजधानी है। भारत के इतिहास में लखनऊ का अद्वितीय स्थान है। पुराने समय में अवध राजाओं की राजधानी कही जाती थी। मुगल शासन के अंतिम काल में लखनऊ एक केंद्र के रूप में विकसित हुआ और यह अपने शिष्टाचार तथा खास अंदाज के लिए प्रसिद्ध है। यहां की पुरानी शान-शौकत आज भी कायम है। उत्तर प्रदेश की राजधानी होने के नाते इसका राजनीतिक महत्व भी काफी है। बड़ा इमामबाड़ा की गलियों में यदि कोई मनुष्य खो जाता है तो उसका बाहर वापस आना बहुत कठिन है। स्वतंत्रता आंदोलन में लखनऊ के लोगों में महत्वपूर्ण भूमिका निभाई। लखनऊ का चिकन का काम, वस्त्र निर्माताओं और वस्त्र प्रेमियों दोनों में समान रूप से लोकप्रिय है। यह शहर गोमती नदी के किनारे वसा है। यहां के लोगों को पतंगबाजी का शौक होता है। लखनऊ अपने लजीज कबाब के लिए पूरे देश में मशहूर है।

दर्शनीय स्थान बड़ा इमामबाड़ा, छोटा इमामबाड़ा, अवध के नवाबों के मकबरे, लखनऊ रेजिडेंसी, चित्र दीर्घा, हजरतगंज शापिंग सेंटर, भूतपूर्व नवाबों द्वारा बनाई गई कई अन्य इमारतें तथा बाग, नवाबगंज पक्षी अभयारण्य।

परिवहन व्यवस्था यहां वायु, रेल, और सड़क मार्ग से जाया जा सकता है।

आवास व्यवस्था यहां पर्यटकों के आवास हेतु होटलों की व्यवस्था है।

परिधान यहां के लोग गर्मियों में हल्के और सर्दियों में ऊनी वस्त्र पहनते हैं।

चंडीगढ़

भारत वर्ष के परतन्त्र काल में चण्डीगढ़ की स्थापना वर्तमान नियोजित शहर के रूप में की गयी थी। इसके वास्तुकार ले क ार्बुजिर थे। यहां का रॉक गार्डन विश्व भर में प्रसिद्ध है। यह अद्भुत उद्यान अंतर्राष्ट्रीय ख्याति के कलाकार नेक चंद द्वारा तैयार किया गया है। उन्होंने चूडियों, कपों और प्लेटों के टुकड़ों मुड़े-तुड़े तारों, बिजली के बेकार उपकरणों, सेनिटरी वेयर के टुकड़ों जैसी बेकार चीजों को जोड़कर बहुत खूबसूरत उद्यान विकसित किया है। इतनी सुंदर कृति तैयार करने के लिए किसी भी काम में न आने वाली चीजों का इस्तेमाल अपने आप में दर्शनीय है। चंडीगढ़ पंजाब और हरियाणा दो राज्यों की राजधानी है। यहां की सुखना झील भी पर्यटकों के आकर्षण का केंद्र है, जहां नौका विहार किया जा सकता है। चंडीगढ़ के लोग इस अनूठे आधुनिक नगर में सद्भाव और गरिमा बनाए रखने में हमेशा गर्व का अनुभव करते हैं।

दर्शनीय स्थान रॉक गार्डन, चिड़ियाघर, रोज गार्डन, सुखना झील, नगर के आधुनिक व्यापारिक केंद्र।

पर्यटन स्थान :

पिंजौर उद्यानः चंडीगढ़ से 12 किलोमीटर दूर स्थित इस बाग का निर्माण मुगल सम्राट औरंगजेब के एक नवाब फिदाई खान ने सत्रहवीं शताब्दी में किया था। इस बाग की सात सीढ़ीनुमा सतहें हैं और प्रत्येक पर एक शानदार इमारत या मेहराब निर्मित है। पूरे बाग के नीचे एक जलधारा प्रवाहित हो रही है।

परिवहन व्यवस्था यहां वायु, रेल और सड़क मार्ग से पहुंचा जा सकता है चंडीगढ़ विमान सेवा से अच्छी तरह जुड़ा है। चंडीगढ़ रेल और सड़क दोनों मार्गों से अच्छी तरह जुड़ा है।

सर्वश्रेष्ठ मौसम पर्यटन के लिए यहां का मौसम पूरे वर्ष उपयुक्त है।

परिधान यहां के लोग गर्मी और सर्दी दोनों मौसमों में हल्के सामान्य वस्त्र पहनते हैं।

मदुरई

महाभारत काल में मदुरई पांडव राजाओं की पुरानी राजधानी थी। यह बैगई नदी के तट पर स्थित है। वस्तुतः ऐसा कहा जाता है कि जटाधारी शिव की जटाओं से गिरे अमृत के नाम पर प्रथम मधुरापुरी इस नगर का नाम पड़ा इसलिए इसे पवित्र नगर माना जाता है। सुन्दर एवं भव्य व आकर्षित करने वाला मीनाक्षी सुंदरेश्वर मन्दिर इस नगर के मध्य में है, जिसके ऊंचे गोपुरम आकाश से बातें करते दिखाई देते हैं। यहां का सबसे महत्वपूर्ण पर्व देवी मीनाक्षी का भगवान सुंदरेश्वर से होने वाला पवित्र विवाह है। यह पर्व मार्च-अप्रैल में आयोजित होता है। इसमें मीनाक्षी और सुंदरेश्वर की प्रतिमाएँ एक रथ में पूरे शहर में ढोल-नगाड़े और नाच-गान के बीच ले जाई जाती हैं। जब इन प्रतिमाओं को फूलों से सुसज्जित और दीपों से प्रकाशित तख्ते पर सुशोभित करके मरियम्मम सरोवर में विसर्जित किया जाता है तो उस समय नौका शोभा यात्रा निकाली जाती है जो पर्यटकों के मन को मोह लेती है। इस नगर की गतिविधियाँ मंदिर के साथ जुड़ी हुई हैं।

दर्शनीय स्थान वैगई नदी, मीनाक्षी सुंदरेश्वर मंदिर, तिरुमलाई नायक महल, वंडीयूर, मरियम्मम सरोवर।

यातायात व्यवस्था यहां वायु, रेल और सड़क के मार्ग से जाया जा सकता है।

आवास व्यवस्था यहां पर्यटकों के आवास हेतु होटलों की व्यवस्था है। यहां उच्च व सामान्य दोनों प्रकार के होटल हैं।

परिधान यहां के लोग गर्मी और सर्दी दोनों मौसमों में हल्के सामान्य वस्त्र पहनते हैं।

दिल्ली (भारत की राजधानी)

भारत के प्रमुख नगरों में दिल्ली भी एक नगर है। इस नगर का इतिहास काफी पुराना है। यह नगर राजा-महाराजाओं के लिए भी विशेष आकर्षण का क्षेत्र रहा है। प्राचीन समय में यह इन्द्रप्रस्थ के नाम से जाना जाता था। कई मुस्लिम

बादशाहों ने दिल्ली को अपनी राजधानी बनाया। मोहम्मद बिन-तुगलक जिन्हें इतिहासकारों पागल बादशाह के नाम से संज्ञा दी है, इस शासक की राजधानी भी दिल्ली हुआ करती थी। देहली सल्तनत के चार वंश गुलाम वंश, खिलजी वंश, तुगलक वंश और सैयद वंश अपने शासन काल में दिल्ली को ही अपनी राजधानी बनाया था। मुगल बादशाह शाहजहां जो कि जहांगीर की औलाद था, ने अपने शासन के दौरान दिल्ली को और अधिक संवारने का काम किया। इस बादशाह ने लाल किला तथा जामा मस्जिद को बनवाकर दिल्ली को और लोकप्रिय बना दिया। सचमुच में प्राचीन समय में भी दिल्ली दिल वालों को काफी भाती थी और आज भी वही स्थिति है। लोग गर्व से कहते हैं, दिल्ली है दिलवालों की।

ब्रिटिश सरकार ने जब भारत पर पूर्ण अधिकार कर लिया तो, उन्होंने कलकता को भारत का पहली राजधानी बनाया। लेकिन कुछ दिनों के बाद यानी 1911 ई. में भारत की राजधानी दिल्ली को बनाया गया। ब्रिटिश सरकार भी वैभव नगरी दिल्ली को देखकर अपने आप को रोक नहीं पाई।

दिल्ली संभवतः एकमात्र ऐसा महानगर है जिसमें जीवंत अमरता का गुण है। इसके पास ऐसा दिल है जो सदियों तक लूटपाट, नरसंहार और लालच के अनेक कारनामों के बावजूद धड़कता रहा है। दिल्ली के मामले में शासकों के नामों का कोई खास महत्व नहीं है। जिसने भी यह समझा कि वह सैनिक दृष्टि से शक्तिशाली है उसने अपनी ताकत का सिक्का जमाने के लिए दिल्ली को निशाना बनाया। प्राचीनकाल से दिल्ली सत्ताकांक्षी लोगों की अंतिम आकांक्षा और पूर्ण अधिकार का लक्ष्य रही है। आज भी यह सत्ता और गरिमा का सर्वाधिक सशक्त प्रतीक है। उत्तर भारत का यह प्रवेशद्वार असंख्य तरीकों से आपका स्वागत करता है। भारत की राजधानी और चहल-पहल वाले महानगर के अलावा दिल्ली इतिहास और आधुनिकता का पूर्ण समन्वय प्रस्तुत करती है। यह कई महान सभ्यताओं की साक्षी है। दिल्ली की शाही सरजमीं पर बहुत से राजवंश और शासक सत्ताधीश हुए हैं। दिल्ली सात बार आबाद हुई है और इन सातों शहरों में से शाहजहानाबाद इस समय सबसे अधिक जीवंत है। दिल्ली के सुल्तानों, बादशाहों और राजाओं ने यहां पर वास्तुकला के अनेक अद्भुत नमूनों का निर्माण किया। दिल्ली के किले और चाँदनी चौक का बाजार मनुष्य की प्रगति और शौक का रोचक अध्ययन है। दिल्ली आधुनिक एवं प्राचीन सभ्यता का मिश्रण है। यहां प्रतिदिन हजारों लोग विभिन्न प्रान्तों से विभिन्न उद्देश्यों से आते हैं। कितने ही दिल्ली में शरण ले लेते हैं और कुछ उद्देश्यों की पूर्ति के पश्चात् वापस लौट जाते हैं। दिल्ली भारत का

गौरव है। सभी धर्मों तथा सम्प्रदायों का यहां मिलन होना भारतीय एकता को दर्शाता है।

दर्शनीय स्थान

ऐतिहासिक और आधुनिक इमारतें/स्थान : लालकिला, चाँदनी चौक, पुराना किला, जामा मस्जिद, इंडिया गेट, राष्ट्रपति भवन, संसद भवन, राजीव गांधी चौक (कनाट प्लेस), जंतर मंतर, हौज खास, बहाईज हाउस, सफदरजंग मकबरा, कुतुबमीनार, हुमायूँ का मकबरा।

मंदिर/उद्यान और संग्रहालय : लक्ष्मी नारायण मंदिर, शीशगंज गुरुद्वारा, बंगला साहिब गुरुद्वारा, लोदी गार्डन, वायुसेना संग्रहालय, राष्ट्रीय रेल संग्रहालय, शंकर अंतर्राष्ट्रीय गुड़िया संग्रहालय, राष्ट्रीय आधुनिक कला दीर्घा, राष्ट्रीय विज्ञान केंद्र संग्रहालय, नेहरू स्मारक, संग्रहालय तथा तारामंडल, बुद्ध गार्डन, रोज गार्डन, लोटस टेम्पल।

यातायात व्यवस्था दिल्ली वायु, रेल और सड़क मार्ग से अच्छी तरह जुड़ा है।

आवास व्यवस्था यहां कई महंगे और सस्ते होटल हैं, जहां आरामदायक आवास सेवाएँ उपलब्ध हैं।

वस्त्र इस क्षेत्र में रहने वाले लोग गर्मियों में हल्के सामान्य वस्त्र तथा सर्दियों ऊनी वस्त्र पहनना पसन्द करते हैं।

मोतियों का शहर हैदराबाद

हैदराबाद आंध्रप्रदेश की राजधानी है और यातायात तथा संदेशवाहन की दृष्टि से केन्द्रीय स्थान पर स्थित है। सूचना प्रौद्योगिकी के क्षेत्र में इस नगर का विशेष स्थान है। यह भी एक ऐतिहासिक नगर है।

हैदराबाद भूतपूर्व नवाबों द्वारा बड़े शौक से सजाया-संवारा गया शहर है। इसकी स्थापना 1591 में गोलकुंडा के पांचवें सुल्तान मुहम्मद कुल्ली कुतुबशा ने की। जो बाद में कुल्ली कुतुब शाह के हरम में आई, के नाम पर रखा गया। यहां के नवाबों और उनकी बेशुमार दौलत की कहानियाँ सारी दुनिया में मशहूर हैं। नवाबों के अनेक भव्य महलों और इमारतों से हैदराबाद को संवारा। वे कला के पारखी थे और उन्होंने अनेक मूल चित्रकलाएँ, प्राचीन घड़ियाँ, कई अन्य सुंदर और दुर्लभ वस्तुएँ एकत्र कीं तथा वास्तुकथा का विकास किया। इस शहर की शान गोलकुंडा किला सामरिक नियोजन का चमत्कार कहा जा सकता है। इस

किले के द्वार पर ही आपको पता चल जाता है कि तालियों की हल्की सी आवाज भी नवाब के सबसे ऊपर के कमरे तक गूंजती हुई सुनी जा सकती है। हैदराबाद की अन्य मशहूर चीजों के गोलकुंडा शराब, चूड़ियाँ और स्वादिष्ट मुगलई बिरयानी शामिल हैं। हैदराबाद भारत के मोतियों के शहर के रूप में भी जाना जाता है। यहां पर आप सबसे सुंदर मोती तथा गहने खरीद सकते हैं।

दर्शनीय स्थान गोलकुंडा किला, सालारगंज संग्रहालय, चार मीनार, हुसैन सागर, फलकनुमा महल, मक्का मस्जिद, कुतुबशाही मकबरे, श्री वेंकटेश्वर मंदिर, नेहरू चिड़ियाघर, बुद्ध पूर्णिमा परियोजना, टैंक बंद, उस्मानिया विश्वविद्यालय, शिल्प ग्राम, हाइटेक सिटी, पब्लिक गार्डन, रामोजी, फिल्म सिटी।

भ्रमण स्थल नागार्जुन सागर (150 कि.मी., तीसरी शताब्दी के समय के बौद्ध सभ्यता के अवशेष), विश्व का चिनाई से बना सबसे लंबा बांध, संग्रहालय, उस्मान सागर (20 कि.मी. एक पिकनिक स्थल), ऐथीपोथला जलप्रपात (161 कि.मी.)

परिवहन व्यवस्था यहां वायु, रेल और सड़क मार्ग से पहुंचा जा सकता हैं।

आवास व्यवस्था यहां पर्यटकों के आवास हेतु होटलों की व्यवस्था है।

सर्वश्रेष्ठ मौसम यहां पर्यटन के लिए पूरे वर्ष का समय उपयुक्त है।

परिधान इस क्षेत्र में लोग गर्मियों में हल्के सूती और सर्दियों में सामान्य वस्त्र पहनते हैं।

चेन्नई

चेन्नई में परम्परागत रूप से चली आ रही संस्कृति व सभ्यता की शान अभी भी विद्यमान है। इस महानगर को आप विभिन्न धरोहरों का एक सुन्दर व प्रभावित करने वाला एक गुलदस्ता के नाम से भी पुकार सकते हैं। प्राचीन परंपराएँ, त्यौहार, ललित कलाएँ और शिल्प, शास्त्रीय संगीत तथा नृत्य यहां आने वाले का मन मोह लेते हैं। कपालेश्वर मंदिर में सन् 1250 तक के शिलालेख उपलब्ध हैं, यह द्रविड़ वास्तुकला का एक विशेष उदाहरण है। भगवान विष्णु के एक और मंदिर पार्थसारथी मंदिर का निर्माण आठवीं शताब्दी में पल्लव राजाओं ने किया था। यह मंदिर भी नगर का एक मुख्य आकर्षण है। 1640 में ब्रिटिश शासकों ने फोर्ट सेंट जार्ज नामक दुर्ग का निर्माण किया जो इस नगर की प्रसिद्धि में वृद्धि करता है। सेंट थामस माउंट भी चेन्नई की सांस्कृतिक धरोहर का एक

आकर्षण है, जहां सन् 1672 में एपोस्टल ने बलिदान दिया था। चेन्नई में हर वर्ष मध्य दिसंबर से मध्य जनवरी तक एक महीने का शानदार संगीत और नृत्य समारोह आयोजित होता है। खूबसूरत रेशमी वस्त्र, तांबे और लकड़ी की कलात्मक वस्तुएँ, तंजावूर ग्लास पेंटिंग्स, चीनी मिट्टी के बर्तन जैसी वस्तुएँ सुंदरता के प्रतीक इस शहर के लोगों की सौन्दर्यता के प्रति भावना को दर्शाते है।

दर्शनीय स्थान फोर्ट सेंट जार्ज, सेंट मेरी गिरजाघर, सेंट जार्ज गिरजाघर, सेंट एंड्रयूज गिरजाघर, सेंट थोम बेसिलिका, पार्थसारथी मंदिर, कपालेश्वर मंदिर, वेल्लुवर कोट्टम, गिंडी चिड़ियाघर तथा सर्प उद्यान, कलाक्षेत्र, मैरीना बीच, इलियट्स बीच।

यातायात व्यवस्था यहां वायु, रेल और सड़क मार्ग से यात्रा की जा सकती है।

आवास व्यवस्था यहां पर्यटकों हेतु आवास की पूरी व्यवस्था है।

वस्त्र यहां के लोग गर्मी और सर्दी दोनों मौसमों में हल्के सामान्य वस्त्र पहनते हैं।

जम्मू

प्राकृतिक सौन्दर्य और मनोरम दृश्य से भरपूर इस नगर के संबंध में कहा जाता है कि इस नगर के संस्थापक राजा जम्बू लोचन के समय में यहां बाघ और बकरी एक साथ पानी पीते थे अर्थात् उस समय शान्ति और सौहार्द की भावना सर्वत्र व्याप्त थी। मौन विस्मय के इसी स्थान पर आज जम्मू शहर बसा है जिसकी स्थापना राजा जम्बू लोचन ने की। जम्मू तवी हिंदू देवी-देवताओं के समूचे कुल का प्रतिनिधित्व करती है और यहां पर देवताओं, देवियों और अनेक लिंगमों की प्रतिमाएँ विद्यमान हैं। जम्मू के 'बावे वाली माता' के प्रसिद्ध मंदिर, रघुनाथ मंदिर तथा पीर बुद्धन अली शाह की दरगाह पर बड़ी संख्या में लोग श्रद्धा के साथ पहुंचते हैं। तवी नदी के किनारे बने 'बहु' किले में सुंदर फव्वारा बाग है जो दर्शकों को अपनी हरियाली और सुंदरता से आकर्षित करता है। अमर सिंह महल को देख कर फ्रेंच कैसल की याद आ जाती है। इस महल में अब संग्रहालय बना हुआ है जिसमें इस क्षेत्र की संस्कृति की झलक मिलती है। जम्मू शहर का कुछ हिस्सा रिज पर और कुछ मैदान पर है। तवी नदी शहर के बीच में बहती है। यहां से आप कई अन्य स्थलों के भ्रमण के लिए निकल सकते हैं। यहां सर्दी के दिनों में हिमपात होता है।

दर्शनीय स्थान जम्मू के प्रमुख दर्शनीय स्थल निम्नलिखित हैं

पीर खोह, रघुनाथ मंदिर, बहु किला, रामबीरेश्वर मंदिर, बाग-ए-बहु, पीर बुद्धन दरगाह, महामाया मंदिर, अमर सिंह महल संग्रहालय, मुबारक मंडी महल, डोगरा कला दीर्घा।

भ्रमण स्थल उपरोक्त प्रसिद्ध मन्दिरों के अलावा यहां और कई महत्वपूर्ण भ्रमण स्थल हैं

कटरा वैष्णोदेवी मंदिर के लिए आधार शिविर, 50 कि.मी.)

कुद (समुद्र तल से 2024 मीटर की ऊंचाई पर हरे मैदानों और वनों से युक्त पठार पर बसा पर्वतीय पर्यटन केंद्र, यहां सर्दियों में हिमपात के दिनों स्कीइंग की जा सकती है, 112 कि.मी.)

सनासर प्याले की आकृति वाला यह घास का मैदान लगभग 119 किमी. क्षेत्र में फैला हुआ है यहां गोल्फकोर्स तथा पैराग्लाइडिंग की सुविधाएँ उपलब्ध हैं।

बटोटे चिनाब नदी की घाटी के सामने समुद्र तल से 1560 मीटर ऊंचाई पर स्थित पर्यटन स्थल, 125 कि.मी. क्षेत्र में फैला है।

सुध महादेव 1225 मीटर की ऊंचाई पर स्थित मंदिर, 120 कि.मी.

मनतलाई समुद्र तट से 2000 मीटर की ऊंचाई पर स्थित देवदार से आच्छादित यह स्थल भगवान शिव के विवाह स्थल के रूप में प्रसिद्ध है।

मनसर झील यहां नौकायन की बहुत बढ़िया सुविधाएँ हैं 60 कि.मी.।

सुरिनसर झील अत्यंत सुंदर झील, 42 कि.मी.।

यातायात व्यवस्था यहां रेल, व सड़क मार्ग से पहुंचा जा सकता है।

आवास व्यवस्था यहां पर्यटकों के आवास हेतु चार सितारा कुछ सामान्य होटल भी उपलब्ध हैं।

परिधान यहां के लोग गर्मियों में हल्के ऊनी और सर्दियों में भारी ऊनी वस्त्र पहनते हैं।

पटना या पाटलिपुत्र

'पटना' बिहार की राजधानी है। इस नगरी का इतिहास सदैव से गौरवशाली रहा है। प्राचीन काल से ही यह सामाजिक, राजनीतिक तथा धार्मिक जाग्रति का केन्द्र बिन्दु रहा है। यह नगरी समय-समय पर कई नामों पुष्पपुर, कुसुमपुर, पाटलिपुत्र और अज ीमाबाद से पुकारी गई है। इस का वैभवकाल छठी शताब्दी से सोलहवीं शताब्दी तक एक हजार वर्षो का रहा है। मगध के राजाओं में से

अजातशत्रु-द्वितीय ने पाटलिपुत्र में एक छोटे से दुर्ग का निर्माण किया। उस समय पटना में चन्द्रगुप्त मौर्य (सिकंदर महान का समकालीन) का राज्य था और उनके पौत्र अशोक ने बौद्ध धर्म का प्रचार-प्रसार किया। इस समय पटना पूर्वी भारत का महत्वपूर्ण व्यापारिक केंद्र है। इससे भी बड़ी बात यह है कि यह बौद्ध और जैन धर्म के तीर्थ स्थलों वैशाली, राजगीर, नालंदा, बोधगया और पावापुरी का प्रवेश द्वार है। सिक्ख संप्रदाय के लिए भी पटना का काफी धार्मिक महत्व है।

दर्शनीय स्थान गोलघर, हरमंदिर साहिब (यह गुरुद्वारा दसवें सिख गुरु गुरु गोविंद सिंह के जन्म स्थान पर बना है), जालान संग्रहालय, शहीद स्मारक, कुमराहार, पत्थर की मस्जिद, पटना संग्रहालय, ,खुदाबख्श ओरियंटल लायब्रेरी, अगमकुआं।

परिवहन व्यवस्था यहां पर वायु, रेल और सड़क मार्ग से पहुंचा जा सकता है।

आवास व्यवस्था यहां पर्यटकों के आवास हेतु पांच सितारा होटल में मौर्य (2203040-57) के अलावा कुछ सामान्य होटल भी उपलब्ध हैं।

सर्वश्रेष्ठ मौसम पर्यटन के लिए यहां का मौसम पूरे वर्ष उपयुक्त है।

परिधान यहां के लोग गर्मियों में हल्के सामान्य और सर्दियों में हल्के ऊनी वस्त्र पहनते हैं।

अहमदाबाद

अहमदाबाद की स्थापना अहमदशाह द्वारा 1411 में की गयी। वास्तुकला की दृष्टि से यह नगर भारत-अरब शैली में बसाया गया है जो पर्यटकों के आकर्षण का मुख्य केन्द्र है। ऐतिहासिक परिप्रेक्ष्य में देखा जाये तो यह नगर मध्यकालीन भारतीय इतिहास की कहानी कहता हुआ प्रतीत होता है। राजपुर बीबी और सीदी बशीर मस्जिदों की पतली-पतली मीनारों को देख कर ऐसा लगता है कि यह हवा के झोंकों से हिल रही है।

सीदी सय्यद मस्जिद में बड़ी बारीकी से बनी जालियों की खासियत यह है कि अगर आप उनमें से ऊपर की ओर देखें तो आपको आकाश में सुंदर सुंदर चित्र बनते दिखाई देंगे। यहां के कैलिको वस्त्र संग्रहालय में प्राचीन और मध्यकालीन भारत से विकसित हुए वस्त्रों की विभिन्न किस्में एक साथ देखी जा सकती हैं। यह नगर स्वतंत्रता संग्राम के दिनों में महात्मा गांधी की कर्मभूमि रही है। उनके साबरमती आश्रम ने उनके विचारों और नीतियों के निर्माण में महत्वपूर्ण भूमिका

निभाई। अहमदाबाद महात्मा गांधी के उदात्त चिंतन और सरल जीवन की कहानी कहता हुआ प्रतीत होता है।

दर्शनीय स्थान रानी सिपरी और सीदी बशीर मस्जिदें, जामा मस्जिद और अहमद शाह मस्जिद, कैलिको वस्त्र संग्रहालय, बर्तन संग्रहालय, पतंग संग्रहालय, साबरमती आश्रम।

भ्रमण स्थल बड़ोदरा (बड़ौदा), लोथला (80 कि.मी. यहां की सभ्यता हड़प्पा काल की है), मोधेरा (104 कि.मी.), पालिताना (यहां पर 863 अद्‌भुत मंदिर हैं), द्वारका (प्राचीन काल का उन्नत बंदरगाह और द्वारकाधीश मंदिर), पोरबंदर (महात्मा गांधी का जन्मस्थान)

यातायात व्यवस्था यहां वायु, रेल और सड़क मार्ग से पहुंचा जा सकता है।

आवास व्यवस्था यहां पर्यटकों के आवास हेतु पांच सितारा होटलों के अलावा कुछ सामान्य होटल भी उपलब्ध हैं।

वस्त्र यहां के लोग गर्मियों में हल्के सामान्य और सर्दियों में ऊनी वस्त्र पहनते हैं।

तंजावूर

तंजावूर का इतिहास काफी प्राचीन है। हजारों वर्ष पूर्व यहां चोल शासक राज्य करते थे। नैसर्गिक प्राकृतिक दृश्यों और हरियाली के मध्य कावेरी नदी के मुहाने पर बसा यह नगर इतना मनोरम और आकर्षक है कि इसे देखकर लगता है जैसे शीशे के ऊपर खूबसूरत चित्र बना दिये गये हों। यही कारण है कि तंजावूर में चोल वास्तुकला के शानदार नमूने मिलते हैं। यहां के महल का ढांचा पिरामिड की तरह आकाश की ओर उठता है। इसके अलावा यहां पर एक 6 मंजिला इमारत भी है जिसे देखकर रोम साम्राज्य के भवनों की याद आ जाती है। 66.5 मीटर ऊंचा एकाश्म ग्रेनाइट का बना बृहदेश्वर मंदिर अपनी ऊंचाई के कारण सबका ध्यान आकर्षित करता है। इसके सबसे ऊपरी गुम्बद का वजन 81.3 टन है। यह नगर सांस्कृतिक दृष्टि से काफी समृद्ध रहा है। इसलिए यहां पर विभिन्न प्रकार की कला शैलियाँ विकसित हुईं जिनमें पांडुलिपियाँ, ताड़पत्तों पर लिखावट, कांच पर चित्रकारी, कांसे की वस्तुएँ तथा तांबे की प्लेटों पर चांदी/पीपल का काम शामिल है। कर्नाटक संगीत के विश्वविख्यात विशेषज्ञ और संत के रूप में पूजे जाने वाले थ्यागराज का जन्म पास के शहर तिरूवरूप में हुआ। यहां पर हर वर्ष

जनवरी में तिरूवययारू संगीत समारोह आयोजित होता है। इस दौरान समूचा क्षेत्र संगीतमय हो उठता है।

दर्शनीय स्थान सरस्वती महल पुस्तकालय, ब्रहमश्रीकंडेश्वरन मंदिर, हर्षविमोचन पेरूमल मंदिर, सारंगपाणि मंदिर, नागेश्वर मंदिर, रामास्वामी मंदिर।

भ्रमण स्थल **तरंगमबाड़ीः** 105 कि.मी. यहां पर समुद्रतट पर एक किला तथा दो पुराने गिरजाघर हैं।

स्वामीमलाई 32 कि.मी., पहाड़ी की चोटी पर भगवान सुब्रमण्यम का मंदिर।

तिरूवैयारू 13 कि.मी., यहां त्यागराज ने जन्म लिया और समाधि प्राप्त की।

नागोर 88 कि.मी., मुस्लिम तीर्थस्थल, सभी धर्मों के लोगों में लोकप्रिय।

वैलनकन्नीः 90 कि.मी., प्रसिद्ध 'आवर लेडी आफ हेल्थ' गिरजाघर।

प्वाइंट कैलिमेरे 112 कि.मी., प्रवासी जलपक्षियों के लिए प्रसिद्ध।

तिरूवरूर 55 कि.मी., थ्यागराज स्वामी मंदिर, तमिलनाडु के सबसे विशाल मंदिर के लिए प्रसिद्ध।

यातायात व्यवस्था यहां वायु, रेल और सड़क मार्ग से पहुंचा जा सकता है।

आवास व्यवस्था यहां पर्यटकों के आवास हेतु होटल उपलब्ध हैं।

वेशभूषा यहां के लोग गर्मियों और सर्दियों में सामान्य वस्त्र पहनते हैं।

तिरूचिरापल्ली

भारी चट्टानों पर बना एक विशाल किला तिरुचिरापल्ली के समूचे भू-भाग पर शासन करता दिखाई देता है। जिस तरह गरूड़ अपने आसपास के वातावरण को गर्व से निहारता है उसी तरह त्रिची का दुर्ग पूरे शहर पर नज र रखता है। इस नगर में प्राचीन और नवीन संस्कृति का मिलन दिखायी पड़ता है। तिरुचिरापल्ली पर कभी चोलवंश राजाओं का अधिकार था।

उसके बाद पल्लव और पांड्य वंश का राज्य रहा। इस विशाल दुर्ग का निर्माण मदुरै के नायक राजाओं ने किया। कावेरी नदी के एक द्वीप पर श्रीरंगम में 13वीं शताब्दी का 21 गोपुरमों वाला भव्य मंदिर इस नगर की शोभा बढ़ा रहा है। ये आकर्षक गोपुरम दक्षिण भारत में विकसित वास्तुशिल्प की श्रेष्ठता तथा शैली का बखान करते प्रतीत होते हैं। प्राचीन गिरजाघर प्रागैतिहासिक कब्रगाह

इसके आसपास ही बने हुए हैं। सुन्दर भित्तिचित्र वाली गुफाएँ पर्यटकों के हृदय को स्पर्श करती हैं।

दर्शनीय स्थान राक दुर्ग, विनायक टैम्पल, तिरुवनाइक, जम्बूकेश्वर मंदिर, राजकीय संग्रहालय, श्रीरंगम मंदिर।

भ्रमण स्थल ग्रांड एनिकट (कल्लानई, 24 कि.मी.), मुक्कोम्बू (अपर एनिकट, 18 कि.मी.), वयालूर (8 कि.मी.), समयपुरम (20 कि.मी.), विरालीमलाई (30 कि.मी.), सितन्नावासल (58 कि.मी.), नार्थमलाई (37 कि.मी.), इल्कुरिची, पुलियनचोलई (72 कि.मी.), कोडुम्बलूर (42 कि.मी.), अवुडयार कोविल।

यातायात व्यवस्था यहां वायु, रेल और सड़क मार्ग, से पहुंचा जा सकता है।

आवास व्यवस्था पर्यटकों के आवास हेतु यहां होटलों की पूरी व्यवस्था है।

वस्त्र गर्मियों के मौसम में सूती हल्के व सामान्य कपड़े का प्रयोग करना चाहिए और सर्दियों में सामान्य ऊनी कपड़ों का प्रयोग करना चाहिए।

विभिन्न शहर भारत के सौन्दर्य एवं इतिहास को उल्लेखित करते हैं। प्रत्येक शहर की अपनी एक विशेषता है। कोई कपड़े के लिए, कोई खाने के लिए प्रसिद्ध है। परन्तु सभी में कोई न कोई दर्शनीय स्थल है जो पर्यटन को विस्तृत करता है एवं पर्यटकों को आकर्षित करता है।

7

भारत में प्राकृतिक पर्यटन का विकास

विभिन्न भौगोलिक स्थिति होने के कारण यहां विभिन्न मौसम, विभिन्न जलवायु, पृथक् जीव-जन्तु एवं अलग-अलग वनस्पति पायी जाती है। कहीं हरे-भरे वन हैं तो कहीं दूर-दूर तक फैला मैदान है। यही भारत की प्रकृति है जो पर्यटकों को अपनी ओर आकर्षित करती है। पर्यटक अन्य क्षेत्रों की भांति वन्य पर्यटन में भी रुचि लेते हैं।

वन्य जीव पर्यटन

भारत की सम्पूर्ण धरती के लगभग 30% भाग पर जंगल हैं, जिसमें 90,000 वर्ग कि.मी. के क्षेत्र को सिर्फ जंगली प्राणियों हेतु आरक्षित किया गया है। ताकि विलुप्त होते जा रहे प्राणियों को सुरक्षित रखा जा सके। ये क्षेत्र पर्यटकों के लिए आकर्षण का केन्द्र हैं। विभिन्न वन्य जीवों को देखने के ख्याल से बड़ी संख्या में सैलानी यहां आते हैं। भारत में छोटे-बड़े तकरीबन 53 राष्ट्रीय पार्क तथा 247 वन्य जीव सेन्चुरी हैं। इनमें से कई प्रोजेक्ट टाइगर के अन्तर्गत आते हैं। इन राष्ट्रीय पार्कों तथा वन्य जीव सेन्चुरी के अंतर्गत 350 से अधिक जानवर तथा लगभग 1,200 किस्म के पक्षी हैं। भारतवर्ष में लगभग 65000 प्रकार के जानवर, 13,000 तरह के पौधे तथा 2,000 तरह की मछलियाँ पायी जाती हैं।

जंगली प्राणियों में रुचि लेने वाले जो पर्यटक भारत में आते हैं उनको सबसे पहले यह जानकारी देनी चाहिए कि भारत और अफ्रीका पूरी तरह अलग-अलग हैं। अगर हम इसमें असफल रहे और इसके प्रतिकूल यदि हम अपने वन्य जीवों पर भारी प्रवेश शुल्क लगाकर यह कहकर आकर्षित करें कि हमारे यहाँ भी अफ्रीका के समान अपितु कहीं अधिक सुन्दर वन्य जीव आकर्षण है, तो निश्चित तौर पर हमें गर्म हवा के गुब्बारों की सैर, शैम्पेनयुक्त नाश्ते, वातानुकूलित लेण्ड

रोवर्स तथा अत्याधुनिक पाश्चात्य शैली के प्रसाधनों से युक्त तम्बुओं की सुविधायें प्रदान करनी होंगी और यह सब सुलभ कराना हमारी क्षमता में है परन्तु सिर्फ कुछ लोगों के लिये यह सुविधा उपलब्ध कराना वन्य जीवन के हित में नहीं है। इसकी जगह यदि हम पूर्णरूपेण समर्पित हो पर्यटकों को उनके द्वारा खर्च किये जाने वाले धन की पूरी कीमत अदा करने वाले तथा अर्थपूर्ण पर्यटन की सुविधायें सुलभ करायें तथा उन्हें एक शुद्ध भारतीय अनुभव उपलब्ध करायें तो निःसंदेह टिक सकने वाले दीर्घायु पर्यटन को विकसित कर पायेंगे। अगर हम अपने आपको अफ्रीका के समतुल्य रखने की कोशिश करेंगे तो हिंसक वन्य पशुओं के अनुभव में हमारा उदाहरणार्थ अपनी शक्तिशाली दूरबीन से वन के परिवेश में 2 कि॰ मी॰ पर खड़े सिंहों की टोली, जंगली जानवरों के झुण्ड अथवा जिराफों को देख सकते हैं एवं फिर पांच मिनट से कम समय में ही उत्सुक रोमांचित पर्यटक उन वन्य जीवों के समीप भी पहुंच सकता है, परन्तु हमारे देश में आप शेर को 10 फीट की दूरी पर भी देख सकते हैं अथवा कभी सभी संरक्षित वन क्षेत्र में आपको एक भी जानवर देखने को न मिले।

जंगलों का नाश करने वाले यदि जंगली जीवन के प्रति जागरूक हों तो हमारा देश पर्यटकों को आकर्षित करने के लिए जंगल में मौजूद रंगीन नैसर्गिक छटाओं को और भी आकर्षित बना सकता है। इसी तरह ऐसे व्यक्ति जिन्हें वन्य जीवन का पर्याप्त ज्ञान है, उन्हें सैलानियों को दिग्दर्शिता व शिक्षित करने के कार्यक्रम में अधिकाधिक हिस्सेदारी व प्रतिनिधित्व देना चाहिये। निःसंदेह रूडयार्ड किपलिंग की चाहत के अनुसार पेड़ से सजे हुए वातावरण तथा हमारे देश के व्यक्तियों का मित्रतापूर्ण सौहार्द ही इन स्थानों को लोकप्रिय बनाने के व्यक्तियों के अवयव हैं। यथार्थतः किसी भी स्थिति में भारतीय वन कहीं मुख्य सघन है और इसी कारण वन्य जीव का इन जंगलों में दर्शन अफ्रीका की अपेक्षा कहीं ज्यादा दुष्कर है। ऐसे व्यक्ति जो शेर व हाथी दिखाने का पूरा यकीन दिलाते हैं, वे निश्चित तौर पर अपने ग्राहकों को संतुष्ट करने हेतु बने बनाये नियमों को तोड़े बिना ऐसा नहीं कर पायेंगे या फिर अपने ऐसे ग्राहकों से हमेशा के लिये हाथ धो बैठेंगे। सर्वमान्य नीति तो यह होगी कि वे सैलानियों को सही रूप से वर्तमान सच्चाई से अभिप्रेरित करें या उन्हें सब्ज बाग दिखाने के मिथ्या वायदे या उन अति विलासितापूर्ण सुविधाओं को सैलानियों के वायदे से दूर रखें जो प्रदान नहीं की जा सकती हैं।

क्योंकि जब वे इन वनस्थ अंचलों की यात्रा करके अपने घरों को लौटते हैं

तो वे अपने साथ सुन्दर वनों के शाश्वत वातावरण की अमूल्य निधि लेकर वापस लौटते हैं न कि आधुनिक होटलों की सुविधा की यादें पर्यटन के विकास हेतु पर्यावरण संरक्षण को विचारकर योजनाएँ बनाएँ। इन योजनाओं में पर्यावरण संरक्षण संबंधी संस्थाओं से विचार-विमर्श करना पड़ेगा।

भ्रमण करने का कार्यक्रम बनाने वाले टूर ऑपरेटर यदि जंगलों के प्रति श्रद्धा और सम्मान दिखायेंगे तो भारत के जंगलों के प्रति पर्यटक भी जागरूक होंगे और इन स्थानों को देखने के इच्छुक होंगे। जब प्रथम वर्षा जंगल की विशाल फैली हरीतिमा पर उतरती है तो उदाहरण के लिये, वर्षा की ये बूंदें वन क्षेत्र के धरातल तक पहुंचने में कई घण्टे का समय ले सकती हैं। छातों की कई सतहों जैसी फैली हुई वनस्पतियाँ सबसे पहले वर्षा की बूंदों को अपनी कैद में करती हैं, उसे संभालती हैं, उसका आनन्द उठाती हैं और फिर तब कहीं जाकर उसे नीचे जाने देती हैं। ये वर्षा की नन्हीं-नन्हीं बूंदें बेलों, लताओं से फिसलकर अन्त में पत्तियों से भरे हुए वनभूमि पर पहुंचती हैं। यहाँ से धीमे-धीमे वे मिट्टी की ऊपरी सतह में गिरती है एवं आहिस्ता-आहिस्ता जमीन पर और अन्ततः जमीन के अन्दर घूमते-फिरते पानी की उस सतह पर पहुंचती हैं जो हमारी झीलों एवं नदियों का जल स्तर बढ़ाती हैं। हर कदम पर पानी अद्भुत विभिन्नता लिये जीवन के सम्मिलित आयामों को एक नयी स्फूर्ति प्रदान करती है, जिसमें शामिल हैं कीट-पतंगें, पानी में रहने वाले जीव, रेंगने वाले जीव, पक्षी एवं स्तनधारी प्राणी जगत इन पौधों को सुरक्षित रखते हैं और उनकी हरीतिमा को बनाये रखते हैं।

पानी और वन के मध्य यह सम्बन्ध हमारे पूर्वजों को अच्छी तरह से मालूम था। यह ज्ञान आधुनिक मनुष्य से इस तरह लुप्त हो गया है कि अब हम हिमालय की तराई में फैले हुये इतने व्यापक स्तर पर जंगलों को पुनःस्थापित करने में, यहाँ तक कि राजस्थान में सूखी कंटीली झाड़ियों तक को स्थापित करने में समर्थ नहीं है। हम केवल इन्हें काटना जानते हैं इनका संरक्षण हमारी समझ से परे है।

यदि पर्यटन का विकास पर्यावरण को सुरक्षित रखकर करना है तो सर्वप्रथम पर्यटकों को विभिन्न प्रकार की नैसर्गिक क्रियाओं के सम्बन्ध में पूर्ण जानकारी देने के साथ उन्हें इसके प्रति जागरूक करना होगा ताकि ये प्रकृति का कम-से-कम तिरस्कार करें। आइये देखें किस तरह यह प्रचुर वन सम्पदा आयी? इन राष्ट्रीय उद्यानों तथा अभ्यारणों में आने वाले वन्य प्रेमी सैलानियों को ज्ञान देने हेतु एक छोटा सा वीडियो कार्यक्रम बनाया जा सकता है जिसके द्वारा उन्हें समझाया जा सकता है कि आज से 4 करोड़ 35 लाख वर्ष पहले समुद्र में जीवों की उत्पत्ति हुई

थी एवं भारी उथल-पुथल व बदलाव के बाद यही पानी में रहने वाले जीव, पृथ्वी पर खिसक आये। पृथ्वी पर सबसे पहले जब वनस्पतियाँ उगनी शुरू हुईं सम्भवतः तब पहाड़, भूमि, आकाश और पानी के अलावा पृथ्वी पर चारों तरफ सिर्फ एक ही रंग था हरा। शुरुआत में अचानक ही अव्यवस्थित रूप से बीजों के जहाँ-तहाँ गिरने से पेड़-पौधे पनपने लगे। इन पेड़-पौधो, फल, नल्लरियों को बहुगुणित करना बहुत कठिन तथा मूल्यवान था। उस वक्त धरती पर कोई फूल नहीं खिलता था।

जैसा कि सभी जानते हैं कि जलीय जीवों की उत्पत्ति के पश्चात् स्थलीय जीव उत्पन्न हुए हैं। जैविकीय विकास की दैविक इच्छाओं ने ही स्थल जाति को पहली बार यह ज्ञान कराया कि यह उड़ने वाले पक्षी एक स्थल से दूसरे स्थल तक बीजों को लाने, ले जाने के अच्छे माध्यम हो सकते हैं। पौधों ने अचानक तलाश की कि पानी एवं हवा के द्वारा, हजारों-लाखों बीजों को छितराने की क्या आवश्यकता है? जिसमें सफलता के अवसर बहुत कम हैं। उसकी जगह अगर उड़ने वाले कीट-पतंगों को दूसरे स्थानों पर स्थित पौधों पर सुव्यवस्थित रूप से बीजारोपण हेतु उत्प्रेरित किया जा सके। कीट-पतंगों की इस उड़ान के कारण ही पोलीनेशन की प्रकृति में अभूतपूर्व वृद्धि हुई और पृथ्वी करोड़ों रंगों से इन्द्रधनुषी हो उठी। जीव विज्ञान की कक्षाओं से कहीं ज्यादा ये मधुमक्खियाँ और कीट-पतंगे हमें उत्तरदायित्व तथा विकासीय प्रक्रियाओं का व्यावहारिक पाठ पढ़ाते हैं। यह सोचने वाली बात है कि यदि मधु-मक्खियों द्वारा रस चूसे गये फूल एक सप्ताह में झड़ जायें तो हमारी पृथ्वी का क्या हाल होगा? संयोगवश ये पतंगे व उड़ने वाले सूक्ष्म जीव वह विनाशीय कार्य करने में असमर्थ हैं। उनके पास पृथ्वी के संसाधन के आधार को बर्बाद करने की तकनीक नहीं है केवल मानव जाति के पास ही यह घातक अस्त्र हैं।

नेशनल पार्क

भारत में विदेशों से आने वाले सैलानियों को यहां पर विभिन्न प्रकार के पक्षी और जंगलों में रहने वाली रंग-बिरंगी तितलियां आसानीपूर्वक दिख जाती हैं, परन्तु बड़े-बड़े जंगली प्राणियों को देखने के लिए उन्हें प्रतीक्षा करनी पड़ती है। अगर सैलानियों को प्रकृति के अद्भुत संसार में मुग्ध होकर अपने आप को खो देने, एकरूप होने हेतु अभिप्रेरित किया जाये तो कम अवधि में ही प्रत्येक सैलानियों को समग्र रूप से अनोखा अनुभव दिया जा सकता है। यदि सोचा जाए कि एक सूक्ष्म कीड़ा जिस पर अधिकांश लोग ध्यान ही नहीं देते है, परन्तु वह प्रकृति की अद्भुत

देन है। इस प्रजाति के नर कीड़े मादा की खोज एक दूसरे को तकरीबन 2 कि. मी. की दूरी से एक दूसरे की विशेष गंध से तलाश कर लेते हैं। इसका रहस्य एक प्राकृतिक रासायनिक प्रक्रिया में निहित है, जिसके कारण यह विशेष कीड़ा अपने साथी द्वारा निकाली जाने वाली गंध की तुरन्त पहचान कर लेता है। यदि कोई मानव ऐसा करने में समर्थ होता है तो हम इसके उस गुण को दैवीय या प्राकृतिक गुण मानते हैं। प्रकृति ने हर प्राणी को जीवित रखने हेतु विशेष गुण व उपहार प्रदान किये हैं। हमने अभी प्रकृति के इन विभिन्न जीवों में प्राकृतिक रूप से उपलब्ध विशेष गुणों के सम्बन्ध में ज्ञान प्राप्त करना शुरू भी नहीं किया है कि हमने इन प्रजातियों के विनाश की प्रक्रिया शुरू कर दी है। मधुमक्खियों की तरह पतंगे भी पराग स्थानांतरित करते हैं परन्तु वे यह कार्य रात में करना ज्यादा पसन्द करते हैं।

वनों में विचरण करने वाले बड़े-बड़े प्राणियों आसानी से नहीं पहचाना जा सकता है क्योंकि ये प्रायः प्राकृतिक रूप से विकसित वनों की झाड़ियों में छिप जाते हैं। जैसे घास का कीड़ा ग्रास हॉपर या फिर गिरगिट जो कि उनको अपना ग्रास बनता है। सैलानी प्रकृति के इन अनेकानेक जीवों के सूक्ष्म प्रकारों को देखने, समझने एवं जानने हेतु इन अद्‌भुत यात्राओं का मजा ले सकते हैं। जीव विज्ञान के विद्यार्थी अच्छी तरह जानते हैं कि ग्रास हॉपर एक बड़ी प्राकृतिक व्यवस्था का महत्वपूर्ण हिस्सा है। पेड़-पौधे अपनी वस्तुओं को बनाने हेतु सूर्य से ऊर्जा ग्रहण करते हैं। ग्रास हॉपर जैसे छोटे जीव अपने शरीर की कोशिकाओं को बनाने हेतु पेड़-पौधों का उपयोग करते हैं। वही ग्रास हॉपर कई छोटे जीव-जन्तुओं यथा छिपकली, मेढक, जंगली बिल्ली एवं जब-तब पर्यटकों की इन्तजार कर रही है। जबकि उनके साजो-सामान में प्रकृति के अद्‌भुत रहस्यों को जानने की उत्कंठा बांधी गयी हो।

विभिन्न नेशनल पार्क

1.	कान्हा नेशनल पार्क	*मध्य प्रदेश*
2.	दुधवा नेशनल पार्क	*उत्तर प्रदेश*
3.	सुन्दरवन टाइगर रिजर्व	*पश्चिम बंगाल*
4.	जिम कार्बेट नेशनल पार्क	*उत्तराखंड*
5.	नन्दा देवी नेशनल पार्क	*उत्तराखंड*
6.	चिल्का सैन्चुरी	*उड़ीसा*
7.	काजीरंगा नेशनल पार्क	*असम*

8.	राजाजी नेशनल पार्क	*उत्तराखंड*
9.	गिर नेशनल पार्क	*गुजरात*
10.	डचीगम सैन्चुरी	*जम्मू एण्ड कश्मीर*
11.	बांदीपुर सैन्चुरी	*तमिलनाडु*
12.	मद्रास नेशनल पार्क	*तमिलनाडु*
13.	पेरिया टाइगर रिजर्व	*तमिलनाडु*
14.	सरिस्का टाइगर रिजर्व	*राजस्थान*
15.	रणथम्भौर टाइगर रिजर्व	*राजस्थान*
16.	घाना वर्ड सैन्चुरी	*राजस्थान*

जिम कार्बेट राष्ट्रीय पार्क

इस पार्क को हेली नेशनल पार्क के नाम से सन् 1935 में भारत की केन्द्रीय सरकार ने स्थापित किया था। जिसका प्रमुख प्रयोजन जंगली प्राणियों प्रमुख रूप से बाघों को विलुप्त होने से बचाना है। जिम कार्बेट, नेशनल उद्यान 39.13 से 29. 35 उतरी अक्षांश एवं 78.33 से 78.36 पूर्वी देशान्तरों के बीच उत्तराखंड हिमालय में स्थित है। कार्बेट नेशनल पार्क 520 वर्ग कि. मी. के क्षेत्र में फैला है। सन् 1948 में इस पार्क का नाम विश्व प्रसिद्ध पर्यावरणविद् तथा शिकारी सर जिमी कार्बेट के नाम पर कार्बेट नेशनल पार्क रखा गया। भारत के बड़े एवं विख्यात वन्य जीव पार्कों में से कार्बेट नेशनल उद्यान भी एक है। सन् 1973 में इसे टाइगर पार्क घोषित कर दिया गया। वस्तुतः भारत में विलुप्त होते जा रहे शेरों की प्रजातियों को सुरक्षित रखने के ख्याल से ऐसा किया गया। जिम कार्बेट राष्ट्रीय पार्क संसार में बहुत ही मशहूर हो गया है जिस कारण इसके प्रति पर्यटकों को आकर्षित होने में तेजी से वृद्धि हो रही है। सन् 2000-2001 में 74,000 पर्यटक कार्बेट नेशनल पार्क आये जो विगत वर्षों की तुलना में 10 फीसदी अधिक था। कार्बेट नेशनल पार्क में वन्य जीवों को उनके प्राकृतिक परिवेश में जरूरत से अधिक विघ्न पैदा होने के उद्देश्य से तथा पार्क का पारिस्थितिकीय तंत्र प्रभावित न होने देने के उद्देश्य से पर्यटकों के प्रवाह को नियंत्रित करने का प्रयास किया गया है। पार्क के साथ लगे सोना नदी तथा सीतावनी वन्य क्षेत्रों की ओर भी सैलानियों का ध्यान आकर्षित किया जा रहा है। पर्यटकों एवं वन्य जीवन में साम्य बनाये रखने के लिए पर्यटन विभाग ने कुछ प्रयास किए हैं जिनका लक्ष्य कुछ विभिन्न उद्देश्यों की पूर्ति करना है जो निम्न हैं

1. वन्य जीवों का प्राकृतिक स्वभाव बना रहे,
2. मनुष्य प्राकृतिक छेड़छाड़ से वन्य जीवों पर कोई बुरा प्रभाव नहीं पड़े,
3. पर्यावरण पर नकारात्मक प्रभाव न पड़े,
4. सैलानियों द्वारा वन्य क्षेत्रों में प्रदूषण न फैले, तथा
5. स्थानीय लोगों को दी गयी सुविधाओं के बदले में प्रकृति का क्रम अव्यवस्थित न हो। इन सब उद्देश्यों की प्राप्ति के साथ-साथ घरेलू लोगों को प्राप्त होने वाले आर्थिक लाभ में व्यवधान उत्पन्न न हो, यह भी पारिस्थितिकी पर्यटन का एक मुख्य प्रयोजन है।

सी टी आर कार्बेट टाइगर रिजर्व का चारों दिशाओं में विकास करने हेतु एक नीति तैयार की गई। इस सिलसिले में विगत 3 सालों में 40 बेरोजगार युवकों को रोजगार के अवसर उपलब्ध कराने हेतु कार्बेट टाइगर रिजर्व में इस कार्य के लिए नियुक्त किया गया है कि वे सैलानियों का मार्गदर्शन करें तथा पार्क के पारिस्थितिकीय संतुलन को सैलानियों द्वारा बिगड़ने न दें। यह पर्यावरण सुरक्षा की दिशा में उठाया गया पहला कदम है।

कार्बेट राष्ट्रीय उद्यान

नैनीताल एवं पौड़ी-गढ़वाल में स्थित कार्बेट राष्ट्रीय उद्यान भारत का पहला उद्यान है। इसे सन् 1936 में तत्कालीन गर्वनर सर मेल्कोम हेली ने स्थापित किया था। जिस कारण पहले इसका नाम हेली राष्ट्रीय उद्यान था, जिसे आजादी के बाद बदल कर रामगंगा राष्ट्रीय उद्यान कर दिया गया, लेकिन इसके बाद फिर जाने-माने लेखक और छायाकार स्वर्गीय जिम कार्बेट के नाम पर इस पार्क का नाम कार्बेट राष्ट्रीय उद्यान रख दिया गया। जिम कार्बेट ने उद्यान की सीमाएँ निर्धारित करने और इसकी स्थापना में काफी सहयोग दिया। 520 वर्ग कि.मी. क्षेत्र में फैला यह उद्यान हिमालय की गोद में स्थित है।

राष्ट्रीय उद्यान के प्रमुख आकर्षण

1. उद्यान में हाथी, तेंदुआ, रीछ, सूअर, सांभर, हिरण, लोमड़ियाँ भी काफी संख्या में पाई जाती हैं।
2. वृक्षों, झाड़ियों, बांस और घास की विभिन्न प्रजातियां उद्यान की हरियाली बढ़ाती हैं। इस अभ्यारण्य में शुद्ध साल वन हैं और इसी के लिए यह उद्यान विशेष रूप से प्रसिद्ध है।

3. पार्क के अंदर बनी झील में प्रवासी और स्थानीय दोनों तरह की अनेक प्रजातियों के जलपक्षी ठहरते हैं।
4. घड़ियाल और मगरमच्छ खुले में धूप सेंकते देखे जा सकते हैं।
5. महासीर और माली जैसी मछलियों को झील और नदी में देखा जा सकता है। मछलियों को पकड़ना यहां आने वालों के लिए एक बड़ा आकर्षण है।
6. बाघ इस उद्यान का सबसे बड़ा आकर्षण है। विश्व के इस सबसे शानदार जंगली जानवर को बचाने की अंतर्राष्ट्रीय अपील के बाद विश्व वन्य जीवन कोष के सहयोग से पहली अप्रैल 1973 को विशेष बाघ परियोजना शुरू की गई जिसके अंतर्गत कार्बेट उद्यान को बाघों का आश्रय स्थल बनाया गया।

यातायात के साधन

इस उद्यान तक पहुंचने में रेल और सड़क दोनों ही रास्ते उपलब्ध हैं। जिसमें रेल यातायात के लिए रामनगर सर्वाधिक करीब स्टेशन है।

आवास व्यवस्था कार्बेट राष्ट्रीय उद्यान के आसपास धिकाला, सर्पदुली, गैराल, सुल्तान, ब्रिजरानी, मलानी, कांडा, धेला में फोरेस्ट गेस्ट हाउस उपलब्ध हैं।

आरक्षण के लिए सम्पर्क करें जनरल मैनेजर, पर्यटन, कुमांऊं मंडल विकास निगम, ओक पार्क हाऊस, नैनीताल। दूरभाषः 05942-236356

वस्त्र यहां के लोग गर्मियों में हल्के सामान्य वस्त्र तथा सर्दियों में भारी ऊनी वस्त्र पहनना पसन्द करते हैं।

कान्हा राष्ट्रीय पार्क

सन् 1947 में बाघ परियोजना के तहत स्थापित कान्हा राष्ट्रीय पार्क बाघों के संरक्षण का प्रमुख स्थान है। यही एक ऐसा पार्क है जिसमें जंगली जानवर बारहसिंघा को आश्रय दिया गया है। 840 वर्ग कि.मी. क्षेत्र में फैला हुआ है। यहां बांस वनों, घास के मैदानों तथा तीव्र गति से बहने वाली जलधाराएं हैं जो इसकी सुन्दरता में चार चांद लगाते हैं। इसकी स्थापना 1955 में एक विशेष कानून के अंतर्गत की गई। उसी समय से इस उद्यान की वनस्पति और वन्य जीवों की रक्षा के लिए चलाए गए कठोर कार्यक्रमों के कारण इसे एशिया के सर्वश्रेष्ठ राष्ट्रीय पार्कों में गिना जाने लगा। यह वन्य जीव प्रेमियों के लिए मुख्य आकर्षण है और जानवरों तथा पक्षियों के लिए उचित आवासीय स्थल है।

दर्शनीय स्थान विभिन्न स्थानों से आये पर्यटकों को भ्रमण कराने के लिए वन विभाग गाइड उपलब्ध कराता है, जो उन्हें निश्चित रास्तों से ले जाकर

भिन्न-भिन्न क्षेत्रों का दर्शन कराते हैं। सबसे अच्छे स्थान कान्हा के आसपास के घास के मैदान हैं जहां पर चीतल, बारहसिंघा तथा अन्य जानवर दिनभर देखे जा सकते हैं।

बामनी दादर यह स्थान सूर्यास्त स्थल के रूप में बहुत प्रसिद्ध है।

स्तनपायी प्रजातियाँ इस पार्क में 22 प्रकार के स्तनपायी प्रजाति के जंतु पाये जाते हैं। सरलतापूर्वक दिखने वाले जन्तुओं में गीदड़, जंगली सूअर, चीतल, हिरण और सांभर शामिल हैं। बाघ, खरगोश और जंगली कुत्ता बहुत कम दिखाई देते हैं।

पशु-पक्षी कान्हा उद्यान में पक्षियों की 200 प्रजातियां हैं। गाय, बगुला, बगुली, काला बुज्जा, शिखाधर सांप, नीलकंठ और धनेश अधिकांश दिखाई देते हैं।

यातायात के साधन यहां वायु, रेल व सड़क मार्ग द्वारा यात्रा की जा सकती है। यहां की सबसे नजदीक हवाई अड्डा जबलपुर तथा सबसे नजदीक रेलबे स्टेशन भी जबलपुर ही है। वायु, और रेल, दोनों, सड़क मार्ग द्वारा भी अच्छी तरह जुड़ा है।

आवास व्यवस्था यहां दो सितारा होटल है साथ-साथ सामान्य होटल की भी व्यवस्था है। दो सितारा के रूप में रॉयल-टाइगर रिसोर्ट मौजूद है।

वस्त्र सूती और ऊनी दोनों, क्योंकि सुबह और शाम ठंड पड़ सकती है। गहरे रंग के कपड़े न पहनें तो बेहतर होगा।

राष्ट्रीय पार्क काजीरंगा

काजीरंगा राष्ट्रीय उद्यान के रूप में विख्यात है। यह असम के मध्य क्षेत्र में स्थित है। इस उद्यान में एक सींग वाले गैंडों को प्रमुखता दी गई है। इस उद्यान में गैंडों का जंगल के तालाबों में सुस्ताना, मस्त चाल से चलना और उसकी दूसरी गतिविधियाँ देखकर वन्य जीव प्रेमी बहुत आनंदित होते हैं। काज ीरंगा एकदम आदिम वन है जहां लंबी घास, दलदल और खुरदरे सरकंडे फैले हुए हैं। गुवाहाटी से 217 कि.मी. दूर स्थित यह उद्यान 430 कि.मी. क्षेत्र में फैला हुआ है। यहां आवासिल पक्षी पैदा होते हैं, तथा बड़ी संख्या में स्थानीय और प्रवासी पक्षी यहां आकर विश्राम करते हैं। इस उद्यान में फड़फड़ाते, उड़ान की कोशिका करते, ऊँची उड़ान भरते तथा जल में तैरते पक्षियों के चित्र लेने के अपार अवसर उपलब्ध हैं। यह उद्यान जंगली जंतुओं और प्राकृतिक वातारण के आपसी मेल का आदर्श रूप प्रस्तुत करता है।

काजीरंगा के प्रमुख आकर्षण गैंडा, हाथी, दलदली हिरण, सांभर, शूकर, हिरण, रीछ, जल भैंस, बाघ, तेंदुआ, जंगली बिल्ली, भालू, सूअर, लंगूर, उलूक, गीदड़, हंस, धनेश, गुज्जा, जलकौआ, बगुला तथा कई अन्य प्रावासी और स्थानीय पक्षी।

यातायात व्यवस्था यहां वायु, रेल व सड़क मार्ग द्वारा यात्रा की जा सकती है। यहां का निकटतम हवाई अड्डा गुवाहाटी और निकटतम रेलवे स्टेशन भी गुवाहाटी है। ये दोनों परिवहन सड़क मार्गों से अच्छी तरह जुड़ा है।

आवास की व्यवस्था यहां आवास की व्यवस्था उत्तम है। यहां तीन-चार सितारा होटल के साथ-साथ सामान्य होटल भी हैं।

अरण्य, बोनानी एवं बोनोश्री लॉज वाइल्ड ग्राम रिसोर्ट तथा टूरिस्ट बंगला यहां के प्रमुख होटल हैं।

पार्क देखने का साधन जीप या हाथी की सवारी।

वस्त्र यहां नवम्बर से अप्रैल तक का मौसम पर्यटन के अनुकूल होता है।

पेरियार टाइगर रिजर्व

भारत के दक्षिण क्षेत्र में स्थित केरल राज्य के पेरियार क्षेत्र में कई प्रकार के जंगल देखने को मिलते हैं उदाहरणतः उष्ण कटिबन्धीय घासयुक्त पतझड़, सदाबहार और अर्द्धसदाबहार आदि।

यह लगभग 777 वर्ग किमी. में फैला है, जिसमें जंगलों के साथ-साथ विभिन्न प्रकार के पर्वत भी विद्यमान हैं। पेरियार के सम्पूर्ण क्षेत्र में 160 से भी ज्यादा प्रकार के पक्षी पाये जाते हैं।

पानी में आधे डूबे सूखे पेड़ों पर बैठे पक्षियों का दृश्य यहां घूमने के लिए आए लोगों का मन मोह लेता है। नदी, सरोवरों के किनारे मस्ती में घास चरते हाथियों के झुंड यहां प्रायः देखने को मिलते हैं। पेरियार में लगभग 600 हाथी हैं। यहां पर अन्य प्रकार के विभिन्न जानवर भी असंख्य हैं। दिसम्बर और जनवरी को छोड़कर वर्ष भर यहाँ वर्षा होती रहती है।

पशु-पक्षी हाथी, सांभर, काकड़, बनैला सूअर, साही, नीलगिरी, लंगूर, लघुपुछ वानर, सिंगपुछ वानर, बाघ, तेंदुआ, मालाबार गिलहरी, रीछ और जंगली कुत्ता। धनेश, ब्रहमिणी चील, काले पंखों वाली चील, कनकौआ, कोइत्ल्ला, सुनहरी पीलक, नीले पंखों वाला तोता, चिलबिल।

यातायात व्यवस्था यहां वायु, रेल व सड़क मार्ग द्वारा यात्रा की जा

सकती है। यहां की सबसे नजदीक हवाई अड्डा तथा रेलवे स्टेशन मदुरई है। ये दोनों सड़क मार्ग से भी अच्छी तरह जुड़े हैं।

आवास प्रबन्ध यहां एक-दो सितारा के साथ-साथ सामान्य होटल भी हैं।

होटल यहां केरल विकास पर्यटन विभाग के कई होटल उपलब्ध हैं।

वस्त्र इस क्षेत्र के लोग गर्मियों और सर्दियों में हल्के सामान्य वस्त्र पहनना पसन्द करते हैं।

रणथंभौर टाइगर रिजर्व

राजस्थान में स्थित रणथंभौर एक ऐतिहासिक नगर है जो अत्यन्त ही प्रसिद्ध है। यहां के राष्ट्रीय उद्यान का जंगली प्राणियों के संरक्षण में महत्वपूर्ण योगदान है। अरावली और विंध्याचल पर्वत शृंखलाओं के मध्य स्थित होने के कारण पर्यटकों के आकर्षण का भी प्रमुख केन्द्र है। यह शुरू के उन कुछ स्थानों में से है, जिन्हें बाघ परियोजना के अंतर्गत लाया गया। यह हमेशा सबसे सफल राष्ट्रीय उद्यान बना रहा। भारतीय बाघों को उसके प्राकृतिक वातावरण से देखने के लिए यह आदर्श स्थान है। 392 वर्ग कि.मी. क्षेत्र में फैले इस उद्यान में कई अन्य वन्य जीवन भी देखे जा सकते हैं। किंतु यहां पर बाघ को एक तरह से उसे अपने घर में देखने का आनन्द अलग ही है। चाहे यह अचानक झाड़ियों में से निकल कर रास्ते पर आ जाए या कहीं आपको चांदनी रात में पानी पीते हुए दिखाई पड़ जाए, वह क्षण सचमुच रोमांचक होगा। गर्वीले बाघ को दस भव्य अभ्यारण्य में देखने का अवसर कोई भी वन्यजीव प्रेमी खोना नहीं चाहेगा।

वन्य जीव बाघ, सांभर, चीतल, बनैला सूअर, तेंदुआ, गीदड़, लक्कड़बग्घा।

अन्य स्थल रणथंभौर किला (राजस्थान के प्राचीनतम दुर्गों में से एक), गणेश मंदिर, जोगी महल, टोंक।

टोंक यह जयपुर से लगभग 96 कि.मी. दूर में स्थित है। यहां की सुनहरी कोठी पर्यटकों को प्रमुख रूप से आकर्षित करती है। बाहर से देखने पर यह मामूली स्मारक लगती है लेकिन रंगीन कांच, दर्पणों, गच्चकारी और मुलम्मे की कारीगरी के कारण इसका भीतरी प्रांगण अपनी चमक से मन मोह लेता है। (टोंक पर अफगानिस्तान के पठानों की एक जनजाति का शासन रहा है।)

यातायात के साधन यहां वायु, रेल व सड़क मार्ग से यात्रा की जा सकती है। यहां का निकटतम हवाई अड्डा जयपुर है। यहां का निकटतम रेलवे स्टेशन सवाई माधोपुर है। यहां रेलमार्ग, सड़क मार्ग से अच्छी तरह जुड़ा है।

आवास व्यवस्था यहां उच्च कोटि व निम्न कोटि के होटल उपलब्ध हैं। जो अधिक पैसे वालों व कम पैसे वालों की सेवा करता है।

वस्त्र इस क्षेत्र के लोग गर्मियों में हल्के सूती वस्त्र और सर्दियों ऊनी वस्त्र पहनना पसन्द करते हैं।

केवलादेव राष्ट्रीय उद्यान

सन् 1733 में राजा सूरजमल ने भरतपुर में इसकी स्थापना की थी। वर्तमान समय में यह क्षेत्र बर्ड सैन्चुरी केवलादेव राष्ट्रीय उद्यान के कारण प्रसिद्ध है। इस उद्यान में आप मीलों लंबे छायादार रास्ते पर दोनों ओर पक्षियों को निहारते चल सकते हैं। यहां असंख्य पक्षी पाए जाते हैं। उनकी चहचाहाहट पर्यटकों के मन को मोह लेती है तथा सौन्दर्यता देखकर आंखें उनसे हटती नहीं हैं। हर वर्ष साईबेरिया से बड़ी संख्या में सारस पर्वतों, झीलों तथा कई देशों को पा करके यहां पर शरण लेते हैं। ये सारस पक्षी जीवन के संदर्भ में अंतर्राष्ट्रीय सद्भाव और एकता का चित्र प्रस्तुत करते हैं। यूनेस्को ने केवलादेव राष्ट्रीय उद्यान को विश्व धरोहर स्थल घोषित किया है।

दर्शनीय स्थल पैलेस, लौह दुर्ग, पुराना महल, डीग किला, केवलादेव राष्ट्रीय उद्यान, गोपाल भवन, बंगाल चैम्बर, सूरज भवन, नंद भवन, राजकीय संग्रहालय, जवाहर बुर्ज, फतेह बुर्ज, डीग।

यातायात व्यवस्था यहां वायु, रेल, और सड़क मार्ग से यात्रा की जा सकती है। निकटतम हवाई अड्डा नई दिल्ली है। भरतपुर रेल और सड़क मार्ग दोनों से अच्छी तरह जुड़ा है।

आवास व्यवस्था यहां की आवास व्यवस्था उत्तम है। यहां पर्यटकों की सेवा करने के लिए उच्च श्रेणी व निम्न श्रेणी के होटल पाए जाते हैं।

वस्त्र इस क्षेत्र के लोग गर्मियों में हल्के सामान्य वस्त्र तथा सर्दियों में ऊनी वस्त्र पहनना पसन्द करते हैं।

सरिस्का टाइगर रिजर्व

राजस्थान राज्य में अरावली पर्वत की छोटी-छोटी पहाड़ियों की एक श्रेणी है जिसके बीच में एक बड़ी पहाड़ी स्थित है। इस पहाड़ी पर एक ऐतिहासिक किला निर्मित है। अलवर झीलों और घाटियों वाला क्षेत्र है जो पर्यटकों को आने का निमंत्रण देता है। राजस्थान का सबसे सुंदर वन्यजी व अभ्यारण्य सरिस्का अलवर

में ही है। यह बहुत सुंदर बाघ प्रदेश है। अलवर नगर में पुरानी हवेलियाँ, तंग गलियाँ और मुख्यतः मध्यकालीन रहन-सहन यहां आने वालों के लिए विविध रंग बिखेरते हैं। यहां की मुख्य मिठाई कलाकंद देशवासियों को ही नहीं विदेशियों को भी भाती है। अलवर के संग्रहालय में लघुचित्रकारी के अद्भुत नमूने हैं जो भारतीय शास्त्रीय संगीत के रागों पर आधारित हैं। संगीत के आधार पर चित्रकारी यहां की विशेष कला है।

दर्शनीय स्थान सिटी पैलेस या विनय विलास महल, राजकीय संग्रहालय, पुरजन विहार, सरिस्का (वन्य जीव अभ्यारण्य), विजयमंदिर महल, सिलीसेढ़ झील और पैलेस होटल, जयसमंद झील, सरिस्का महल।

यातायात व्यवस्था निकटतम हवाई अड्डा दिल्ली है। अलवर दिल्ली-जयपुर मार्ग पर स्थित है और रेल/सड़क मार्ग से अच्छी तरह जुड़ा है।

आवास व्यवस्था यहां पर्यटकों की सेवा के लिए उच्च व सामान्य होटल, हैरीटेज उपलब्ध हैं।

वस्त्र इस क्षेत्र में रहने वाले लोग गर्मियों में हल्के सामान्य वस्त्र तथा सर्दियों में हल्के ऊनी वस्त्र पहनना पसन्द करते हैं।

8

भारत में धार्मिक पर्यटन का विकास

भारत विभिन्न धर्मों का देश है। यहां प्रत्येक धर्म को समान रूप से सम्मान दिया जाता है। यहां प्राचीन धार्मिक परंपरा अथवा प्रथाएँ देश के भिन्न-भिन्न भागों में आज भी प्रचलित हैं। देश के पृथक्-पृथक् भागों में असंख्य धार्मिक स्थल हैं। कुछ के विषय में यह मान्यता है कि यहां के दर्शन करके मानव भोज प्राप्त करता है।

परन्तु वर्तमान भारत में मात्र अन्तर्राष्ट्रीय यात्रा या पर्यटन को विशिष्ट दृष्टिकोण से महत्व दिया जाता है। यहां किसी की दृष्टि धार्मिक तथा स्थानीय पर्यटन पर नहीं जाता भारतीय ट्रेविल एजेन्सियाँ, टूर आपरेटर, राज्यों तथा भारत सरकार के पर्यटन विभाग विदेशी पर्यटन को प्रोत्साहित करने में लगे हुए थे। भारतीय पर्यटन में 90 प्रतिशत भारतीय पर्यटक हैं। पर्यटन क्षेत्र से जुड़ी संस्थाओं ने ऐसा अनुभव किया कि उनको घरेलू पर्यटन का विस्तार करना चाहिए। यहां एक बात और भी महत्वपूर्ण है कि घरेलू पर्यटकों की संख्या का 70 प्रतशत धार्मिक पर्यटक हैं। जो मधम अथवा निम्न वर्गीय हैं। वह केवल अपनी श्रद्धा के कारण वहां जाते हैं व अपनी प्रथाओं को पूरा करके लौट आते हैं। वहां घूमते अथवा ठहरते नहीं। इस कारण पर्यटन स्थल पर उन सुविधाओं का विकास कम हो पाता है, जिनकी पर्यटन के विकास में बहुत जरूरी भारतीय पर्यटन संस्थान इन सब कारणों से भी ऐसे धार्मिक पर्यटन स्थलों के विकास पर ज्यादा ध्यान नहीं देते। इनसे उन्हें लाभ भी कम प्राप्त होता है। विदेशी मुद्रा का अर्जन न होने के कारण सरकार भी इनके विकास के विषय में नहीं सोचती।

पुराने समय में उच्चवर्गीय लोग इन स्थलों की सुरक्षा एवं व्यवस्था में योगदान देते थे। उन्होंने विभिन्न स्थानों पर पेयजल की व्यवस्था की धर्मशालाएं बनवायी तथा लंगर का भी आयोजन करते थे। लेकिन आज समय के साथ लोगों की विचार धारा में बदलाव आ गया है। आज का पर्यटन इन धर्मशालाओं में ठहरना नहीं चाहता, वह आधुनिक सुविधा मुक्त होटलों, में रुकना चाहता है।

अच्छे भोजनालयों में भोजन की अपेक्षा रखता है। ऐसे स्थलों पर परिवहन की स्थानीय सुविधा के साथ उसके निवास स्थान से जोड़ने वाले मार्ग पर उत्तम तथा तीव्र परिवहन सुविधा की अपेक्षा रखता है। सम्प्रति धर्मशालाओं का निर्माण और उनका रखरखाव भी कठिन हो गया है। लेकिन आज भी कितने स्थानों पर पुरातन व्यवस्था ही चल रही है। उदाहरणतः, काली कमली ट्रस्ट।

भारत प्रशासन के पर्यटन संगठन ने सन् 1970 से 1980 के इन दस सालों में यात्री निवास एवं यात्रिका को बनवाने के लिए पर्यटन स्थानों पर वित्त सहायता प्रदान करने की मान्यता है। यात्री निवास का निर्माण तीर्थ यात्रियों के लिए उपयोगी साबित हुआ। इन निवासों के प्रबन्ध तथा रखरखाव में सुधार की बहुत जरूरत है। 1991 में पर्यटन के लिए राष्ट्रीय क्रियान्वन प्लान में धार्मिक पर्यटन के महत्व को स्वीकार किया गया, तथा इन पर्यटन स्थलों पर आधार भूत सुविधाओं में सुधार करने के लिए योजना बनाई गई एवं बजट में इनके लिए धनराशि की व्यवस्था की गई। ऐसे स्थानों पर पर्याप्त आवासीय सुविधा, अच्छे खान-पान, अच्छी सड़कें, पीने के पानी की सुविधा, विद्युत आपूर्ति और सार्वजनिक सुविधाओं की उपलब्धता पर ध्यान दिया गया।

भारत की धार्मिक प्रवृत्ति पर्यटन उद्योग में भी सहायक है। इनके विकास से बेरोजगारी की समस्या भी कम हो जाएगी तथा विदेशी मुद्रा से आर्थिक व्यवस्था में भी सुधार संभव है।

सांस्कृतिक एवं धार्मिक समारोहों का सुन्दर ढंग से आयोजन विदेशी पर्यटकों के आकर्षण का केन्द्र बन सकता है। महाराष्ट्र का गणेश उत्सव, पश्चिम बंगाल की दुर्गा पूजा, केरल का पोंगल, गुजरात का नवरात्र उत्सव, तमिलनाडू का ओणम, गुजरात का नवरात्र उत्सव, पंजाब का वैसाखी पर्यटकों को बहुत अधिक आकर्षित कर सकते हैं।

विभिन्न स्थलों पर धार्मिक पर्यटन को महत्व दिये जाने की वजह से वित्त प्रबन्ध में विशद संशोधन हुए हैं। जैसे, उस स्थल की वित्त व्यवस्था को वैष्णों देवी यात्रा ने सम्पूर्ण रूप से परिवर्तित कर दिया है। 1986 में वैष्णों देवी ट्रस्ट की स्थापना के कारण वैष्णों देवी मार्ग पर तीर्थ यात्रियों के लिए अनेक सुविधाएं उपलब्ध कराये गये हैं इससे भगवती के भक्तों की संख्या में भारी वृद्धि हो गई हैं। इसी तरह की स्थिति हरिद्वार, ऋषिकेश, मथुरा, वृन्दावन, अजमेर के आसपास दिखाई पड़ता है। इन तीर्थ नगरों के चारों ओर फैले ग्रामों में उन कृषि उत्पादों का उत्पादन किया जाता है, जो तीर्थ यात्रियों की जरूरतों को पूरा कर सकें। इससे

ग्रामीण अर्थव्यवस्था को भी आधार मिला है। आस-पास के क्षेत्रों में बसे मारवाड़ी अच्छे एवं स्वादिष्ट भोजन की व्यवस्था भक्तों के लिए करते हैं।

हिन्दू धर्म और पर्यटन का संबंध

हिन्दू धर्म एक आस्था, भक्ति, एवं श्रद्धा का मिश्रण है। इस धर्म के लोग विभिन्न प्रथाओं को मानने वाले तथा पृथक-पृथक धार्मिक गतिविधियों का अनुसरण ररने वाले हैं। अब हिन्दू मात्र धर्म ही नहीं है अपितु यह एक दर्शन भी है तथा अनेक धर्मों की जननी रही है। हिन्दू धर्म की सीमा असीम है तथा यह देश और काल की सीमाओं से स्वतंत्र है। इसलिए इसमें मानव जीवन की सभी क्रियाओं की झलक इसमें समाहित है।

हड़प्पा एवं मोहनजोदड़ो की खुदाई के परिणामस्वरूप ऐसे प्रमाण मिले हैं कि भारत में एक उच्च विकसित संस्कृति थी जो भारत की मिट्टी पर लंबे अंतराल तक प्राचीन इतिहास वाली होनी चाहिए। जो हमें उन बीते युग में ले जाती है जिसके बारे में मात्र हम कल्पना ही कर सकते हैं। इस सभ्यता पर विचार करने योग्य बिन्दु इसकी निरंतरता, राजनैतिक शक्ति ही नहीं बल्कि सांस्कृतिक प्रभाव भी हैं।

विशिष्ट रूप से वेद एक प्रालेख है जो धर्म के ज्ञान की पुष्टि करता है लेकिन उसके द्वारा की गई व्याख्या किसी भी सन्दर्भ में अन्तिम नहीं है। अतएव ऋग्वेद से आगे हिंदू विचारधारा श्रेष्ठ आतिथ्य द्वारा विशेषीकृत की गयी। ऋग्वेद में 10 भाग हैं; जिनमें ईश्वर की प्रार्थना, उसका मानवीकरण (अवतार), उस समय का भूगोल (ब्रह्मांड) के रहस्य और उसके तत्त्व भी वर्णित हैं। यजुर्वेद के 40 अध्याय हैं, यह यज्ञ विशेषांक है। सामवेद यज्ञ के समय उच्चरित होने वाले मंत्र पर आधारित है। हिन्दू इतिहास के शुरुआत से ही नई-नई शक्तियों द्वारा संस्कृति स्थापित की गयी। जिन्हें अपने विचारों के प्रकाश में, इसे स्वीकारना और मानना पड़ा हमारी संस्कृति है।

यद्यपि दार्शनिक विचारधारा हिंदुत्व का हमेशा एक भाग (हिस्सा) रही है। हिंदुओं ने देवी-देवताओं की केन्द्रीयता को पूर्णतः कभी त्याग नहीं किया तभी एक देवता को एक व्यक्ति मानता है। देवी-देवताओं की प्रतिमायें भारत में हर जगह पर देखी जा सकती हैं। आर्य, जिनका उल्लेख 1500 ई. के आस-पास मिलता हैं, आर्यों के साथ ही कई नवीन एवं विस्तृत द्रविड़ संस्कृति से मिलना हो गया। इस प्रकार, हिंदुत्व, इन दोनों व्यवस्थाओं की एकीकृत रूप हो गया।

1000 ईसा पूर्व के समीप वैदिक धर्मग्रंथ लिखे गये। यह इस धर्म का प्रथम

अव्यवस्थित ढांचा था। वेद चार हैं ऋग्वेद, यजुर्वेद, सामवेद और अथर्ववेद।

अन्य महत्वपूर्ण हिंदू धार्मिक ग्रंथों में, महाकाव्य-रामायण और महाभारत शामिल हैं। पुराने बड़े उपनिषद् और पुराण एवं नये भगवद्गीता आदि सभी इस विशाल और उलझे हिंदू धार्मिक रचना के आधारभूत सैद्धांतिक रचनाएं हैं। हिन्दुत्व में जीवन के चार रास्ते बतलाये गये हैं धर्म, कर्म, काम एवं मोक्ष।

धर्म पूर्ण रूप से आध्यात्मिक, नैतिक और सामाजिक सामंजस्य है। इसके तीन वर्ग हैं

1. व्यक्ति द्वारा अनुकरणीय, एक नैतिक संहिता का निर्माण करना।
2. असीम सामंजस्य जिसमें पूरे ब्रह्मांड समाहित हैं।
3. जातीयता पर नियंत्रण और जातियों, वर्णों में आपसी संबंध।

कर्म-कारण और प्रभाव का नियम है जो दबाव डालकर साफ करता है कि एक व्यक्ति अपने सुख और दुःख अपने कर्मों के आधार पर ही पायेगा। चाहे वह (कर्म) अच्छा हो और बुरा। काम, जीवन और कर्म की मर्यादा है। भगवद्गीता में श्रीकृष्ण ने अर्जुन को अपना कर्म करने और उन कर्मों के परिणामों की चिंता न करने का उपदेश दिया है। अच्छाई हेतु किया गया कर्म केवल अच्छा परिणाम ही देता है।

हिन्दू जीवन-मृत्यु चक्र एवं पुर्नजन्म में विश्वास करते हैं। इस चक्र से बाहर निकलने का एक उपाय सांसारिक सुखों का त्याग और आत्मा की मुक्ति के लिए प्रयास करना है। हिंदुत्व में देवताओं की अधिकता देखी जाती है। ब्रह्मा, सृष्टि के रचयिता हैं, उनके चार सिर हैं। प्रत्येक सिर से प्रत्येक वेद का उच्चारण करते हैं, वे देवता हैं। उनकी पत्नी सुंदर लक्ष्मी, सुख और समृद्धि की देवी हैं। शिव के विभिन्न अवतरित रूप है जिन्हें शंकर, भोला, जटाधारी आदि नामों से जाना जाता है। इनके केश उलझे जटा वाले हैं इन्हीं के जटा से पवित्र नदी गंगा प्रवाहित अथवा निकली हैं। उनकी तीसरी आंख अपने शत्रुओं का विनाश करने, उनको कम करने और भस्म करने में प्रयोग की जाती है। कहीं-कहीं शिव को नटराज या एक नर्तक कहा गया है। उनकी पत्नी पार्वती भी भयंकर दुर्गा और काली के अवतार वाली हैं। शिव और पार्वती के दो पुत्र हैं गणेश व कार्तिक गणेश हाथी की सूंडवाले देवता और कार्तिकेय गरुड़ की सवारी करने वाले हैं। हिन्दू में गाय को पवित्र माना गया है। हिन्दू लोग गुरू और साधु को सम्मान देते हैं।

हिंदुओं के सम्पूर्ण भारत में विभिन्न स्थानों पर धार्मिक स्थल हैं प्रत्येक की विशेष मान्यता है। लोग कितनी कठिनाइयों का सामना करके वहां तक पहुंचते हैं।

सच्चे हिन्दू को चार धामों अथवा तीर्थ स्थानों की यात्रा करनी चाहिए, ऐसा भी मानना है। अगर वह मोक्ष चाहता है तो बद्रीनाथ, द्वारका, रामेश्वरम् और जगन्नाथपुरी, क्रमशः उत्तर, पश्चिम, दक्षिण और पूर्व में स्थित हैं।

हिन्दू धर्म से संबंधित प्रमुख धार्मिक स्थल

हिन्दू धर्म के प्रमुख धार्मिक पर्यटन स्थलों का संक्षिप्त वर्णन अधोलिखित है

कामाख्या

प्राचीन मंदिर को 16वीं शती के प्रारंभ में मुसलिम आक्रमण में विध्वंश कर दिया गया था। लेकिन सन् 1665 में नरनारण कुच विहार के राजा के माध्यम से पुनः निर्मित किया गया था, पहले इसका पुराना नाम प्रागज्योतिषपुर कामरूप था जो कामाख्या में मौजूद है रोचक बात है कि यह जादू तथा तान्त्रिक विद्या से सम्बद्ध रहा है। कदाचित् भारत में तन्त्र के सभी पीठों में सबसे विख्यात स्थान है कामाख्या का मन्दिर। कामरूप/कामाख्या शब्द एक नूतन सम्प्रदाय का प्रतीक है, जो जादू-टोने से जुड़ा है। इसके पहले शैव धर्म मुख्य था। नरक, जो आरम्भिक राज्य की नींव डालने वाला था, ने कामाख्या योनि/नीलकमल के अभिभावक का भार संभाला तथा इसको प्रामाणित करने के लिये उसने इसका नाम प्रागज्योतिषपुर से परिवर्तित कर कामाख्या रखा। कामाख्या मन्दिर नीलकमल नील पहाड़ पर स्थापित है। गुवाहाटी से तीन मील की दूरी पर देवी कामाख्या का तीन रूपों में अराधना की जाती है। ये रूप हैं

1. शिव की अर्धांगिनी।
2. आदिकालीन देवी विष्णु से सम्बन्धित व संरक्षित
3. अक्षतयोनि

कामाख्या मन्दिर में कोई मूर्ति नहीं है। मन्दिर के भीतर गुफा है, जिसके कोने में एक पत्थर का टुकड़ा है जिसके ऊपर योनि की प्रतीक उत्कीर्ण है। प्राकृतिक झरना उस पत्थर को पूरे वर्ष भिगोये रहता है। इस मन्दिर का अनूठापन यह है कि इसमें तपस्या, ब्रह्मचर्य, दीर्घकालिक प्रतिज्ञाओं की अनुपस्थिति है एवं लोग मछली गोश्त भोजन में सम्मिलित होते हैं एवं महिलाओं का आना-जाना खुले रूप में है। योनि पर फूल तथा पत्तियां, मछली, शहद, मदिरा आदि अर्पित किये जाते हैं। इसके अलावा जानवरों की बलि भी दी जाती है। सूअरों की भी बलि दी जाती है। असम में गैरोस प्रधान पुजारी होते हैं।

कामाख्या मन्दिर जाने के लिए हमें गुवाहाटी जाना पड़ता है। कामाख्या और गुवाहाटी के बीच की दूरी मात्र तीन किमी. है। यात्रा लॉज स्टेशन रोड गुवाहटी में ही पड़ता है। इसके अतिरिक्त यहाँ विलासमय एवं साधारण होटल भी उपलब्ध हैं। ये होटल हैं होटल ब्रह्मपुत्र, अशोक होटल, नन्दन होटल, बेलेव्यू, होटल डाइनेस्टी, इत्यादि।

गुवाहाटी रेल एवं वायु मार्ग से भारत के सभी भागों से जुड़ा हुआ है। कोलकाता, दिल्ली एवं मुम्बई से प्रतिदिन रेल सेवाएं उपलब्ध हैं, जबकि चेन्नई, कोचीन, त्रिवेन्द्रम, बंगलौर से सप्ताह में दो दिन रेल सेवा है। सड़क यातायात द्वारा भी असम अच्छी तरह से जुड़ा हुआ है। असम राज्य परिवहन निगम की बसें भी पूरे असम में चलती हैं। साथ ही आरामदायक पर्यटक बसें भी सुलभ हैं। किराये पर कार उपलब्ध हैं। पर्यटन निदेशालय द्वारा भी संचालित भ्रमण का संचालन गुवाहाटी के अन्दर बाहर किया जाता है। कामाख्या मन्दिर भी इसी संचालित भ्रमण द्वारा किया जा सकता है। संचालित भ्रमण की सुविधा सुलभ करने के लिए पर्यटन सूचना अधिकारी, गुवाहाटी से मिलना होता है। इसके अतिरिक्त असम सरकार के पर्यटन विभाग के पूरे भारत में पर्यटक सूचना केन्द्र खोले गये हैं। पर्यटन निदेशालय गुवाहाटी स्टेशन रोड में है। दिल्ली से इनका दफ्तर बी-1 बाबा खड्गसिंह मार्ग पर है। स्वतंत्र यात्रा का विवरण व्यक्तियों या समूह द्वारा स्वंय तैयार किया जा सकता है।

असम की सूती एवं सिल्क वस्त्र बहुत प्रसिद्ध हैं। यहां बांस, हाथी दांत विभिन्न धातुओं का सामान बाजार में उपलब्ध है जो पर्यटकों को बहुत पसंद आता है। असमी गमछा, तौलिया जिसमें जटिल फूलों वाले नमूने बने है और जापी सजावट वाला मुकुट भी कतिपय अन्य प्रसिद्ध हस्तकला की वस्तुएं है। यह सभी वस्तुएं सरकारी वाणिज्य केन्द्र (Emporium) में जैसे कि पूर्वाश्री, जागरण प्रागज्योतिका में सुलभ है। सुवालकुची गांव गुवाहाटी के पास है रेशम का सबसे बड़ा उत्पादक गांव है। इसके अलावा असम चाय उत्पादन के लिए भी बहुत प्रसिद्ध है। फुटकर दुकानों की संख्या काफी ज्यादा है, चाय खरीदी जा सकती है। मुख्य खरीददारी के समान गुवाहाटी में फैन्सी बाजार, पलटन बाजार, उलूबारी, गणेश्वरी एवं जी एन बी रोड हैं।

वैष्णोदेवी

माता वैष्णो देवी का मन्दिर विश्व में प्रसिद्ध है। यहां बहुत बड़ी संख्या में प्रत्येक वर्ष इनके भक्त अपनी श्रद्धा को माता वैष्णो देवी के चरणों में समर्पित

करने के लिए आया करते हैं। प्रचलित मान्यता यह है कि जो भी माता का दर्शन कर लेता है उसे निराश नहीं होना पड़ता। वैष्णोदेवी त्रिकुटा पहाड़ पर स्थित हैं जो जम्मू से 61 कि. मी. उत्तर में है।

वैष्णोदेवी पहुंचने हेतु पहले जम्मू जाना पड़ता है। इस स्थान पर रेल, वायु और सड़क यातायात से आसानी से पहुंचा जा सकता है। भारतीय वायुयान प्रतिदिन यहाँ से जम्मू, श्रीनगर व दिल्ली की उड़ानें भरती हैं। रेल चंडीगढ़ एवं अमृतसर से भी जम्मू जाती है। इसके साथ ही काफी ट्रेवल एजेंसियों द्वारा भी संचालित भ्रमण मध्य एवं उत्तर भारत में दिल्ली तथा अन्य शहरों में चलाये जाते हैं। प्रतिदिन बस सेवाएं तरनतारन, अमृतसर, जालंधर लुधियाना, पटियाला, चंडीगढ़, ज्वाला जी वाया धर्मशाला तथा श्रीनगर से उपलब्ध हैं।

कटरा जाने के लिए जम्मू से प्रस्थान करना होता है। जम्मू और कटरा के बीच की दूरी कुल 48 किमी. है। कटरा के लिए पर्याप्त बस सेवा है। जम्मू के मुख्य अड्डे से शाम तकरीबन 8.30 बजे से हर 10 मिनट पर बस मिलती है। टैक्सी सेवाएं भी जम्मू से कटरा तक के लिए उपलब्ध हैं जो जम्मू हवाई अड्डे, रेलवे स्टेशन, और सैलानी का स्वागत समिति से मिलती हैं।

कटरा से वैष्णोदेवी के मन्दिर तक की दूरी 13 कि॰ मी॰ है जो कि पैदल या टट्टू पर तय की जाती है। पिट्ठू बच्चों और सामान लाने के लिए उपलब्ध हैं। यह रास्ता पूरा पक्का है एवं इस पर सोडियम बल्ब लगे हैं। यात्री निवास एवं विश्रामगृह मन्दिर के बोर्ड द्वारा संचालित, पर्यटक डाक बंगले और विश्राम कक्ष जम्मू कश्मीर पर्यटन विकास संघ द्वारा संचालित काफी उचित मूल्य पर कटरा में सुलभ हैं। यहाँ विभिन्न संगठनों द्वारा संचालित धर्मशालाएं भी उचित मूल्य पर उपलब्ध हैं। इसके अतिरिक्त बहुत से छोटे-छोटे होटल भी ठहरने के लिए उपलब्ध हैं। मन्दिर बोर्ड की ओर से भी अर्द्धक्वारी, सांझी छत एवं दरबार जहाँ कि मन्दिर हैं ठहरने की मुफ्त व्यवस्था है।

एक छड़ी, कैनवास जूते, कपड़े के थैले, टोपियां, टार्च एवं पैदल चढ़ाई के लिए वाटरप्रूफ कपड़ा होना चाहिए। ये सभी वस्तुएं कटरा में किराये पर उपलब्ध हैं। इसके अतिरिक्त जो लोग पैदल यात्र करने में असमर्थ हैं उनके लिए टट्टू एवं डांडिया पालकी की व्यवस्था है। वैष्णोदेवी रवाना होने से पहले कटरा से एक यात्रा पर्ची लेनी पड़ती है। यात्रा पंजीकरण केन्द्र कटरा बस स्टैण्ड से बाणगंगा निरीक्षण चौकी से आगे नहीं जा सकते।

वैष्णोदेवी मन्दिर के रास्ते में निम्न दर्शनीय स्थल पड़ते हैं

1. **अर्द्धक्वारी** वह स्थान जहाँ गुफा में देवी ध्यानस्थ हुई थी। वहाँ पर एक स्थान गर्भ जून जिसके बारे में विश्वास प्रचलित है कि यहाँ देवी ने अपने त्रिशूल से गुफा के दूसरे सिरे को तोड़कर द्वार बनाया था।
2. **बाणगंगा** ऐसा कहा जाता है कि यहाँ देवी ने अपनी प्यास बुझाई थी।
3. **दरबारी** यह भी विचार है कि यहाँ देवी ने महाकाली का रूप धारण कर भैरोनाथ जो एक तांत्रिक दानव था, देवी को पाना चाहता था, उसका मर्दन किया।
4. **भैरोघाटी** यह वही घाटी है जहां पर भैरोनाथ का सिर गिरा था।

यहां पर्यटकों को अल्पाहार-गृह मंदिर बोर्ड की ओर से दिये जाते हैं। मन्दिर बोर्ड द्वारा संचालित भोजनालय कटरा, अर्द्धक्वारी एवं सांझीछत में उपलब्ध है। जिनमें सफाई से भोजन बनाया जाता है। यहां भोजन उचित मूल्य पर उपलब्ध है। यहां चिकित्सा सुविधा कटरा, बाणगंगा एवं सांझीछत में उपलब्ध हैं।

ऋषिकेश

यह हरिद्वार से मात्र 24 कि.मी. दूर है। हिमालय की बर्फीली चोटियों से घिरा, यह एक चित्र के समान है। यह स्थान अपने आश्रमों के लिए जाना जाता है। यहाँ हिंदू विद्वान धर्म का अध्ययन करने आते हैं। इसके कई घाट तथा मंदिर हैं।

प्रसिद्ध रस्सी के रास्ते वाला पुल लक्ष्मण झूला कहलाता है, जो गंगा के कलरव करते बहाव के ऊपर एक आश्चर्यचकित करने वाला दृव्य प्रस्तुत करता है। परमारथ मंदिर एवं नीलकमल महादेवी मंदिर, 12 कि.मी की दूरी पर स्थित, सैलानियों हेतु दर्शनीय है

कोणार्क का सूर्य मंदिर

यह भुवनेश्वर से 64 कि.मी. तथा पुरी से 30 कि.मी उत्तर में स्थित है। कोणार्क सूर्य देव का मंदिर है। यह 13वीं सदी में उड़ीसा के एक राजा द्वारा बनवाया गया मंदिर में हुई नक्काशी व मंदिर की बनावट अनूठे अद्‌भुत सौन्दर्य का प्रतीक है, इसमें 24 विशाल पत्थर के नक्काशीकृत पहिये हैं। इसकी दूसरी खासियत सात शक्तिशाली अश्व हैं जो मंदिर को खींचते-से प्रतीत होते हैं। मन्दिर की दीवारों पर जीवन के सम्पूर्ण पहलुओं को दर्शाती मूर्तियां बनी हैं जो सजीव प्रतीत होती हैं। यह पर्यटकों को विस्मरणीय यादें देती हैं। और इसकी बनावट खासकर अद्वितीय है। स्थापत्य कला का उत्कृष्ट उदाहरण प्रस्तुत करने के कारण विदेशी पर्यटक भी बड़ी संख्या में यहां आते हैं।

पुरी का जगन्नाथ मंदिर

यहां विश्व प्रसिद्ध जगन्नाथ मंदिर है। वर्तमान रूप में यह 1198 ई. में बनवाया गया था। प्रवेश स्थान पर बड़ी सुंदरता से गरुड़ भगवान विष्णु के वाहक बना हुआ है। यह मंदिर वर्गाकार वास्तुकला में हर दिशा में 200 मी. की लंबाई लिये है। दीवारों की ऊँचाई 6 मीटर से भी ज्यादा है। मंदिर में 58 मीटर ऊँची मीनार है, शीर्ष पर ध्वज तथा भगवान विष्णु का चक्र स्थित है। लाखों तीर्थयात्रियों द्वारा रथ यात्रा जून या फिर जुलाई में देखी जाती है। यह मध्यकालीन भारत की स्थापत्यकला का उत्कृष्ट उदाहरण है।

तिरूपति

तिरूपति में भगवान वेंकटेश्वर का एक प्रसिद्ध मन्दिर है। यह पर्यटनों और मन्दिरों की कड़ी का एक जाल है जो पहाड़ी के पूरे क्षेत्र निम्न एवं उच्च स्थल पर स्थित है। दक्षिण भारत में लोग श्रीनिवास पेरूमल तथा उत्तर में बालाजी के नाम से पूजते हैं। देवता वेंकटेश्वर का स्थान तिरूपति पहाड़ियों के उच्च शिखर पर है जबकि उनके संघ की तिरूपति पहाड़ी के निम्न स्थान ऐलमेलू मंगापुरम में पूजा होती है।

तिरूमला मन्दिर द्रविड़ कला देखने को मिलती है, जैसे गोपुरम् बृहद द्वार बहुत अधिक नक्काशी वाले हैं और पूर्व दिशा की ओर है, कुल मिलाकर तीन गोपुरम् हैं। प्रवेश द्वार, महाद्वार कांस्य से निर्मित है जबकि दूसरा चांदी एवं तीसरा सोने का है। मुख मंदिर गर्भ की ओर है। मन्दिर के गर्भ में वेंकटेश्वर की काले पत्थर की एक बहुत बड़ी प्रतिमा रखी है। प्रतिमा विष्णु तथा शिव दोनों का ही प्रतीक लिये हुए है एवं वैष्णवपंथियों शैवपंथियों दोनों ही इसकी पूजा अर्चना करते थे।

तिरूपति का निर्माण वहाँ के राजाओं द्वारा 966 ई. में किया गया। इसकी देखभाल स्थानीय व्यापारियों तथा राजाओं द्वारा किया जाता था। इसकी रख-रखाव के लिए शासक अक्सर बहुत से गांव दे दिया करते थे। मन्दिर, पल्लवों, पाण्डयों विजय नगर के राजाओं, एवं बाद में मैसूर के राजाओं द्वारा संरक्षण प्रदान किया गया।

वेंकटेश्वर मन्दिर के अतिरिक्त तिरूमलों के पर्यटकों की रुचि के कई कारण हैं। कुल मिलाकर वहाँ 108 तीर्थ पहाड़ी चोटियां हैं। इन सबको देखने के लिए कम-से-कम तीन महीने का समय चाहिये।

पापनाशम, आकाशगंगा, जोबली, गोगर्भम, कपिला, रामकृष्णतीर्थ आदि इनमें मुख्य हैं। इस पहाड़ी पर मन्दिर के पार्श्व में 10,000 पुराना एक प्राकृतिक तोरणम् शिला तोरण है। इन मुख्य देवता के अतिरिक्त मंदिर के लिए चारों तरफ मन्दिरों की शृखंला है श्री गोविन्दराज स्वामी मन्दिर, राम मन्दिर, श्री कालाहस्ती मन्दिर, वायु मन्दिर तिरूपति से 36 कि.मी. दूर है। प्रसिद्ध चन्द्रगिरी की पहाड़ियां तिरूपति शहर से मात्र 11 कि. मी. दूर है।

मन्दिर का संपादन व संचालन एक ट्रस्ट के माध्यम से किया जाता है जो एक स्वायत संगठन है। लेकिन इसके कुछ सदस्य राज्य सरकार द्वारा नियुक्त होते हैं। यह एक बड़ा संगठन है एवं इसका प्रकाशन हर स्तर पर होता है। इसके कार्यकर्ताओं की संख्या 15,000 है। यह ट्रस्ट बड़े कार्य के लिये जिम्मेदार है एवं किसी की जानकारी अर्थात् मदद के लिये इस ट्रस्ट से सम्बन्ध स्थापित किया जा सकता है।

मंदिर में धार्मिक अनुष्ठान सुबह साढ़े तीन बजे से आरंभ हो जाते हैं। उस समय की पूजा सुप्रभातम् कहलाती है। इसके उपरांत माला सेवा एवं सहस्त्राण वाच सम्पन्न होता है। इस समय देवता को फूलों से सजाया जाता है। छः से सात बजे के मध्य प्रसाद चढ़ाने का कार्यक्रम होता है। इस समय लोगों को मन्दिर गर्भ में आने की आज्ञा दे दी जाती है और यह प्रवेश भुगतान के अनुसार (1 रु से लेकर 200 रु) होता है। इसके बाद प्रवेश सबके लिए खोल दिया जाता है। मन्दिर के द्वार दर्शन के लिए रात के साढ़े दस बजे तक खुले रहते हैं। रात के साढ़े दस बजे दूसरी सेवा पूरी होती है। जो एकान्त सेवा कहलाती है अर्थात् यह धार्मिक अनुष्ठान ईश्वर के विश्राम के समय का परिचायक है।

तिरूपोणाकम् तैयार भोजन का चढ़ाया प्रसाद यह मन्दिर में सम्पन्न धार्मिक अनुष्ठानों में एक प्रमुख स्थान रखता है। 1966 ई. में यह प्रसाद केवल चार नाली चावल पका खाना होता था। इसकी मात्रा कुछ ही व्यक्तियों के लिए काफी होती थी, जो वहाँ कार्य करते थे। तीर्थ यात्रियों को मन्दिर के सेवकों से यह प्रसाद खरीदते थे। तीर्थयात्रा भगवान को रेशमी कपड़े बहुमूल्य आभूषण और अन्य वस्तुएं भी भेंट स्वरूप चढ़ाते हैं।

ब्रह्मोत्सव मन्दिर में बहुत उल्लास से और बड़े पैमाने पर मनाया जाता है। यह उत्सव पर्यटकों के आकर्षण का केन्द्र है। इसलिये यहाँ ब्रह्मोत्सव की संख्या भी बढ़ गई है। समय के साथ हम लोग 11 ब्रह्मोत्सव होने के बारे में सुनते हैं। ब्रह्मोत्सव के दिन भी दो से बढ़कर 13 हो गये हैं। प्राच्य मूल ग्रन्थों में 1464 ई.

तक वाहनम् रथ जिसमें भगवान की शोभा यात्रा निकलती है, का कोई भी प्रसंग नहीं मिलता। 1476 में वाहनम् की उत्सवों का सर्वप्रथम प्रसंग मिलता है। इसके बावजूद तमिल माह में मरगाली अध्ययनोत्सव जो कि 21 दिन तक मनाया जाता है। भक्तगण तमिल प्रबन्धम् श्लोकों को उच्चारित करते हैं। इसका प्रथम विवरण 1253 ई. में मिलता है। चितीरई माह में श्री गोविन्दराज मंदिर जो जातिरूपति में है। तीन दिन बसन्तोत्सव मनाया जाता है। इसका सबसे प्रथम प्रसंग 1494 ई॰ में मिलता है। 1522 ई॰ में हमें तिरूपति में तिरूपति ओदाई तिरूनल उत्सव का प्रसंग मिलता है जो एक तैरने वाला उत्सव है, जिसमें देवता की यात्रा के उपरांत एक तालाब में ले जाते हैं।

संगीत तथा पटाखों के साथ इस उत्सव को मनाया जाता है। रथ सप्तमी उत्सव तिरूमला पहाड़ियों पर ज्यादा भव्य रूप में मनाया जाता है। जहाँ मुख्य देवता वास करते हैं। तिरूमला पहाड़ियों का टी. वी. पर सुबह से लेकर सायं तक धार्मिक प्रसारण किया जाता है।

इसके बावजूद यात्रियों को ठहरने के लिए धर्मशाला की व्याख्या है जहां निशुल्क भोजन भी दिया जाता है। वहां कॉटेज अतिथिगृह होटल आदि का भी विशेष प्रबन्ध है। आन्ध्र प्रदेश सरकार के पर्यटक सूचना अधिकारी-3 चौलसी तिरूपति बैठते हैं। इसके अलावा आन्ध्र प्रदेश सरकार के सूचना केन्द्र हैदराबाद, गोवा, नई दिल्ली, विजयवाड़ा, वारंगल, विशाखापटनम एवं नागार्जुन सागर में हैं जहाँ से सूचना प्राप्त की जा सकती है।

तिरूपति वायु, रेल, सड़क यातायात, अच्छी तरह से जुड़ा है। वायु मार्ग से यह हैदराबाद, चेन्नई, विजयवाड़ा एवं बंगलौर से जुड़ा हुआ है, जबकि रेल द्वारा यह सभी मुख्य राजधानियों से जुड़ा हुआ है। सड़क यातायात भी अत्यधिक विकसित अवस्था में है। आन्ध्र प्रदेश राज्य परिवहन निगम की बसों द्वारा यह सारे आसपास के जिलों से जुड़ा है। तिरूपति में आटो, टैक्सी एवं बसें सभी उचित दामों/किरायें पर उपलब्ध हैं। तिरूमला के लिए हर मिनट पर बसें उपलब्ध हैं।

तिरूमला हिन्स एवं तिरूपति दोनों ही स्थानों में अनेक दुकानें हैं। जहाँ से आन्ध्र प्रदेश की कई हस्तकलाएं खरीदी जा सकती हैं। आन्ध्र प्रदेश रेशमी तथा सूती दोनों साड़ियों के लिए प्रसिद्ध है। ये आन्ध्र प्रदेश सरकार द्वारा प्राधिकृत शोरूमों लिपाक्षी आदि में भी उपलब्ध हैं।

इलाहाबाद

उत्तर प्रदेश का यह शहर वाराणसी से पश्चिम में 135 कि.मी क्षेत्र में फैला

है। यहाँ गंगा, यमुना एवं सरस्वती, जो इसमें अदृश्य होकर भूमिगत हो गयी हैं, शामिल हो जाती हैं, पवित्र नदियों का यह संगम माघ मेला, जो कि आधी जनवरी और फरवरी के मध्य लगता है, हिन्दुओं के लिये विशेष महत्व का है। हर बारहवें वर्ष यहाँ कुंभ मेला लगता है जो क्रमश इलाहाबाद, नासिक, उज्जैन और हरिद्वार के बीच लगता है। कुम्भ मेला का हिन्दू धर्म में बहुत अधिक महत्व है।

द्वारका

काठियावाड़ प्रायद्वीप के पश्चिमी छोर के बाह्य किनारे पर यह स्थित है। इसका महत्व यह है कि यह भारत के प्रसिद्ध चार धामों में से एक है। मगध साम्राज्य से युद्ध के बाद श्रीकृष्ण ने अपनी राजधानी यहाँ स्थापित की थी यह इसके ऐतिहासिक व धार्मिक महत्व को स्पष्ट करता है। उनके नगर के रूप में यह जाना जाता है। इस नगर में जन्माष्टमी का त्योहार या श्रीकृष्ण जन्मोत्सव बड़े उत्साह से मनाया जाता है एवं लाखों पर्यटक प्रतिवर्ष इसे देखते हैं।

हरिद्वार

उत्तर प्रदेश का यह धार्मिक स्थल शिवालिक पहाड़ी के आधार क्षेत्र में फैला है। गंगा नदी पर्वत के बीच के संकुचित भाग से यहाँ आती है। और यहाँ से मैदानों की यात्रा प्रारम्भ करती है सबसे प्रसिद्ध दर्शनीय पर्यटन केन्द्र हरिद्वार की पौड़ी, गंगा नदी के किनारे पर है। यह अपना नाम भगवान विष्णु के पत्थर में छपे पगचिह्न से प्राप्त करती है। प्रसिद्ध दक्ष महादेव मंदिर भगवान शंकर का एक महत्वपूर्ण मंदिर है। उनकी प्रथम पत्नी की विचित्र गाथा इसके चारों तरफ घूमती है। इससे जुड़ी गाथा कुछ यूं है कि एक बार दक्ष ने यहाँ एक विशाल यज्ञ का आयोजन किया और सती को निमंत्रित करना वे भूल गये। क्रोध में सती ने यज्ञ स्थल में आकर खुद को भस्म कर लिया और यह मंदिर ही वह पहचान है जहाँ उन्होंने ऐसा किया। पर्यटन के लिए भी यह स्थल प्रसिद्ध है।

सोमनाथ

गुजरात में स्थित सोमनाथ हिन्दू धार्मिक स्थलों में एक प्रमुख स्थल है। बीराबल के पास और जूनागढ़ से 80 कि.मी. दूर पाटन में यह महत्वपूर्ण तीर्थ स्थान स्थित है। कुछ कहानियों से ज्ञात होता है कि यह सोमराज चन्द्रदेव द्वारा निर्मित कराया गया था लेकिन समय के बदलते इस विषय में संदेहपूर्ण मान्यता है।

जैसे इसे चांदी से रावण द्वारा एवं लकड़ी से श्रीकृष्ण और भीमदेव द्वारा बनवाया गया था।

कहा जाता है कि इस बेशकीमती मंदिर पर कई बार मुसलिम लुटेरों द्वारा आक्रमण किया गया। गजनी के महमूद और औरंगजेब ने इसको नष्ट कर दिया था।

यह मंदिर भगवान शिव के बारह ज्योतिर्लिंगों में से एक है। यह एक प्रमुख तीर्थस्थल है। जो हिन्दू पर्यटकों के साथ-साथ विदेशी पर्यटकों को भी अपनी ओर आकर्षित करता है।

भुवनेश्वर

यह पूर्व दिशा में स्थित मंदिरों का शहर है, जिसमें 500 से भी अधिक मंदिर हैं। इसमें लिंगराज का महत्वपूर्ण मंदिर भी है जो प्रभु त्रिभुवनेश्वर को समर्पित है। यह मंदिर 1090 और 1104 ई. के मध्य ग्रेनाइट पदार्थ से बनाया गया था। इस मंदिर में हर दिन धार्मिक कार्यक्रम 'अभिषेक' किया जाता है।

गंगोत्री गोमुख

यह गंगा नदी का उदगम स्थल है यह भागीरथी चोटी के अधोभाग में स्थित गोमुख से निकलती है। गंगा भारत की सबसे प्रमुख व पवित्र नदी है। यहाँ ऋषिकेश से पहुंचा जा सकता है। गंगोत्री ग्लेशियर, 24 कि.मी. लंबा एवं चार कि. मी. चौड़ा है, यह गोमुख पर समाप्त होता है। नंदनवन, तपोवन, गहन घना जंगल पर्यटकों के आकर्षण का केन्द्र बिन्दु हैं।

मथुरा

यह उत्तर प्रदेश में आगरा से 57 कि.मी. उत्तर में स्थित है, हिन्दू धर्म में इसका महत्व यह है कि यह श्रीकृष्ण का जन्म स्थान है। यहाँ के मुख्य पर्यटन केन्द्र में, विश्राम घाट, पोटराकुंड एवं महावन, जो मथुरा से 11 कि.मी. दूर हैं, सम्मिलित हैं। नन्द गांव का स्थान, जहाँ कृष्ण का बालक रूप में लालन-पालन हुआ था। दूसरा महत्वपूर्ण पर्यटन केन्द्र है गोवर्धन और वृंदावन उन स्थानों के रूप में प्रसिद्ध हैं, जहाँ कृष्ण ने गोपियों के साथ रास लीला खेली थी। मथुरा में मंदिर बड़ी संख्या में हैं इनमें सबसे मुख्य गोविंद देव, गोपीनाथ, जुगल किशोर, राधा वल्लभ और मदन मोहन मंदिर। औरंगजैब के शासन काल में यहां की अधिकांश मंदिरों को नष्ट भी किया गया था।

अयोध्या

अयोध्या उत्तर प्रदेश की राजधानी लखनऊ से पूरब की दिशा जनपद फैजाबाद में स्थित है जो पुरुषोत्तम श्री राम की जन्म स्थली रही हैं। यह स्थान राम जन्म भूमि व बाबरी मस्जिद से विख्यात है परन्तु आज यह स्थल विवादित हो गया है। यहां प्रत्येक घर में एक राम मंदिर मिलता है।

वाराणसी

उत्तर प्रदेश का धार्मिक स्थल वाराणसी को 'सनातन नगरी' के नाम से जाना जाता है। यह हिन्दू धर्म में मोक्ष का स्थान समझा जाता है। यहां के घाटों पर 24 घंटे चितायें जलती रहती हैं। यह विद्वानों एवं छात्रों की नगरी है। यहां पर तीन विश्वविद्यालय हैं। यहां 100 घाट हैं जिनमें दशाश्वमेध घाट अत्यधिक प्रसिद्ध है। यह भगवान शिव की नगरी है।

केदारनाथ

ऋषिकेश से 200 कि.मी दूर स्थित 8 वीं सदी का, भगवान शिव का मंदिर है। इस तीर्थ यात्रा के स्थल पर वाया-गंगोत्री से भी एक लंबे मार्ग द्वारा पहुंचा जा सकता है। यह मार्ग उत्तरकाशी से बाहर, 20 कि.मी. माला से आंरभ होता है।

बद्रीनाथ

यह बर्फ से ढकी चोटियों के बीच स्थित आकर्षक स्थान है। इसके पास कई मंदिर, आश्रम और धर्मशालाएं हैं। यह ''फूलों की घाटी'' सी दिखती है जो 10 कि.मी. लम्बी और 2 कि.मी. चौड़ी है। यह घाटी पुष्पवती धारा द्वारा विभाजित होती है। इसी के पास स्थित हेमकुंड झील भी एक लोकप्रिय स्थान है। यह विष्णु भगवान का मंदिर है। इस मंदिर के पट्ट प्रतिवर्ष कुछ समय के लिए ही खुलते हैं, उसी समय वहां पर्यटकों की भीड़ लगी रहती है।

जैन धर्म के पर्यटन स्थल

वर्धमान महाबीर जैन धर्म के प्रवर्तक कहे जाते हैं। जैन धर्म प्राचीन धर्मों में से सबसे प्रमुख धर्म है जैनत्व में धर्म, वस्तुओं, जीवित एवं निर्जीव की आवश्यकता स्वाभाविक प्रकृति के रूप में पारिभाषित की गयी है। इस तरह 'धर्म' वस्तुओं (पदार्थों) में अपने आप पैदा होता है एवं किसी वस्तु के वजूद से उसे अलग नहीं किया जा सकता। एक वस्तु की प्रकृति निर्मित नहीं की जा सकती, यह सिर्फ

जानी जा सकती है। सर्वोच्च सहनशीलता इत्यादि आत्मा की पवित्र प्रवृत्ति (स्वभाव) के 10 प्रकार हैं, सिर्फ प्रत्येक जीव के जीवन की रक्षा 'धर्म' है। अहिंसा परम धर्म है।

इस धर्म का दोहरा स्वरूप है। पहला स्वरूप इसका मतलब पदार्थों की प्रकृति है जो पैदा होती है। दूसरा स्वरूप यह उस मार्ग का मतलब बतलाता है जिसके चयन द्वारा प्रकृति के स्वभाव में अनिवार्य तत्त्वों को महसूस या अर्जित किया जाता है। अथवा सच्चा धर्म वह है जो आत्मा को शारीरिक अस्तित्त्व के दुःखों से मुक्त कराता है; और इनकों परम मोक्ष द्वारा नियंत्रित करता है।

उपरोक्त विवरणों के अनुरूप, जैनत्व समय रहित है और असंख्य तीर्थंकरों द्वारा मानवता के लिए बार-बार जगत् संबंधी चक्र को अंतहीन रंगभूमि, जिसका न अंत है न प्रारंभ, का क्रम समझाया गया है। इस तरह जैन कोई दैवीय रूप से प्रकट (भविष्यवाणी द्वारा) धर्म नहीं है न ही दैवीय उत्पत्ति का दावा करता है।

जैन धर्म के अनुसार संसार (ब्रह्मांड) किसी खास शक्ति द्वारा या भगवान, द्वारा रचित नहीं है बल्कि यह छह पदार्थों के एकीकरण से बना है।

1. अनंत आत्माएं (जीव),
2. अनंत समय,
3. अनंत पदार्थ सामग्री,
4. एक आकाश (गति का माध्यम),
5. एक पूर्व आकाश (आश्रय का माध्यम), तथा
6. एक अंतरिक्ष (सुविधा का माध्यम) और असंख्य समय के अंशों (परिवर्तन के माध्यम),

हर पदार्थ मात्राहीन एवं अंतहीन गुण संजोये हुए है। इसमें कुछ पदार्थ धात्विक रूप में हैं एवं कुछ पदार्थ अधात्विक रूप में है। संजारी आत्मायें कर्म दासत्व के संबंध में, आत्माओं के साथ, अपुर रूप में है जिसकी कोई शुरुआत नहीं है एक बार सही श्रद्धा, सही ज्ञान और सही व्यवहार के संजारी स्वभाव से शुरू हो जाये तो वह आगे के कलंकों (धब्बों) से सदा के लिए मुक्त हो जाता है। दूसरे शब्दों में मोक्ष प्राप्त कर लेता है। प्रत्येक आत्मा अलग-अलग सत्ता के लिये है और एक दूसरे में समाहित नहीं हो सकती। सचेतना आत्मा का खास गुण है यह पदार्थों और दूसरे तत्त्वों में अनुपस्थित रहता है।

तीर्थंकरों द्वारा बतलाये गये मार्ग का पालन कर मानव हर्ष एवं मोक्ष की प्राप्ति कर सकता है। अपने और पराये के बीच भेदीकरण के विज्ञान द्वारा इन

तत्त्वों में सही ज्ञान प्राप्त श्रद्धा (विश्वास) की प्राप्ति एक व्यक्ति को, सही श्रद्धा, वस्तुओं को उनकी वास्तविक स्थिति में जानना, सच्चे ज्ञान में और सही व्यवहार में ज्ञान के वास्तविक स्वभाव को एकाग्रता की ओर ले जाता है। सच्ची श्रद्धा, ज्ञान, व्यवहार का विकास एक व्यक्ति को सर्वज्ञान, सर्वबोध, अंतहीन सुख एवं अंतहीन शक्ति (अनंत वीर्य) की तरफ ले जाता है। इससे संबंधित सात तत्त्व निम्नलिखित हैं:

1. दासत्व,
2. विग्रह,
3. आवास,
4. जीव,
5. विषय,
6. प्रवाह और
7. मोक्ष।

जैन धर्म पर किसी धर्म का किसी भी प्रकार का प्रभाव नहीं पड़ता जैन धर्म एक प्राच्य धर्म हैं आर्यों से पूर्व इस धर्म की नींव रखी गयी यह स्वतंत्र धर्म है। मोहनजोदड़ो एवं हड़प्पा में तत्कालीन शोध और खुदाई बिल्कुल स्पष्ट करते हैं कि जैन धर्म पांच हजार वर्ष पूर्व ही अस्तित्त्व में आ गया था।

जैन धर्म के अनुयायियों की दो श्रेणियां हैं साधारण अनुयायी और यती अथवा भिक्षु। साधारण अनुयायियों को कई तरह की छूट प्राप्त है जबकि वही भिक्षुओं के लिए वर्जित है।

बौद्ध धर्म के पर्यटन स्थल

गौतम बुद्ध एक आध्यात्मिक एवं बौद्ध धर्म के प्रवर्तक थे। नेपाल के लुम्बिनी गांव में इनका जन्म हुआ। इनके पिता का नाम शुद्धोधन और माता का नाम मायादेवी महामाया था गौतम बुद्ध के जन्म के सात दिन बाद ही इनकी माता का देहांत हो गया। इनके पिता कपिलवस्तु के राजा थे, गौतम बुद्ध का लालन-पालन उनकी सौतेली माता के द्वारा किया गया जिनका नाम प्रजापति गौतमी था और ये माया देवी की छोटी बहन थीं।

गौतम बुद्ध असली नाम सिद्धार्थ था। बचपन से सिद्धार्थ का धर्म के प्रति लगाव था। 21 वर्ष की उम्र में सिद्धार्थ ने गृह त्याग दिया और अपने अस्तित्त्व की शुरुआत एक सत्य को खोजने वाले खोजी के रूप में की। बौद्ध साहित्य

में इसे 'महामिनिष्क्रमण' कहा जाता है। जीवन के छः वर्षों तक वह साधु (योगी) के रूप में भटकाते रहे। उन्होंने दो ब्राह्मण अध्यापकों से निर्देश प्राप्त किया एवं राजगृह और हूरबिल, गया के निकट जैसे स्थानों में सत्य की खोज हेतु उन्होंने दर्शन किये।

उन्होंने कड़ी तपस्या की फिर भी जीवन की पहेली का उत्तर न खोज सके। जब वह बोध गया चले गये तो महाबोधि पेड़ के नीचे, उन्हें 'बोध' अथवा प्रकाश, अर्थात् ज्ञान प्राप्त हो गया। उन्होंने महसूस किया कि वास्तविक शांति हर व्यक्ति के खुद के दिल में ही होती है एक व्यक्ति को वहाँ शांति की खोज करनी चाहिये। यह महान् खोज ज्ञान के नाम से जाना गया। तब आगे चलकर गौतम 'बुद्ध' एक ज्ञानी हो गये।

गौतम बुद्ध गया से प्रस्थान करके सारनाथ पहुंच गये, सारनाथ में पहुंचने के पश्चात उन्होंने बौद्ध धर्म का उपदेश दिया और यहीं पर इनके साथ पांच लोग और जुड़े जो इनके शिष्य बनें।

अगले 45 वर्षों तक वे जगह-जगह जो अब वर्तमान बिहार में है, घूमते रहे और समीपवर्ती क्षेत्रों में किसानों और राजकुमारों को उन्होंने अपने संदेश दिये। उनकी मृत्यु 488 ई.पू. में 80 वर्ष की अवस्था में कुशीनगर में, जो वर्तमान उत्तर प्रदेश में गोरखपुर के पास हुई थी। लोक कथाओं के अनुसार बुद्ध के पिता जानते थे कि यदि बुद्ध ने दुख दर्द को देखा तो वह सांसारिक सुखों का त्याग कर देंगे इसी कारण उन्होंने उनके जीवन हेतु अपना राज्य सुख समृद्धि तथा सौन्दर्य का केन्द्र बना दिया जिससे सिद्धार्थ दुखों का दर्शन न कर सकें। इसलिए सिद्धार्थ को सभी दुःखदायी दृश्यों से बचाने का प्रयत्न किया गया था। लेकिन अंततः अपने रथ से जाते समय उन्होंने एक कमजोर बूढ़े व्यक्ति को, एक भयंकर रोग से ग्रसित व्यक्ति को और एक मृत व्यक्ति को देखा। जब सिद्धार्थ ने उन लोगों के विषय में पूछा तो उनसे बताया गया कि 'यह सभी मनुष्यों का होता है'। सिद्धार्थ समझ गये कि किस प्रकार दुःख जीवन के अंग हैं।

बुद्ध की शिक्षायें वस्तुतः कहा जाता है कि वैदिक धर्म के खिलाफत के रूप में बौद्ध धर्म का विकास हुआ था। इसकी शिक्षा वैदिक धर्म पर आधारित थी परन्तु धार्मिक कर्मकांडों का इसमें कोई स्थान नहीं था।

दूसरा तत्त्व बौद्ध धर्म के प्रचार हेतु सामाजिक विकास पर बल डालता है। इसने 6-7 वीं सदी में अपना स्थान ले लिया था। इसने उस समय स्थान लिया जब व्यवसायवाद और व्यापार विस्तृत रूप से विकसित हो चुके थे। अधिकांशतः उत्तरी

भारत में नगरीकरण तथा सांस्कृतिक गड़बड़ियों से बौद्ध धर्म की उन्नति हुई।

बुद्ध शिद्वा मुख्य रूप से सत्य, अहिंसा, एवं शान्ति पर आधारित थी। इनकी शिक्षा का मूल उद्देश्य था कि शत्रु को युद्ध से नहीं बल्कि प्रेम से जीता जा सकता है।

बुद्ध की शिक्षायें 48 वर्षों से चतुर्दिक फैल रही थी एवं उन्होंने मध्य प्रदेश अथवा केन्द्रीय भारत में अपनी शिक्षाओं के प्रचार हेतु यात्रा भी की थी। विद्वानों ने बुद्ध की शिक्षाओं को निम्नलिखित चार आधारभूत सिद्धान्तों में बांटा है

1. बुद्ध ने कहा था कि दुःख प्रत्येक जीव में विद्यमान है।
2. दुःख असंख्य पीड़ाओं का कारण है, जो जीवन का अंग हो गया है।
3. इस दुःख का अन्त होना चाहिए।
4. किन्तु इस अवरोधक का मार्ग साधारण नहीं है। इसको आठ अवस्थाओं 'अष्टांग मार्ग' से गुजरना था। यह अष्टांग मार्ग मोक्ष का मार्ग था।

इस तथ्य पर गौतम बौद्ध ने बल दिया कि सम्पूर्ण जीवन वह था जिसने निर्वाण (मोक्ष) हासिल करने के उद्देश्य पर एकाग्र चित बनाने में कायम रखी थी इसका तात्पर्य है इच्छाओं को त्यागने वाला यह एक पहला कदम था, जिससे निर्वाण का लक्ष्य जीवन में प्राप्त किया किया जा सकता था। लेकिन मृत्यु के पश्चात् उद्देश्य था परिनिर्वाण।

बुद्ध की शिक्षाओं ने Non-soul Theory पर भी बल दिया था। अनित्यवाद परन्तु महत्वपूर्ण था। इसमें जोर दिया गया था कि आधुनिक जीवन कितना महत्वपूर्ण है और वैदिक ग्रंथों से अलग जोकि मृत्यु के बाद पुनर्जीवन पर जोर देते हैं, इस सिद्धान्त ने वर्तमान जीवन को उत्तरदायी बनाया।

इसका वर्णन करते हुए बुद्ध ने उपदेश दिया कि कोई आत्मा नहीं है। एक व्यक्तिगत मानव जीवन पांच स्कंदों के चारों ओर घुमता है।

बुद्ध की शिक्षाएं उनके शिष्यों द्वारा ग्रहण कर ली गयी थीं तथा उनकी मृत्यु के बाद राजा कनिष्क के शासन काल, में यह कहा जाता था कि एक बुद्ध सभा का आयोजन उनकी शिक्षाओं के विस्तार के लिए किया गया था। तत्पश्चात् यह दो मंचों पर किया गया। प्रथम, वर्तमान पाकिस्तान के पेशावर में तथा दूसरा कश्मीर के कुदलग्राम में। कई टीकाओं की रचना लंबे विचार-विमर्श बाद की गयी। एक प्रसिद्ध विद्वान नागार्जुन (150-200ई.) ने आगे चलकर बुद्ध की शिक्षाओं की गणना की।

नागार्जुन ने 'शून्यवाद' अर्थात् पदार्थता अभाव के नियम पर बल दिया। द्वितीय उन्होंने भी बुद्ध के इस नियम पर बल दिया चीज का एक कारण होता है और अंत में उसका एक प्रभाव भी। बुद्ध की शिक्षाओं में पौराणिक कथाएं और कहानियां भी जोड़ी गयी हैं। उनके अधिकांश अनुयायी संसार से ऊपर की अथवा सांसारिक वस्तुओं में सबसे ऊपर की वस्तु मांगते हैं।

बहुत से object (इन्द्रिय विषय, द्रव्य, वस्तु) या शव, भगवान बुद्ध के आज भी सुरक्षित रखे गये हैं। ये शव देश के अनेक भागों में बने स्तूपों में रखे गये हैं। जो आज भी सुरक्षित हैं।

बौध धर्म का प्रमुख त्यौहार बुद्ध जमन्ति है। यह हिन्दी वर्ष के वैशाख मास की पूर्णिमा को मनाया जाता है।

बौद्ध धर्म और गांधार कला का उद्‌भव

बौद्ध धर्म के विभिन्न महान देन में से गंधार शैली भी एक कला की देन है। बुद्ध और विभिन्न बोधिसत्वां की मूर्ति या प्रतिमा इन शैलियों में निर्मित की गयी थीं। इस कला के दो विद्यालय (1) अमरावती, आंध्र में तथा (2) गांधार भारत के उत्तरी-पश्चिमी हिस्से में विकसित हुये।

गांधार प्रदेश, पंजाब से अफगानिस्तान की सीमा तक फैला, 5वीं सदी से महायान शाखा का मुख्य केन्द्र है। यह भारत के नये स्कूल के कारण प्रसिद्ध हुआ जो गांधार स्कूल नाम से जाना गया जो उसका समय में विकसित हुआ था। गांधार युद्धों के स्थान के रूप में स्थित था; इसलिए इसने सभी तरह के विदेशी प्रभावों को जैसे पर्सिया, ग्रीक, रोमन तथा कुशान को धारण कर लिया। कनिष्क के शासनकाल में गांधार कला का विकास हुआ जिसके तहत बौद्ध स्मारक, स्तूप तथा बुद्ध प्रतिमाएं और बोधिसत्वों का निर्माण वृहत् पैमाने पर किया गया था।

गांधार कला स्कूल का दूसरा नाम ग्रेसों बुद्धिस्त स्कूल (Greco-Buddhist School) है। जिससे कि कला तकनीक-बौद्धिक विषयों पर लागू की गयी। गांधार कला स्कूल ने बुद्ध की प्रतिमा बनाने में विशेष योगदान दिया। काले पत्थर से बुद्ध की मूर्तियों का निर्माण उनकी कला का विशेष नमूना था। किन्तु बौद्ध मंदिरों के भगवान Graeco-Roaman मंदिरों के देवताओं की समरूप विशेषताओं वाले नमूनों पर निर्मित थे। उनकी वेशभूषा भी रोमन वस्त्रों (चोगा) की आकृति में डिजाईन की गयी थी। भारतीय परम्परा के साधु, यक्ष, गरूड़, नाग और ही वज्रपाणि की अटलांटाज जीयस तथा एरोज के नमूनों पर निर्मित थे। इसलिए यह

कहा जाता है कि ''गांधार कलाकारों के हाथ ग्रीक के थे और दिल एक भारतीय का था।''

गांधार कला कुशान वंश के बाद भी दो सदियों तक लगातार शोभित होती रही। चौथी सदी के आस-पास में चीनी यात्री फाहियान ने गांधर प्रदेश में कई स्मारकों की खोज की। 1600 के आसपास यहां के स्तूपों का विध्वंस कर दिया गया। इन संघातिक आघात के पश्चात गांधार कला लगभग समाप्त हो गयी।

कुषाण शासन और बौद्ध धर्म कुषाण साम्राज्य को एक बौद्ध साम्राज्य कहा जा सकता है इसका प्रसिद्ध शासक, सम्राट कनिष्क बौद्धधर्म का समर्थक था। पेशावर के पास तक्षशिला उसकी राजधानी थी जो बौद्ध संस्कृति का लंबे समय से केंद्र रही थी। कनिष्क ने बौद्धधर्म का प्रचार भारत में ही नहीं अपितु मंगोलियन एवं चीन में भी किया। पश्चिमी एशिया में भी इस प्रकार ग्रीक औसोटिक (Asuatic) संस्कृति अब भारतीय से मिल गयी। इसके दौरान बौद्ध मठों में बड़े तर्क-वितर्क और शास्त्रार्थ होते थे। और संघ की सभाओं में नयी योजनाओं अर्थात् आदर्श रूप में पुरानी योजनाएं उत्तरी-दक्षिणी क्षेत्रों से आती रहती थीं। और बौद्ध विचारधारा की सादगी धीरे-धीरे प्रभावित हो रही थी। इस प्रक्रिया के फलस्वरूप बौद्ध धर्म दो भागों महायान (महान साधन) और हीनयान (छोटे साधन) में विभाजित हो गया।

जाति पुरोहित छल, पाखण्डी एवं कर्मकाण्डों के विरुद्ध बौद्ध धर्म की एक लड़ाई थी भगवान बुद्ध निराकार के उपासक थे, इन्होंने मूर्ति पूजा को कभी नहीं स्वीकार किया और वे न ही अपने आप को पूजा अर्चना के लिए भगवान या ईश्वर होने का दावा किया वह ज्ञानी थे, बौद्ध थे अतः उन दिनों की वास्तुकला सभी मूर्तियों को पाटना चाहते थे और सदैव बौद्ध श्रीयांसों में हिंदू विचार और प्रतीकों को आत्मसात करने का प्रयास कर रहे थे। शुरुआत में वे बुद्ध नहीं बल्कि बोधिसत्व थे जो बौद्ध परम्पराओं में बुद्ध के अवतार कहे गये हैं। यह प्रक्रिया लगातार जारी रही जब तक कि बुद्ध स्वयं प्रतिमाओं में चित्रित और पूजित होने नहीं लगे।

कुषाणों ने महायान मार्ग को स्वीकार किया और इसके विस्तार में सहयोग दिया। लोगों की कथा उनके हृदयों का सच्चा आईना है एवं जैसे बौद्ध विचारधारा की सादगी ने विस्तृत चिह्नों को स्थान दिया उसी तरह भारतीय कला भी अधिकाधिक विस्तृत और सुशोभित होती गयी। विशेष रूप से उ.पू. की महायान मूर्तिकला, गांधार में विस्तृत थी। यद्यपि हीनयान वास्तुकला स्वयं को बदलाव से अछूती न रख सकी और आहिस्ता-आहिस्ता अपनी प्राचीन सादगी और शैली के

स्थायित्व को खोने लगी और गहन नक्काशी वाले प्रतीकों को उसने स्वीकार कर लिया। कुछ स्मारक जिनमें अजंता आज तक विद्यमान है।

बौद्ध धर्म के पर्यटन स्थल

गौतम बुद्ध से जुड़े प्रमुख चार पर्यटन पवित्र स्थल हैं जो निम्नलिखित है ये चारों पवित्र स्थल एक बौद्ध यात्रा में शामिल होनी चाहिए। एकयात्री भोपाल के समीप, सांची की उत्तरी मध्य प्रदेश में विदिशा की और महाराष्ट्र में प्रसिद्ध गुफा चित्रकला अजंता एलोरा, एलीफेंटा की भी यात्रा करता है। ये स्थान बौद्ध कला, चित्रकला और मूर्तिकला के मूक प्रमाण हैं।

(1) लुंबिनी इस स्थान पर गौतम बुद्ध का जन्म हुआ था। यह नेपाल में स्थित है। सम्राट अशोक ने इस पवित्र स्थल की याद में एक स्तंभ का यहाँ निर्माण करवाया था। सात वर्ष बाद जब चीनी यात्री फाहियान भारत की यात्रा पर आया तो उसने अपने वृत्तांत में इसका उल्लेख किया लेकिन वह इसकी स्थिति निर्धारित करने में असमर्थ रहा था। यहां पहुँचने के लिए यातायात की अच्छी सुविधा है।

(2) सारनाथ यह उत्तरप्रदेश राज्य के वाराणसी नगर से 10 किमी दूरी पर स्थित है। यहां बुद्ध ने अपना पहला उपदेश दिया था। इसी कारण यहां बौद्धधर्म का विशेष स्थान है। उसके बाद महान् मौर्य सम्राट अशोक ने एक आश्चर्यजनक स्तूप का निर्माण कराया। उस समय यह शहर अपने चरमोत्कर्ष पर था। पश्चातवर्ती आक्रमणकारियों ने इस स्थान को नष्ट कर दिया और ब्रिटिश शासन काल में पुरातत्त्ववेताओं ने इस स्थान की खुदाई की और तब सारनाथ अपने पुराने वैभव को फिर से पा सका। यहाँ के स्मारकों में धामेख स्तूप स्मरणीय है। ऐसा विश्वास किया है कि यह 500 ई. के समय का है। यह स्तूप संभवतः कई बार पुनर्निर्मित किया गया। स्तूप पर गुप्त समय का गणितीय और पुष्पीय प्रारूप बहुत जटिल है।

धर्मराजिका स्तूप 19वीं सदी के पुरातत्त्वविदों द्वारा विस्तृत तौर से खोजा गया था। स्तूप के समीप एक पवित्र स्थान है; जिसके बारे में कहा जाता है कि अशोक ने ध्यान किया था।

मुख्य पवित्र स्थान के ठीक सामने स्तंभ, नये भारत का राजकीय चिह्न है। एक समय यह 20 मी. ऊंचा था, परन्तु आज यह छोटे रूप में है जो सारनाथ संग्रहालय में रखा है। खंभे के रोप भाग पर सम्राट अशोक द्वारा निकाला गया आदेश खुदा है।

खंभे के मस्तक, पर अशोक चिह्न है जहाँ चार शेर पीठ-से पीठ मिलाये बैठे हुए हैं। खंभे के निचले भाग में एक शेर, हाथी, घोड़ा और बैल का प्रस्तुतीकरण

है। शेर बहादुरी का प्रतीक है, हाथी बुद्ध की मां द्वारा बुद्ध के जन्म से पूर्व देखे गये स्वप्न का प्रतीक एवं घोड़ा बुद्ध के घोड़े पर बैठकर ज्ञान खोजने हेतु घर त्यागने की याद दिलाता है।

सारनाथ के पुरातत्त्व संग्रहालय में बौद्ध धर्म से सम्बद्ध कई अवशेष प्राप्त कर रखे गये हैं। इनमें मौर्य, कुषाण और गुप्त कालों की कई आकृतियां और मूर्तिकलाएं सम्मिलित हैं। इनमें कई आकृतियां 5 वीं से 6वीं सदी पुरानी हैं और हिंदू देवताओं की कई प्रतिमायें जैसे सरस्वती, गणेश और भगवान विष्णु की 9-10 सदी पुरानी हैं।

द्वितीय पर्यटक हित का केन्द्र महाबोधि समाज मंदिर है जो भुलगंध-कुटी विहार के नाम से जाना जाता है। इसमें जापानी कलाकारों द्वारा बनाये गये चित्रों की श्रृंखला है। ऐसा माना जाता है कि 'बोध वृक्ष' श्रीलंका के अनुराधापुरम में पाये जाने वाले वृक्ष का Transplantation है जो बदलकर, वास्तविक वृक्ष की संतान कहा जाता है; जिसके नीचे बुद्ध ने ज्ञान प्राप्त किया। स्मारक अथवा विहार के ईंटावशेष देखे जा सकते हैं और आम के पेड़ों के मध्य एक किनाने पर हिरण पार्क देखा जा सकता है।

(3) कुशीनगर यह वह स्थान है जिस स्थान पर गौतम बुद्ध जी का निधन हुआ था। कुशीनगर में गौतम बुद्ध ने अपने जीवन के अंतिम दिन अतीत किये थे। बुद्ध की अंतिम यात्रा उन्हें इसी कुशीनगर ले गयी जहाँ 80 वर्ष की आयु में बुद्ध महापरिनिर्वाण हुए। महापरिनिर्वाण मंदिर में महात्मा बुद्ध की भिक्षु हरिबाला द्वारा मथुरा से लायी गयी झुकी हुई मूर्ति स्थापित हैं। ईंटों के खंडहर जो बुद्ध के दाहक्रिया के पवित्र स्थान पर खड़ा था। इस पर इंडो-जापान श्रीलंका बौद्ध केन्द्र स्थित है। समीपवर्ती हवाई अड्डा गोरखपुर लगभग 55 कि.मी. दूर है।

(4) बोधगया बोधगया उसी स्थान का नाम है, जहां पर गौतम बुद्ध को ज्ञान प्राप्त हुआ था। बोधगया में पवित्र वृक्ष है जिसके नीचे महात्मा बुद्ध ने ज्ञान प्राप्त किया था। इसके अलावा बौद्ध वास्तुकला का उत्कृष्ट उदाहरण यहां पर स्थिति महाबोधि मंदिर है। यह जातक कथाओं की मूर्तिकारी से घिरा हुआ है, इसे पत्थरों में जीवित रखा गया है जो उनके जीवन और पूर्व अवतारों से जुड़े हैं। उनके थाईलैंड, जापान, वर्मा, चीन, तिब्बत और श्रीलंका के भक्तों द्वारा बनाये गये स्मारक भी हैं। यहाँ पहुँचने के लिए वायुमार्ग एवं रेलमार्ग दोनों अच्छे हैं।

बौद्ध धर्म के अन्य प्रमुख पर्यटन स्थल

बौद्ध धर्म के कुछ प्रमुख पर्यटन स्थान निम्नलिखित हैं

1. संकिया ऐसी मान्यता है कि बुद्ध 33 देवताओं के साथ स्वर्ग से तीन धातुओं, सोना, चांदी और चट्टानी पदार्थों से बनी सीढ़ी त्रेयात्रमा पर उतरे थे। बौद्ध कथाएं कहती हैं कि बुद्ध मां को उपदेश देने के उपरांत ब्रह्मा एवं इंद्र के साथ स्वर्ग से उतरे थे। एक छोटा-सा गांव का टीला तथा एक छोटा बुद्ध मंदिर और एक हाथी के मस्तक का बाह्य अशोक स्तंभ पर यहाँ देखा जा सकता है। इसके समीपवर्ती हवाई अड्डा आगरा, रेल से 113 कि.मी. दूर पाखन से जुड़ा है।

2. कौशांबी यहां बुद्ध ने ज्ञान प्राप्त करने के बाद 6वें और 9वें वर्षों में बुद्ध ने कई व्याख्यान दिये। इस तरह कौशांबी को एक उन्नत बौद्ध केन्द्र का रूप दिया। आज आप यहाँ अशोक स्तंभ के अवशेष घोसित्रत स्मारक देख सकते हैं।

3. नालंदा गौतमबुद्ध ने अपने जीवन का सबसे अधिक समय यहीं व्यतीत किया था, जो बाद में बौद्ध शिक्षा का महत्वपूर्ण केन्द्र हुआ। महान् बौद्ध विश्वविद्यालय बुद्ध के महापरिनिर्वाण में जाने के काफी बाद अस्तित्त्व में आया। नालंदा का खंडहर भारतीय इतिहास के तीन विख्यात कालों मौर्य, गुप्त, और पाल वंश के समय की वास्तुकला शैली को प्रदर्शित करते हैं। यहाँ मंदिरों और स्तूपों, के साथ ही विश्वविद्यालय परिसर के अवशेष हैं और नालंदा संग्रहालय कई क्षति ग्रस्त बुद्ध मूर्तियों, बौद्ध कांस्य और सिक्कों की धरोहर के लिए प्रसिद्ध है।

4. सिक्किम में पेम्यांग्ट्य यहां रुमटेक स्मारकों में बुद्ध मूर्तियों और विचारों का बहुमूल्य संग्रह है। दार्जिलिंग, कलिम्पोंग, में कई प्रमुख बुद्ध स्मारक तथा कुर्सियोंग में बहूमूल्य सोने-चांदी के सिक्कों का संग्रहालय स्थित है। लद्दाख में स्मारकों को गोम्पस कहा जाता है। इनमें से प्रधान हेमिम थिकसे और लामा-भूटू हैं।

5. श्रावस्ती यहां ऐसी मान्यता है कि बुद्ध ने यहाँ स्वयं के कई स्पष्ट तथा प्रत्यक्ष विचारों से अपने आलोचकों को व्याकुल कर दिया था। ज्ञान प्राप्ति के तीसरे वर्ष के मौसम में बुद्ध श्रावस्ती के सुंदर आनंदकर बगीचे वाले वन में ठहरे जहाँ उन्होंने 24 सम बिताये।

6. राजगृह, राजगीर राजगृह का महत्व यह है कि वैशाली के एक साधु रुद्रक जिसके असंख्य अनुयायी थे, मिलने के लिए राजगृह गये लेकिन वहां भी उनको शांति नहीं मिली। काफी बाद में वह बुद्ध के रूप में यहाँ लौटे। यहाँ गिद्ध कुट, गिद्धों की पहाड़ी पर, उन्होंने ध्यान किया तथा उपदेश दिया था। पहला बुद्ध सम्मेलन राजगीर में सप्तवर्णी पहाड़ी की एक गुफा में हुआ।

(क) यहाँ राजा बिम्बसार द्वारा बुद्ध के समर्थन में बनाये वेणु वन विहार

स्मारक में करंद ताल, जहाँ बुद्ध नहाते थे तथा जापानी बौद्ध मंदिर निपोजांन म्योहोजी देखा जा सकता है। गृधकुट पहाड़ी के आधे राह में प्राचीन स्तूप के खंडहर हैं। चोटी पर जापानी शांति पेगोड़ा स्थित है। जहाँ झूलों द्वारा जाया जा सकता है। गर्म सल्फर के झरने यहाँ के दूसरे अन्य आकर्षण हैं।

7. सांची सांची एक पहाड़ी क्षेत्र है। सांची भोपाल से 68 किलोमीटर उत्तर दिशा की तरफ स्थित है। यह प्राचीन एवं रोचक बौद्ध संरचना से ढकी है। यद्यपि इस भूमि का बुद्ध की जिंदगी से स्वयं में कोई सम्बन्ध नहीं है। वह महान शासक अशोक थे; जिन्होंने 3 ई. पूर्व में यह प्रथम स्तूप का निर्माण करवाया एवं कई अनेक स्तूप और अन्य धार्मिक संरचनायें पश्चातवर्ती सदियों में इससे जोड़ी गयीं।

महान् स्तूप यह पहाड़ी पर स्थित है जिसे अशोक द्वारा दूसरी सदी में बवाया गया था। यह बाद में बढ़ाया गया तथा वास्तविक, ईंटों का स्तूप पत्थरों से बने स्तूप में बंद कर दिया गया है। अपने वर्तमान रूप में यह 16 मीटर ऊंचा तथा व्यास में 37 मीटर के घेरे में फैला है। एक रेलिंग स्तूप को घेरती है एवं तोरण सांची कला के उत्कृष्ट नक्काशीकृत द्वारों अर्थात् तोरणों द्वारा प्रवेश है। ये तोरण सांची कला के उत्कृष्ट उदाहरण और भारत में बौद्ध कला के भी उत्कृष्ट नमूने हैं।

अन्य स्तूप पहाड़ी पर महान स्तूप के अतिरिक्त कई दूसरे स्तूप भी हैं उनमें से कुछ मन्नत मांगने वालों को छोड़ 1 मी. से भी कम ऊंचे हैं। ये तीसरी सदी ई. के दिनांकित हैं। इनमें से आठ अशोक द्वारा बनाये गये थे जिनमें से तीन ही अब शेष हैं। इसमें महान स्तूप भी सम्मिलित हैं।

8. विदिशा बेतवा तथा बेस नदी के मिलन बिंदु विदिशा, सांची से 10 कि. मी. दूर भारत के 10 प्राचीन शहरों में प्रमुख स्थान रखती है। इस शहर का महत्व यह है कि चौथी एवं 5वीं सदी ईसा पूर्व में यह प्रमुख व्यापारिक केन्द्र एवं उन्नत शहर के रूप में, विकसित थी। सम्राट अशोक विदिशा के राज्यपाल थे जिसका उल्लेख कालिदास के अमर महाकाव्य मेघदूत में भी है।

9. हेलोडोरस स्तंभ यह हेलोडोरस स्तंभ, खंभा के नाम से भी जाना जाता है। इस प्रकार के स्तंभ में एक स्वतंत्र खड़ा स्तंभ एक शिलालेख लिए है जो कहता है कि यह वास्तुकलात्मक रूप से गरुड़ हैं। स्तंभ, जिसके शीर्ष हिस्से पर घंटी है, खास बनावट लिये, अशोक स्तंभ के समान है लेकिन यह ज्यादा दुर्बल परिमाण लिये आकार में बहुत छोटा है।

स्तंभ का निचला हिस्सा अष्टभुजात्मक है। ऊपर का 16 किनारों वाला हिस्सा, उस जमीन के शीर्ष पर एक चौकोर आकृति लिये हुए है। कारकोम्भ गुफा

में बौद्ध विचार जैसे, किनारों पर हंसों के जोड़े, साथ में सजे हुये फल जैसे और दानों से अलंकृत है।

10. वैशाली वैशाली स्थल का इसलिए विशेष महत्व है क्योंकि यहां गौतम बुद्ध ने शिक्षा ग्रहण की थी। परन्तु यहाँ हिरण्यवती के किनारे गौतम ने अनुभव किया कि इस शिक्षक का मार्ग शांति का मार्ग नहीं था।

बुद्ध के महापरिनिर्वाण प्राप्ति के करीब 100 वर्षों पश्चात् दूसरी महान बौद्ध सभा के दौरान एक स्तूप का निर्माण, ज्ञानी व्यक्ति की अंत्येष्टि की राख के आठवें हिस्से को दफनाने के लिए किया गया। चीनी यात्री फाहियान और ह्वेनसांग दोनों ने क्रमशः 5वीं और 7वीं सदी में वैशाली का भ्रमण किया था। वैशाली संग्रहालय में पुराने सिक्कों एवं खुदाई के चित्रों को सुरक्षित रखा गया है।

ईसाई धर्म और पर्यटन

ईसाई धर्म के प्रवर्तक क्रिस्टिअनिटी ने वसीयतनामों के आधार पर ईसाई ध ार्म की भविष्यवाणी की थी। एक पैगम्बर (सिद्धपुरुष), एक मसीहा के आगमन के बारे में इसमें कहा गया था, जो संसार को बचायेगा, जब संसार उसको पुकारेगा।

क्राइस्ट (ईसा) का जन्म नाजारेध के जीसस रूप में हुआ था। उनके पिता जोसफ एक बढ़ई थे एवं उनकी माता वरजिन मेरी आज भी इसाइयों द्वारा पूज्यनीय हैं। 30 वर्ष की आयु में जीसस ने अपने आश्चर्य दिखने वाले कार्यक्रम शुरू किये। उन्होंने अपने, सत्य, दया और सद्भाव पूर्ण संदेश लोगों को पढ़ाने शुरू किये। उनका अभियान उन्हें जेरूसलम और पेलेस्टायर के सभी भागों में ले गया। रोमन, जो उस समय शासन कर रहे थे वे इनसे जलने लगे और इनके अनुयायियों की संख्या में बढ़ोतरी होने से परेशान हो उठे। उन्होंने उन्हें मारने का निश्चय किया। ईसा के शिष्यों में से ही एक शिष्य, जुडास ने ईसा के साथ विश्वासघात किया। उन्हें रोमन द्वारा बेरहमी से सूली पर चढ़ा दिया गया। ईसा की मृत्यु शुक्रवार को क्रोस पर हुई थी जिसे ईसाई धर्म में 'गुड फ्राइडे' कहा जाता है। इसीलिए ईसाई धर्म मानने वाले 'गुड फ्राइडे' का त्योहार मनाते हैं। वह तीसरे दिन रविवार को उठे थे। यह दिन सम्पूर्ण विश्व में 'ईस्टर संडे, के रूप में मनाया जाता है।

ईसाई धर्म के मानने वाले लोग आज दो वर्गों में या समुदायों में विभक्त हैं रोमन कैथोलिक एवं प्रोटेस्टेंट। रोमन कैथोलिक ईसाई लोग दृढ़ता से विश्वास करते हैं कि वरजिन मेरी अनेक मौकों पर प्रकट होती हैं। वे लाईस के जल का

सम्मान करते हैं तथा इसकी निरामय शक्ति में श्रद्धापूर्वक विश्वास करते हैं। प्रोटेस्टेंट मान्यता (विश्वास) भी इग्लैंड के चर्च या आंग्लिकन चर्च के रूप में जाना जाता है। यह मान्यता अथवा विश्वास इग्लैंड में पादरियों, आर्थोडाक्स और क्लर्जीमेन (पादरी) द्वारा व्याख्यान दिये जाते हैं। यह धर्म भारत में ईस्ट इंडिया कंपनी के अभ्युदय के साथ भारत में आया।

उपरोक्त दोनों समुदायों और धार्मिक आस्थाओं के मानने वालों के द्वारा की जाने वाली पूजा-अर्चना में कोई भिन्नता नहीं पायी जाती। ब्रिटिश राज के दरम्यान, चर्च संगठित हो गये एवं तबके एक सत्ता के रूप में थे। भारत और श्रीलंका में धर्म व्यवहार हेतु जाते थे। बाद में हर राष्ट्र का अपना चर्च हो गया। भारत में चर्चों की व्यवस्था दो भागों में विभाजित है उत्तर भारत के चर्च व दक्षिण भारत के चर्च। उत्तर भारत के चर्चों में कर्नाटक की सीमा के ऊपर तक के सभी चर्च शामिल हैं। दक्षिण भारत के चर्चों में कर्नाटक, तमिलनाडु, केरल एवं आंध्र प्रदेश के चर्च शामिल हैं।

ईसाई धर्म के पर्वतक सेन्ट थॉमस के द्वारा इस धर्म को भारत में लाया गया था। चेन्नई (मद्रास) से इस धर्म का शुभारंभ हुआ था बाद में इसके पास-पड़ोस में कई चर्चों की स्थापना की गई। उन्होंने धर्म की शिक्षा देने के लिए देश के कई भागों का दौरा भी किया। वह मलेशिया और चीन भी गये। ईसा के जन्म के बाद पहली शताब्दी में क्रिस्टिअनिटी भारत में विशेषकर तमिलनाडु और केरल में आयी।

ईसाई धर्म के दूसरे प्रमुख धर्म प्रचारक सेन्ट फ्रांसिस जेवियर थे। उन्होंने गोवा में इस धर्म की स्थापना की। आज भी उनका मृत शरीर गोवा के चर्च में सुरक्षित है, जबकि उनकी मृत्यु 400 वर्ष पहले हो गयी थी। क्रिस्टिअनिटी की शिक्षायें 10 उपदेशों में लिखे हैं जो कि भगवान ने मोजेज को दिये थे। इनमें से दो उपदेश आज बहुत महत्व के हैं। ये हैं प्रथम ईश्वर की उपासना करो, मेरे बावजूद कोई और ईश्वर नहीं है। दूसरा, अपने पड़ोसियों को अपने जैसा प्यार करो।

क्रिस्टिअनिटी के अधिकतर उपदेश अपने पड़ोसी को प्यार करने की बात पर जोर डालते हैं। जैसा कि इस कहानी स्पष्ट होता है एक आदमी सड़क पर लेटा था, वह कराह रहा था। कई व्यक्ति उसके निकट से गुजरे। इसमें एक यहूदी लेखक भी था। उन सबने उसकी दयामय कराह सुनी लेकिन कोई ध्यान नहीं दिया। अंत में एक सामोरिया, एक छोटी जाति का व्यक्ति उसके निकट आया। वह घायल आदमी को अस्पताल ले गया, जहाँ वह बचा लिया गया। इस प्रकार Good Samaritan' की विचारधारा क्रिस्टिअनिटी में बहुत महत्वपूर्ण है।

ईसाइयों का धर्मस्थल चर्च कहलाता है जहां प्रार्थना करने के साथ सभाएं आयोजित की जाती हैं उसके बाद चर्च का पुरोहित पादरी धर्मोपदेश देता है। इसका अनुसरण ब्रेड और वाइन (रोटी और शराब) अर्पण द्वारा किया जाता है। जब जीसस ने अपने भक्तों के साथ अंतिम भोजन किया था, वह जानते थे कि उनके साथ तुरन्त ही विश्वासघात किया जाने वाला है। इसी कारण उन्होंने शराब को पवित्र (धन्य) किया फिर रोटी को उन्होंने कहा कि ‘‘मैं तुममें हूं और तुम मुझमें हो’’ और इस तरह भक्त संसार चारों कोनों में क्रिस्टिअनिटी को फैलाने लग गये।

ईसाई और इस्लाम दोनों ही धर्मों का उदय स्थल जेरूसलम को माना जाता है। जेरूसलम का पवित्र शहर दोनों धर्मों के श्रद्धालुओं (श्रद्धाओं) के लिए पवित्र है, जबकि इसलाम का उद्भव शहर में काफी बाद में हुआ था। चट्टानों की हवेली (गुंबद), वेलिंग वालाके पड़ौसी में स्थित है। राजा सोलोमन की सबसे ऊंची पवित्र समाधि भी इसी के पास है। मुसलिम समाज की ऐसी मान्यता है कि मो. साहब अपने घोड़े एल-बर्क पर बैठकर चट्टान से उड़ गये। उस चट्टान से देवदूत ने मो. साहब को स्वर्ग के लिए उठा लिया। तब उनका ईश्वर से साक्षात्कार हुआ फिर इसलाम का संदेश लेकर वापस लौट गये।

इस्लाम, अल्लाह के पूर्व पैगम्बरों, अब्राहम एवं ईसा को स्वीकार करता है। गुम्बद खलीफा अब्द-अल मलिक द्वारा निर्मित था। यह गुम्बद घनी सजी अठमहली इमारत पर स्थित है। चारों प्रवेश स्थल परिधि के बिंदुओं की ओर जाते हैं। दक्षिण प्रदेश भाग मक्का की ओर है।

मुस्लिम धर्म और पर्यटन

हजरत मुहम्मद साहब ने मुसलिम धर्म की स्थापना की। इसका सर्वप्रथम विकास अरब देशों में हुआ। इस्लाम एक अद्वैतवादी धर्म है और इसका स्वरूप श्रेष्ठ एवं नैतिक है। भगवान एक है जो समय एवं दूरी की सीमाओं से बंधा नहीं है। इस्लाम कहता है कि भगवान एक मूर्ति प्रतिष्ठा द्वारा उचित तरह से प्रस्तुत नहीं किया जा सकता, जिस तरह की इस अनंत रूप की किसी चीज से उपमा नहीं की जा सकती। जिसको मानव, जीव देख या सुन नहीं सकता। इसलाम की अंतर्भूत परम्परा में भगवान ने इस ब्रह्मांड की रचना की है, बाहर के किसी ने नहीं। इसलाम के उपदेशों में यह सम्मिलित है कि भगवान की इच्छा पर स्वयं को समर्पित कर दो। वह व्यक्ति जो भगवान की इच्छा से स्वयं को अथवा अपनी जिंदगी को समर्पित कर देता है, वही सच्चा मुसलमान है।

करीबन 570 ई. में मुसलिम धर्म प्रवर्तक मोहम्मद पैगम्बर साहब ने मक्का में जन्म लिये थे। इनके जन्म के पूर्व इनके पिता का देहान्त (मृत्यु) हो गया था और इनकी माता इनके छः वर्ष की अवस्था में ही गुजर गयीं उनके नाना उनके प्रतिपालक (रक्षक) बन गये। जो मुसलिम वंश के मुख्यिा थे। अपने दादा की मृत्यु के दो वर्ष बाद पैतृक चाचा द्वारा वंश के नये प्रमुख के रूप में उनका पालन-पोषण किया गया।

हरजरत मुहम्मद युवावस्था में अपने समुदाय के आर्थिक जीवन में कार्यरत थे एवं प्रायः सीरिया के काफिलों के साथ उन्होंने यात्रा की थी। 25 वर्ष की अवस्था में मोहम्मद ने खादीजा नाम की विधवा जो उनसे 15 वर्ष बड़ी थी, से विवाह किया। खदीजा को मुसलिमों द्वारा आदर दिया जाता है। उनका एकमात्र जीवित शिशु पुत्री फातिमा थी।

लगभग 40 वर्ष की अवस्था में मुहम्मद साहब को प्रथम दैवीय सूचना मिली। कई वर्षों बाद 613 ई. में उन्होंने एक दैवीय निर्देश लोगों को संदेश देने हेतु प्राप्त किया। इस समय तक उन्हें अल्लाह का मार्ग दर्शन अथवा चेतावनी नहीं प्राप्त हुई थी। मो. साहब ने न सिर्फ देवी देवताओं की पूजा पर आक्रमण किया बल्कि अन्य आराध्यों पर भी ऐसा ही किया।

भारत का सबसे बड़ा धार्मिक अल्पसंख्यक मुसलिम हैं। यह भारत को इसलामिक देशों में एक बड़ा देश बनाता है। सम्प्रति यह विश्व में बहुत सबल तथा अपरिवर्तनीय धर्म हो चुका है। इनमें शुक्रवार पवित्र दिन होता है तथा प्रत्येक मुसलिम का अंतिम उद्देश्य मक्का की यात्रा करना और हाजी बनना है।

मुगलकाल में कई जगहों पर दरगाह मस्जिद, मकबरा आदि का निर्माण कराया गया जैसे हुमायूं द्वारा दरगाह का निर्माण करवाया गया था जिसमें हैदराबाद के निजाम द्वारा जोड़ा गया। अकबर दरगाह की यात्रा किया करता था। एक आंतरिक दरबार में दूसरी मस्जिद शाहजहाँ द्वारा बनवाई गई थी। सफेद संगमरमर से बना, यह 11 मेहराब और एक ईरानी शिलालेख इमारत की पूरी लंबाई में फैला है जिससे पर्यटक प्रार्थना कर सकें एवं धागा बांधकर एक गुप्त इच्छा मांग सकें। जब इच्छा पूरी हो जाए तब धागा खोलकर दूसरी बार दरगाह का दर्शन (चक्कर) करते हैं।

मुसलिम धर्म के प्रमुख धार्मिक स्थान

मुसलिम धर्म के प्रमुख स्थान निम्नलिखित हैं

1. दरगाह (अजमेर) अजमेर दरगाह सूफी संत मुइनुद्दीन चिश्ती की मजार

के लिये उल्लेखनीय है। यहां उर्स मेला लगता है। सूफी संत ख्वाजा मुइनुद्दीन चिश्ती की दरगाह पर इसका आयोजन भारतीय व विदेशी श्रद्धालुओं को आकर्षित करती है। यह हिन्दुओं और मुसलमानों की श्रद्धा का पवित्र स्थल है। मुइनुदीन चिश्ती की दरगाह सल्तनत काल से ही एक पूजा स्थल की तरह एक महत्वपूर्ण तीर्थ रही है। इस बात का लिखित प्रमाण मुहम्मद बिन तुगलक का दरगाह पर जाने का मिलता है। सभी तुर्की, मुगल बादशाहों के दरगाह पर जाने की परम्परा अक्षुण्ण बनी रही। अकबर का दरगाह पर चौदह बार जाने का विवरण मिलता है। 17वीं सदी तक दरगाह एक आकर्षक प्रतिष्ठान के रूप में रही जिसमें अनेक कार्यकर्ताओं को चढ़ावे उपहार दिये जाते थे। यहां कार्यकर्ताओं के ठहरने की व्यवस्था थी।

हुसैन नागौरी ने मुइनुद्दीन के मकबरे का निर्माण कराया था इसके पश्चात उसका मुख्य गेट गयासुद्दीन खिलजी के माध्यम से निर्मित किया गया। इसके बाद और भी अनेक प्रसिद्ध इमारतें मुगल बादशाहों द्वारा बनवायी गयी। दरगाह के अन्दर दो बड़ी लोहे की पकाने वाली देग है। इसमें बड़ी देग की सत्तर मन चावल पकाने की क्षमता है। एक छोटी देग की क्षमता बीस मन चावल पकाने की है। इसके अलावा दरगाह के प्रशासन द्वारा खाना बांटा नहीं जाता है। अपितु लूटने की प्रथा है। यह प्रथा प्राचीनकाल से अभी तक चली आ रही है, परन्तु अब ये लुटने वाले अपना अंश बेच देते हैं तथा उससे प्राप्त होने वाली आय को रख लेते हैं। सामान्य दिनों में ये लोग इन देगों में गहने अथवा रुपये चढ़ाते हैं। मकबरे की परिधि में भिश्ती का भी मकबरा है जिसने लोगों की जान बचाई थी।

प्रत्येक वर्ष मुइनुद्दीन के अन्त काल का (मृत्यु काल) उर्स को एक दिवस के रूप में मनाया जाता है। इस मौके पर तमाम स्थानों से आये हुए भक्तजनों से अजमेर खचाखच भरा रहता है। गानों (Sama) के बीच दर्शनार्थी सूफी संत भी अपना श्रद्धा सुमन समर्पित करते हैं। यहां विदेशी पर्यटकों के साथ ही साथ हिन्दू भक्त भी काफी बड़ी संख्या में आते हैं।

मकबरे के चारों ओर संगमरमर का जो जालीदार पर्दा है उस पर व्यक्ति अपनी मनोकामना के लिए धागा बांधते हैं। मनोकामना पूर्ण होने के बाद यह धागा खोला जाता है। मकबरे पर गुलाब के फूल चढ़ाए जाते हैं। ज्यादातर भक्तगण चादर चढ़ाते हैं, परिक्रमा लगाते हैं। आदमी मकबरे के अन्दर कुरान पढ़ते हैं एवं औरतें मकबरे से जुड़े एक स्थान पर अदरत ए नूर में नमाज पढ़ती हैं।

अनुयायी चिल भी जाते हैं। ऐसी मान्यता है कि अजमेर शहर में आने के

पहले वह यहाँ रहते थे। एक कोठरी, जहां उनके खलीफा अब्दुल कादिर जिलानी अपनी तपस्या करते थे, यह स्थल मुइनुद्दीन की मृत्यु हुई खानगाह कहलाती है। तीर्थयात्री मुइनुद्दीन की दरगाह जो तारागढ़ की पहाड़ियों के नीचे चिल्ला अब्दूल कादिर जिलानी भी जाते हैं। हलांकि ये कभी भी भारत नहीं आये थे, लेकिन ऐसा मानना है कि एक फकीर जो बगदाद की यात्रा पर गया था मकबरे से दो ईंट लाया था। खुद्दाम दरगाह के सेवक होते हैं जिनके काम मकबरे के धार्मिक अनुष्ठानों की तथा तीर्थयात्रियों की देखभाल करना है। इन खुद्दामों का धार्मिक नेता सज्जा दानशील कहलाता है। इस काम को संभालने वाला संत के परिवार का सदस्य ही हो सकता है। दरगाह में सूफी संगीत का भी संरक्षण मिला हुआ है।

दरगाह की संचालन सम्बन्धी बातों का इतिहास भी लुभावना है। आरंभ के दिनों में खुद्दाम एवं सज्जादानशील सभी कार्यों का संचालन करते थे। अकबर के समय में एक मतावली के लिए धर्मनिरपेक्ष संचालक की नियुक्ति दरगाह के संचालन के लिए हुई। 1955 ई. में दरगाह ख्वाजा साहब अधिनियम के तहत केन्द्र सरकार हनीफ मुसलमानों में से 5 से 9 सदस्य की नियुक्ति करती है जो दरगाह से सम्बन्धित प्रत्येक बातों की देखरेख करते हैं।

अजमेर, अरावली, पहाड़ियों के बीच बसा है। यह दिल्ली, आगरा, जयपुर, अहमदाबाद, उदयपुर, आबू रोड एवं जोधपुर से सड़क तथा रेल यातायात मार्ग से जुड़ा है। सबसे पास का हवाई अड्डा जयपुर है लगभग 140 कि. मी. पर। गर्मियों में अजमेर में काफी गर्मी पड़ती है। जबकि सर्दियों में अत्यधिक ठण्डा होता है।

यहां राजस्थान पर्यटन विकास निगम की ओर से आवास की व्यवस्था की गई है। इसके अलावा यात्रियों के ठहरने के लिये होटलों की व्यवस्था है।

2. जामा मस्जिद यह देखने में मक्का मस्जिद के समान है इसलिए उसकी नकल कहा जाता है। यह हिंदू और ईरानी नमूने के तत्त्ववाली सुंदर इमारत है। इसके मुख्य प्रवेश स्थान पर 54 मी. ऊंचा बुलंद दरवाजा, विजय का दरवाजा है जो अकबर की गुजरात फतह से संबंधित है। मस्जिद के भीतरी हिस्से में शेख सलीम चिश्ती की मजार अथवा दरगाह है जो संगमरमर की जाली में बने आवरण से घिरी है। इस संत के पौत्र इस्लाम खान की दरगाह भी मस्जिद के पास है। यह दरगाह भक्त मुसलिमों द्वारा दर्शनीय है।

3. दिल्ली का जामा मस्जिद यह मस्जिद भारत की सबसे बड़ी मस्जिद है। इसके साथ ही यह शाहजहाँ की वास्तुकला में फिजूलखर्ची का आखिरी उदाहरण है। इसमें तीन विशाल दरवाजे, चार कोणीय मीनारें एवं दो 40 मी. खड़ी

ऊंची मीनारें हैं और यह लालबलुआ पत्थर एवं सफेद संगमरमर की धारियों वाले स्वरूप में यथाक्रमानुसार बने हैं। यह मुसलमानों का शहर में सबसे लोकप्रिय पूजा-स्थल है।

4. ताज-उल मस्जिद इस मस्जिद के निर्माण की नींव शाहजहाँ ने रखी थी, जो भोपाल में स्थित है। ताज-उल मस्जिद भारत की बड़ी मस्जिदों में से एक है, इस विशाल मस्जिद में एक गुलाबी गुम्बद, दो सफेद गुम्बद एवं साथ में मीनारें भी हैं।

5. मक्का मस्जिद (हैदराबाद) इसका स्थान विश्व की बड़ी मस्जिदों में है, जहां एक साथ 1,00,000 व्यक्ति नमाज अदा कर सकते हैं। इसका निर्माण 1614 में काली कुतुबशाह के शासनकाल में शुरू हुई थी किन्तु अंतिम रूप से 1687 में पूरी हुई। मुगल सम्राट औरंगजेब ने इस समय गोलकुंडा को मिला लिया था। खंभे और दरवाजे की मेहराब, अकेली ग्रेनाइट की पट्टियों में जो तकरीबन 10 कि.मी. दूरी तक है। मस्जिद के एक किनारे पर एक घिरा स्थान है जिसमें निजामों की कब्रें हैं।

9

भारत में साहसिक पर्यटन का विकास

साहसिक शब्द का अर्थ किसी कठिन काम को उसके हानि की परवाह किये बगैर सम्पन्न करना। अतः किसी भी खेल पर्यटन या प्रतियोगिता आदि साहसिक कार्यों में स्वास्थ्य तथा स्फूर्ति का होना अति आवश्यक है। इसके अभाव में आप सफलता अर्जित नहीं कर सकते हैं। प्राकृतिक वातावरण सैलानी को नगरीय जीवन छोड़कर निरन्तर रोमांचपूर्ण एवं साहसिक कार्यों से पूर्ण जीवन व्यतीत करने में अधिक आनन्द देता है। इसी तरह के आनन्द से वह भरपूर होकर एक अनुपम शक्ति प्राप्त करता है। जीवन को मनोरंजक बनाने के लिए संघर्षों का मुकाबला करना आवश्यक है। प्रकृति पर विजय करने की प्रसन्नता, डर के ऊपर विजय प्राप्त करना, विविध विलक्षणों आश्चर्यों में संलिप्त होना और उन सब में से उल्लास पूर्वक बाहर निकल आना ये सभी कार्यों को करने के लिये साहस की आवश्यकता होती है।

खेल सामान्य रूप से अन्दर और बाहर विविध कार्यकलापों के रूप में आयोजित की जाती हैं। साहसिक क्रीड़ायें सामान्यतः आउटडोर ही होती हैं। यह प्रकृति साहसिक क्रीड़ाओं में एक प्रमुख भाग अदा करती है। इस तरह क्रीड़ाएं प्रकृति पर पूर्ण रूप से निर्भर करती हैं और हमारा कोई नियंत्रण प्रकृति पर नहीं होता, इसलिए वे सभी जोखिमपूर्ण होती हैं।

प्रत्येक वर्ष विदेशी पर्यटक भारत में होने वाले साहसिक खेलों में बड़ी संख्या में हिस्सा लेते हैं। 1994 में लगभग एक लाख साहसिक सैलानी भारत आये थे जिन्होंने इस तरह की साहसिक क्रीड़ाएं सामान्यतः विदेशी सैलानियों के द्वारा ही होती रहती थीं, पर बाद में भारत के कोने-कोने में रहने वाले क्रीड़ा प्रेमी भी इसमें बड़ी रुचिपूर्वक भाग लेने लगे और आने वाले समय में प्रतियोगिताओं को आयोजित करेंगे।

साहसिक खेल भी प्रकृति पर ही आधारित है क्योंकि प्राकृतिक वातावरण को बड़े स्तर पर इन खेलों में महत्वपूर्ण भूमिका अदा करती है। लेकिन कभी-कभी प्रकृति के अप्रसन्न हो जाने पर उसकी विनाश लीला भी प्रारम्भ हो जाती है और क्रीड़ाओं में हिस्सा लेने वाले और क्रीड़ास्थल दोनों ही नष्ट हो जाते हैं। इस तरह प्रकृति जहाँ एक ओर आनन्ददायक है, वहीं दूसरी ओर वह विनाशकारी भी है। इसलिए हमें प्रकृति के साथ ज्यादा साहस नहीं दिखाना चाहिये। वृक्षों का कटाव, पर्वतों का अवनमन, नदियों तथा समुद्रों का रुख मोड़ना आदि कार्य साहसिक क्रीड़ाएं करते समय नहीं करने चाहिए अन्यथा इसके दुष्परिणाम की अधिक सम्भावना होती है।

साहसिक खेलों अथवा पर्यटन में हिस्सा लेते समय इन बातों को दृष्टिगत रखना चाहिए

1. आपात कालीन स्थिति के लिए सुरक्षात्मक यंत्रों तथा उपायों की व्यवस्था भी जरूरी है। अनुभवी डाक्टरों की उपलब्धि भी होनी चाहिए।
2. पर्यटक अथवा खिलाड़ी को पूर्ण रूप से स्वस्थ होना चाहिए। उसको अस्थमा, हृदय मानसिक दृष्टि से भी उसे कमजोर नही होना चाहिए। ऐसे खेलों में भाग लेने वाले व्यक्ति के स्वास्थ्य की जांच की जानी जरूरी है।
3. अगर कोई पर्यटक किसी साहसिक क्रिया में भाग लेने का इच्छुक है, तो उसे सिखाने के लिए कुशल अनुभवी प्रशिक्षिकों का होना भी जरूरी है।
4. जिस साहसिक पर्यटन क्रिया में वह भाग लेता है, उसे उसमें प्रवीण होना चाहिए। बिना उचित अभ्यास के भाग लेना उसके जीवन के लिए जोखिम हो सकता है। पर्वतारोहण, ग्लाइडिंग, कार रैली, गोल्फ आदि जैसी क्रियाओं में भागीदारी को अत्यन्त कुशल होना चाहिए।
5. सभी तरह के खेलों के लिए समुचित व सुधरे हुए यंत्र होने चाहिए। यह कोशिश हो कि इन यंत्रों का अधिक से अधिक उपयोग किया जाए।
6. इन केन्द्रों पर स्वास्थ्य तथा चिकित्सा सुविधाओं की व्यवस्था का होना भी जरूरी है।

साहसिक पर्यटन के विविध रूप

जल, वायु, भूमि, आकाश आदि किसी स्थल पर आयोजित किये जाने वाले जोखिम पूर्ण और साहसिक खेलों को साहसिक पर्यटन के अन्तर्गत शामिल किया जाता है। सैलानी को (खिलाड़ी) साहसी तो होना ही चाहिए साथ ही उसे शारीरिक

रूप से पूर्णरूप से तन्दुरूस्त भी होना चाहिए। अगर वह शारीरिक तौर पर सक्षम नहीं है अथवा साहसी नहीं है तो वह इन साहसिक क्रीड़ाओं में कभी भी सफल नहीं हो सकता। इन दोनों के साथ ऐसे खेलों के अनुरुप वातावरण का होना भी जरूरी है। तीनों का जब तक सही मिश्रण नहीं होगा तब तक इन खेलों में आनन्द और रोमांच की अनुभूति नहीं हो सकती।

प्रकृति की स्वाभाविक उदारता जो हमें नदियों, आकाश, पहाड़ियों, श्वेत हिम से ढ़की चोटियों, समुद्री तटो, जंगलों एवं इसी तरह की अन्य प्राकृतिक वस्तुओं के रूप में मिलती है, के प्रति हमें कृतज्ञ होना चाहिए। ये सभी वस्तुएं अपरिहार्य तथा प्रकृति के उपादान हैं, जोखिम भरे क्रीड़ाओं में खिलाड़ियों के निजी प्रयोग पर भी निर्भर करता है कि वे इनका कितनी अच्छे तरह से उपयोग करें।

साहसिक पर्यटन के प्रकृति के अनुसार निश्चित किया जा सकता है, क्योंकि ज्यादा योगदान तो प्रकृति का ही है। साथ में उसे और ज्यादा उपयोगी और रोमांचक बनाने के लिए खेल-कूद संबंधी कुछ सामान्य और अन्य साधन उपयोग में लाये जाते हैं। इन अनगिनत साहसिक क्रीड़ाओं को मुलरूप से तीन भागों में बांटा जा सकता है

1. जल पर्यटन
2. भूमिगत पर्यटन
3. वायु पर्यटन।

जल पर्यटन

सदियों से नदियों, तालाबों, झीलों में स्नान या तैर कर मनोरंजन प्राप्त करने के अलावा विविध जल क्रीडाएं की जाती रही है। परन्तु आधुनिक समय और वैज्ञानिक प्रगति के साथ-साथ जल क्रीड़ाओं के स्वरूप में भी परिवर्तन आ गया है कुछ प्रमुख जल क्रीड़ाएं जो साहसिक पर्यटन के अन्तर्गत आती है उनके संक्षिप्त विवरण निम्नवत हैं

1. कैनोइंग इसकी संरचना सामान्यतः नुकीली नाव के समान होती है। सामान्य रूप से यह पैडल के माध्यम से चलायी जाती है, लेकिन इसमें छोटी मोटर भी रखी जा सकती है। यह करीब तीस-चालीस इंच चौड़ी और बारह से चौदह फुट लम्बी तथा वजन में बहुत हल्की होती है। एक तो व्यक्ति इसे उठाकर और जल में डालकर क्रीड़ाएं कर सकता है। शान्त जल के जलाशयों में इसके लिए विभिन्न तरह की प्रतियोगिताएं हो सकती हैं। भागीरथी नदी के गंगोत्री स्थल पर इस नाव

से अच्छी क्रीड़ाएं होती हैं। कभी-कभी समुद्र तट पर भी कुछ साहसिक लोग इस नौका से जलक्रीड़ा करते हैं।

2. व्हाइट वाटर रेफ्टिंग इसे नदी-दौड़ प्रतियोगिता के नाम से जाना जाता है। यह नाव सिन्थेटिक रबर की बनी होती है जिसमें डाँडों का उपयोग भी होता है। क्योंकि यह जलक्रीड़ा अधिक साहसिक और जोखिमपूर्ण होती है इसलिए इसे लाइफ जैकिट, हैलमेट तथा अन्य जरूरी आपातकालीन वस्तुओं से सुसज्जित किया जाता हैं जिससे आपातकालीन स्थिति में इनका प्रयोग हो सके। नये व अपरिपक्व खिलाड़ी इस खेल को शान्त जल में खेल सकते हैं, लेकिन अनुभवी खिलाड़ी इसका साहस के साथ रोमांचपूर्ण ढंग से आनन्द लूट सकते हैं। इस खेल का आयोजन भारत में बड़ी तथा तीव्र गामी नदियों में किया जाता है। जम्मू कश्मीर की चिनाव नदी, हिमाचल प्रदेश में सतलज नदी, सिक्किम में तीस्ता नदी, उत्तर प्रदेश में गंगा नदी आदि में यह खेल बड़े रोमांचक ढंग से खेला जा सकता है।

3. कायकिंग प्रारंभ में इसका प्रयोग आर्कटिक क्षेत्र से सील मछली पकड़ने के लिये किया जाता था, ये सामान्यतः फाइबर की बनी होती है। इसकी एक विशेषता यह है कि इसमें पैडल लगे होते हैं जिसे दोनों से किसी भी तरफ से चलाया जा सकता है।

यह खेल अत्यन्त जोखिम पूर्ण है, क्योंकि इस खेल में जिस प्रकार की नौकाओं का इस्तेमाल किया जाता है उनके पटलने की संभावनाएं अधिक रहती है, अतः खिलाड़ी का प्रयास रहता है कि नाव उल्टे नहीं और तीव्र गति से चलें। इन्हीं नावों के द्वारा विविध प्रकार की दौड़ें तथा जल क्रीड़ाओं का आयोजन किया जाता है। कायकिंग क्रीड़ाएं दिल्ली में तथा हिमाचल प्रदेश के पोंगडम स्थान पर होती हैं। इसके द्वारा खेले जाने वाले खेलों की विशेषता यह होती है कि जिस स्थान पर ये खेले जाते हैं, उस स्थान का पानी शांत होना चाहिए।

04. सरफिंग लहरों और तरंगों पर नावों के माध्यम से खेले जाने वाले इस खेल में इस्तेमाल की जाने वाली नौका प्लास्टिक फोम एवं फाइबर ग्लास कोटेड से निर्मित होती है। इसकी लम्बाई करीब सात-आठ फीट होती है एवं वजन बहुत हल्का-तीन से छह किलोग्राम तक। इस नौका को चलाते समय इसमें सन्तुलन करने की जरूरत अधिक होती है जिससे कि समुद्र की लहरों पर यह पलट न सके और सरलतापूर्वक चलायी जा सके।

5. विन्ड सरफिंग यह नाव प्लास्टिक कोम एवं फाइबर ग्लास कोटेड का बना होता है। यह सरफिंग नाव के जैसा ही होता है, लेकिन इसमें पाल भी बंधा

रहता है, जिसके द्वारा हवा चलने पर उसका सन्तुलन करना पड़ता है। इस नाव के पाल को नाव के इधर-उधर स्थानान्तर किया जा सकता है। नाव और पाल दोनों का समन्वय करना, इस नाव के माध्यम से खेले जाने वाले खेलों में आवश्यक है।

उपर्युक्त दोनों तरह की नौका क्रीड़ाएं केरल के कोवलम बीच तथा गोपालपुर बीच, कन्या कुमारी तथा उड़ीसा के बीचों में होती है। ये खेल सही मायने में सुरक्षित बीचों पर खेलने हेतु होते हैं।

6. स्किन डाइविंग यह खेल तैराकी के ही सामान है इस खेल के अन्तर्गत तैराक पानी के अन्दर रहकर किसी कार्यकलाप को करता है। जैसे पानी के भीतर काफी समय तक जो तैराक रह सकता है, वह वहाँ रहकर अपना शोधकार्य और छायांकन भी कर सकता है। स्किन डाइविंग में प्रयुक्त होने वाले उपकरणों में तैरने हेतु पंख, कोल्ड वाटर सूट, चेहरे पर लगाने वाली मास्क, ऑक्सीजन सिलिन्डर आदि होते हैं जिनके सहारे गोताखोर ज्यादा समय तक पानी में रहकर कार्य कर सकें।

7. स्कूबा डाइविंग यह स्किम डाइविंग के समान ही होता है, लेकिन इसमें तैराक पानी के भीतर 'सैल्प कन्टेन्ड' सांस लेने के उपकरणों का प्रयोग करते हैं, विदेशों में और भारत में भी ऐसे संस्थान हैं जहाँ स्कूबा डाइविंग का पूरा प्रशिक्षण दिया जाता है।

भूमिगत पर्यटन

भूमिगत पर्यटन का तात्पर्य भूमि और पर्वतों पर आयोजित होने वाली साहसिक प्रतियोगिताओं से है। स्थल पर आयोजित किये जाने वाले खेलों में खतरों की संभावना कम रहती है। और यदि अचानक कोई खतरा उत्पन्न हो भी जाये तो बचाव के साधन भी खेल से मिल जाते हैं। वायु या जल में खेले जाने वाले खेलों में अधिक जोखिम लेना पड़ता है, क्योंकि जल अथवा वायु में बचाव के कम साधन उपलब्ध हो पाते हैं। भूमि या पर्वतों पर होने वाली क्रीड़ाएं निम्नवत हैं

1. पर्वतारोहन यह काफी रोचक एवं साहसिक होता है। भारत में कई पर्वत श्रेणियाँ उत्तर, पश्चिम और दक्षिण में हैं, जिन पर चढ़ना आनन्ददायक होता है। साथ ही यह बड़ा जोखिम पूर्ण भी होता है। पर्वतारोहण के लिए शारीरिक रूप से स्वस्थ होना जरूरी होता है तथा कुछ विशिष्ट तरह के उपकरण आदि भी रखने जरूरी होते हैं, जिनकी सहायता से हम पर्वतारोहण कर सकते हैं। इन उपकरणों में से कुछ उपकरण अधिक महंगे होते हैं।

पर्वतारोहन से संबंधित खेलों का आयोजन विश्व प्रसिद्ध संस्था 'वन्डरलस्ट' करती है जिसका मुख्यालय दिल्ली में स्थित है। इस संस्थान ने पर्वतारोहण की तीन श्रेणियाँ बनायी हैं। एक प्रारम्भिक पर्वतारोहियों के लिए है जिसे 'ए' श्रेणी दी गयी है। इस श्रेणी में आने वाली पर्वत श्रेणियों में लद्दाख, शीतिधर, द्रौपदी का दाना आदि हैं। इन सबकी ऊँचाई अठारह से बीस हजार फीट के बीच में है।

दूसरी श्रेणी 'बी' जिसमें वे चोटियां सम्मिलित होते हैं जिन पर नये पर्वतारोही से कुछ अच्छे पर्वतारोही चढ़ते हैं। इनमें गंगोत्री, हनुमान टिब्बा, कूदार डू, बंदरपूंछ, जॉन ली आदि हैं। इनकी ऊँचाई लगभग बीस से तेईस हजार फीट तक की है।

तीसरी श्रेणी 'सी' है जो ऐसे पर्वतारोहियों हेतु है जो भली भांति प्रशिक्षित हैं और जीवन में साहस एवं रोमांच दोनों चाहते हैं। इस वर्ग में आने वाली पर्वत श्रेणी, नुनकुन, चौखम्बा, कैलाश, केदारनाथ, माना, वाइट नीडिल आदि प्रमुख हैं। ऐसे पर्वत श्रेणियों की ऊँचाई बीस से तेईस हजार फीट तक की है।

2. राक क्लाइम्बिंग इसमें चट्टानों एवं निम्न स्तर के पर्वतों पर चढ़ा जाता है। इसमें भाग लेने वाले खिलाड़ियों में विजय प्राप्त करने का अटल इरादा होता है। पूरे वर्ष भर रॉक क्लाइम्बिंग से संबंधित क्रीड़ाएं खेली जाती हैं। इन क्रीड़ाओं के मुख्य केन्द्र दिल्ली, माउण्ट आबू, पूना, देहरादून, मैसूर आदि हैं।

3. मोटर रैली इस तरह की क्रीड़ाओं से युक्त रैलियों में व्यक्ति तथा मशीन दोनों का ही संतुलित उपयोग होता है। सही मायने में रैली-मोटर दौड़ नहीं होती। इनमें तो सिर्फ मोटर और व्यक्ति की सहनशीलता का परीक्षण होता है। इसके द्वारा दोनों के नेबीगेशन के चातुर्य का परीक्षण भी होता है। मोटर रैली सामान्य रूप से मरुस्थलों, बीचों, पर्वतों, वनों, सड़कों और पानी में भी आयोजित की जाती है। प्रकृति के साथ नजदीकी संबंध इन रैली में होता है। हिमायलन कार रैली, सीजर्स एक्शन रैली, कर्नाटका वन थाउजैण्ड रैली आदि इसके प्रसिद्ध उदाहरण हैं।

4. ट्रैकिंग इस खेल के माध्यम से स्वास्थ्य उत्तम रहता है तथा यह खेल व्यक्ति के प्रकृति के प्रति प्रेम और आकर्षण को प्रकट करता है। पर्वत श्रेणियों, जंगलों, वाणों, प्राकृतिक झरनों, पुष्पों, पशु-पक्षियों, तितलियों आदि का अत्यंत समीप से आनन्द लेने का मौका प्रदान करता है। किसी भी अवस्था के लोग इसे खेल सकते हैं। इस खेल में कम-से-कम उपकरणों की जरूरत होती है। भारत के उत्तरांचल में फूलों की घाटी इसका आयोजन होता है।

5. स्कीइंग शीत काल (जाड़ों में) में खेला जाने वाला यह आकर्षक खेल बर्फ से ढ़के हुए दलानों पर खेला जाता है। इस खेल में बहुत कम उपकरण होते हैं। पैरों में पहनने वाले दो स्काईज जो खोखली लकड़ी के बने होने के कारण काफी हल्के और बर्फ पर सरलता से फिसलने वाले एवं लंबे और आगे की ओर से नुकीले और ऊपर की ओर मुड़े हुए होते हैं। इसके बावजूद बर्फ में पहनने वाला रंगीन चश्मा, स्काई बूट, ट्रैक सूट भी इस खेल के उपकरणों में आते हैं। मदद के लिए दो लंबी और नीचे से नुकीली छड़ें होती हैं। जाड़ों में क्योंकि यह खेल खेला जाता है, इसलिए गर्म कपड़े भी आवश्यक हैं।

स्कीइंग भी दो तरह की होती है

1. नारडिक स्कीइंग
2. एलपाइन स्कीइंग।

नारडिक स्कीइंग में ऊपर उछलना तथा क्रॉस कंट्री रेस खासकर होते हैं। एलपाइन स्कीइंग में पर्वत की चोटी से नीचे ढ़लान पर फिसलते हैं। स्कीइंग के विभिन्न खेलों में मुख्य स्थान हिमाचल प्रदेश, गढ़वाल और कश्मीर में हैं जो विश्व प्रसिद्ध हैं।

6. हैली स्कींइग इस खेल की एशिया में सर्वप्रथम भारत में शुरूआत हुयी। इसमें हेलीकॉप्टर की सहायता से स्कीइंग की जाती है यह मंहगा होने के साथ-साथ खतरनाक और रोमांचक भी है। भारत में मनाली, सोलन, श्रीनगर इस खेल हेतु विख्यात हैं। भारत के बावजूद आस्ट्रेलिया, इटली, स्विटजरलैंड, कनाडा आदि देशों में भी ये खेल, खेले जाते हैं।

7. बंगी कुदान इस खेल की शुरूआत सर्वप्रथम इटली में हुई। इस खेल में खिलाड़ियों के पैरों को बांधकर और सिर नीचे की ओर करके काफी ऊँचाई से नीचे की तरफ डाला जाता है। यह बहुत अधिक खतरनाक खेल हैं इसलिए इस खेल पर रोक लगा दी गई है। यह कुदान गुब्बारे, पुल, क्रेन, मीनार, पहाड़ अथवा किसी दूसरी बहुत ऊँची वस्तु से कराई जाती है एवं इसमें अधिक वजन का खिलाड़ी भाग नहीं लेता है।

8. सफारी यह एक साहसिक यात्रा या पर्यटन है जिसमें शिकार भी होता है और यात्रा भी। सम्प्रति इसने 'कारवां' का रूप ले लिया है। सफारी खेल कई प्रकार से खेला जा सकता है, जैसे ऊँट सफारी, जीप सफारी, हाथी सफारी, घोड़ा सफारी आदि। यह उनके लिये जरूरी हैं जो कम समय में ज्यादा भ्रमण करना चाहते हैं। सामान्य रूप से इन्हें पूरा होने में तीस से पन्द्रह दिन तक का समय लग

जाता है। रात्रि में कैम्प फायर तथा इसी तरह के अन्य कार्यक्रम आयोजित किये जाते हैं। ऊँट सफारी राजस्थान तथा थार के रेगिस्तानों में घोड़ा सफारी किलों व राजमहलों में, हाथी सफारी घने जंगलों में और जीप सफारी सड़कों और नगरों में सामान्य रूप से आयोजित किये जाते हैं।

इन खेलों के अलावा दूसरी थल क्रीडाएं हैं जो रोमांचक और जोखिम से भरी होती है जैसे मोटर साइकिल, रेल, हेलीकाप्टर रेस तथा इसी तरह की अन्य दौड़ें, जिनमें साहस और रोमांच दोनों का प्रदर्शन होता है। थल-क्रीड़ा में ही एक क्रीड़ा मौत का कुआँ भी होती है जो बड़ी साहसिक और जोखिम भरी होती है। इसमें एक गोल कुएं में जीप, मोटर साइकिल अथवा कार से ड्राइवर चारों ओर घूमता है तथा ऊपर तक लाता है और फिर नीचे की ओर चला जाता है।

वायु पर्यटन

भूमि और जल में खेले जाने वाले खेलों से भी ज्यादा खतरे से पूर्ण अन्तरिक्ष में की जाने वाली साहसिक क्रीडाएं हैं। कुछ मुख्य साहसिक क्रीडाओं का वर्णन निम्नलिखित हैं

1. पैरा ग्लाइडिंग सिन्थेटिक से निर्मित पैरा सेल नाम का एक यन्त्र होता है, जिसकी रस्सियाँ भी नायलोन की होती हैं। ये रस्सियाँ सीट से बंधी रहती हैं। इसी के साथ यही रस्सियाँ उस बाल्टी से बांधी जाती हैं, जिसमें खिलाड़ी बैठता है। दो रस्सियाँ एक जीप से बंधी होती हैं, जीप चंदोबा को चलाती है और जो खिलाड़ी हवा में है, उसे उठाती हैं। पैरा सेल बाद में जीप से अलग कर दिया जाता है। इसमें भी खिलाड़ी जब आकाश में तैरता है तो स्वयं को चिड़ियों की तरह उड़ने वाला समझने लगता है।

आमतौर पर तो पैराग्लाइडिंग खेल का आयोजन किसी भी स्थान पर किया जा सकता है, परन्तु इसकी खातिर एक बड़े मैदान की जरूरत होती है। प्रकृति में पैरा ग्लाइडिंग पैरा सिलिंग की तरह ही होती है, बस इसमें जीप से अलग होती है। जम्मू कश्मीर व हिमाचल प्रदेश में यह खेल खेला जाता है।

2. हैंग ग्लाइडिंग इस खेल में एक विभिन्न रंगों की एल्युमिनियम का चौखटा होता है और नायलोन की रस्सी से उसमें खिलाड़ी लटका रहता है। यह खेल काफी रोमांचक होता है। जब खिलाड़ी 'हैंग ग्लाइडिंग' खेल में लिप्त रहता है तो उसे उड़ते हुए पक्षियों को पास देखने का मौका मिलता है। वह स्वयं भी उड़ते हुए चिड़ियों जैसा लगता है। भारत में कई 'ग्लाइडिंग क्लब' हैं जो सामान्य रूप से पूना, बम्बई, दिल्ली, चंड़ीगढ़, शिमला, बंगलौर आदि बड़े-बड़े नगरों में स्थित हैं।

कांगड़ा हिमाचल हैंग, ग्लाइडिंग रैली कांगड़ा में पहले अक्टूबर में होती थी, लेकिन अब मई में होने लगी है।

3. स्काई डाइविंग इस खेल की प्रकृति पैराशूटिंग ले साम्य रखती है। इसमें सात सौ पचास से पच्चीस सौ फीट तक की ऊँचाई से पैराशूट के माध्यम से व्यक्ति हवाई जहाज से कूदता है। ऊपर से कूदने की रफ्तार 150 किमी. से तीन सौ किमी. प्रति घंटा के बीच होती है। स्काई ड़ाइविंग दो प्रकार से की जा सकती है स्टाइल जम्प, एक्यूरेसी जम्प। स्टाइल जम्प ऊपर से कूदने पर व्यक्ति की कुशलता पर निर्भर करता है। यह फ्री फाल कहलाता है। एक्यूरेसी जम्प खिलाड़ी के एक निश्चित स्थान पर एक घेरे से कूदने वाली होती है।

पैराशूटिंग की यह क्रीड़ा किसी हवाई जहाज, गुब्बारे या इसी तरह की किसी दूसरे उड़ते हुए यंत्र से हो सकती है। ये पैराशूट हवाई जहाजों में ले जाये जाते हैं। हमारी सेना में पैराशूट कम्पनियाँ भी हैं। सेना के जवानों को विभिन्न स्थानों पर उतरने के काम भी पैराशूट आते हैं।

4. हाट एयर बेलूनिंग इस खेल की खोज लगभग 50-60 वर्ष पहले हुई थी। तब इस एक स्थान पर खेला जाता था। लेकिन वर्तमान में कई देशों में यह खेल खेला जाता है। इसके लिए कुछ खास उपकरणों की आवश्यकता होती है जिसमें निर्माण के एक हजार गज लंगा रिप्ड नायलोन, पचास फीट चौड़ा बैलून होता है। बैलून सत्तर फीट ऊँचाई वाला और सत्तावन सौ क्यूबिक फीट वाल्यूमवाला उपयुक्त होता है। यह बैलून एक स्टील की तार से एक बास्केट में बांधा जाता है। यह बास्केट भी लचीली, ताकतवर एवं रबड़ की तरह खींचनेवाली वस्तुओं से बनी होती है तथा मैटिल की रस्सियों से कसकर बंधी रहती है।

इसकी बास्केट में प्रोपेन या ब्यूटेन गैस के सिलिण्डर रखे जाते हैं और आग जलाने वाले बर्नर बैलून के मुँह पर बांधे जाते हैं। जब उसके मुँह को छूती हुई ठंडी हवा एक पंखे के माध्यम से चलाई जाती है एवं बर्नर को जलाया जाता है तो गर्म हवा उन लपटों से पैदा होती है और गुब्बारे में प्रवेश करती है। गुब्बारा लगभग सौ मीटर की ऊँचाई पर उड़ने लगता है। इस खेल का आयोजन नई दिल्ली में (सफदरगंज) में किया गया है जो अन्तर्राष्ट्रीय बैलून क्लब से संबंधित है। यह क्लब बैलून मेला का भी आयोजन करता है।

भारत में साहसिक पर्यटन के पर्याप्त अवसर

भारतीय प्राकृतिक स्थलों पर विविधता पायी जाती है। इसमें कहीं तो

ऊंचे-ऊंचे पर्वत, बर्फीली चोटियां, हिमानिया, पर्वतीय एवं मैदानी नदियां, विशाल मैदान एवं मरुस्थल, प्रायदीपीय पठारी प्रदेश, विशाल समुद्री तट एवं चौड़े समतल तटीय रेतीले मैदान सघन वन आदि सभी प्राकृतिक विशेषताएं मिलती है। यह सभी भौगोलिक विविधताएं तथा सम्पन्न पारिस्थितिक पर्यावरण भारत के साहसिक पर्यटन के अवसर प्रदान करते हैं पर्यावरण जीवमण्डल के भंडार, मैनग्रोव, प्रवाल एवं प्रवाल भित्तियां, मरुस्थल, पर्वत तथा वन, वन्य जीव एवं वनस्पति, नदियां एवं झीलों के रूप में मिलते हैं। यहां के घने जंगल विभिन्न तरह के जीव जन्तुओं व पौधों की किस्मों के लिए पहचाने कुछ ऐसे ही नाम हैं। समुद्रीय तट विचित्र प्रकार की सुन्दर वनस्पति, सुन्दर वन, मैनग्रोव नारियल के कुंज के लिए पहचाने जाते हैं। हमारा देश पौधों व जीवों की सभी तरह की किस्म रखता है। विश्व के किसी भी देश में इतनी विविधता नहीं मिलती, जितनी कि हमारे देश में। यहां लगभग 45000 प्रकार के पौधें व 65000 प्रकार के जीव जन्तुओं की किस्में पाई जाती हैं।

साहसिक पर्यावरण का पर्यटन पर प्रभाव

साहसिक पर्यटन का हर अंग एक विशेष तरह के पर्यावरण की देन है। इसलिए इस बात पर ध्यान दिया जाना चाहिए कि जिन विभिन्न परिस्थितियों में साहसिक खेल का आयोजन किया गया है, पर्यावरणीय प्रदूषण से बचाव के लिए आवश्यक हो जाता है कि स्थान को देखते हुए खेल के पर्यटकों की संख्या, खेल तथा खिलाड़ियों की संख्या को निश्चित करे। उस स्पोर्ट क्रिया में भाग लेने व्यक्ति अथवा पर्यटक वहां के पर्यावरण संतुलन पर कोई विपरीत प्रभाव न डालें। ऐसा तभी सम्भव है, जब हम उस क्षेत्र में साहसिक पर्यटन के स्पोर्ट को विकसित करने से पहले वहां की प्रवेशनीय एवं भागीदारी क्षमता को निर्धारित कर दे। यह विकास वहां से सामाजिक विकास पर भी विपरीत प्रभाव डालने वाला नहीं होना चाहिए। इसके साथ-साथ वहां पर पर्यटकों के लिए सभी जरूरी सुविधाओं को विकसित किया जाना चाहिए, जिनमें से कुछ इस तरह रखे जा सकते हैं

1. प्राकृतिक दृश्यों की सुन्दरता को बनाये रखा जाए।
2. स्थानीय सामाजिक और सांस्कृतिक धरोहर पर कोई विपरीत प्रभाव न पड़ने दिया जाए।
3. वृक्षों, घास आदि को किसी प्रकार की हानि न पहुँचाई जाए।
4. स्थानीय प्राकृतिक संसाधनों का दोहन सीमित तथा स्वीकृत मापदण्डों के अनुरूप किया जाए।

5. मलमूत्र के निष्पादन की समुचित व्यवस्था की जाए।
6. जंगली पशुओं के शिकार को रोका जाए।
7. ऐसे स्थलों पर कूड़ा करकट तथा खाली डिब्बे, पालीथीन बगैरह न छोड़ी जाए।
8. जलाशयों के जल को गंदा न किया जाए।

इन सभी बातों को कठोरता से लागू करने में आयोजक, सरकारी तंत्र, स्थानीय प्रशासन और पर्यटक मिलकर कार्य करें।

10

भारत में पर्वतीय पर्यटन का विकास

भारतीय पर्यटन विभाग को पर्वतीय पर्यटन का विकास सुनियोजित तरीके से करना चाहिये, जिसमें सभी प्रकार के उद्देश्यों को ध्यान में रखकर पर्यटकों की प्रत्याशा उनकी वापसी पर पूर्ण संतोष और चिरस्मरणीय याद का सपना पूरा हो सके। इसलिए पर्यटन संरचना में सभी घटकों की उपलब्धता एवं सम्पादन एक सही समन्वय एवं संयोजन द्वारा आवश्यक होना चाहिए।

पर्यटन का विकास सिर्फ होटल, रेस्तरां और मनोरंजन की व्यवस्था तक ही सीमित न किया जाय, बल्कि इसके तहत यातायात, बिजली, जल सीवरेज और दूर संचार की सुविधाओं का भी पर्याप्त व्यवस्था होनी चाहिए। प्रत्येक पर्यटक अपनी यात्रा में भरपूर आनन्द लेना चाहता है। इसलिए पर्यटन उत्पादन में निम्नांकित तथ्यों का शामिल होना जरूरी है

1. सुरक्षा एवं सुनिश्चितता का आश्वासन।
2. व्यवहारिक एवं मेजबान समाज।
3. एक ऐसा उद्योग एवं व्यवस्था जो मुस्कराहट के साथ अपेक्षित सेवाएं उपलब्ध करा सके। तथा
4. पूर्ण क्षेत्र में शान्ति एवं स्थिरता का वातावरण।

प्रमुख पर्वतीय प्रर्यटन स्थल

कुल्लू मनाली

कुल्लू मनाली प्रकृति के बहुत से रहस्यों को अपने में समेटे हुए है। यहां पर रहने वाले लोग जीवन का पूरा आनन्द लेते हैं और अपने जीवन को धन्य समझते हैं। इनके द्वारा किये जाने वाले नृत्य और संगीत यहां की सुन्दरता में और भी वृद्धि कर देते हैं। यह क्षेत्र दशहरा के त्योहार हेतु अधिक प्रसिद्ध है, क्योंकि यहां पर यह त्योहार बड़े ही धूम-धाम और मस्ती से मनाया जाता है। कुल्लू नगर लंबे समय से आस्था का केंद्र रहा है। सत्रहवीं शताब्दी में राजा जगत सिंह ने यहां अयोध्या से

लाई गई भगवान रघुनाथ की प्रतिमा स्थापित की। राजा जगत सिंह और उनके वंशज अपने आप को भगवान रघुनाथ के दूत मान कर राज करते रहे। रघुनाथ मंदिर का यहां बहुत महत्व है। कुल्लू की हरी-भरी घाटियां प्रत्येक पर्यटक का मन मोह लेती हैं।

प्रमुख आकर्षक स्थल रघुनाथ जी मंदिर, वैष्णोदेवी मंदिर, जगन्नाथी देवी मंदिर, बिजली महादेव मंदिर, महादेव मंदिर, त्रिजुगी नारायण मंदिर। पराशर झील, कैसधारा, रायसन मीडो, कन्नेन, नग्गर, मलाना घाटी, माणिकरण।

मनाली मनाली कुल्लू से लगभग 6 हजार फुट की ऊँचाई पर उत्तर दिशा में स्थित है। जिसकी तुलना मुकुट में लगे रत्नों से की जा सकती है। यह हिमाचल प्रदेश का सबसे प्रमुख पर्यटन स्थल है और यहां पर घाटी की सुंदरता की उपमा नहीं की जा सकती। ऐसा कहा जाता है कि जब संसार वर्षा के जल में डूब गया और सारी पृथ्वी पर पानी भर गया तो मनु ने सबसे पहले मनाली में अपनी दिव्य नौका चलाई (मनु + आलय = मनु का घर) इस प्रकार, यहीं से मनुष्य जाति का दूसरा युग प्रारंभ हुआ। कुल्लू और मनाली के बीच में नग्गर नाम की जगह है जिसे रोयरिक का घर माना जाता है। विश्व प्रसिद्ध रोयरिक ने हिमालय के चित्र यहीं पर बनाए। रोयरिक भवन पर्वतों की सुंदरता और रोयरिक के कोमल हृदय से साक्षात्कार कराता है।

प्रमुख आकर्षण स्थल मणिकरण गुरुद्वारा (गुरुद्वारे के अंदर प्राकृतिक गर्म जल का झरना है) राम मंदिर, हिडिम्बा मंदिर, मनु महर्षि मंदिर, वशिष्ट गांव, जगत सुख भृगु झील, सोलांग प्वाइंट, व्यास कुंड, कुलूगा और खीर गंगा, राहला जल प्रपात, प्रीनी।

साहसिक खेल रेफ्टिंग (अप्रैल से जून), ट्रेकिंग (मनाली के आसपास ट्रेकिंग के लिए कई रास्ते हैं। हेली स्कीइंग (फरवरी) रॉक क्लाइंबिंग, पर्वतारोहण।

यातायात के साधन यहां वायु, रेल, व सड़क मार्ग द्वारा यात्रा किया जा सकता ।है। यहां की निकटतम हवाई अड्डा भुन्टर है, जो कि कुल्ल, घाटी में हैं। यहां की यातायात सुविधा उत्तम श्रेणी की है। चंड़ीगढ़ निकटतम रेलवे स्टेशन है। नई दिल्ली से शताब्दी एक्सप्रेस सप्ताह में 2 दिन छोड़कर चंडीगढ़ जाती है। यहां बस टैक्सी द्वारा भी यात्रा की जा सकती है। इस पर्यटन स्थल का मौसम मार्च से ऑक्टूबर एक पर्यटक के अनुकूल होती हैं। यहां सर्दी अधिक तथा गर्मी न के बराबर पड़ती है। लोग गर्मी में हल्के सामान्य कपड़े पहनना पसंद करते हैं, जबकि ठण्डी में गरम व ऊनी कपड़े पहनना पसंद करते हैं।

ठहरने की व्यवस्था यहां पर्यटकों को ठहरने के लिए उत्तम हौअल जैसे पांच सितारा, चार सितारा, तीन सितारा, दो सितारा की व्यवस्था हैं।

सर्वश्रेष्ठ मौसम वर्ष भर मौसम पर्यटन के अनुकूल रहता है।

वेशभूषा इस क्षेत्र में रहने वाले लोग गर्मी में हल्के ऊनी तथा सर्दी में भारी ऊनी वस्त्र पहनना पसन्द करते है।

मसूरी

मंसूरी को पर्वतों की रानी की उपमा दी जाती है। सन् 1823 में कैप्टन यंग तथा श्री एफ.जे. शोर ने इस प्रसिद्ध पर्वतीय स्थल की तलाश की थी। सबसे पहले इन्हीं दोनों ने यहां अपने निवास हेतु मकान बनवाये थे। यह स्थल देसी रियासतों के राजाओं में काफी लोकप्रिय था और वहां आज भी पुरानी इमारतें और महल देखे जा सकते हैं। यहां से हिमालय का भव्य दृश्य दिखाई देता है। इस स्थान को सर जार्ज एवरेस्ट ने अमर बना दिया, जिन्होंने भारत के पहले महासर्वेक्षक के रूप में यहां पर सर्वेक्षण कार्यालय खोला। यहां पर एक घना जंगल है और लैण्डौर तथा हाथीपांव क्षेत्र में कई तरह के पक्षी पाए जाते हैं। सुहावने मौसम में देवदार पेड़ों और कोहरे के बीच घूमने का अपना ही आनंद है। यह स्थान युवाओं को विशेष रूप से पसंद है, क्योंकि यहां पर स्केटिंग रिंक है जहां वे पहियों पर नृत्य कर सकते हैं। मसूरी के वातावरण में प्रेम, ऊर्जा, आकांक्षा और भव्यता के भाव संजोये हुए है। यहां पर फैले नृत्य केंद्र, श्रृंगार कक्ष, अदभुत चित्र, लताओं से घिरी कांच की खिड़कियां गर्मियों में बैंचों पर बैठे लोग, फलदार वृक्ष, स्वादिष्ट भोजन, जंगली रास्ते और प्रेमियों के लिए एकांत स्थान इस स्थल को पर्यटकों के लिए आकर्षक बनाते हैं।

प्रमुख आकर्षण स्थान मसूरी झील, म्युनिसिपल गार्डन, रिंक, लाल बहादुर शास्त्री राष्ट्रीय प्रशासन अकादमी, ग्रन्थालय, पुराने गिरिजाघर, प्राचीन महल और ब्रिटिश इमारतें, तिब्बती मंदिर, कैंप्टी जलप्रपात, क्लाउड्स एंड, हिमाच्छादित हिमालय पर्वत का दृश्य, गन हिल, कैमल बैक, लैण्डौर, लाल टिब्बा।

पर्यटन स्थल **(1) धनौलटी :** यह मसूरी के निकट एक शांत बस्ती है, जहां शांति और एकांतवास का आनंद लिया जा सकता है। **(2) देहरादून :** राजाजी अभयारण्य, भारतीय सेना अकादमी, वन अनुसंधान संस्थान, सहस्रधारा।

यातायात की व्यवस्था यहां रेल व सड़क मार्ग से पहुंचा जा सकता है। यहां बस, छोटे-छोटे वाहनों से भी पहुंचा जा सकता हैं।

ठहरने की व्यवस्था यहां पांच सितारा-जेपी ऐजीडैन्सी मैनोर, हैरीटेज,

तीन सितारा होटल सॉलिटेयर प्लाजा, दो सितारा होटल फिलीग्री और अन्य सस्ते होटल पर्यटकों के लिये सबसे अच्छा है।

वेषभूषा गर्मियों में इस क्षेत्र के लोग गर्मी में हल्के सामान्य वस्त्र तथा सर्दियों में भारी ऊनी वस्त्र पहनना पसंद करते हैं।

शिमला

शिमला वर्तमान में हिमाचल प्रदेश की राजधानी है। प्राचीन समय में अंग्रेज शासक गर्मियों में इसे अपनी राजधानी बनाते थे। यहां पर प्राचीन सौन्दर्य और अंग्रेजों द्वारा बनवाई गई बेहतरीन इमारतें जो अनेक प्रकार की वास्तुकला से सम्पन्न हैं आज भी मौजूद हैं। शिमला और उसके आसपास प्रकृति की छटा देखते बनती है। शहर के चारों ओर घने हरे वन, सेबों के बाग और पर्वत शिखरों को देखकर सबका मन आकर्षित हो जाता है। अन्नाडेल क्षेत्र में भ्रमण करते समय प्रकृति से साक्षात्कार हो जाता है। यहां तक कि सर्दियों में भी जब शहर पूरी तरह बर्फ से ढ़का होता है, और चीड़ के पेड़ों पर भी बर्फ जमी होती है, जो शैलानियों को अपनी ओर आकर्षित करती है, शिमला अन्य पर्यटन स्थलों से बड़ी अच्छी तरह जुड़ा हुआ है और यहां पर हिमाचल प्रदेश पर्यटन विकास निगम के प्रयासों से आवास की अच्छी व्यवस्था है।

दर्शनीय स्थान रिज, स्केटिंग रिंक, लक्कड़ बाजार, जाखू हिल, अन्नाडेल, पुरानी शाही इमारतें, क्राइस्ट चर्च।

पैदल चलने के स्थान ग्लेन, समर हिल, प्रोस्पैक्ट हिल, चाडविक जलप्रपात

भ्रमण स्थल वाइल्ड फलावर हाल, फागू, कुफरी, नलडेहरा, मशोबरा, चैल।

होटल यहां पर्यटकों को ठहरने के लिए उत्तम होटल की व्यवस्था की गई है। ये होटल पांच सितारा, चार सितारा, तीन सितारा तथा रिटेज के रूप में पर्यटक को सेवा करते हैं। शिलोन रिजार्ट, द सिसिल, स्प्रिंग फील्डस, हिमलैंड इस्ट, हनीमून इन तोशाली रॉयल, दो ओबेरॉय क्लार्कस यहां के प्रमुख होटल हैं।

यातायात व्यवस्था यहां वायु, रेल व सड़क मार्ग द्वारा पहुंचा जा सकता है। बस, और टैक्सी से भी यात्रा की जा सकती है।

ठहरने का स्थान यहां दो सितारा तीन सितारा के साथ-साथ सामान्य होटल की भी व्यवस्था है।

वस्त्र यहां गर्मियों में हल्के सामान्य वस्त्र तथा सर्दियों में भारी ऊनी वस्त्र पहना जाता है।

दार्जिलिंग

यह ऐसा पर्वतीय क्षेत्र है जो अपनी गोद में ऊँचे-ऊँचे पहाड़ों को संजोये हुए है जिससे प्रत्येक पर्यटक का ध्यान अपने तरफ आकर्षित करता है। यह क्षेत्र धूम-सेंचाल रिज के उत्तर की ओर दिखाई देता है। हिमालय के इस सुंदर पर्वतीय स्थल से कंचनजंगा पर्वत से ऊपर हिमालय के शिखर अत्यंत भव्य प्रतीत होते हैं। सुबह से शाम तक पहाड़ का रंग बदलता रहता है। समुद्र से 6812 फुट ऊंचाई पर स्थित दार्जिलिंग में आप कंचनजंगा पर्वत के एकदम सामने होते हैं। सफेद पर्वत शिखरों पर सुनहरी धूप के पीले और गुलाबी टुकड़े दर्शकों को मंत्रमुग्ध कर देते हैं। चांदनी रात में पूरा पर्वत चांदी जैसा सफेद दिखाई देता है। चीड़, फर्न, सफेद मेगनोलिया और लाल रोडोडेंन्ड्रोन के पेड़ दार्जिलिंग में आने वालों का स्वागत करते हैं। आप वहां घूमते हुए जंगली फूल तोड़ सकते हैं या चुपचाप ठठेरा पक्षियों का मधुर संगीत सुन सकते हैं। दार्जलिंग के क्षेत्र में तकरीबन 400 प्रजाति की तितलियां रहती हैं जो इसको और भी आकर्षक बना देती हैं। उन्हें देख कर ऐसा लगता है जैसे हवा में रंगों की उड़ान हो रही हो। दार्जिलिंग हिमालयन रेलवे के लिए यह भी गौरव की बात है कि उसका उल्लेख मार्क ट्वेन की पुस्तकों में हुआ है और इसे अब विश्व धरोहर का स्थल स्वीकार कर लिया गया है।

प्रमुख आकर्षक स्थल बतासिया लूप, टाइगर हिल, हिमालय पर्वतारोहण संस्थान, वैधशाला हिल, चाय बागान, पद्‌मजा नायडू हिमालय चिड़ियाघर, लेबांग रेसकोर्स (विश्व का सबसे छोटा रेस कोर्स) शांति स्तूप, लायड गार्डनूस, सामटेनचोलिंग और भूटिया बस्ती बौद्ध विहार।

यातायात व्यवस्था यहां वायु, रेल, व सड़क मार्ग से पहुंचा जा सकता है दार्जिलिंग के लिए निकटतम हवाई अड्डा बागडोगरा है। कलकत्ता से दार्जलिंग जाने के लिये यातायात का उचित साधन है। निकटतम बड़ा रेलवे स्टेशन जलपाईगुड़ी 88 किमी. दूर है। रेलगाड़ी 7407 फुट ऊंचाइ पर स्थित घूम नामक स्थान तक जाती है और वहां से नीचे उतरती हुई और बतसिया लूप से होती हुई दार्जिलिंग पहुंचती है। यह रेलमार्ग इंजीनियरी का बहुत बड़ा कमाल है। दार्जिलिंग सड़क मार्ग से भी अच्छी तरह जुड़ा हुआ है।

ठहरने का स्थान यहां तीन सितारा होटल-न्यू एलजिन (2254114), फैक्स : 22544567, मोहित (22254723), सिन्क्लेयरस (2256431) फैक्स : 2254351, 2254706, ल्यूनर (2254194), सन फ्लॉवर (2252052) व अन्य सस्ते होटल पर्यटकों की सेवा के लिए बने हुए हैं।

पहनावा इस क्षेत्र में रहने वाले लोग गर्मी में हल्की ऊनी तथा सर्दी में भारी ऊनी वस्त्र पहनना पसंद करते हैं।

सिक्किम

सिक्किम हिमालय का सर्वाधिक सुन्दर क्षेत्र है। यह नेपाल, चीन भूटान तथा पश्चिम बंगाल के मध्य में स्थित है। यहां पर पर्यटक ऊंचे-ऊंचे पर्वत, मनमोहक नदियां और अनेक प्रकार के रंग-बिरंगे फूलों से भरे हुए हरियालीदार वन, पक्षी और तितलियां, सीढ़ीनुमा पहाड़ियाँ, सरल सादे गाँव तथा भव्य बौद्ध विहार देख सकते हैं। सिक्किम को संपन्नता, सौंदर्य और साहस की भूमि कहा गया है। आप लंबे रास्तों पर पैदल चलने के इच्छुक हैं या मनोरम स्थानों पर छोटे रास्तों पर चलने के बर्फीले जल में रैफ्टिंग करना चाहते हैं या विश्व की सबसे ऊंची चोटियों पर चढ़ाई करना चाहते हैं, इन सबके लिए सिक्किम से बढ़िया जगह और कोई नहीं है।

आकर्षक स्थान

पूर्वी सिक्किम

एंची बौद्धविहार गंगतोक शहर से 3 किलोमीटर दूर बने इस 200 वर्ष पुराने बौद्ध विहार में देवताओं और देवियों की मूर्तियां तथा अन्य धार्मिक वस्तुएं मौजूद हैं।

सिक्किम तिब्बतविया अनुसंधान संस्थान भारत में यह एक अत्यंत प्रतिष्ठित संस्थान है। इस बौद्ध संस्थान में लेपचा, तिब्बती और संस्कृत पांडुलिपियों का दुलर्भ संग्रह है। इसके अलावा यहां प्रतिमाएं और दुर्लभ थंका भी देखे जा सकते हैं। यह पर 200 से अधिक बौद्ध मूर्तियां तथा अन्य बहुमूल्य कलात्मक वस्तुएं रखी गई हैं। इस समय या बौद्ध दर्शन और धर्म के अध्ययन का विश्वविख्यात केंद्र है।

सोमगो झील भूटिया भाषा में सोमगो का अर्थ है झील का स्त्रोत। यह अंडाकार झील एक किलोमीटर लंबी और 15 मीटर गहरी हे। स्थानीय लोग इसे पवित्र झील मानते हैं। सर्दियों के महीनों से मई के मध्य तक यह झील जमी रहती है।

फामोंग ला वन्य जीवन अभयारण्य गंगतोक से 25 किलोमीटर दूर यह अभयारण्य 51.76 वर्ग किलोमीटर क्षेत्र में फैला है। यहां पर विभिन्न रंगों में फूल पाए जाते हैं। यहां आने का सबसे अच्छा मौसम ऑक्टूबर और अप्रैल है।

अन्य स्थान : दो-द्रल चोरटन (स्तूप), सिक्किम टाइम कार्पोरेशन लिमिटेड, सरामसा उद्यान, रूमटेक धर्म चर्क केंद्र, जल उद्यान, ताशी व्यू प्वाइंट, गणेश तोक, हनुमान तोक, सा गोर चाटशाग सेंटर।

पश्चिमी सिक्किम

1. युकसोम यह सिक्किम की पहली राजधानी थी।

2. ताशीदिंग बौद्धविहार यह बौद्धविहार दिल के आकार की पहाड़ी की चोटी पर बना हुआ है। इसकी पृष्ठभूमि में पवित्र पर्वत माउंट खांगचेंडजोंगा स्थित है।

3. दबदी बौद्ध विहार यह पहले चोग्याल के सन्यास समारोह के तुरंत बाद बनाया गया था।

4. खेचियोपालरी झील बौद्ध और हिंदू दोनों द्वारा खेचियोपालरी झील को इस राज्य की पवित्र झीलों में से एक माना जाता है।

5. रबदेंत्से अवशेष यह सिक्किम राज्य की प्राचीन राजधानी थी और सन् 1814 तक सिक्किम के राजा ने इसी स्थान से राज्य पर शासन किया। पहली राजधानी युकसोम थी।

6. सांगाचोलिंग बौद्ध विहार सन् 1697 में स्थापित यह बौद्ध विहार, राज्य के प्राचीनतम बौद्ध विहारों में से एक है।

7. पेमेयांगत्से बौद्ध विहार इसका स्थान प्राचीनतम् बौद्ध विहारी राजधानी थी। इसकी स्थापना पुणे भिक्षुओं तासांग के लिए उच्च श्रेणी के बौद्ध विहार के रूप में की गई थी।

8. पेल्लिंग 6800 फुट की ऊंचाई पर स्थित इस स्थान से समूची पर्वतश्रृंखला को देखा जा सकता है।

दक्षिणी सिक्किम

1. तेंदांग पहाड़ी ऐतिहासिक दृष्टि से यह बौद्ध लामाओं के लिए एकांतवास का स्थान रहा है। बौद्ध लामा यहां वर्षों तक प्राकृतिक वातावरण के बीच साधना किया करते थे।

2. बोरोंग यह प्राकृतिक छटा और सुंदर वातावरण वाला एक गांव है, जो भव्य दृश्य प्रस्तुत करता है। यहां पर गरम पानी का झरना 'बोरोंग सा चू' भी है।

3. नामची यह गंगतोक से 78 कि.मी और सिलीगुड़ी से 100 कि. मी. दूर है। नामची का अर्थ है आकाश की तरह ऊंचा। 5500 फुट की ऊंचाई पर स्थित यह स्थान पहाड़ियों के बीच अलग ही दृष्टिगोचर होता है। यहां हिममंडित पर्वत तथा विस्तृत घाटियों का अति विहंगम दृश्य दिखाई देता है।

4. तेजी चाय बाग यह राज्य का एकमात्र चाय बाग है और यहां पर बहुत बढ़िया किस्म की चाय पैदा होती है जिसे विदेशी बाजारों में बेचा जाता है।

अन्य स्थान रवांगला, मानम पहाड़ी, वर्से।

उत्तरी सिक्किम

1. चुंगधांग ऐसा माना जाता है कि इस घाटी को गुरु रिमपोचे का आर्शीवाद प्राप्त है। गुरु रिमपोचे द्वारा छोड़े गए पांव और हथेलियों के चिन्ह देखने के लिए आप गुरू लहेदो के दर्शन कर सकते हैं।

2. युमधांग लगभग 11800 फुट की ऊंचाई पर स्थित यह क्षेत्र गंगतोकक से 140 किमी. दूर है। इस क्षेत्र को प्रकृति प्रेमियों का स्वर्ग भी कहा जाता है। यहां पर मनोहारी पेड़-पौधे वन्य जीव तथा प्राकृतिक सौंदर्य सैलानियों को मंत्रमुग्ध कर देते हैं। यहां पर शिंगभा रोडो डेंट्रान अभयारण्य भी है जहां इस पेड़ की 24 प्रजातियां उपलब्ध हैं।

3. कबी लुंगचोक यह क्षेत्र भूटिया प्रमुख खेबम-सार और लेचा प्रमुख तेकु-तेक के मध्य ऐतिहासिक समझौते पर किये गये हस्ताक्षर के लिए प्रसिद्ध है।

4. फोदोंग बौद्ध विहार यह सिक्किम के 6 प्रमुख बौद्ध विहारों में से एक है।

5. फेनसांग बौद्ध विहार यह कबी से फोदोंग तक की ढलान पर स्थित है और संभवतः इस क्षेत्र के सुंदरतम स्थानों में से एक है।

6. सिंधिक इस जगह से माउंट खांग चेंडजोंगा और उसकी पर्वत श्रृंखंला का सबसे भव्य दृश्य दिखाई देता है।

यातायात के साधन यहां रेल, सड़क मार्ग से पहुंचा जा सकता है। यहां कोई हवाई अड्डा नहीं है। निकटतम हवाई अड्डा उत्तरी बंगाल में बागडोगरा है।

विमान द्वारा निकटतम हवाई अड्डा उत्तरी बंगाल में बागडोगरा है। दो निकटतम रेलवे स्टेशन सिलीगुड़ी (114 किमी.) और न्यू जलपाईगुड़ी (125 किमी) हैं जो गंगतोक को हावड़ा और नई दिल्ली से जोड़ते हैं। यह सड़क मार्ग से भी जुड़ा है।

ठहरने की व्यवस्था यहां पर्यटकों की सेवा करने के लिए चार सितारा, तीन सितारा के साथ-साथ सामान्य होटल की भी व्यवस्था है।

वेशभूषा यहां गर्मियों में हल्के सामान्य वस्त्र तथा सर्दियों में भारी ऊनी वस्त्र पहना जाता है।

कांगड़ा घाटी

यहां स्थित कार्यशाला को धर्मभूमि के नाम से जाना जाता है, तथा यह अपनी सुन्दरता के लिये प्रसिद्ध है। यहां के हरियाली युक्त घास के मैदान और मन मोहक जलधाराएं पर्यटकों के आकर्षण का प्रमुख केन्द्र हैं। इसके पीछे विशाल धौलाधार, पर्वत शृंखला हिम का मुकुट धारण किए हुए सैलानियों को आकर्षित करती है। निचला शहर रिज के ऊपर बसा हुआ है और यहां खूब चहल-पहल रहती है। ऊपरी शहर मैक्लायोडगंज दलाई लामा का मुख्यालय है। यहां पर धातुओं और लकड़ियों पर की जाने वाली सुंदर नक्काशी और कपड़े पर की जाने वाली चित्रकारी में तिब्बती लोगों की कला का अनुपम उदाहरण है। कांगड़ा घाटी चित्रकारी की पहाड़ी शैली का केंद्र है। यह कला यहां पर राजा संसार चंद (1774-1823) के राज्यकाल में विकसित हुई थी। धर्मशाला ऐसा स्थान है, जहां पेड़ प्रेम की भाषा बोलते हैं और पक्षी खुशी के गीत गाते हैं।

प्रमुख आकर्षक स्थल मैक्लेयोडगंज, सैंट जान चर्च इन दि वाइल्डरनेस (भारत के भूतपूर्व वायसराय लार्ड एल्गिन का शव इसी गिरजाघर के प्रांगण में दफनाया गया था), कांगड़ा कला संग्रहालय, बीर एंड बिलिंग (87 कि. मी.), सोभासिंह की चित्रकला का संग्रहालय जल प्रपात, नार्बुलिंग का तिब्बती आश्रम।

पर्यटक स्थल ब्रजेश्वरी देवी का मंदिर, ज्वालामुखी मंदिर (56 कि. मी.) नदौन महल (65 कि. मी.) पालमपुर (52 कि. मी.), अंद्रेता (63 कि. मी.), सोभासिंह की चित्रकला का संग्रहालय, बीर एंड बिलिंग (87 कि.मी.) पैरा ग्लाइडिंग का स्थान, बैजनाथ (68 कि. मी., नौवीं शताब्दी का मंदिर जो 12 ज्योतिलिंगों में से एक है)।

यातायात के साधन यहां यात्रा के लिये पर्याप्त साधन हैं। यहां विमान, रेल, बस, टैक्सी द्वारा भी यात्रा की जा सकती है। यहां की निकटतम हवाई अड्डा कांगड़ा ताा निकटतम बड़ी लाइन का रेलवे स्टेशन पठानकोट है।

ठहरने का स्थान यहां ठहरने की व्यवस्था अच्छी है। यहां पांच सितारा, चार सितारा, तीन सितारा, दो सितारा, एक सितारा होटल के साथ-साथ सामान्य होटल की भी व्यवस्था है।

कोडईकनाल

कोडईकनाल को सर्वप्रथम एच.एस. टेलर तथा रेवरेंडसी.पी गज्जी ने जनवरी, 1845 में खोज की थी। जिसके उपरान्त पल्लानी पहाड़ियों को और भी अधिक लोकप्रिया तथा ख्याति मिली।

पश्चिमी घाटी और उसके पठार के बीच आनंददायक वातावरण, जलधाराएं, शोला वन, स्वच्छ झील और अनूठी वनस्पति तथा सर्द मौसम इस स्थान को आकर्षक विश्राम स्थली बना देते हैं। यहां की झील सितारे के आकार जैसी है और सुंदर तटों के बीच पिघलती है। लहरों से अटखेलियां करते हुए यहां पर नौकर चलाना एक रोमांचकारी अनुभव है। झील पांच वर्ग किलोमीटर है और इसे देखकर रोमांच हो आता है। काफी बागानों तथा तरह-तरह के पेड़ों के बीच पैदल चलने और ट्रेकिंग के अनेक रास्ते हैं। यहां घूमते हुए आपको कई जलप्रपात दिखाई देंगे जो अपनी सुंदरता और शोभा में बेजोड़ हैं।

आकर्षक स्थल कोडईकनाल झील, बायरेंट पार्क, सौर भौतिकी वेधशाला, कोकर्स वाक, कुरिंजी अंडवार मंदिर, दूरबीन, पिल्लर राक्स, बियर शोला जलप्रपात, शेनबगनूर संग्रहालय।

ट्रेकिंग मार्ग पेरियाकुलम अड्डुक्कम कोडईकनाल (18 कि.मी., 7 घंटे), पेरयिाकुलम वेल्लागावी कोडईकनाल (8 कि.मी., 5 घंटे), पलानी-विलंकोबाई आर ई गंगूवार ओडाई विलपट्टी कोडईकनाल (16 कि. मी., 7 घंटे), कोडईकनाल-बेरीजाम (23 कि.मी., 5 घंटे)

यातायात के साधन यहां वायु, रेल, व सड़क मार्ग द्वारा भी यात्रा किया जा सकता हैं यहां की निकटतम हवाई अड्डा मदुरई तथा निकटतम रेलवे स्टेशन कोडईकनाल है।

ठहरने के लिये स्थान यहां पांच सितारा, तीन सितारा, दो सितारा के साथ-साथ सामान्य होटल की भी व्यवस्था है।

पहनावा यहां गर्मियों में हल्के सामान्य वस्त्र तथा सर्दियों में हल्के ऊनी वस्त्र पहना जाता है।

हेमकुंड साहिब बद्रीनाथ केदारनाथ गंगोत्री यमुनोत्री

फूलों की घाटी हिमालय के मध्य में स्थित यह घाटी विविध प्रकार के फूलों से भरपूर है। इसलिए इसे फूलों की घाटी की संज्ञा दी जाती है। जो पर्यटक फूलों को पसन्द करते हैं वो यहां पर घूमते हुए आनंदित होने के साथ-साथ पत्तियां

और पंखुड़ियां भी एकत्र कर सकते हैं। इस तरह के मनोरम प्राकृतिक वातावरण में कवि या चित्रकार के लिये विशेष प्रेरणा-स्रोत हैं।

हेमकुंड साहिब इस झील की खोज सन् 1930 में हवलदार सोहन सिंह ने की थी। इस झील का संबंध दसवें सिख गुरु गुरु गोविंद सिंह के जीवन से जुड़ा हुआ है। बताया जाता है कि गुरु गोविंद सिंह ने अपने पिछले जन्म में इसी तरह की झील के तट पर साधना की थी।

बद्रीनाथ यह हिन्दुओं का पवित्र तीर्थ स्थान है, जो बर्फ से ढकी ऊबड़-खाबड़ पहाड़ियों के बीच स्थित है। बद्रीनाथ मंदिर की स्थापना नौवी शताब्दी में शंकराचार्य ने की थी।

केदारनाथ केदारनाथ में एक प्राचीन शिवमंदिर है। ऐसी मान्यता है कि महाभारत के युद्ध के बाद पांडवों ने अपने संबंधियों की हत्या का प्रायश्चित यहीं आकर किया था। यह भगवान शिव के बारह ज्योतिलिंगों में से एक है। मंदिर के पीछे बर्फ ढकी ऊंची पर्वत माला इसकी सुन्दरता को और अधिक बढ़ा देती है।

गंगोत्री और यमुनोत्री गंगोत्री पावन नदी गंगा का उद्गम स्थल है। पुराणों के अनुसार राजा भगीरथ के प्रयासों के फलस्वरूप गंगा पृथ्वी पर उतरी। गंगा की पूजा की जाती है और यह माना जाता है कि इसमें स्नान करने से पाप धुल जाते हैं। यमुनोत्री यमुना नदी का उद्गम स्थल है। यह नदी गंगा के साथ-साथ इलाहाबाद तक बहती है और वहाँ संगम पर दोनों नदियां एक हो जाती हैं।

रास्ते के दर्शनीय स्थान बद्रीनाथ मंदिर, तप्तकुंड, सूर्यकुंड, नारद कुंड, माता मूर्ति मंदिर, केदारनाथ मंदिर, केदारनाथ मंदिर के निकट शंकराचार्य की समाधि, भैरोनाथ मंदिर, गांधी सरोवर, वासुकी ताल, गंगोत्री मंदिर, जलमग्न शिवलिंग, गौरीकुंड, केदार-गंगा संगम, देवघाट, यमुना का मंदिर।

रास्ते के भ्रमण स्थल नरेन्द्र नगर, टेहरी, धंरासू, उत्तरकाशी, लंका, भैरोंघाटी, सोनप्रयाग, गरूड़ गंगा, जोशीमठ, चमौली, चोपटा, हनुमान घाटी तथा कई अन्य स्थान।

पर्व जून महीने में बद्रीनाथ केदारनाथ पर्व, जुलााई अगस्त में जन्माष्टमी और सितंबर में माता मूर्ति का त्यौहार। बद्रीनाथ और केदारनाथ मंदिरों में पट मई में खोलने और नवंबर में बंद करने के समारोह।

ट्रेकिंग पथ गंगोत्री और भगीरथी घाटी में अनेक ट्रेकिंग पथ उपलब्ध हैं। इनमें से एक प्रसिद्ध ट्रेकिंग मार्ग डोडीताल है। यह समुद्र तल से लगभग 3024 मीटर ऊंचा है।

पर्वतारोहण इन घाटियों में पर्वतारोहण के अनेक स्थान है जहां आप पहाड़ों पर चढ़ाई का आनंद ले सकते हैं।

कुछ महत्वपूर्ण दूरियां

1. दिल्ली से गंगोत्री बरास्ता हरिद्वार, ऋषिकेश, चंबा, धंरासू 481 कि. मी.
2. दिल्ली से यमुनोत्री बरास्ता ऋषिकेश, नरेन्द्रनगर, चम्बा 456 कि. मी.
3. दिल्ली से बद्रीनाथ बरास्ता हरिद्वार, ऋषिकेश और देवप्रयाग 528 कि. मी.
4. दिल्ली से केदारनाथ बरास्ता हरिद्वार, ऋषिकेश, देवप्रयाग, श्रीनगर 450 कि. मी. या बरास्ता रूद्रप्रयाग 438 कि. मी.
5. हरिद्वार के सीधे रास्तेः
   - हरिद्वार से यमुनोत्री 258 कि.मी.
   - हरिद्वार से गंगोत्री 272 कि.मी.
   - हरिद्वार से बद्रीनाथ 324 कि.मी.
   - हरिद्वार से केदारनाथ 251 कि.मी.

यातायात के साधन यहां रेल व सड़क मार्ग द्वारा पहुंचा जा सकता है।

विश्रामालय मंदिरों के निकट तथा रास्ते में कई धर्मशालाएं और लॉज हैं जहां तीर्थ यात्रियों के लिए विश्रामालय सामान्य सुविधाएं उपलब्ध हैं।

वेशभूषा इस क्षेत्र में रहने वाले लोग गर्मियों में हल्के ऊनी वस्त्र तथा सर्दियों में भारी ऊनी वस्त्र पहनना पसन्द करते हैं।

इम्फाल

इसका आकार अण्डे के समान है। यह पूर्वोत्तर भारत के हरे-भरे कोने के बीचों-बीच स्थित सुंदर लघु शांग्रीला के समान यह घाटी मणिपुर कहलाती है। मणिपुर के लोगों लोकगीत, मिथक, किवदंतियां, नृत्य, खेलकूद, युद्धकलाएं और सुंदर हथकरघे तथा हस्तशिल्प प्रकृति के रहस्यों में गुंथे हुए हैं। यह स्थान मधुमक्खियों द्वारा बनाए गए शहद की तरह मधुर और पवित्र यहां बहुत सी विविध ता पायी जाती है।

इम्फाल मणिपुर की राजधानी हैं जो समुद्र के तल से लगभग 790 मी. की ऊंचाई पर स्थित है। यहां के प्रमुख आकर्षक स्थल श्री गोविंद जी मंदिर ख्वापरमबंद बाजार या इमाऐ मार्किट (यह अपने आप में अनूठा महिला बाजार है जहां तीन हजार इमाएं या माताएं दुकानें चलाती हैं। कब्रिस्तान (द्वितीय विश्व युद्ध में शहीद हुए ब्रिटिश भारतीय सैनिकों की स्मृति में)। खोंगमपाट आर्किडेरियम (इम्फाल से 12 किलोमीटर दूर 200 एकड़ क्षेत्र में फैले इस संस्थान में फल फूलों

की 120 से अधिक किस्में मौजूद हैं, जिनमें लगभग एक दर्जन किस्में लुप्तप्रायः हैं। यहां जाने का सबसे अच्छा समय अप्रैल-मई है।

मणिपुर चिड़ियाघर इम्फाल के पश्चिम में स्थिल इस चिड़ियाघर में सुंदर बारहसिंगे की एक प्रजाति (संघाई) मौजूद है जो कि विश्व में दुलर्भतम प्रजातियों में से एक है।

कईबुल लामजाओ राष्ट्रीय उद्यानः यह विश्व का एकमात्र तैरता हुआ राष्ट्रीय उद्यान है। लोकतक झील मणिपुर के नर्तक हरिण, संघाई का अंतिम प्राकृतिक निवास है।

अन्य स्थान :

फूबाला, मोईरंग, शहीद मीनार।

विमान द्वारा इम्फाल में हवाई अड्डा है। निकटतम रेलवे स्टेशन दीमापुर है जो इम्फाल से 215 कि. मी. दूर है। यह सड़क मार्ग से भी अच्छी तरह जुड़ा है।

आवास व्यवस्था यहां पर्यटकों की सेवा के लिए महंगे तथा सस्ते दोनों तरह के होटल हैं।

परिधान इस क्षेत्र में रहने वाले लोग गर्मियों में हल्के सूती वस्त्र तथा सर्दियों में ऊनी वस्त्र पहनना पसन्द करते हैं।

माऊंट आबू

यह राजस्थान राज्य एकमात्र पर्वतीय पर्यटन स्थल है। अरावली की पहाड़ियों में स्थित यह क्षेत्र समुद्र तक से लगभग 1220 मी. की ऊंचाई पर है। यहां की नैसर्गिक सुन्दरता पर्यटकों के आकर्षण का केन्द्र है। यहां मौजूद विशाल पर्वत कभी मन को मोह लेते हैं, तो कभी अपनी विलक्षणता से सम्मोहित कर देते हैं। माऊंट आबू के बारे में एक रोचक कहानी प्रचलित है। आबू हिमालय का पुत्र है और यह नाम अर्बुद से बना है। अर्बुद एक शक्तिशाली सांप था जिसने भगवान शिव की सवारी नदी को गहरी खाई में गिरने से बचाया था। एक अन्य मान्यता के अनुसार यहां पर यज्ञ आयोजित किया गया था और चार अग्निकुल राजपूत चौहान-परमार-परिहार तथा सोलंकी यज्ञ की अग्नि से उत्पन्न हुए। राजस्थान के मरूस्थल के बीच मांऊट आबू की पहाड़ियां असाधारण रूप से सुंदर दृश्य प्रस्तुत करती हैं।

प्रमुख आकर्षक स्थल नक्की झील, टोड रॉक, सनसेट प्वाइंट, हनीमून प्वाइंट, गौमुख, माऊट आबू वन्य प्राणी अभ्यारण्य, दिलवाड़ा जैन मंदिर (11 वीं से 13 वीं शताब्दी), संग्रहालय तथा कला दीर्धा, रघुनाथ जी का मंदिर।

घूमने के स्थान ट्रेवोर्स टैंक पक्षी प्रेमियों के लिए यह स्थान विशेष रूप से आकर्षक है, अचलगढ़ इस शानदार किले में कई मंदिर हैं। गुरू शिखर, माऊंट आबू की सबसे ऊंची चोटी।

यातायात के साधन माऊंड आबू रेल मार्ग (आबू रोड स्टेशन 28 कि. मी.) और सड़क मार्ग द्वारा अच्छी तरह जुड़ा है। यहां कोई हवाई अड्डा नहीं है। निकटतम हवाई अड्डा उदयपुर (185 कि.मी.)

ठहरने की व्यवस्था यहां सस्ते और महंगे होटल पर्यटकों की सेवा के लिए मौजूद हैं।

वेशभूषा इस क्षेत्र के लोग गर्मियों में हल्के सूती वस्त्र तथा सर्दियों में हल्के ऊनी वस्त्र पहनना पसन्द करते हैं।

ऊँटी

नीलगिरि पर्वत पर नीली-नीली पहाड़ियों के मध्य चमकते हुए हीरे की तरह लगने वाले ऊटी को वर्तमान समय में उदगमंडकम के नाम से जाना जाता है। इस पर्वतीय स्थल के बीचों-बीच अत्यंत मनोरम प्राकृतिक वातावरण में बनी हुई है। यह अपनी सुंदरता से सैलानियों का ध्यान अपनी तरफ आकर्षित करती है। 1847 में मार्कीस आफ ट्वीडेल ने यहाँ पर वनस्पति उद्यान की स्थापना की, जहां पर दो करोड़ वर्ष तक पुराने जीवाश्म रखे हुए हैं। ऊटी पहाड़ियों पर बहुत से आकर्षक ट्रेकिंग मार्ग हैं। ऊटी में ट्राउट और कार्ग मछलियां पकड़ने के पर्याप्त साधन हैं। ऊँटी को ईश्वर का निवास स्थल कहा जाता है। यदि आप सामान्य लोगों से कुछ हट कर हैं और संकरे रास्तों से पहाड़ों पर चढ़ने का मज ा लेना चाहते हैं तो आपको रास्ते में एक इंगलिश रेस्तरां मिलेगा जहां इंगलिश चेक के मेजपोश तथा नैपकिन आपका मन मोह लेंगे। वहां की सुन्दरता को देखकर आपका मन वहां से आने का नहीं होगा और आप लगातार सैर करते रहेंगे

प्रमुख आकर्षक स्थल ऊटी झील, वनस्पति उद्यान, सेंट स्टीफन गिरजाघर, डोडाबेटा चोटी, कलहट्टी जलप्रपात, वेनलाक डाउन्स।

कुन्नूरः सिम्म पार्क, लैंब्स रॉक, लेडी कैनिंग्स सीट, डाल्फिन्स नोज , रलिया बांध, लाज जलप्रपात।

कोटागिरि सेंट कैथरीन जलप्रपता, रंगास्वामी स्तंभ,

मुदुमलाई अभयारण्य ऊटी से 67 कि. मी. दूर 321 वर्ग किलोमीटर क्षेत्र में फैले मुदुमलाई अभयारण्य में हाथियों और जंगली सांडों के झुंड देखे जा सकते हैं। बाघ, अजगर, बनबिलास, चार सींगों वाले हिरण, पिसूरी, जंगली गिलहरी,

काकड़ जैसे अन्य जीवजंतु भी यहां रहते हैं। इसके अलावा पक्षियों तथा विषैले सांपों की कई प्रजातियां भी इस अभयारण्य में मौजूद हैं।

परिवहन व्यवस्था नीलगिरी माउंटेन रेलवे तथा सड़क मार्ग दोनों से मेटूपलैयम और कोयम्बतूर से अच्छी तरह जुड़ा है। यहां कोई हवाई अड्डा नहीं है। सबसे निकटतम हवाई अड्डा कोयम्बतर (105 कि.मी.) है।

आवास व्यवस्था यहां सस्ते व महंगे होटल पर्यटकों की सेवा के लिए मौजूद हैं।

सर्वश्रेष्ठ मौसमः अप्रैल से जून और सितंबर से ऑक्टूबर

परिधानः गर्मियों में हल्के ऊनी, सर्दियों में ऊनी

शिलांग

यहां का वातावरण बहुत रंगीन है। जहां सात बहनों के समान सात प्रकार की मनःस्थित प्रकट करती पहाड़ियां हों, जहां की झीलों में ओस के समान ताजगी हो, जहां विभिन्न प्रकार की उछलती-कूदती मछलियां हों, जहां हजारों कमल के फूल खिले हों, जहां जल प्रपात हवा में संगीत का संचार करते हैं, जहां के गांवों में तरह-तरह के रंग व आर्किड देखे जा सकते हैं और जहां गोल्फ के मैदान और मछली बाजार रौनक और चलह-पहल बढ़ाते हैं, ऐसा स्थान सिवाय शिलांग के और कहां हो सकता है? शिलांग पूर्व के स्काटलैंड के रूप में भी मशहूर है। शिलांग की जलवायु स्वास्थ्य के लिए अत्यन्त ही लाभदायक है। यहां के पहाड़ियों पर भ्रमण करते वक्त ऐसा महसूस होता है कि यहां पर 7 प्रकार के अलग-अलग पर्यटन स्थान है। शहर के मध्य में मोती जैसी झील, जिसमें आप जल की चादर पर खिले कमल पुष्पों के पास से गुजरते हुए नौका विहार कर सकते है। बड़ी संख्या में सुंदर इमारतें तथा भवन हैं जो यहां की छटा को और बढ़ा देते हैं। शिलांग में वनस्पति और वन्य जीवों की बहुतायत है और कई तरह की तितलियां तथा आर्केड मौजूद हैं। बादलों से आच्छादित शिलांग नगर मानो पृथ्वी का स्वर्ग है।

आकर्षक स्थल वार्ड्स लेक, लेडी हैदरी पार्क, जल प्रपात स्वीटफाल, बीडन, बिशप, एलिफेंट और क्रिनोलिन, बड़ा बाजार, उमियम झील, राज्य संग्रहालय, शिलांग पीक।

मासिनूरम आदिमानव की प्रागौतिहासिक गुफा (55 कि.मी.)

रानीकोर अद्वितीय प्राकृतिक सुंदरता का स्थान।

डावकी चपल जल धाराओं और गहरे पानी वाला पिकनिक स्थल।

चेरापूंजी यहां पर विश्व में सबसे अधिक वर्षा होती है।

जाक्रेन यह लोकप्रिय स्वास्थ्यवर्धक स्थान गर्म पानी के स्त्रोतों के लिए मशहूर है।

यातायात के साधन यहां रेल व सड़क मार्ग द्वारा पहुंचा जा सकता है। यहां कोई हवाई अड्डा नहीं है। निकट्तम हवाई अड्डा गुवाहाटी (104 कि.मी.) है। यहां लोकल वाहन बस पहुंचा जा सकता है।

ठहरने की व्यवस्था यहां तीन वितार व सामान्य होटल हैं। तीन सितारा में आलपाईन कॉन्टीनैन्टल है (2220991, 2223617), हैं।

पहनावा इस क्षेत्र में रहने वाले लोग गर्मियों में हल्के ऊनी और सर्दियों में भारी ऊनी कपड़ा पहनना पसन्द करते हैं।

डलहौजी

इसका नाम ब्रिटिश गवर्नर लार्ड डलहौजी के नाम पर रखा है। डलहौज़ी का भ्रमण करते समय आपको भी कुछ इसी प्रकार का सम्बन्ध मधुरतापूर्ण पर्वत तथा मनुष्य के मध्य महसूस होगा। डलडौज ी अभी तक शुद्ध पर्वतीय स्थल है। यहां के फूलों, दृश्यों स्वर और गंध में अतीत की खुशबू मौजूद है। समुद्र तल से 2039 मीटर ऊंचाई पर स्थित इस स्थान पर कभी-कभी आपको यह सोच कर आश्चर्य होगा कि समय के घूमते पहियों की रगड़ से यह स्थान अभी तक कैसे बचा हुआ है। जिन पांच पहाड़ियों पर डलहौज ी फैला हुआ है, उन्हें देख कर यह नहीं लगता कि ये एक ही समूह की हैं। डलहौज ी शहर मोती टिब्बा नाम की मध्य पहाड़ी के आसपास बसा है जिसके चारों ओर ठंडी और गरम सड़क बनी हुई है। ब्रिटिश गवर्नर जनरल लार्ड डलहौजी को इस जगह की शुद्धता और एकाकीपन इतना पसंद आया कि 1854 में उन्होंने यहां पर एक पर्वतीय स्थल स्थापित कर दिया। इस स्थान का सबसे सुंदर और मनमोहक पहलू यह है कि यहां पर धौलाधार पर्वत श्रृंखला के लगभग समानांतर चलती है। रवीन्द्रनाथ टैगोर और सुभाष चन्द्र बोस जैसे अनेक महान लोग यहां पर रह चुके हैं।

आकर्षक स्थल गांधी चौक, सुभाष चौक, मोती टिब्बा, जंधरी घाट, करेलनू, काला टोप अभयारण्य, पंजपुल्ला, सेंट जॉन्स गिरजाघर।

पर्यटन स्थल जिसे भारत का स्विट्ज रलैंड भी कहते हैं, विशाल क्षेत्र में फैला हुआ खूबसूरत घास का मैदान (2.2 कि. मी.) है।

यातायात की सुविधा निकटतम रेलवे स्टेशन चक्की बैंक/पठानकोट है और डलहौज ी तक सड़क मार्ग से भी आसानी में पहुंचा जा सकता है। (90 कि.मी.)

यहां कोई हवाई अड्डा नहीं हैं। निकटतम हवाई अड्डा कांगड़ा है। (180 कि.मी.)

ठहरने की व्यवस्था यहा अनेक महंगे और सस्ते होटल पर्यटकों के मनमुताबिक आरामदायक सेवा उपलब्ध करते हैं। ग्रैंड न्यू (240760, 242823,) यहां के महंगे होटल हैं।

वेशभूषा इस क्षेत्र में रहने वाले लोग गर्मियों में हल्के ऊनी तथा सर्दियों में भारी ऊनी वस्त्र पहनना पसन्द करते हैं।

लेह

यहां की सभ्यता तथा जीवनशैली की अलग पहचान है। यहां का मौसम भी अनिश्चित है ऐसा माना जाता है कि सेंगे नामग्याल का नौ मंजिल वाला अद्भुत महल यहां के लद्दाखी वास्तुकला के वास्तविक परम्परा का द्योतक है। यह वास्तुकला ल्हासा में प्रसिद्ध पोटाला इमारत से प्रेरित है। इससे ऊपर नामग्याल सेमों नामक चोटी पर 16वीं शताब्दी के शाही आवास के खंडहर मौजूद हैं। यहां पर बना आधुनिक बौद्ध मंदिर जो-खांग के दर्शन करके आध्यात्मिक अनुभूति प्राप्त होती है। चांग गली अपनी सुन्दर कलाओं के लिए प्रसिद्ध है। महल के नीचे पुराने शहर के भूल भुलैया जैसे संकरे रास्तों और पहाड़ी, नृत्य शैलियों, सजावटी वस्तुओं, मुखौटों, रहन-सहन, त्यौहारों, चित्रकारी तथा खान-पान सभी में बौद्ध दर्शन का प्रभाव है। यहां मनुष्य के पूर्वजों की कुछ कलायें आज भी जीवित हैं। यहां पर तीरंदाजी और पोलो के खेल बहुत पसंद किए जाते हैं। इस क्षेत्र में घूमते हुए अलौकिक अनुभव प्राप्त होता है।

आकर्षक स्थान जांग्स्ती मोरावियन गिरजाघर, लद्दाख इकोलोजीकल सेंटर, संकर गोंपा, चांगस्पा गांव, लद्दाख शांति स्तूप, स्कारा बस्ती, चोगलाम्सर, स्पितुक गोंपा, जो खांग, महल, किले के अवशेष, चांग गली।

पर्यटन स्थल नुब्रा घाटी, पैगांग लेक सर्किट, सो मोरीरी लेक सर्किट, बियासा, ड्रोक-पा सर्किट।

यातायात के साधन यहां वायु, रेल व सड़क मार्ग द्वारा पहुंचा जा सकता है। लेह में हवाई अड्डा है और नई दिल्ली तक इसकी अच्छी सेवाएं है। निकटतम रेलवे स्टेशन जम्मू है और यहां पर श्रीनगर तथा मनाली से सड़क मार्ग से भी पहुंचा जा सकता है।

ठहरने की व्यवस्था यहां अनेक महंगे और सस्ते होटल हैं, यहां आरादायक सुविधा उपलब्ध हैं। शम्भा लॉज (252607), यहां के महंगे टोटल है।

वेशभूषाः गर्मियों में ऊनी, सर्दियों में भारी ऊनी

कारगिल

प्राचीनकाल में एशिया में कारगिल के रास्ते से व्यापार होता था। कई प्रकार की सामग्रियों जैसे चाय, गलीचे, रेशम, हाथी दांत आदि को लेकर व्यापारी इसी क्षेत्र से आते-जाते थे। कारगिल को चन्द्र प्रदेश भी कहा जाता है। कारगिल शहर सुरू नदी के निचले थाले की ऊपर उठती पहाड़ियों के साथ-साथ बसा हुआ है। सुरू नदी की दो सहायक नदियां द्रास और वाखा यहां पर मिलती हैं। खुरमानी, सेब और शहतूत के पेड़ों के अलावा जंगली पीपल तथा घिसा पेड़ों के घने जंगल कारगिल की सुंदरता बढ़ाते हैं। कारगिल नगर चन्द्रमा जैसे पर्वतीय स्थल में द्वीप जैसा है। मई महीने में समूचा क्षेत्र सफेद खुरमानी के फूलों की मीठी सुगंध से महक उठता है। कारगिल में साहसिक पर्यटन जैसे कि रैफ्टिंग, पर्वतारोहण, कैंपिंग, ट्रैकिंग आदि के शौकीन लोगों का विशेष रूप में स्वागत है। वे यहां आकर पहाड़ी फूल की तरह खुशी से खिल उठेंगे।

आकर्षक स्थल यहाँ के प्रमुख पर्यटन स्थल निम्नलिखित हैं

उरग्यान जोंग शेरगोल से थोड़ी दूरी पर जंस्कर पर्वत श्रेणी में बसे इस स्थान पर पहाड़ियों में बनी अनेक गुफाएं हैं, जहां बौद्ध भिक्षुओं ने एकांतवास में साधना की थी।

वाखा रग्याल मुलबेक के ऊपर बसा रग्याल ऐसा लगता है जैसे यह आधुनिक विस्तार के साथ गुफा आवासों की मध्यकालीन बस्ती हो। यहां पर खड़ी चट्टान में खुदाई करके सफाई के साथ इस तरह घर बनाए गए हैं जिन्हें देख कर लगता है कि यह मधुमक्खी के छत्तों की बस्ती है।

शेरगोल कारगिल से 40 किलोमीटर दूर स्थित यह सुंदर गांव मनोहारी सुरू घाटी के लिए चार दिन के रोमांचकारी ट्रेकिंग कार्यक्रम का आधार बिन्दु है। वाखा नदी घाटी में बसे इस गांव में एकदम सीधे ऊंचे उठते गेरूए पर्वत में एक गुफानुमा बौद्ध विहार भी बना हुआ है।

मुलबेक मुलबेक कारगिल से 45 किलोमीटर दूर 3230 मीटर की ऊंचाई पर स्थित है। मुलबेक-चम्बा भावी बुद्ध मैत्रेय की गहरे उभार में बनी 9 मीटर ऊंची चट्टानी प्रतिमा है। मुलबेक गोंपा में भित्तिचित्रों और प्रतिमाओं से सुसज्जित बौद्ध विहार से पूरी घाटी की शोभा बढ़ गई है।

यातायात की व्यवस्था यहां हवाई मार्ग तथा रेल मार्ग द्वारा पहुंचा जा सकता है इसके निकट श्रीनगर हवाई अड्डा है तथा जम्मू तवी रेलवे स्टेशन है सर्दियों में सड़क मार्ग बन्द हो जाते है।

विमान द्वारा निकटतम हवाई अड्डा श्रीनगर है। (204 कि. मी.)

रेल/सड़क मार्ग द्वारा निकटतम रेलवे स्टेशन जम्मू तवी है। सर्दियों में सड़क मार्ग बंद रहता है।

ठहरने की व्यवस्था ए,बी,सी और इकोनोमी वर्गो के अनेक होटल हैं, जहां आरामदायक आवास सुविधाएं उपलब्ध हैं। ए और बी श्रेणी के होटलों में चायनीज , कांटिनेंटल और भारतीय भोजन मिलता है। कारगिल में टूरिस्ट बंगलों में भी ठहरने की व्यवस्था है। अधिक जानकारी के लिए जम्मू एवं कश्मीर सरकार पर्यटन रिसैप्शन केन्द्र, श्रीनगर से सम्पर्क करें।

वेशभूषा गर्मियों में ऊनी, सर्दियों में भारी ऊनी कपड़े पहने जाते है।

पटनीटाप

यहां की पर्वतमाला और चिनाब नदी का भव्य पाट दर्शन करने योग्य है। पीरपंजाल की विशाल पर्वत श्रेणियों के एकदम सामने पटनीटाप का घना वन स्थित है। शांतिपूर्वक पैदल चलने के स्थान और दूर-दूर तक फैले घास के मैदान इस क्षेत्र को सुन्दरता प्रदान करते हैं। घास के मैदानों के किनारों पर उगे पेड़ प्रहरियों की तरह दिखाई देते हैं जो हरियाली की रक्षा कर रहे हैं। यहां उगे वनफूल इसकी शोभा को सातवें आसमान पर पहुँचाते दिखायी देते हैं। सर्दियों में इस समूचे क्षेत्र पर बर्फ की मोटी परत जम जाती है और यहां स्कीइंग तथा बर्फ पर खेले जाने वाले अन्य खेलों का आयोजन किया जाता है। बादल देवदार के पेड़ों के पत्तों और टहनियों में इस तरह घुल-मिल जाते हैं जैसे कि वो किसी व्यक्ति के बालों को सहला रहे हों। इस के साथ ही कई अन्य आकर्षक स्थान हैं जो यहां की सांस्कृतिक और ऐतिहासिक घटनाओं को सुरक्षित रखे हुए है।

पर्यटन स्थल यहाँ के प्रमुख पर्यटन स्थल निम्नलिखित हैं

सुध महादेव इस शिवमंदिर में श्रावण सावन महीने की पूर्णिमा को भक्तजन दर्शन के लिए आते हैं।

सनासर (17 कि.मी.) प्याले के आकार का यह घास का मैदान गोल्फ कोर्स के रूप में विकसित किया गया है।

कुछ पटनीटाप के निकट 738 मीटर की ऊंचाई पर स्थित एक लोकप्रिय पर्वतीय पर्यटन स्थल है।

बटोटे यह पर्वतीय विश्राम स्थल शानदार चिनाब घाटी के एकदम सामने जंगल की ढलानों पर स्थित है।

1. वायु खेल : जम्मू कश्मीर से सनासर में पैरा ग्लाइडिंग शुरू की है।

इसके लिए उपकरण जम्मू में पर्यटन कार्यालय के किराए पर मिलते हैं। (सनासर में पैरा ग्लाइडिंग के लिए मई-जून और सितंबर-ऑक्टूबर अनुकूल महीनें हैं।)

2. स्कीइंग जनवरी और फरवरी महीनों से स्कीइंग सिखाने के लिए कई पाठ्यक्रम चलाए जाते हैं। माधाटाप (पटनीटाप से 5-6 कि.मी.) में सभी स्तरों की स्कीइंग के लिए बहुत बढ़िया सुविधाएं हैं।

3. ट्रेकिंग क्षेत्र में ट्रेकिंग के लिए बहुत से मार्ग उपलब्ध हैं।

यातायात की व्यवस्था यहां पहुचने के लिए रेल, ड़क और हवाई सेवा उपलब्ध है इसके निकट जम्मू हवाई अड्डा है सड़क मार्ग से पहुंचने के लिए पटनीटाप सबसे सरल मार्ग है तथा नज दीकी जम्मू रेलवे स्टेशन है। निकटतम हवाई अड्डा जम्मू है।

रेल/सड़क मार्ग द्वारा निकटतम रेलवे स्टेशन जम्मू है। पटनीटाप सड़क मार्ग से भी आसानी से पहुंचा जा सकता है।

ठहरने की व्यवस्था यहां मंहगे तथा सस्ते सभी प्रकार के होटल उपलब्ध है टूरिस्ट वंगाली पटनी एक्लेव ग्रीन टॉप डांगरा रेजी डेंसी, माऊड शिवालिक परधान आदि प्रमुख होटल हैं मार्च से अक्तूबर तक समय यहां का श्रेष्ठ मौसम है जो पर्यटन के काफी अच्छा है। गर्मियों में साधारण तथा सर्दियों में ऊनी वस्त्र पहनना उपयुक्त रहता है।

आयज ोल

आयजोल घने जंगलों के बीच बसा हुआ है। यह मिजोरम की राजधानी है। यहां के वनों में अनेक प्रकार के जंगली जानवर रहते हैं। आयज ोल शहर की पहाड़ी के पूर्व में तुरियल नदी की घनी और हरी घाटी है और पश्चिम में तलांवांग नदी की एक और हरी-भरी घाटी है। उत्तर में दुर्तलांग की चट्टानी पहाड़ियां आयज ोल की रक्षा कर रही हैं। यहां के लोग बहुत संस्कारशील और संगीत प्रेमी हैं। शाम के समय लोग गिटार लेकर सड़कों पर निकल आते हैं और उनके गीत सांयकालीन वातावरण में घुल-मिल जाते हैं। आप इन गाते-बजाते लोगों को देख कर ही उनके आनंद को महसूस कर सकते हैं। आयज ोल के निकट की झीलें, जलप्रपात और आर्किड इस स्थान को और आकर्षक बनाते हैं। आयज ोल के माध्यम से आप पहाड़ी अंचल के वास्तविक जीवन का अनुभव प्राप्त कर सकते हैं।

आकर्षक स्थल यहां के प्रमुख दर्शनीय स्थल है। मैक्डोनल्स हिल का संग्रहालय, चिड़ियाघर, बैथलेहम वेंग्थलांग, दुर्तलांग हिल, बुंग पिकनिक स्थल।

तामदिल झील (85 कि.मी.), वंनतांग जल प्रपात (137 कि.मी.) चम्फई (192 कि.मी.), लुंगलेई (235 कि.मी.) आदि भी घूमने लायक स्थान है।

यातायात के साधन यहां सड़क रेल, तथा वायु मार्ग द्वारा पहुंचा जा सकता है आयजोल यहां का नजदीकी हवाई अड्डा है गुवाहटी और आय जोल तक रेलमार्ग से भी पहुंचा जाता है।

वेशभूषा गर्मियों में हल्के ऊनी, सर्दियों में ऊनी।

माथेरान

पश्चिमी घाट की चोटी पर स्थित इस स्थान के पेटनुमा आकार पर नाभि के आकार की सुंदर झील है जो चरलोटे लेक के नाम से जानी जाती है। यदि आप पूर्णिमा की रात को दरांती से शहद निकालना चाहें, हालांकि यह बिल्कुल अजीब लगता है फिर भी अगर आप माथेरान में हैं, तो ऐसा हो सकता है। यह पर्वतीय स्थान मुम्बई के समीप में ही स्थित है जो हमेशा धुंध में लिपटा रहता है। यह चारों ओर घने वनों से घिरा है। 8 वर्ग मील में फैले वन में शांत जंगली रास्ते और धुंध माथेरान की पहचान हैं। यहां पर कोई सड़क नहीं है लेकिन जंगलों के बीचो-बीच पगडंडियां बनी हुई हैं। पठार की चोटी पर बना गोलाकार रास्ता करीब 20 किलोमीटर लंबा है जो कोई दर्शनीय स्थलों से होकर गुजरता है। इनमें हनीमून प्वाइंट, पैनोरमा प्वाइंट, पोरकुपाइन प्वाइंट, लुइस प्वाइंट, वन ट्री हिल, सनसेट प्वाइंट, आदि उल्लेखनीय हैं। इन रास्तों पर चलना बहुत आनंददायक है और इससे तनाव दूर होता है। जंगलों के बीच आपको लंबे बरामदों तथा टाइल की छतों वाले अनूठे बंगले दिखाई देंगे। बॉलीवुड की अधिकतर फिल्मों के गानों की शूटिंग इसी मनोरम स्थान पर की जाती है। यह स्थान स्थास्थ्य की दृष्टि से भी बहुत लोकप्रिय रहा है। शांति के साथ समय बिताने के लिए यहां का मौसम और वातावरण बहुत अनुकूल है।

आकर्षक स्थल यहां के प्रमुख दर्शनीय स्थल है।

हनीमून प्वाइंट, पेनोरमा प्वाइंट, लुईस प्वांइट, वन ट्री हिल, सनसेट प्वाइंट, चरलोटे लेक, पैंथर्स केव, पे मास्टर पार्क।

यातायात व्यवस्था यहां का निकटतम हवाई अड्डा मुम्बई है। माथेरान और नेरल के बीच नैरो गेज की ट्रॉय ट्रेन चलती है। (21 कि.मी.) नेरल मुम्बई से जुड़ी बड़ी लाइन पर रेलवे स्टेशन है। यहां तक मुम्बई से सड़क मार्ग से भी सीधे पहुंचा जा सकता है।

ठहरने की व्यवस्था यहां तीन सितारा होटलों में ब्राईटलैडंस रिजार्ट, द बाईक ए होटल उष्मा काट आदि है इसके अलावा पैनोरामा रगबी लिमिटेड आदि दो सितारा होटल पर्यटकों को आवसीय सुविधा उपलब्ध है।

वेशभूषा गर्मियों में हल्के सामान्य, सर्दियों में सामान्य

अल्मोड़ा

यहां के ऊंचे-ऊंचे पहाड़ों के ऊपर नीले आसमान में बादलों को देख पर्यटक आचम्भित हो जाते हैं। पर्यटकों को अल्मोड़ा आने पर यहां की मधुर और शान्त हवा से बहुत ही सुकून प्राप्त होता है। अल्मोड़ा सीढ़ीदार ढलानों के हरे-भरे आंगन के बीच रिज के साथ-साथ बसा हुआ है। यहां पर भीड़भाड़ कम होने से पर्यटकों को शांति का अनुभव होता है। अल्मोड़ा से आसपास की झीलों और समृद्ध सांस्कृतिक परंपराओं को दर्शाने वाले मंदिरों को देखने जा सकते हैं ये मन्दिर ज्ञान और आनंद के स्त्रोत हैं। स्थानीय संगीत वाद्यों-हुरका और बांसुरी की धुन पर कुमाऊं का लोक संगीत तथा झोरा, दोलिया और छपेली जैसे लोकनृत्य सैलानियों का खूब मनोरंजन करते हैं।

आकर्षक स्थल मोहन जोशी पार्क, ब्राइट एंड कार्नर, डियर पार्क, सिमतोला, कालीमठ, कसर देवी मंदिर।

पर्यटन स्थल बागेश्वर (77 कि.मी गोमती और सरयू नदियों के संगम पर बना यह तीर्थस्थान पिंडारी और काफनी हिमनदों तक की ट्रेकिंग यहीं से शुरू होती है।), बैजनाथ (71 कि.मी. एक सुंदर और आकर्षक मंदिर नगरी), बिनसर (30 कि.मी. भूतपूर्व राजाओं का ग्रीष्मकालीन विश्राम स्थल), ग्वालकोट (26 कि. मी. एक मनमोहक नदी मोड़), चितई (8 कि.मी. सौ घंटियों वाला मंदिर), गणनाथ (47 कि.मी. गुफाएं तथा सुंदर प्राकृतिक स्थल), जगेश्वर (34 कि.मी. प्राचीन देवदार तथा ज्योर्तिलिंग शिवमंदिर), कतरमाल (17 कि.मी. 800 वर्ष पुराना सूर्य मंदिर) कौसानी (53 कि.मी. हिम मंडित पहाड़ियों के शानदार दृश्यों वाला पर्वतीय स्थल), लाखू-उदयार (16 कि.मी. गुफाओं में प्रागैतिहासिक भित्ति चित्र), रानीखेत (49 कि.मी. घने देवदार वनों तथा फलोधानों से भरपूर पर्वतीय स्थल)।

यातायात व्यवस्था यहां वायु, रेक और सड़क मार्ग से पहुंचा जा सकता है।

विमान द्वारा निकटतम हवाई अड्डा पंत नगर है।

रेल/सड़क मार्ग द्वारा निकटतम रेलवे स्टेशन काठगोदाम है (90 कि.मी.), अल्मोड़ा तक सड़क मार्ग से भी आसानी से पहुंचा जा सकता है।

वेशभूषा यहां के लोग गर्मियों में सामान्य और सर्दियों में ऊनी वस्त्र पहनते हैं।

नैनीताल

लोगों की ऐसी मान्यता है कि नैनी झील का निर्माण भगवान शंकर की पत्नी देवी सती के बांयी आंख से निकले पानी के द्वारा हुआ है। इसलिए इसे पावन माना गया है। नैनी झील में नौका विहार की रोमांचकारी सुविधांए हैं। झील के चारों ओर पन्ने जैसे हरे पहाड़ों पर सूर्य की रोशनी जब झील के ऊपर पड़ती है तो ऐसा लगता है कि सूर्य की किरणें झील की लहरों पर नृत्य कर रही हैं और यह दृश्य देखकर सैलानी खुशी से झूम उठते हैं। यहां मौजूद देवदार के वनों में ट्रेकिंग के पर्याप्त अवसर उपलब्ध हैं। नैना चोटी से नैनीताल का दृश्य अत्यंत मनोहारी है।

आकर्षक स्थान भीमताल, सतताल, नौकुचिया ताल, नैनीताल, खुरपा ताल, नैना देवी का मंदिर, फलैट, बाजार, हनुमानगढ़ी, राज्य वेधशाला (खगोल विज्ञान के अध्ययन का केंद्र), किलबरी, महेश खान।

नैनी झील के आस-पास की अनेक चोटियांः नैना चोटी (2611 मीटर, सबसे ऊंची), लारिया कांटा (2481 मीटर, दूसरी सबसे ऊंची चोटी (स्नो व्यू (2270 मीटर), डोरोथीस सीट (2292 मीटर, यहां से नैनीताल नगर को आंशिक रूप से देखा जा सकता है), लैंड्स एंड (2118 मीटर, यहां से रत्न जैसी खुरपा ताल पुरी तरह दिखाई देता है।)

पर्यटन स्थल भीमताल (22 कि.मी.), भवाली (11 कि.मी.), कोर्बेट नेशनल पार्क (115 कि.मी.), ज्योलिकोट (26 कि.मी.), रामगढ़ (25 कि.मी.), सात ताल (21 कि.मी.)

यातायात के साधन यहां वायु, रेल और सड़क मार्ग से पहुंचा जा सकता है। आवास व्यवस्था-पर्यटकों के आवास हेतु चार सितारा होटल में विक्रम विंटेज इन (236177) के अलावा कुछ सामान्य होटल भी उपलब्ध हैं।

विमान द्वारा निकटतम हवाई अड्डा पंत नगर में है।

रेल/सड़क मार्ग द्वारा निकटतम रेलवे स्टेशन काठगोदाम है। (35 कि.मी.) हल्द्वानी/काठगोदाम से नैनीताल तक सड़क मार्ग से भी आसानी से पहुंचा जा सकता है।

वेशभूषा गर्मियों में (अप्रैल तक) दिन के लिए सूती और रात तथा पहाड़ पर ट्रेकिंग के लिए हल्के ऊनी। सर्दियों में भारी ऊनी।

चम्बा

इस शहर का नामकरण यहां के पहले शासक साहिल वर्मन की बेटी चम्पावती के नाम पर किया गया है। यह रावी नदी के पूर्वी किनारे पर स्थित है। यह एक पर्वतीय शहर है जो बारीक मलमल पर की गई खूबसूरत कढ़ाई के जैसी है। प्राचीन नगर की स्थापना 920 में हुई और तब से इस पर अनेक राजवंशों का शासन रहा है। घाटी में अनेक पठार, हरे-भरे सुंदर मैदान और इठलाती नदी रावी पूरे क्षेत्र को अपार प्राकृतिक सौंदर्य प्रदान करती है। भूतपूर्व महल इस शहर का प्रतीकात्मक भवन है जो चौगान के सामने बना हुआ है। चौगान वह खुला स्थान है जहां पर समय-समय पर मेले लगते हैं और पर्व-त्यौहार मनाए जाते हैं। दसवीं और ग्यारवीं शताब्दी के लक्ष्मी नारायण मंदिरों में भव्य मूर्तियां प्रतिष्ठित हैं। घाटी में चम्बा के लोगों की सांस्कृतिक उपलब्धियों के भी दर्शन होते हैं। चम्बा रूमाल, लघु चित्रकारी और फव्वारे यहां की मुख्य विशेषताएं हैं। इससे आगे भव्य पीरपंजाल पर्वत श्रृंखला है जो पर्वतारोहियों को सदैव आमंत्रित करती रहती है।

आकर्षक स्थल चौगान (यहां पर जुलाई-अगस्त में मिंजर मेला लगता है), मंदिर-लक्ष्मीनारायण, राधाकृष्णा, चुन्द्रगुप्त, गौरीशंकर, त्रिमुकेश्वर, लक्ष्मी दामोदर, हरि राय मंदिर, चामुंडा देवी मंदिर, झमवार, रानी सुई मंदिर, सरोल, भूरीसिंह संग्रहालय।

पर्यटन स्थल सलोनी और भंडाल घाटियां, खजियार घास मैदान, भरमौर (अगस्त/सितंबर में मणि महेश कैलाश पर्वत तक ट्रेकिंग)

यातायात के साधन यहां वायु, रेल और सड़क मार्ग से पहुंचा जा सकता है।

ठहरने की व्यवस्था पर्यटकों के आवास हेतु कुछ सामान्य होटल उपलब्ध हैं।

वेशभूषा यहां के लोग गर्मियों में सामान्य और सर्दियों में ऊनी वस्त्र पहनते हैं।

पिथौरागढ़

यह बहुत सुन्दर पर्यटन स्थल है जहां प्रकृति की नैसर्गिक छटायें विद्यमान हैं। जो पर्यटकों के आकर्षण का केन्द्र हैं। यहां के एकांतवास में मनुष्य आत्मबोध

प्राप्त कर सकता है। इस जिले के उत्तर में तिब्बत और शारदा नदी के उस पार नेपाल है। कैलाश मानसरोवर तक की तीर्थ यात्रा का रास्ता इसी जिले से होकर जाता है। यहां पर प्राचीन किलों और मंदिरों के अनेक अवशेष देखे जा सकते हैं। ट्रेकिंग करने वालों के लिये यह सबसे अच्छा स्थान है। कुमाऊं की सुंदरता का आनंद लेने के लिए ट्रेकिंग सबसे बढ़िया तरीका है। इस क्षेत्र में धार्मिक महत्व की बहुत सी गुफाएं हैं। इनमें सबसे प्रसिद्ध पाटल भुवनेश्वर का गुफा नगर है। यहां पर हर वर्ष मौसम से जुड़े अनेक त्यौहार मनाए जाते हैं, जिनमें प्रमुख हैं हरियाला (जुलाई-अगस्त), उत्तरायणी (जनवरी) और नंदा और सुनंदा देवियों के सम्मान में मनाया जाने वाला नंदाष्टमी पर्व। (अगस्त-सितंबर)

आकर्षक स्थल राय गुफा, उल्का देवी मंदिर यहां के प्रमुख दर्शनीय स्थल है इसके अलावा जौलजीबी (68 कि.मी.), लोहाघाट 62 कि.मी. (1706 मीटर) एबोट माउंट (2001 मीटर) 76 कि.मी., चौकोरी (2010 मीटर) 115 कि.मी. देवीधुरा (2500 मीटर) 58 कि.मी., डीडीहाट (54 कि.मी.), गंगोलीहाट (77 कि. मी.), पूर्णगिरि (3000 मीटर) 171 कि.मी., पाटल भुवनेश्वर गुफा नगर (90 कि. मी.) देखने लायक स्थान है।

यातायात के साधन यहां सड़क रेल, तथा वायु मार्ग द्वारा पहुंचा जा सकता है निकटतम रेलवे स्टेशन टनकपुर है और पिथौरागढ़ तक सड़क मार्ग से भी आसानी से पहुंचा जा सकता है।

ठहरने की व्यवस्था पिथौरागढ़ में कुमाऊं मंडल विकास निगम पर्यटन बंगले, चम्पावत, चौकोरी, लोहाघाट और पूर्णागिरि। कुमाऊं मंडल विकास निगम कार्यालय, नैनीताल से भी आरक्षण करवाया जा सकता है।

वेशभूषा गर्मियों में हल्के ऊनी, सर्दियों में ऊनी पहनना उपयुक्त रहता है।

11

भारत में समुद्र तटीय पर्यटन का विकास

समुद्र की प्रकृति जोश व मस्ती से भरपूर होती है। इंसान के मनोभाव से सबसे अधिक खिलवाड़ समुद्र की करता है। इसकी नीली लहरें जब तेजी से किनारे की ओर अग्रसर होती हैं तो उसमें से कर्णप्रिय आवाजें आपको पास बुलाती हैं। किसी दार्शनिक का यह कथन निःसंदेह सही मालूम पड़ता है कि समुद्री लहरें पहले पर्यटक को पास बुलाती हैं, फिर लुभाती हैं। पर्यटक जब समुद्र की लहरों के बीच अठखेलियाँ करता है तो अनुपम आनन्द महसूस करता है। यह आमोद-प्रमोद लगातार जारी रहता है क्योंकि समुद्र की तेज लहरें पहले तो आपको तट की ओर धकेलती हैं और समुद्र की ओर लौटती हुई आपको अपनी ओर खींचती हैं। मजा तभी आता है जब थक कर आप तट पर लेटे रहें और लहरों को अपने ऊपर आने-जाने दें। वहीं आप अपने थके हुए अंगों की मालिश करा सकते हैं। गरम होते सूर्य के नीचे यही एक तरह का शाही इलाज है।

समुद्री हवा नशा से सराबोर होती है। इस बात का पता तब चलता है जब पर्यटक को समुद्र-तट पर भ्रमण के दौरान आलस आने लगता है आपको ऐसी मीठी नींद आती है जैसी पहले कभी न आई हो। नींद में आए सपनों के बाद एक और सुनहरी सुबह तथा आनंद और मस्ती का एक और दिन आता है। समुद्र के किनारे बसे शहर शानदार रंगों से चमकते उन रत्नों जैसे हैं जिन्हें समुद्र ने तट पर धकेल दिया है। इस सुंदर स्थानों पर आइए और समुद्र तथा नगर दोनों के जादू को पहचानने की कोशिश कीजिए।

गोआ

भारत में यह स्थान प्राकृतिक सौन्दर्य से परिपूर्ण है। यहां की समुद्र-तटीय दृश्य सूर्योदय के समय काफी स्मरणीय होता है। जब सूर्य की किरणें बालू पर

पड़ती हैं, तो लगता है कि यह क्षेत्र पूरा सोने से अच्छा दिन हो गया हो। संस्कृतियों के इस संगम की झलक गिरजाघरों के संगीत और मंदिरों की आरतियों में साफ-साफ झलकती है। गोआ का इतिहास विष्णु के छठे अवतार भगवान परशुराम से जुड़ता है। ऐसा विश्वास किया जाता है कि परशुराम ने अरब सागर में सहसाद्रिस पर्वत से बाण छोड़ कर समुद्र को वापस जाने का आदेश दिया। उनका बाण (पशुपतास्त्र) बाणहल्लि (वर्तमान-बेनालिम) में गिरा। इसके बाद वहां लोग बसने लगे और देवी-देवताओं का आगमन हुआ। वर्तमान समय में गोआ के सुनहरी समुद्र तट आने वालों को मंत्रमुग्ध कर देते हैं। गोआ आपकी जिन्दगी के यादगार पल में शामिल हो जाता है।

दर्शनीय स्थान

प्रमुख नगर पणजी, मारगोआ (33 कि.मी.), वास्को (30 कि.मी.), मापुसा (13 कि.मी.), मारमुगोआ बंदरगाह (34 कि.मी.), पिलार (11 कि.मी.)।

समुद्र बीच कलंगुटे (16 कि.मी.), कोलवा मारगोआ से 6 कि.मी., डोनापाला (7 कि.मी.), मीरामार (3 कि.मी.), अंजुना (18 कि.मी.), वैगेटर (22 कि.मी.), अरम्बोल (50 कि.मी.), अगुवाड़ा (37 कि.मी.), पलोलेम (70 कि.मी.)।

चर्च

1. बेस्लीका आफ बाम जीसस सोलहवीं शताब्दी में बना यह गिरजाघर गोआ के सभी गिरजाघरों में सबसे अधिक प्रसिद्ध और लोकप्रिय है।
2. गोआ से कैथेड्रल गोआ का सबसे बड़ा गिरजाघर।
3. चर्च ऑफ सेंट फ्रांसिस आफ असीसी पूर्व में अपनी तरह का एकमात्र चमत्कार।
4. सेंट काजेटन गिरजाघर।
5. चर्च ऑफ आवर लेडी आफ रोज़री गोआ में सबसे पहले बने गिरजाघरों में से एक।
6. ननरी ऑफ सांता मोनिका- एक किले की तरह बना गिरजाघर।
7. चर्च आफ सेंट आगस्टिन के अवशेष ननरी के निकट यह बहुत ऊंची मीनार है।
8. वायसराय आर्क यह आदिलशाह के किले का एक द्वार है।
9. रीस मागोस चर्च तीन मागी राजाओं को समर्पित इस गिरजाघर का निर्माण 1555 में किया गया।

10. सालीगोआ में माय दि दियूस का गिरजाघर यह सुंदर गिरजाघर गोथिक शैली का सबसे खूबसूरत गिरजाघर है।
11. करटोरिम में चर्च आफ सेंट एलेक्स 1597 में बना यह चर्च गोआ के प्राचीनतम गिरजाघरों में से एक है।
12. तलाओलिम में चर्च ऑफ सेंट अन्ना इस गिरजाघर की अद्वितीय विशेषता एक खाली दीवार है जिसमें से लोग गुप्त रूप में अपना पाप स्वीकार करने के लिए जा सकते हैं।
13. राशोल सेमिनरी 1521 में बनी इस इमारत में ईसाई कला का संग्रहालय है।

प्रमुख धार्मिक स्थल श्री भगवती मंदिर, रूद्रेश्वर मंदिर, श्री महादेव भूमिका, मोरजई मंदिर, ब्रह्मा मंदिर, (गोआ में 25 से अधिक मंदिर हैं जिनके दर्शन कर लाभ उठाया जा सकता है।

अन्य दर्शनीय स्थल अगुवाड़ा किला, दूध सागर जल प्रपात, बोंधला वन तथा चिड़ियाघर, केसरवाल झरना, मयेम झील, दि बिग फुट-लोतुलिम उद्यान, संग्रहालय तथा लोतुलिम में 'न्यारा' कला दीर्घा।

परिवहन सुविधा यहां वायु, रेल और सड़क के मार्ग से पहुंचा जा सकता है।

आवासीय साधन पर्यटकों के आवास हेतु पांच सितारा होटलों में मजोर्डा, लीला बीच रिजॉर्ट के अलावा कुछ सामान्य होटल भी उपलब्ध हैं।

वस्त्र यहां के लोग गर्मियों में सूती और सर्दियों में सामान्य वस्त्र पहनते हैं।

त्रिवेंद्रम

त्रिवेंद्रम या तिरुअनन्तपुरम केरल की राजधानी है। यह एक प्राचीन शहर है। इसका इतिहास काफी पुराना है। यह शहर भारत के पूर्व में पश्चिम घाट तथा अरब सागर के बीच स्थित है। यहां कई सौ साल पुराना हिन्दू देवी-देवताओं के पुराने मन्दिर स्थित हैं। यहां की शानदार संग्रहालयों में केरल की कला का पौराणिक इतिहास शानदार संग्रहालयों में देखा जा सकता है। केरल की इस राजधानी में संगीतमय जल प्रपात, कलकल करती नदियाँ, प्राकृतिक छटा बिखेरते वनस्पति उद्यान, पर्वतीय स्थल तथा गरजता हुआ सागर आपका स्वागत करता है। यहां पर नौका विहार, पैदल यात्रा, समुद्र की लहरों में विचरने तथा समुद्र तालों को देखख्ने का आनंद लिया जा सकता है। यहां का कोवलम तट अपनी अनंत सुंदरता तथा पृथ्वी से घिरी खाड़ी के कारण विश्व भर में अनूठा है। कोवलम समुद्र तट

पर लगे नारियल के पेड़ हिंद महासागर की उछलती हुई तरंगें, पक्षियों का गान यहां पहुंचने वालों को पूर्ण एकांत का आभास कराते हैं।

प्रमुख दर्शनीय स्थल पद्मनाभस्वामी मंदिर (1733 ई.), प्रियदर्शिनी तारामंडल, विज्ञान एवं टैक्नोलोजी संग्रहलय, नैपियर संग्रहालय, वेधशाला, अरूविक्कारा पिकनिक स्थल (मंदिर, जलप्रपात, जलधारा), कोवलम समुद्र तट (16 कि.मी.), वेली समुद्र ताल, ईस्ट फोर्ट, सेंट जोसेफ गिरजाघर, पलायम, कनकुन्नू पैलेस, पोनमुडी पर्वतीय स्थल (61 कि. मी.), अक्कुलम बोट क्लब (झील), पलारूवी जल प्रपात।

परिवहन के साधन त्रिर्वेंद्रम रेल और सड़क दोनों मार्गों से अच्छी तरह जुड़ा है। त्रिवेंद्रम में अन्तर्राष्ट्रीय हवाई अड्डा है।

आवासीय सुविधा यहां तीन सितारा, चार सितारा, हैरीटेज तथा कई सामान्य होटल हैं।

वस्त्र यहां के लोग गर्मियों में हल्के सामान्य वस्त्र तथा सर्दियों में भारी ऊनी वस्त्र पहनना पसन्द करते हैं।

दीयु

तकरीबन 39 वर्ग किलोमीटर में फैला एक अत्यन्त सुन्दर द्वीप भारत के पश्चिमी तट पर स्थित है। इस द्वीप पर लगभ 21 किलोमीटर तक लंबे समुद्र तट पर समुद्री लहरों में कोलाहल सदैव रहता है। प्राच्य काल में यह द्वीप राजा जालंधर के अधीन था। इस बात का प्रमाण इस द्वीप पर उनके द्वारा बनवाए गए मन्दिर के अवशेषों से मिला है। 1380 में मुस्लिम शासकों के द्वारा चंदा और वाघेला राजपूतों का शासन समाप्त किया। इस दौरान दीयु की गणना सबसे अच्छे बंदरगाहों और नौसैनिक अड्डों में होती थी। 1504 में यहां आए इटली के यात्री लुडो वीको द वर्थेरस ने दीयु को बंदर अतुर्क बताया। उस समय तुर्की के साथ यहां से काफी व्यापार होता था। मुगल शासकों ने गुजरात के सुल्तान बहादुर शाह पर हमला किया। सुल्तान ने उनसे मुकाबला करने के लिए पुर्तगालियों के साथ संधि की। इसके बाद धीरे-धीरे दियु क्षेत्र पुर्तगालियों के हाथ में चला गया। अब दीयु एक आकर्षक पर्यटन स्थान के रूप में विख्यात है।

प्रमुख दर्शनीय स्थल दीयु फोर्ट, फोर्टम डू मार (पानीकोठा), नगोआ बीच, चक्रतीर्थ बीच, वनकबारा, बुचरवाड़ा, गंगेश्वर मंदिर, फुदाम गांव, सेंट पाल गिरजाघर, दीयु संग्रहालय, पक्षी अभयारण्य, दीयु नगर।

परिवहन के साधन निकटतम रेलवे स्टेशन वेरावल है, जो अहमदाबाद से जुड़ा है। दीयु तक सड़क मार्ग से भी आसानी से पहुंचा जा सकता है। यहां कोई हवाई अड्डा नहीं है। सबसे निकटतम हवाई अड्डा मुम्बई है।

आवासीय सुविधा यहां कई महंगे और सस्ते होटल हैं, जहां आरामदायक आवास सेवाएं उपलब्ध हैं। आलीशान (252340), अंकुर (252388), अपना (252112), आशियाना (252260), गंगा सागर (252249), हेमल (252227), मोज म्बीक (252223), नीलेश (252319) सम्राट (252354), सी व्यू (252371) एवं अन्य। यहां पर महंगे और सस्ते होटल हैं।

वस्त्र यहां के लोग गर्मियों हल्के सामान्य वस्त्र तथा सर्दियों में हल्के ऊनी वस्त्र पहनना पसन्द करते हैं।

पुरी

बंगाल की खाड़ी के मध्य स्थित इस समुद्रतटीय स्थल को संसार के सुन्दरतम तटों में भी शामिल किया जाता है। पुरी के सामान्य जीवन पर जगन्नाथ मंदिर का पूरा प्रभाव दिखाई देता है। आपने कोई भी ऐसा शहर नहीं देखा होगा जो एक मंदिर पर इतना अधिक निर्भर हो। दिन में अलग-अलग समय पर मंदिर में प्रार्थना, दर्शन और प्रसाद जैसी क्रियाओं से ही नगर का जन-जीवन संचालित होता है। जगन्नाथ मंदिर एक तरह का आलंब है जिसके चारों ओर शहर घूमता है। यहां पर समुद्र की लहरें काफी चंचल हैं और लहरों की अठखेलियाँ देखने से अलग तरह के आनंद की अनुभूति होती है। आप समुद्र के किनारे गीली रेत पर लेटे-लेटे भी लहरों के स्पर्श का अद्भुत आनंद प्राप्त कर सकते हैं। पुरी ऐसा स्थान है, जहां आप वर्षभर रंगारंग पर्वों को देख सकते हैं और उनमें भाग ले सकते हैं। यह अपनी वार्षिक रथ-यात्रा के लिए विशेष रूप से प्रसिद्ध है। पुरी में बड़ी संख्या में कारीगर और शिल्पकार भी हैं जो अनेक तरह के सुंदर हस्तशिल्प वस्तुएँ तैयार करते हैं। पुरी महानदी क्षेत्र की संस्कृति के दर्शन का प्रमुख केंद्र है।

प्रमुख दर्शनीय स्थान श्री जगन्नाथ मंदिर, कोणार्क का सूर्य मन्दिर, समुद्र तट, बड़ा डंडा, स्वर्ग द्वार, बालीघई (8 कि.मी.), बलिहारचंडी (27 कि.मी.), बेलेश्वर (15 कि.मी.), रघुराजपुर (14 कि.मी.), कोणार्क (36 कि.मी.)।

यातायात की सुविधा पुरी रेल और सड़क दोनों मार्गों द्वारा अच्छी तरह जुड़ा है। यहां कोई हवाई अड्डा नहीं है। सबसे निकटतम हवाई अड्डा भुवनेश्वर है (61 कि.मी.)।

आवासीय सुविधा यहां कई महंगे और सस्ते होटल हैं, जहां आरामदायक आवास सेवाएँ उपलब्ध हैं।

वस्त्र गर्मियों में हल्के सामान्य वस्त्र तथा सर्दियों में हल्के ऊनी वस्त्र पहनना पसन्द करते हैं।

कोरल रीफ व लगून लक्षद्वीप

लक्षद्वीप प्रवाल द्वीपों का एक समूह है। 1956 में इन द्वीपों को मिलाकर केन्द्रशासित क्षेत्र बना दिया गया। सन् 1973 में लकादीव मिनीकाय और अमीन द्वीप समूहों का नाम लक्षद्वीप कर दिया गया। इस द्वीप का क्षेत्रफल 32 वर्ग किमी. है। यहां के लोग मुख्य रूप से मलयालम भाषा बोलते हैं। कवारत्ती लक्षद्वीप की राजधानी है। यहां स्त्री-पुरुष अनुपात 947 महिलाएं प्रति हजार पुरुष हैं। यहां की जनसंख्या घनत्व 1,894 व्यक्ति प्रति वर्ग किमी. है। यहा कुल 36 द्वीप हैं, जिनमें से केवल 10 द्वीप पर ही आबादी है।

लक्षद्वीप के पर्यावरण और संस्कृतिक में उसकी मूल्यवान धरोहर विद्यमान है। देश का सबसे छोटा केंद्रशासित प्रदेश और देश का एकमात्र वनस्पति द्वीप वानस्पतिक चट्टानों से बना है (यह सुंदर संरचनाएँ यहां के सभी समुद्रतालों में देखी जा सकती हैं)। लक्षद्वीप केरल से चार सौ कि.मी. पश्चिम में स्थित है। यहां के लोगों के बारे में कहा जाता है कि पैगम्बर मोहम्मद हजरत उबैदुल्ला के प्रभाव से इस्लाम धर्म अपनाया। ऐसा कहा जाता है कि पैगम्बर मोहम्मद हजरत ने उबैदुल्ला के स्वप्न में प्रकट होकर सुदूर जाकर इस्लाम का प्रचार करने का आदेश दिया। इसके बाद वे मक्का से अपने अज्ञात लक्ष्य की ओर रवाना हुए। जिस जहाज से हजरत उबैदुल्ला यात्रा कर रहे थे, वह रास्ते में टूट गया और वे एक तख्ते पर तैरते हुए अमीनी द्वीप पहुंचे, और वहीं से उनका धर्म प्रचार का अभियान पूरा हुआ। लक्षद्वीप में 36 वर्ग किलोमीटर के क्षेत्र में 36 द्वीप हैं। इनमें से दस द्वीप ऐसे हैं जहां अभी कोई आबादी नहीं है।

प्रमुख आकर्षण

(i) अगत्ती लक्षद्वीप के सबसे सुंदर समुद्रतालों में से एक। **(i) बंगारम** अत्यंत मनोहारी द्वीप, जहां अभी आबादी नहीं है। **(iii) कवारत्ती** यहां पर 52 मस्जिदें हैं और यहां के लोग सुंदर हैं। कांच के तले वाली नौकाओं से समुद्री जीव-जंतु देखे जा सकते हैं। **(iv) कलूपेनी** इस शानदार द्वीप में खाड़ियों और समुद्र ताल के अलावा बहुत अच्छा वानस्पतिक जीवन उपलब्ध है। **(v)**

कठुमाठ इस शांत द्वीप में तैराकी और जल-क्रीड़ाओं की अच्छी सुविधाएँ हैं।

(vi) मिनिकॉय यह द्वीप अपने प्रकाश स्तंभ, नारियल के पेड़ों तथा विशिष्ट संस्कृति के लिए प्रसिद्ध है।

जलक्रीड़ाएं कायकिंग, पाल नौका, पैडल नौका, मोटर नौका, कांच के तले वाली नौका तथा स्कीइंग जैसी जल क्रीड़ाओं की सुविधाएं करावत्ती, कल्पेनी, कठुमाठ और मिनिकॉय द्वीपों में उपलब्ध हैं।

परिवहन साधन यहां वायु, रेल और सड़क मार्ग से पहुंचा जा सकता है।

आवासीय सुविधा पर्यटकों के आवास हेतु यहां होटल उपलब्ध है।

वस्त्र गर्मियों में सामान्य, सर्दियों में सामान्य (अक्टूबर-नवंबर में बरसाती कोट उपयोगी रहता है।

कोट्टायम

रबड़ और काली मिर्च के लिए विश्व-विख्यात यह जगह (कोट्टायम) पश्चिमी घाट की निचली पहाड़ियों में स्थित है। यह स्थल चारों ओर ताड़ के पेड़ों से सुसज्जित है। इस स्थल को आकर्षक बनाने में समुद्र तट के साथ-साथ शांत वन की प्राकृतिक सुन्दरता का भी महत्वपूर्ण योगदान है। यह सीरियन ईसाई मत के प्रमुख केंद्रों में से एक है और यहां पर कुछ भव्य गिरजाघर देखे जा सकते हैं। केरल की परंपरागत शैली में बने पर्यटन आवास गृहों में रह कर केरल के स्थानीय रंग की झलक मिलती है। अगस्त में शांत समुद्रजल में होने वाली प्रसिद्ध नौका दौड़ यहां का प्रमुख आकर्षण है। इसमें गति, प्रतिस्पर्धा और जीवन को मस्ती के साथ जीने की चाह प्रकट होती है। चुस्ती के साथ चप्पू चलाते, नदी को चीरते हुए आगे बढ़ते लोगों को देखना सचमुच एक अविस्मरणीय अनुभव है। आप इस शांत जल में शिकारे में भी नौकायन करते हुए केरल के जन-जीवन को निकटता से महसूस कर सकते हैं।

प्रमुख दर्शनीय स्थल वालियापल्ली गिरजाघर, चेरियापल्ली गिरजाघर, कुमाराकोम झील, शिव मंदिर, एट्टूमनूर, कोल्लम, कोट्टायम और अलपुझा के बीच शांत समुद्रजल।

प्रमुख नौका प्रतियोगिताएँ अलपुझा ने नेहरू ट्राफी, कोच्ची में इंदिरा गांधी नौका दौड़, पुलिन्नू में राजीव गांधी नौका दौड़, चम्पाकुलम नौका दौड़, कोट्टायम मन्नार नौका दौड़, पयैप्पड़, हरिपदा में जलोत्सवम, पथनमिथ्थिट्टा में अरपमुला नौका दौड़ (अगस्त माह में)।

परिवहन सुविधा कोट्टायम रेल और सड़क दोनों मार्गों से अच्छी तरह जुड़ा हुआ है। यहां कोई हवाई अड्डा नहीं है। सबसे निकटतम हवाई अड्डा कोचीन है।

आवासीय सुविधा यहां एक सितारा होटल कोकोनट लैगून, दो सितारा होटल अम्बेसेडर, तीन सितारा अंजलि हैं, जहां आरामदायक आवास सेवाएँ उपलब्ध हैं।

वस्त्र गर्मियों में हल्के सामान्य वस्त्र तथा सर्दियों हल्के सूती वस्त्र पहनना पसन्द करते हैं।

कोचीन

इस तटवर्ती नगर का इतिहास करीब चार हजार वर्ष पुराना है। इस तट पर यहूदी परम्परा की झलक स्पष्ट रूप से दिखाई देती है। यद्यपि यहूदी धर्म यहां के सामाजिक ढांचे में हिलमिल गया है फिर भी यहूदी समाज की जातीय और धार्मिक परंपराओं से अटूट संपर्क बना हुआ है। यहां पर यहूदियों के दो देसी वर्ग हैं एक हैं कोचीन के मलयालम भाषी यहूदी और दूसरे हैं मराठी भाषी बेन इस्राइल (इस्राइल के बच्चे)। भारत की धार्मिक विविधता अपने श्रेष्ठ रूप में मौजूद है और उसका अपना लंबा इतिहास है। प्राचीन राजाओं सोलोमन और नेवुचंदनेज ार के ज माने से केरल का यहूदियों के साथ व्यापारिक संबंध रहा है। वर्तमान समय में यहां का बन्दरगाह प्रमुख केंद्र बिंदु है। काली मिर्च, समुद्री खाद्य, रबड़ तथा नारियल रेशा यहां से निर्यात किया जाता है। नारियल के पेड़ों के बीच स्वर्णिम आभा लिए सूर्यास्त, शांत जल और समुद्री ताल यहां की शोभा में चांद लगा रहे हैं।

प्रमुख दर्शनीय स्थल यहूदी शहर परदेसी सिनागाना, मट्टनचेरी, कोचीन हारबर टर्मिनस, मछली जाल, सार्वजनिक उद्यान, उच्च न्यायालय की इमारत, ब्राडवे शापिंग सेंटर, बोलघट्टी पैलेस, सेंट फ्रांसिस गिरजाघर, केरल इतिहास का संग्रहालय, वाईपीन, विलिंगडन, रमन तुरूथी, वल्लारपदम और बोलघट्टी के द्वीप।

परिवहन के साधन कोचीन/एर्नाकुलम रेल और सड़क मार्ग से अच्छी तरह जुड़े हुए हैं। यहां कोई हवाई अड्डा नहीं है। सबसे निकटतम हवाई अड्डा कोचीन है।

आवासीय सुविधा यहां दो सितारा, तीन सितारा, चार सितारा के साथ-साथ कई सस्ते होटल हैं, जहां आरामदायक आवास सेवाएँ उपलब्ध हैं।

वस्त्र इस क्षेत्र में रहने वाले लोग गर्मियों में हल्के सामान्य वस्त्र तथा सर्दियों में हल्के ऊनी वस्त्र पहनना पसन्द करते हैं।

दमन

यह भारत के पश्चिमी तट पर स्थित द्वीप है। यह एक लघु द्वीप है। इस द्वीप पर पुर्तगाल लोग बसे हुए है। सहस्राद्रि पर्वतश्रृंखला से निकली दमन गंगा नदी इस क्षेत्र को दो भागों में विभाजित करती है और इसे उपजाऊ बनाती है। दमन का इतिहास भी काफी पुराना है। सामरिक महत्व का स्थान रहा है। इस क्षेत्र पर अबीसीनियाई मुखिया सिद्‌दू बापिता का नियंत्रण रहा। इसके बाद पुर्तगालियों ने इस पर कब्जा कर लिया और लगभग साढ़े चार सौ वर्षों तक इस पर शासन किया। पुर्तगालियों द्वारा बनाए गए मोटी दमन और नानी दमन किले तथा कई शानदार गिरजाघर यहां के आकर्षक केन्द्र हैं। मोटी दमन दुर्ग का प्रकाश स्तंभ अब भी समुद्र में मछुआरों को राह दिखाता है। दमन के तीन समुद्र तट अपने आप में अनूठे हैं। नानी दमन के समुद्र तट पर स्थानीय मछुआरों तथा उनके रहन-सहन की वास्तविक झलक मिलती है। देवका समुद्र तट चट्टानी है और यहां पिकनिक मनाने वालों का जमावड़ा रहता है। जमपोर तीसरा समुद्र तट शांत स्थान है और यहां वृक्ष, लहरें और केकड़े आपके अभिनन्दन के लिये तैयार रहते हैं।

प्रमुख दर्शनीय स्थल मोटी दमन दुर्ग, नानी दमन दुर्ग, प्रकाश स्तंभ, देवका समुद्र तट, जमपोर समुद्र तट, नानी दमन समुद्र तट, जीसस, गिरजाघर, साल्ट पैन्स, कच्चीगम पार्क।

यातायात के साधन निकटतम रेलवे स्टेशन वापी (11 कि.मी.) है। दमन मुम्बई-बड़ौदा राजमार्ग पर स्थित है। यहां कोई हवाई अड्डा नहीं है। सबसे निकटतम हवाई अड्डा मुम्बई है।

आवासीय सुविधा यहां कई महंगे और सस्ते होटल है, जहां आरामदायक आवास सेवाएँ उपलब्ध हैं।

वस्त्र इस क्षेत्र में रहने वाले लोग गर्मियों में हल्के सामान्य वस्त्र तथा सर्दियों में ऊनी वस्त्र पहनना पसन्द करते हैं।

कन्याकुमारी

भारत के प्रायद्वीप का यह अंतिम छोर स्वामी विवेकानंद के दर्शन में पगा हुआ है। इस स्थान पर तीन समुद्र क्रमशः अरब सागर, हिन्द महासागर तथा

बंगाल की खाड़ी मिलते हैं और इसी तरह शायद स्वामी विवेकानंद को उनका उच्च विचार मिला। ऐसा माना जाता है कि इसी स्थान पर देवी पार्वती ने भगवान शिव को वर के रूप में प्राप्त करने के लिए तपस्या की थी। आभूषणों से सुसज्जित देवी पार्वती की नाक में हीरे की नथ शायद आज भी समुद्र से दिखाई देती है। इस चट्टानी द्वीप पर देवी के पगचिन्ह दिखाई देते हैं। इस चट्टानी द्वीप पर भारत के महान दार्शनिक स्वामी विवेकानंद का स्मारक बना हुआ है जो उनके उच्च चिंतन का प्रतीक है। कन्याकुमारी में जिस स्थान पर गांधी जी की अस्थियाँ विसर्जन से पूर्व रखी गई थीं, वहां पर गांधी स्मारक बनाया गया है। जिस स्थल पर तीनों समुद्र आपस में मिलते हैं वहां पर सूर्यास्त अद्‌भुत है। वहां से एक ओर डूबता सूर्य दिखाई देता है तो दूसरे कोने में आप चांद को उदित होते देख सकते हैं।

प्रमुख दर्शनीय स्थल कन्याकुमारी मंदिर, विवेकानंद स्मारक, वट्टकोट्टइ, गांधी स्मारक, सूर्योदय और सूर्यास्त। नागराज मंदिर, सुचिंद्रम, उदयागिरि दुर्ग, पदमनाभपुरम महल, तिरुचंदूर, कोरतल्लम जलप्रपात।

परिवहन के साधन निकटतम रेलवे स्टेशन कन्याकुमारी है और यहां तक सड़का मार्ग से भी आसानी से पहुंचा जा सकता है। यहां कोई हवाई अड्डा नहीं है। सबसे निकटतम हवाई अड्डा तिरुवनंतपुरम है। (90 कि. मी.)

आवासीय सुविधा यहां कई महंगे और सस्ते होटल मौजूद हैं, जहां आरामदायक आवास सेवाएं उपलब्ध हैं।

वस्त्र इस क्षेत्र में रहने वाले लोग गर्मियों में हल्के सामान्य वस्त्र तथा सर्दियों भारी ऊनी वस्त्र पहनना पसन्द करते हैं।

12

भारत के पर्यटन विकास में श्री नरेन्द्र मोदी का अभूतपूर्व योगदान

श्री नरेन्द्र मोदीः भारत के प्रधानमंत्री

नरेन्द्र मोदी ने 26 मई 2014 को भारत के प्रधानमी पद की शपथ ली और वे भारत के प्रधानमंत्री हैं जिनका जन्म आजादी के बाद हुआ है। ऊर्जावान, समर्पित एंव दृढ़ निश्चय वाले नरेन्द्र मोदी एक अरब से अधिक भारतीयों की आकांक्षाओं और आशाओं के द्योतक हैं। मई में अपना पद संभालने के बाद से ही प्रधानमंत्री मोदी चहुंमुखी और समावेशी विकास की यात्रा पर निकल पड़े हैं जहां हर भारतीय अपनी आशाओं और आकांक्षाओं को पूरा कर सके। वे 'अंत्योदय', अर्थात्, अंतिम व्यक्ति तक सेवा पहुंचाने के सिद्धांत से अत्यधिक प्रेरित हैं। नवीन विचारों और पहल के माध्यम से सरकार ने यह सुनिश्चित किया है कि प्रगति की रफ्तार से जाओ और हर नागारिक को विकास का लाभ मिले। अब शासन मुक्त है, इसकी प्रक्रिया आसान हुई है एंव इस में पारदर्शिता आई है।

पहली बार प्रधानमंत्री जन-धन योजना के माध्यम से अभूत पूर्व बदलाव आया है जिसके अंतर्गत यह सुनिश्चित किया गया है कि देश के सभी नागरिक वित्तीय तंत्र में शामिल हों। कारोबार को आसान बनाने के अपने लक्ष्य को केंद्र में रख कर 'मेकइनइंडिया' के उन के आह्वान से निवेशकों और उद्‌यमियों में अभूतपूर्व उत्साह और उद्‌यमिता के भाव का संचार हुआ है।

'सत्य मेव जयते' पहल के अंतर्गत श्रम सुधारों और श्रम की गरिमा से लघु और मध्यम उद्‌योगों में लगे अनेक श्रमिकों का सशक्तिकरण हुआ है और देश के कुशल युवाओं को भी प्रेरणा मिली है। पहली बार भारत सरकार ने भारत के लोगों के लिए तीन सामाजिक सुरक्षा योजनाओं की शुरुआत की और साथ-ही-साथ बुजुर्गों को पेंशन एंव गरीबों को बीमा सुरक्षा देने पर भी ध्यान केंद्रित किया है। जुलाई 2015 में प्रधानमंत्री

ने डिजिटल इंडिया बनाने के उद्देश्य से डिजिटल इंडिया मिशन की शुरुआत की ताकि प्रौद्योगिकी की मदद से लोगों के जीवन में बेहतर बदलाव लाए जा सकें।

2 अक्टूबर 2014 को महात्मागांधी की जयंती पर प्रधानमंत्री ने 'स्वच्छ भारत मिशन देश भर में स्वच्छता के लिए एक जन-आंदोलन' की शुरुआत की।

इस अभियान की व्यापकता एंव इसका प्रभाव ऐतिहासिक है। नरेन्द्र मोदी की विदेश नीति से संबंधित विभिन्न पहल में विश्व के सबसे बड़े लोकतंत्र भारत की वैश्विक मंच पर वास्तविक क्षमता एंव भूमिका की छाप दिखती है। उन्होंने सभी सार्क देशों के राष्ट्राध्यक्षों की उपस्थिति में अपने कार्यलय की शुरुआत की। संयुक्त राष्ट्र महासभा में दिए गए उनके भाषण की दुनिया भर में प्रशंसा हुई। नरेन्द्र मोदी भारत के ऐसे प्रथम प्रधानमंत्री बने जिन्होंने 17 वर्ष के लंबे अंतराल के बाद नेपाल, 28 वर्ष बाद ऑस्ट्रेलिया, 31वर्ष बाद फिजी और वर्ष बाद से शेल्स की द्विपक्षीय यात्रा की। पद भार ग्रहण करने के बाद से नरेन्द्र मोदी ने संयुक्त राष्ट्र, ब्रिक्स, सार्क औरजी-20 शिखर सम्मेलनों में भाग लिया, जहां अनेक प्रकार के वैश्विक, आर्थिक और राजनैतिक मुद्दों पर भारत के कार्य क्रमों एंव विचारों की जबर्दस्त सराहना की गई। जापान की उनकी यात्रा से भारत-जापान संबंधों में एक न एक युग की शुरुआत हुई। वे मंगोलिया की यात्रा करने वाले प्रथम भारतीय प्रधानमंत्री हैं और चीन व दक्षिण कोरिया की उन की यात्राएं भारत में निवेश लाने की दृष्टि से कामयाब रही हैं। फ्रांस और जर्मनी की अपनी यात्रा के दौरान वे यूरोप के साथ निरंतर जुड़े रहे।

श्री नरेन्द्र मोदी ने अरब देशों के साथ मजबूत संबंधों काफी महत्व दिया है। अगस्त 2015 में संयुक्त अरब अमीरात की उनकी यात्रा 34 साल में किसी भारतीय प्रधानमंत्री की पहली यात्रा थी जिसके दौरान उन्होंने खाड़ी देशों के साथ भारत की आर्थिक भागीदारी को बढ़ाने के लिए व्यापक स्तर पर पहल की। जुलाई 2015 में श्री मोदी पांच मध्य एशियाई देशों का दौर किया। यह यात्रा अपने-आप में खास एंव विशेष रही। भारत और इन देशों के बीच ऊर्जा, व्यापार, संस्कृति और अर्थव्यवस्था जैसे क्षेत्रों में महत्वपूर्ण समक्षौते हुए। अक्टूबर 2015 में नई दिल्ली में ऐतिहासिक भारत-अफ्रीका फोरम सम्मेलन का आयोजन हुआ जिसमें 54 अफ्रीकी देशों ने भाग लिया। 41 अफ्रीकी देशों के नेताओं ने इस सम्मेलन में भाग लिया जिसमें भारत-अफ्रीका संबंधों को मजबूत बनाने पर व्यापक विचार-विमर्श किया गया। स्वंय प्रधानमंत्री ने सम्मेलन में भाग लेने आये अफ्रीकी नेताओं के साथ द्विपक्षीय बैठक की।

नवंबर 2015 में प्रधानमंत्री ने सीओपी-21 शिखर सम्मेलन में भाग लिया जहाँ उन्होंने विश्व के अन्यनेताओं के साथ जलवायु परिवर्तन पर विचार-विमर्श किया। श्री मोदी और फ्रांस के राष्ट्रपति ओलांद ने उर्जा संबंधित आवश्यकताओं की पूर्ति हेतु सौर

ऊर्जा का समुचित उपयोग करने के लिए अंतर्राष्ट्रीय सौर एलायंस का उद्घाटन किया। अप्रैल 2016 में प्रधानमंत्री ने परमाणु सुरक्षा शिखर सम्मेलन में भाग लिया जिसमें उन्होंने विश्व मंच पर परमाणु सुरक्षा के महत्व के बारे में एक मजबूत संदेश दिया। उन्होंने सऊदी अरब का दौरा किया जहां उन्हें सऊदी अरब के सर्वोच्च नागरिक सम्मान, किंग अब्दुल अजीज सैश से सम्मानित किया गया।

ऑस्ट्रेलिया के प्रधानमंत्री टोनी अबॉट, चीन के राष्ट्रपति शीजिनपिंग, श्रीलंका के राष्ट्रपति मैत्री पाल सिरिसेना, रुस के राष्ट्रपति व्लादिमीर पुतिन एंव जर्मनी की चांसलर एंजेलामर्केल सहित विश्व के कई अन्य नेताओं ने भारत का दौरा किया है एंव इन दौरों से भारत व इन देशों के बीच सहयोग सुधारने में सफलता मिली है। वर्षा 2015 के गणतंत्र दिवस पर राष्ट्र बराक ओबामा प्रमुख अतिथि के रुप में भारत दौरे पर आए जो भारत-अमेरिका संबंधो के इतिहास में पहली बार हुआ है। अगस्त 2015 में भारत ने एफ आईपी आईसी शिखर सम्मेलन की मेजबानी की जिसमें प्रशांत द्वीप समूह के शीर्ष नेताओं ने भाग लिया। इस दौरान प्रशांत द्वीप समूह के साथ भारत के संबंधों से जुड़े महत्वपूर्ण पहलुओं पर चर्चा की गई। किसी भी एक दिन को "अंतर्राष्ट्रीय योग दिवस" के रुप में मनाए जाने के नरेन्द्र मोदी के आह्वान को संयुक्त राष्ट्र में जबर्दस्त समर्थन प्राप्त हुआ। पहली बार विश्व भर के 177 देशों ने एक जुट होकर 21 जूनको "अंतर्राष्ट्रीय योग दिवस" के रुप में मनाए जाने का संकल्प संयुक्त राष्ट्र में पारित किया।

उनका जन्म 17 सितम्बर 1950 को गुजरात के छोटे से शहर में हुआ जहां वे गरीब किन्तु स्नेहपूर्ण परिवार में बड़े हुए। जीवन की आरंभिक कठिनाइयों ने न केवल उन्हें कठिन परिश्रम का मूल्य सिखाया बल्कि उन अपरिहार्य दुखों से भी परिचित कराया जिससे आम जनों को अपने दैनिक जीवन में गुजरना पड़ता है। इससे उन्हें अल्पायु में ही स्वंय को आम जन एंव राष्ट्र की सेवा में समर्पित करने की प्रेरणा मिली। प्रांरभिक वर्षों में उन्होंने राष्ट्र निर्माण के लिए समर्पित राष्ट्रवादी संगठन, राष्ट्रीय स्वंय सेवक संघ (आर एस एस) के साथ कार्य किया एंव इसके उपरांत वे राज्य स्तर व राष्ट्रीय स्तर पर भारतीय जनता पार्टी संगठन के साथ कार्य करते हुए राजनीति से जुड़ गए। वर्ष में वे अपने गृह राज्य गुजरात के मुख्य मंत्री बने। उन्होंने मुख्य मंत्री के रुप में चार गौरपूर्ण कार्य काल पूरे किए। उन्होंने विनाशकारी भूकंप के दुष्प्रभावों से जूझ रहे गुजरात को विकास रुपी इंजन के रुप में परिवर्तित कर दिया जो आज भारत के विकास में महत्वपूर्ण योगदान दे रहा है।

नरेन्द्र मोदी एक जन-नेता हैं जो लोगों की समस्याओं को दूर करने तथा उनके जीवन स्तर में सुधार लाने के लिए प्रतिबद्ध हैं। उन्हें लोगों के बीच जाना, उनकी खु शयों में शामिल होना तथा उनके दुखों को दूर करना बहुत अच्छा लगता है। जमीनी स्तर पर लोगों के साथ गहरा निजी संपर्क होने के साथ-साथ वे ऑनलाइन भी उपलब्ध हैं। तकनीक के प्रति प्रेम एंव उसमें समझ रखने वालों नेताओं में वे भारत के सबसे बड़े राजनेता हैं। वेबसाइट के माध्यम से लोगों तक पहुंचने और उनके जीवन में बदलाव लाने के लिए वे हमेशा कार्यरत हैं। वेसोशल मीडिया, जैसे- फेसबुक, ट्विटर, गूगलप्लस, इन्स्टाग्राम, साउंडक्लाउड, लिंक्डइन, वीबो तथा अन्य प्लेटफार्म पर भी काफी सक्रिय हैं। राजनीति के अलावा नरेन्द्र मोदी को लेखन का भी शौक है। उन्होंने कई पुस्तकें लिखी हैं, जिनमें कविताएं भी शामिल हैं। वे अपने दिन की शुरुआत योग से करते हैं। योग उनके शरीर और मन के बीच सामंजस्य स्थापित करता है एंव बेहद भाग दौड़ की दिन चर्या में शांति का संचार करता है।

वे साहस, करुणा और विश्वास से पूर्ण एक ऐसे व्यक्ति हैं जिसे देश ने इस विश्वास के साथ अपना जना देश दिया है कि वे भारत का पुनरुत्थान करेंगे और उसे दुनिया का पथ-प्रदर्शक बनाएंगे।

सड़कों, पर्यटन और उद्योगों का हुआ विकास

मोदी ने सड़कों के विकास और पर्यटन उद्योग में इस के महत्व को अनूठे ढंग से पेश किया। उन्होंने कहा कि राजस्थान दुनिया भर के पर्यटकों को आकर्षित करता है, पर्यटन से पैसा आता है। यह पैसा सभी वर्गों में जाता है, लोगों को रोजगार मिलता है। यहां तक की चाय बेचने वाले तक भी पैसा जाता है। यह सब अच्छी सड़कों एंव पर्यटन केन्द्रों के विकास से संभव है। लेकिन सड़कें खराब होगी तो पर्यटक जल्द आने की नहीं सोचेगा। इसलिए सड़कों का ढ़ाचा सुधारना बेहद जरुरी है। इस मौके पर राज्य पाल कल्याण सिंह ने प्रधानमंत्री का स्वागत किया। केन्द्रीय सड़क परिवहन मंत्री एंव मुख्य मंत्री वसुंधरा राजेनेज ने सभा को संबोधित करते हुए केन्द्र एंव राज्य सरकार की योजनाओं का उल्लेख किया।

प्रधानमंत्री नरेंद्र मोदी अतुल्य भारत अभियान के लिए सर्व श्रेष्ठ चेहरा

पर्यटन मंत्री महेश शर्मा का कहना है कि 'अतुल्य भारत' अभियान को बढ़ावा देने के लिए प्रधान मंत्री नरेंद्र मोदी 'सर्वश्रेष्ठ चेहरा' हैं और प्रधानमंत्री ने अब तक जिन देशों की यात्रा की है वहां से पर्यटकों की आमद में उछाल देखने को मिला है। शर्मा ने कहा कि मंत्रालय को विदेशों से पर्यटकों को आकषित करने के अभियान के लिए बॉलीवुड के किसी चेहरे की जरुरत नहीं है। उन्होंने कहा, "प्रधानमंत्री नरेंद्र मोदी ने पिछले दो साल में कई देशों की यात्रा की है और इस अवधि में भारत को लेकर धारणा महत्वपूर्ण तरीके से बदली है।" मंत्री ने कहा कि प्रधानमंत्री ने पद संभालने के बाद जिन देशों की यात्रा की है, वहां से आने वाले पर्यटकों की संख्या में इजाफा दर्ज किया गया है। शर्मा के इस दावे का समर्थन करते हुए पर्यटन मंत्रालय के एक वरिष्ठ अधिकारी ने कहाकि अमेरिका, जर्मनी, फिजी, ब्राजील, ऑस्ट्रेलिया, ब्रिटेन, कनाडा और म्यामार आदि कई देशों की मोदी की यात्रा के बाद इन देशों से आने वाले पर्यटकों की संख्या में महत्वपूर्ण तरीके से बढ़ोतरी हुई है।

यात्रा की है, वहां से आने वाले पर्यटकों की संख्या में इजाफा दर्ज किया गया है। शर्मा के इस दावे का समर्थन करते हुए पर्यटन मंत्रालय के एक वरिष्ठ अधिकारी ने कहाकि अमेरिका, जर्मनी, फिजी, ब्राजील, ऑस्ट्रेलिया, ब्रिटेन, कनाडा और म्यामार आदि कई देशों की मोदी की यात्रा के बाद इन देशों से आने वाले पर्यटकों की संख्या में महत्वपूर्ण तरीके से बढ़ोतरी हुई है।

अभिनेता अमिताभ बच्चन का नाम पनामा पेपर्स में सामने आने के बाद उन्हें 'अतुल्यभारत' अभियान का ब्रांड एंबेस डर नहीं बनाए जाने की खबरों की पृष्ठ भूमि में शर्मा का बयान आया है। विदेशों में भारत को प्रसिद्ध पर्यटन स्थल के तौर पर प्रचारित करने के उद्देश्य से संचालित इस अभियान से अभिनेत्री प्रियंका चोपड़ा को जोड़ने की भीख बरेंथीं। इस सेप हले अभिनेता आमिरखान इस अभियान से अलग हो गए थे। इस बीच पर्यटन सचिव विनोद जुत ा ी ने इस साल के अंत तक भारत आने वाले विदेशी पर्यटकों की संख्या में 10 प्रतिशत से अधिक बढ़ोतरी के लक्ष्य को हासिल करने का विश्वास भी जताया।